DE VASTGOEDFRAUDE

Vasco van der Boon & Gerben van der Marel

De vastgoedfraude

Miljoenenzwendel aan de top van het
Nederlandse bedrijfsleven

Nieuw Amsterdam *Uitgevers*

Eerste druk november 2009
Tweede druk november 2009
Derde druk november 2009
Vierde druk november 2009

© 2009 Vasco van der Boon en Gerben van der Marel
Alle rechten voorbehouden
Redactie Huib Stam
Omslagontwerp Bureau Beck
Typografie binnenwerk Willem Geeraerds
Omslagfoto Tom Janssen
Auteursfoto Elmer van der Marel
ISBN 978 90 468 0646 3
NUR 686
www.nieuwamsterdam.nl/vastgoedfraude

Mixed Sources
Productgroep uit goed beheerde
bossen, gecontroleerde bronnen
en gerecycled materiaal.
www.fsc.org Cert no. CU-COC-803902
© 1996 Forest Stewardship Council
FSC

Inhoud

In de vroege ochtend van 13 november 2007 doet justitie invallen op ruim vijftig adressen. Gezocht wordt naar bewijzen voor malafide vastgoedtransacties en omkoping. Er worden vijftien personen in de boeien geslagen.

Deel 1 Fraudeverdachten nemen Bouwfonds over

De belangrijkste verdachte is Jan van Vlijmen. De jongen van goede komaf toont talent voor de handel en is al jong succesvol in het vastgoed. In de omgang is hij kil en afstandelijk. Hij is zeer intelligent en manipulatief. En vooral: een geldwolf.

Cees Hakstege heeft als bestuurder van Bouwfonds grote ambities en neemt ondanks waarschuwingssignalen het bedrijf van Van Vlijmen over, met Jan erbij. Het semi-overheidsbedrijf is daarna een gewillige prooi voor fraudeurs.

Van Vlijmens aangetrouwde oom Nico Vijsma heeft geen verstand van vastgoed, maar wordt wel de charismatische *consigliere* van zijn neef Jan. Jan kan niet zonder hem; zakenpartners zien hem en zijn gorilla's liever gaan.

de vs mee aan de doorsluistruc van Van Vlijmen. Ook hij kan de koffers vol dollars niet weerstaan. Hij legt voor de FBI en FIOD-ECD een onthullende bekentenis af.

Deel 3 De bovenbazen van Bouwfonds zijn blind voor frauderisico's

Bouwfonds is geprivatiseerd en verkocht aan ABN Amro. Scheidend bestuursvoorzitter Cees Hakstege krijgt een groot feest als hij met pensioen gaat. Maar daarna wacht hem nog veel meer feestelijks, dankzij zijn ondergeschikte.

Beauty Cees blijkt een smeerkees. De man met de hoogste functie van allen heeft eindelijk zijn gedroomde zeilboot, maar loopt ook in de gaten. 'Hakkenbar' zit diep in de zak bij Van Vlijmen.

De toezichthouders bij Bouwfonds, onder wie Hans Wiegel, zitten te slapen als Van Vlijmen en consorten een ingenieus netwerk opzetten. ABN Amro neemt Bouwfonds over, maar ook na Van Vlijmens vertrek blijft het intern een chaos en gaan de dubieuze praktijken door.

Feesten kunnen ze wel in het vastgoed. De opvolgers van Van Vlijmen zijn goed getraind en blijven de sector fêteren, met hulp van oom Nico. De nepfacturen blijven binnenkomen.

Deel 4 Meesnoepen uit de pensioenpot van Philips

De Amsterdamse Zuidas is de meest prestigieuze bouwlocatie van Nederland. Het moet een nieuw financieel, juridisch en commercieel centrum worden. Daar mogen Van Vlijmen en Vijsma niet ontbreken. Ditmaal is Philips Pensioenfonds hun voornaamste slachtoffer. Is de gemeente Amsterdam heelhuids aan Jan en Nico ontsnapt?

Floris aan onder meer Fortis. In een ingenieuze ABCDEF-carrousel komen bij de notaris in 35 minuten zes eigenaars beurtelings aan bod.

Het onzichtbare geschuif met de huurkazernes van Philips valt niemand op. Behalve een oplettende huurster, die zich afvraagt wie haar huurbaas is. De Belastingdienst komt stukje bij beetje achter het goed dichtgespijkerde netwerk. Jan van Vlijmen wordt voor de tweede keer multimiljonair. De berg smeergeld groeit gestaag aan.

Vastgoedmagnaat Kees Rijsterborgh merkt dat zijn schoonzoon Michiel Floris zijn naam misbruikt en doet hem in de ban. Wat Floris precies heeft gedaan voor zijn miljoenen, begrijpt Philips net zo min als Bouwfonds.

De afgeluisterde vastgoedhandelaren zijn niet heel complimenteus over de belastingambtenaren die hun sector doorlichten. De fiscus wil alles weten over de kerstbomen van vennootschappen en hun betalingsverkeer.

Nadat de vastgoedbonzen Van Zadelhoff en Rijsterborgh de kat de bel aanbinden, schrikken Bouwfonds en Philips wakker. Er komen weeffouten en hiaten in de organisatie aan het licht. De FIOD-ECD is verontrust over de zwakke controles op bedrijfsfraude.

Deel 5 Het eindspel

Om overal vanaf te zijn, doet Philips Pensioenfonds al het vastgoed in de ramsj. Dat biedt weer nieuwe mogelijkheden voor de vastgoedvrienden. De nieuwe directeur Lagaunne is zo mogelijk nog gretiger dan zijn voorganger Frencken. Gesprekken in een geprepareerde hotelkamer bezorgen de FIOD-ECD'ers rode oortjes.

maar nooit 'om de waarde van het betrokken project te (laten) beïnvloeden'. Hierna doet de Sfinx er het zwijgen toe.

De vastgoedfraude rond Bouwfonds en Philips Pensioenfonds is geen incident, maar het topje van de ijsberg. De slachtoffers willen net als justitie een rigoureuze schoonmaak en een cultuurverandering. Hoe staan de zaken er nu voor, juridisch?

Proloog

Het is vier uur 's middags op vrijdag 18 mei 2007 als twee mannen van in de vijftig plaatsnemen in een sober ingerichte, beige vergaderzaal van het Mövenpickhotel in Den Bosch. Jan van Vlijmen en Rob Lagaunne zijn grote namen in de Nederlandse vastgoedwereld. De eerste is voormalig directeur commercieel vastgoed van Bouwfonds en nu zelfstandig ondernemer in Hoofddorp. De ander is directeur vastgoed van Philips Pensioenfonds en woonachtig in Vught.

Ze treffen elkaar de laatste tijd regelmatig in deze vestiging van de Zwitserse hotelketen. Dat is het Openbaar Ministerie (OM) ook opgevallen. Het duo staat onder verdenking van niet-ambtelijke omkoping en oplichting. Om te kunnen vaststellen wat Van Vlijmen en Lagaunne bespreken buiten de muren van hun kantoren, hebben technici in opdracht van het OM microfoons en fotocamera's aangebracht in de 's-Hertogenboschzaal, waar de heren elkaar vriendschappelijk begroeten. Van Vlijmen doet de deur van het vergaderzaaltje op slot.

Alle opnamen in hotels en talloze telefoontaps die justitie heeft gemaakt, zijn letterlijk uitgeschreven en zitten in het vertrouwelijke strafdossier.

Jan van Vlijmen: 'Rob, dan heb ik op mijn lijstje nog staan: geld. Als jij poen moet, geef je een brul, hè?'

Rob Lagaunne: 'Ja, dan geef ik een brul. Dat andere in september en december dat waren kleine bedragen maar dat hoor je wel... Maar op dit moment, ik wacht even af welke kant het op gaat.' (...)

Jan: 'Dat is safe, hè, dat we dat jou geven. Ze gaan toch niet bij jou thuis opeens graven? Rob, ik heb hier vijftien…'

Op de geluidsband is het geknisper van verse bankbiljetten te horen. Biljetten van vijfhonderd euro. Lagaunne heeft liever kleinere coupures, maar dat is Van Vlijmen niet gelukt. Het OM vermoedt dat Lagaunne betaald wordt, omdat hij met Van Vlijmen ongeoorloofde afspraken maakt over de verkoop van vastgoed van het Philips Pensioenfonds. Daar is een deel van de pensioenpremies van 130.000 Philipsmedewerkers in belegd. Van Vlijmen is volgens de verdenking al sinds halverwege de jaren negentig het brein achter dergelijke criminele activiteiten. Eerst laat hij zich als directeur van projectontwikkelaar Bouwfonds betalingen van steekpenningen welgevallen. Na zijn vertrek bij Bouwfonds strooit hij zelf met miljoenen om andere vastgoeddirecteuren te bewegen tot illegale handelingen.

Als een schim in de nacht opereert Van Vlijmen in de ondoorzichtige vastgoedwereld, waar miljarden in omgaan en prijzen op onduidelijke wijze tot stand komen. In een zorgvuldige gecreëerde schaduwwereld weet hij vrijwel onopgemerkt van heel klein naar zeer groot te groeien. Van Vlijmen geeft zichzelf niet bloot aan de buitenwereld. Als een wajangpop geeft slechts zijn silhouet een indicatie van zijn ware uiterlijk en karakter. Van Vlijmen is de regisseur op de achtergrond en zorgt met zijn oom Nico Vijsma voor een duidelijke taakverdeling in hun wajangspel.

Met een organisatie van vele tientallen medeplichtigen in wisselende samenstelling weet Van Vlijmen miljoenen over te houden aan vastgoedtransacties, waardoor ontwikkelaars en pensioenfondsen zijn benadeeld. Het geld wordt via listige constructies met besloten vennootschappen weggesluisd en verborgen gehouden voor later, is de verdenking. Van Vlijmen en zijn oom zijn gul en maken hun handlangers vermogend. 'Als ik geld moet betalen, dan betaal ik graag,' zegt Van Vlijmen in een afgeluisterd gesprek. Maar hij vergeet zichzelf en oom Nico, die een curieuze maar belangrijke rol speelt, zeker niet.

De bedragen hebben voor het Nederlandse bedrijfsleven een ongekende omvang. Als Van Vlijmen in cash zou willen uitbetalen wat pensioenfondsdirecteuren Rob Lagaunne en zijn voorganger Will Frencken volgens justitie overhouden aan hun afspraken, dan had hij vijftigduizend biljetten van vijfhonderd euro moeten meenemen. Om dat gesleep te vermijden zijn administratieve constructies opgesteld voor de betaling van de bijna dertig miljoen euro die de twee pensioenfondsdirecteuren in het vooruitzicht zijn gesteld.

Vastgoedprojecten vergen vaak een lange adem en veel geduld. Dat geldt ook voor illegale opbrengsten uit vastgoed. Zoals Van Vlijmen zelf moet wachten tot na zijn vertrek bij Bouwfonds voordat afgeroomd geld zijn richting op komt, zo laat hij anderen wachten tot na hun pensionering voordat ze de bulk van hun tegoeden kunnen opnemen. Anders lopen ze in de gaten. Van Vlijmen drukt de heren op het hart voorzichtig te zijn 'Ik ben van de school een gewaarschuwd man telt voor twee,' zegt hij op een telefoontap.

Het onderzoek van het OM wordt in het grootste geheim uitgevoerd door de FIOD-ECD, de recherche van de Belastingdienst. Die richt zich de laatste decennia vooral op fraudebestrijding. Een zaak van deze omvang hebben ze niet eerder bij de hand gehad. De omvang van de fraude, die in de honderden miljoenen euro's loopt, is ongekend. De listigheid en het raffinement waarmee de verdachten te werk gaan, vereisen zeer intensief speurwerk. Het OM gaat met het observeren van de verdachten tot het randje van zijn bevoegdheid. Het resultaat van het afluisteren en fotograferen is dat we kunnen meetellen als de fraudeverdachten hun buit verdelen. De opsporingsambtenaren kijken mee als de verdachten aantekeningen en boodschappenlijstjes maken voor hun fraudeplannen.

De vastgoedfraude – of de Klimop-zaak zoals justitie hem noemt – krijgt bekendheid als op 13 november 2007 een leger opsporingsambtenaren op meer dan vijftig adressen in Nederland en in het buitenland invallen doet. De omvang en duur van de fraude komt daarna stukje bij beetje aan het licht door publicaties in de pers, voornamelijk in *Het Financieele Dagblad* en *de Volkskrant*. Het beeld dat het Nederlandse publiek krijgt van de oplichting, de malversaties en omkoping is eerst nog gefragmenteerd. De fraudezaak is ingewikkeld, technisch vooral ook moeilijk te bevatten. Hoe is het mogelijk dat een paar uitgekookte zakenmannen, allen met verantwoordelijke functies bij bedrijven, onder de ogen van hun collega's en meerderen, overheidsinstanties en benadeelde bedrijven zich zo ongehoord kunnen verrijken? De brutaliteit, de hebberigheid en de gewetenloosheid van de verdachten zijn schokkend.

Hoe is het mogelijk dat ze kunnen pronken met dure auto's, huizen, zeilboten en plezierreisjes zonder dat ze in de gaten lopen?

Een verklaring is dat deze fraudezaak geen precedent heeft. De Nederlandse samenleving en het bedrijfsleven hebben er ondanks voldoende signalen en eerdere schandalen geen rekening mee gehouden dat zoiets kan gebeuren. Omkoping en vriendjespolitiek komen in Italië, België en de Antillen voor maar toch niet in Nederland? Is het verslepen van koffers contant geld niet voorbehouden aan de onderwereld? De zaak heeft met smeergeld, machtsmisbruik, minachting voor autoriteiten en psychologische intimidatie alle eigenschappen van een klassieke maffiafilm. Maar wel een die in het hier en nu speelt. Het is de keiharde realiteit in een land waar zoveel wordt gesproken over moraal en normen en waarden. Hier heerst een graaicultuur die bedrijven en overheden niet hebben willen en kunnen uitroeien. Dit is niet alleen een verhaal over hebzucht en vermoedelijke misdaad in de top van het bedrijfsleven. Dit is ook een verhaal over incompetente bedrijven, bestuurders en toezichthouders en hun ego's.

Deze vastgoedfraude is geen geïsoleerd geval. De zaak blijkt een voorbeeld van een hardnekkige voor-wat-hoort-watcultuur in de vastgoedwereld. Een cultuur waar privé- en zakelijke belangen ongeoorloofd vermengd zijn. Een groot grijs gebied waarin de betrokkenen denken dat binnen de marges van de wet en de gedragsregels van bedrijven veel mogelijk is. De beloningen voor oneerlijk gedrag vallen in de deals van tientallen miljoenen euro's nauwelijks op. De illegale opbrengsten zijn zo groot dat het ook geen bezwaar is om handlangers te laten meesnoepen.

Jan: 'Ik gun het hem ook.'

Rob: 'Ik gun het Alexander ook. Het is natuurlijk niet zo dat als wij tien, twaalf miljoen de man beuren dat hij vijf miljoen krijgt, zo werkt dat niet, want hij doet er weinig aan.'

Jan: 'Maar Rob, misschien gaat hij voor een miljoen zijn vinger opsteken. (…) Als wij ieder tien, twaalf harken dan maakt het toch niet uit of we ieder vijf ton lappen om hem een miljoen te geven.'

Rob: 'Nee, helemaal niet. (…) Al die cowboys die geld willen…'

Dit is een boek over een bovenwereld van vastgoedmannen. Nette heren die door een enorme honger naar geldelijk gewin afglijden naar onderwereldpraktijken. Vertrouwelijke documenten, afgeluisterde gesprekken, verhoren van verdachten, gesprekken met betrokkenen en reconstructies van gebeurtenissen geven een gedetailleerd beeld van hoe de verdachten te werk gingen. Gedetailleerder dan het OM noodzakelijk acht. Vaak is het schokkend, regelmatig is het ook hilarisch. Niets menselijks is de verdachten vreemd, hoe superieur ze zich ook wanen. De veelzeggende details over hun handelingen vormen de ingrediënten van een waargebeurde thriller.

De tientallen verdachten zullen nog even moeten wachten op hun berechting. De eerste rechtszaak begint kort na het verschijnen van dit boek in november 2009. Dan komen de directeuren van het bouwbedrijf Willemsen Minderman voor de rechter. Het OM zet de toon voor de latere processen van komende jaren tegen de andere verdachten. Het zal blijken dat Willemsen en Minderman eerst het complot zijn ingesleurd en daarna willens en wetens hebben meegewerkt. Dat patroon zal te zien zijn bij meer verdachten. Het is een kenmerk van georganiseerde misdaad, dat betrokkenen zich eerst verzetten, maar uiteindelijk niet meer kunnen uitstappen. Kennelijk kunnen veel mensen geen weerstand bieden aan zo veel geld en zo veel zakelijk succes in ruil voor wat hand- en spandiensten. Intimidatie en psychologische oorlogvoering helpen de twijfelaars over de streep.

Dit is geen incident, meent het Openbaar Ministerie als de contouren van de zaak in 2007 helder worden. Ferm overheidsingrijpen moet de ondoorzichtige cultuur van gunnen en giften in de vastgoedwereld doorbreken, meent de top van justitie als in het diepste geheim de 'actiedag' voor 13 november 2007 wordt voorbereid. Het is de grootste operatie ooit tegen fraude. Alle verloven worden ingetrokken.

1 De instap

In de vroege ochtend van 13 november 2007 doet justitie invallen op meer dan vijftig adressen in Nederland, België en Zwitserland. Gezocht wordt naar bewijzen voor malafide vastgoedtransacties en omkoping. Er worden vijftien personen in de boeien geslagen. 'Ik onthoud me graag van commentaar.'

Het is al vroeg donker op de avond van 12 november 2007. Oud-Bouwfondsdirecteur Jan van Vlijmen wenst zijn twee dochters welterusten in hun enorme slaapkamers in de villa in Heemstede. Niet veel later stapt de vermogende vastgoedman bij zijn vrouw Nicolette in bed. Een ledikant dat hem naar eigen zeggen slechts vijfduizend euro heeft gekost. Het echtpaar weet niet dat buiten het landgoed Bloemenoord de leden van een observatieteam van de FIOD-ECD verdekt staan opgesteld. Ze kijken nauwlettend toe hoe de lichten uitgaan in de villa. 'We hebben hem thuisgebracht. Hij gaat slapen,' meldt een gerustgestelde observant aan de FIOD-ECD-centrale in Eindhoven. Terwijl Van Vlijmen onder zijn dekbed ligt, luistert de opsporingsdienst zijn telefoon af. Dat doet de dienst al ruim een jaar. Wie weet pleegt hun doelwit nog een cruciaal telefoontje.

Van Vlijmen is de hele dag heimelijk gevolgd, tot aan de hekken van zijn landgoed. Van Vlijmen moet 'thuisgebracht' worden omdat de FIOD-ECD er zeker van wil zijn dat de vastgoedbons de volgende ochtend thuis is. Nog een kort nachtje te gaan en dan starten grootscheepse acties in het kader van het omvangrijkste onderzoek dat ooit in Nederland naar bedrijfsfraude heeft plaatsgevonden. Van Vlijmen wordt het belangrijkste doelwit van die acties. De opsporingsdienst heeft gedetailleerde scenario's klaarliggen voor het geval Van Vlijmen onverhoopt midden in de nacht of onverwacht vroeg in de ochtend opstaat en zijn villa zou verlaten.

Een uur voor zonsopgang op dinsdag 13 november nemen de FIOD-ECD'ers de afgesproken posities in rond de villa van Van Vlijmen. Tussen de bomen en struiken in het park van landgoed Bloemenoord is het nog donkerder dan bij de poort op de Kadijk, waar de straatlantaarns branden. Om zeven uur, als iedereen op zijn post staat, belt een van de FIOD-ECD'ers aan bij het toegangshek. De persoonlijke tuinman van de familie Van Vlijmen beantwoordt de bel. 'Goedemorgen. Wij zijn van de FIOD-ECD. Wij zijn hier met een rechter-commissaris. Wilt u openmaken?'

Een team loopt het landgoed op. Wat golft de grond hier merkwaardig. Dit lijkt wel trilveen, denkt een van de opsporingsambtenaren, terwijl hij in het schemerdonker de contouren van de woning van Van Vlijmen ziet opdoemen. Tot zijn schrik blijkt hij in de duisternis terecht te zijn gekomen op het dekkleed over het gigantische privézwembad. Zo stil mogelijk loopt hij weer van het zwembaddek af, in de hoop niemand in villa Bloemenoord gewekt te hebben.

Ook de overbuurman van Jan van Vlijmen aan de Kadijk in Heemstede, Hans Braam, schrikt 's ochtends 13 november wakker, door een klop op zijn slaapkamerraam. De gepensioneerde bollenboer is eigenaar van een bruingeteerde houten bollenschuur aan de Kadijk, tegenover landgoed Bloemenoord. Van Vlijmen huurt die schuur van hem. Een tiental FIOD-ECD'ers wil zien wat Van Vlijmen in de schuur opslaat. Het blijken stenen te zijn. Toepasselijke waar voor iemand die zijn rijkdom heeft verworven met de handel in stenen.

Op datzelfde moment bellen bij veertien andere privéadressen in het land ook FIOD-ECD-ploegen aan met een *wake-up call* in het kader van het ongekend grootschalig onderzoek naar vastgoedfraude. In de uren daarna krijgen nog eens tientallen bedrijven de FIOD-ECD aan de deur. 'De instap' noemen opsporingsambtenaren dit moment van binnentreden. Officieren van justitie noemen het ook wel 'de klap'. Het moment van de inval, waarop alle in het geheim getroffen voorbereidingen en vertrouwelijke onderzoekshandelingen culmineren in een actie, die aan de buitenwereld zichtbaar maakt dat de overheid iets onoorbaars op het spoor denkt te zijn. Deze val klapt dicht op 13 november 2007.

Justitie heeft een zaak van formaat te pakken. De personele inzet breekt alle records. In totaal zijn 610 bijzondere opsporingsambtenaren plus tientallen leden van het Openbaar Ministerie en de rechterlijke macht betrokken bij de doorzoekingen. De kantoren van de FIOD-ECD zijn uitgestorven. Iedereen met een bevoegdheid is vandaag op pad. Zij doen op 67 adressen in Nederland, België en Zwitserland doorzoekingen. Op nog eens veertig andere adressen vordert de FIOD-ECD de administratie op. In totaal komt op 107 adressen een ploeg van de FIOD-ECD over de vloer. Het is een militaire operatie.

De wekdienst van de FIOD-ECD haalt op 13 november 2007 ook directeur Maarten Minderman van de Capelse projectontwikkelaar Willemsen Minderman uit zijn bed. Hij woont alleen. Tegen half acht 's ochtends bellen de opsporingsambtenaren bij hem aan in 's Gravenzande. In onderbroek doet hij de voordeur open. Er staan ogenblikkelijk zeven, acht mensen van de FIOD-ECD in zijn woning. Hem wordt gezegd dat hij niet verplicht is vragen te beantwoorden.

'Mag ik effe bellen?' vraagt een verbouwereerde Minderman aan een FIOD-ECD'er. 'Nee,' luidt het antwoord kortaf. Minderman legt uit waarom hij heel dringend een telefoontje moet plegen. 'Mijn vriendin belt me 's ochtends altijd. Ik moet haar nu waarschuwen. Anders schrikt ze enorm.' De FIOD-ECD is onvermurwbaar. Even later, om half negen, gaat de telefoon over in huize Minderman. Niemand neemt op. Het rinkelen lijkt eindeloos te duren. Minderman staat met tranen in zijn ogen naast de telefoon.

De vriendin van Minderman staat op het perron in Alphen aan den Rijn op haar trein te wachten en is meteen ongerust. Ze racet naar de woning van Minderman. Tegen tien uur 's ochtends ziet ze tot haar grote schrik de auto van Minderman nog in zijn garage staan. Ze snelt naar de voordeur. Als ze binnen politie ziet, neemt de paniek toe. De politie sommeert haar buiten te blijven. Ze wordt wel gerustgesteld, maar krijgt geen toestemming met haar vriend te praten. Standaardbeleid. Minderman wordt verdacht van omkoping en witwassen. De opsporingsambtenaren vragen hem weg te blijven uit zijn werkkamer, die urenlang wordt onderzocht.

Minderman mag wel, om toch wat om handen te hebben, in de keuken zijn vaatwasser leegruimen. Borden. Koppen. Glazen. Minderman arriveert bij het bestek. Een arm schiet voor hem langs. 'Die pak ik wel even,' zegt de opsporingsambtenaar op bezwerende toon en grijpt een groot vleesmes uit de vaatwasser. Hij mag kort met open deur douchen voordat hij wordt meegenomen naar het politiebureau in Delft. Tegen vijf uur 's middags wordt het verhoor van Minderman op het bureau onderbroken. 'Bel je vriendin nu maar even,' zegt een rechercheur, 'om te vertellen wat er aan de hand is.'

Het is 's ochtends doodstil in het straatje de Molvense Erven op een woonerf in het Brabantse Nuenen. Hier woont in een eenvoudig rij-tjeshuis Will Frencken, de eind 2006 opgestapte directeur van de vast-goedtak van Philips Pensioenfonds. Een van de weinige tekens van leven is het fonteinstraaltje in zijn voortuin. Ogenschijnlijk uit het niets drommen FIOD-ECD'ers de met siertegels geplaveide voortuin in en bellen aan. Pas na lange tijd sloft Frencken naar de deur. Hij wordt ge-arresteerd en zijn huis wordt urenlang minutieus doorzocht op alles van waarde. Ze vinden in de slaapkamer kostbare juwelen en de sleu-tels van een Ferrari. Enkele opsporingsambtenaren watertanden van de collectie bijzondere elektrische gitaren, een passie van Frencken.

Ze worden vergezeld door directeur Hessel Schuth van het Bureau Ontnemingswetgeving van het Openbaar Ministerie, kortweg BOOM. Zijn organisatie, waar veertig financieel experts en tien officieren van justitie werken, moet crimineel verkregen geld afpakken van veroor-deelde boeven. De Ferrari van Frencken staat niet voor de deur op het woonerf. Daar parkeert hij de opvallende sportwagen nooit, omdat hij toch wel erg uit de toon zou vallen in deze wijk waar veel Philips-werknemers wonen. Justitie vindt de wagen in een gehuurde garage-box iets verderop. In Heemstede worden de auto's van Van Vlijmen meegenomen door takelwagens die om de hoek bij zijn landgoed klaarstaan.

Vermogenstraceerders onderzoeken al maanden waar de verdach-ten hun bezittingen hebben gestald. Banken, kadaster en de Rijksdienst voor het Wegverkeer zijn nageplozen. De inbeslagnames en de waarde ervan zijn achter de schermen vooraf summier getoetst bij de rechter. Een team van Schuth laat bij Van Vlijmen thuis voor een recordbedrag van 64 miljoen euro beslag leggen. Dat is op dat moment de inschatting van het wederrechtelijk verkregen voordeel. Bij Frencken in Nuenen leggen ze beslag voor 10,7 miljoen euro. Ook deze inschatting – het twintigvoudige van de waarde van het huis – is voorlopig.

Justitie neemt alles in beslag. Tegenwoordig is BOOM vanaf het be-gin betrokken bij grote onderzoeken. Als een crimineel wordt veroordeeld en moet betalen, heeft het bureau een deel van de buit al binnen. Als je aan hun geld komt, dan kom je aan de redenen waarom ze het doen, is de redenering. Het huis, de gitaren en de Ferrari gaan niet meteen in de verkoop. Dat gebeurt pas als de rechter uiteindelijk tot een veroordeling komt en besluit dat verdachten schade moeten vergoeden, maar weigeren te betalen.

Justitie heeft ook flink wat bedrijven geselecteerd voor de actie. Daaronder zijn grootbanken als Fortis en ING, enkele vastgoedmagnaten, verschillende projectontwikkelaars en het Philips Pensioenfonds. Op 12 november wordt in Eindhoven bij het Philips Pensioenfonds een cruciale vergadering gehouden. Een van de grootste pensioenfondsen van Nederland hakt de knoop door over de geplande verkoop van zijn complete vastgoedbezit. Dat is nogal wat. Het Philips Pensioenfonds is een van de allerlaatste grote pensioenfondsen dat besluit zelf geen onroerend goed in eigendom te hebben. Als laatste der Mohikanen bezit en beheert het fonds anno 2007 in deze sector voor een miljard euro aan huizen, kantoren en winkels. De verkoop daarvan sluit een tijdperk af. Het verkoopproces loopt al een paar maanden. Philips moet kiezen aan wie de duizenden woningen worden gegund. Ook kijkt Philips naar de kandidaten voor de tweede ronde uit het biedingproces op het commercieel vastgoed, de kantoren.

De volgende dag maken medewerkers van het internationale makelaarskantoor CBRE zich op voor een mooie eerste klus voor het Philips Pensioenfonds. Ze hebben toestemming gekregen samen met Jones Lang LaSalle de hele vastgoedportefeuille te verkopen. Jones Lang Lasalle mag de huizen slijten. CBRE krijgt opdracht de kantoren en winkels van Philips te verkopen. Dat is de grootste kluif. Directeur Marco Hekman van CBRE is aangenaam verrast omdat Philips Pensioenfonds tot nu toe een gesloten bastion is geweest. Ze komen al jaren niet binnen. Zaken worden veelal een op een gedaan. Hekman onderbreekt zijn zomervakantie om de klus op te pakken. Na maanden van voorbereiding kan in november het biedingsproces beginnen.

Voor geïnteresseerde kopers moet een zogeheten dataroom ingericht worden. Op 13 november 2007 reizen makelaars naar Eindhoven om de documentatie op te halen. Als een van hen met een doos gevoelige informatie over de beleggingsportefeuille van Philips Pensioenfonds naar buiten wil lopen, wordt hij staande gehouden. De FIOD-ECD. 'Wat zit er in die doos?' vraagt een FIOD-ECD'er aan de verbijsterde makelaar. De meeste spullen moeten achtergelaten worden. Ook de kamer van pensioenfondsbaas Jasper Kemme wordt doorzocht. Het delicate verkoopproces wordt verstoord door de FIOD-ECD, klagen medewerkers van de vastgoedafdeling van Philips Pensioenfonds later tegen justitie. Geïnteresseerden haken opeens af. Kantoren worden voor het eind van het jaar met veel moeite voor een magere prijs verkocht. Eurocenter, een nieuw kantoorcomplex op de Zuidas, blijkt besmet. Philips raakt het aan de straatstenen niet kwijt, terwijl de Zuidas toch Nederlands meest prestigieuze vastgoedlocatie is.

Het is geen toeval dat justitie ook hier haar opwachting maakt. Een van de wolkenkrabbers op de Zuidas is het World Trade Center (WTC). Daar arriveert op 13 november 2007 de jongste medewerker van projectontwikkelaar Trimp & van Tartwijk als eerste op het kantoor op de zeventiende etage van de H-toren. Twee, drie minuten nadat hij de lampen heeft aangedaan, gaat de bel. Of hij even kan opendoen. Een kleine twintig mensen in blauwe jacks stappen binnen, aangevoerd door een officier van justitie. Ze zijn discreet het kantorencomplex binnengelopen. In de lift omhoog tellen ze zestien verdiepingen. Als de deur van de zeventiende opengaat, doen ze hun kleppen van hun jassen omlaag. In lichtgevende letters wordt 'FIOD-ECD' zichtbaar.

Druppelsgewijs arriveren daarna zo'n dertig medewerkers bij Trimp & van Tartwijk. Iedereen wordt bij binnenkomst tegengehouden en moet zijn telefoon en laptop inleveren. Dat gaat op erewoord. De FIOD-ECD fouilleert niet. Een voor een wordt iedereen naar de centraal gelegen vergaderzaal gedirigeerd. De ramen daarvan zijn gematteerd, op een smalle strook glas na. De aanvankelijk verbijsterde, maar later grappende werknemers zien hoe de FIOD-ECD zich concentreert op de hoek waar de mensen van Trimp & van Tartwijk Property Development werken. Andere afdelingen, zoals Property Consultants, laat de FIOD-ECD met rust.

Door de smalle strook glas is net te zien dat de computer van directeur Dennis Lesmeister in onderdelen op zijn bureau ligt. Lesmeister komt van Bouwfonds. Hij heeft zich bij Trimp & van Tartwijk

niet populair gemaakt met zijn botte gedrag en omdat hij zich onttrekt aan de gezamenlijke lunch. Lesmeister verordonneert de directiesecretaresse dagelijks zijn broodjes te smeren, die hij in afzondering op zijn werkkamer opeet. Lesmeister is, zo leren de kantoorme-
dewerkers later, eerder die ochtend gearresteerd, evenals naamgever
Hans van Tartwijk.

Leidinggevende Harm Trimp verschijnt wel op kantoor. De FIOD-
ECD zet hem apart met de officier van justitie in een zijkamer. Daar
komt hij de rest van de dag niet meer uit. Na vier, vijf uur opgesloten
te zijn geweest in de glazen vergaderzaal, zonder leidinggevenden en
overgeleverd aan elkaars speculaties over de bedoelingen van de
FIOD-ECD, mag het personeel het pand verlaten. Ze spreken af niemand, maar dan ook helemaal niemand, buiten te vertellen wat er is
gebeurd, zolang onduidelijk is wat er precies aan de hand is. Nog voor
de avond valt, zijn de eerste personeelsleden gedwongen deze belofte
weer te breken. Thuis eisen hun partners uitleg over de plotselinge,
verhitte onderlinge telefoontjes. Drie dagen later al smeedt een deel
van het personeel plannen om het onlangs nog zo trotse Trimp & van
Tartwijk zo snel mogelijk te verlaten. Iedereen die kan, zoekt voor
zichzelf een veilig heenkomen.

Op zich staat de Amsterdamse Zuidas er goed voor in het najaar
van 2007. Dat is deels te danken aan een creatieve gemeenteambtenaar met doorzettingsvermogen, Jan Stoutenbeek. Hij viert op 1 november 2007 zijn 25-jarig jubileum met een borrel in café Waterlooplein 77. De jubileumborrel van 'mister Zuidas' trekt tweehonderd
man. Sleutelfiguren uit het vastgoed als Jan Doets van ING, Cees van
Boven van MAB en Hans van Tartwijk staan zij aan zij. Burgemeester
Job Cohen zegt op het laatste moment af. Het cadeau dat Stoutenbeek
krijgt van Trimp & van Tartwijk, ABN Amro en Redevco is besteld,
maar helaas nog niet gearriveerd. Stoutenbeek houdt nog wat te goed,
belooft Van Tartwijk.

Twee weken later kan hij het cadeau afhalen op het kantoor van
projectontwikkelaar Trimp & van Tartwijk in het World Trade Center. Dat is hetzelfde gebouw waar het gemeentelijke bureau Zuidas is
gevestigd waarvan Jan Stoutenbeek directeur is. Meestal gaat Stoutenbeek op de fiets naar het werk. Vandaag, 13 november 2007, neemt
hij de auto naar het WTC. Later moet hij naar een minder heuglijke ge-

beurtenis, de begrafenis van vastgoedman Frans van Leeuwen van Blauwhoed in diens woonplaats Heerjansdam. Om elf uur 's ochtends neemt hij de lift naar de zeventiende verdieping. Stoutenbeek kent de weg. Hij komt hier regelmatig voor overleg. Trimp & van Tartwijk speelt namelijk een sleutelrol in de stormachtige ontwikkelingen aan de Zuidas, die Stoutenbeek namens de gemeente begeleidt. Als hij de lift uitstapt, valt Stoutenbeek op dat de deur van het kantoor van Trimp & van Tartwijk wagenwijd openstaat. Normaal is het vastgoedkantoor altijd gesloten en moeten bezoekers eerst aanbellen. Tot zijn verbazing ziet Stoutenbeek een man met een lichtgevend hesje aan. Raar dat de gemeentereinigingsdienst op de zeventiende verdieping aan het werk is, denkt de topambtenaar.

'Wat komt u hier doen?' vraagt een van de mannen aan Stoutenbeek. 'Ik kom mijn cadeautje ophalen,' flapt de hoogste ambtenaar van de gemeente aan de Zuidas er spontaan uit. Stoutenbeek ziet het voltallige personeel van Trimp & van Tartwijk verzameld in de centrale glazen vergaderruimte. Overal staan mannen met hesjes met fluorescerende letters. 'Sodeju,' realiseert Stoutenbeek zich. 'Gespannen koppies allemaal.' Met een dreun dringt het tot hem door dat op de ruggen en borsten van de stratenvegers in reflecterende letters FIOD-ECD staat. De belangrijkste ambtenaar van de Zuidas realiseert zich tot zijn schrik dat hij zojuist bij de belangrijkste marktpartij voor de Zuidas letterlijk een grootscheeps fraudeonderzoek moet zijn binnengestapt. 'En wie bent u?' wil de opsporingsambtenaar van de FIOD-ECD weten van de Zuidasdirecteur. De verkeerde man op de verkeerde plek op de verkeerde tijd, denkt hij terwijl hij de FIOD-ECD'er timide antwoord geeft, door de ruiten gadegeslagen door de opgesloten werknemers van het vastgoedbedrijf.

De FIOD-ECD doet navraag en besluit dat Stoutenbeek het grote pakket mag meenemen. Maar niet voordat het wordt gecontroleerd. Het is een zeldzame uitgave over de geschiedenis van Amsterdam, de grote hobby van Stoutenbeek, die zelf werkt aan een boek over het godsbegrip in de vroege Rennaissance. De agent bladert het boek door en overhandigt het dan. 'Wegwezen hier,' besluit hij. Trillend van de zenuwen verdwijnt mr. Zuidas met zijn cadeau in de lift naar beneden. In typisch herfstweer rijdt de topambtenaar naar de begrafenis, met zijn cadeau in de achterbak. De toespraken bij de teraardebestelling van de familie, de raad van bestuur van Blauwhoed, de Jacht-club Scheveningen en de bemanning van het zeilschip van Van Leeu-wen, gaan bij Stoutenbeek het ene oor in en het andere uit. Op de be-grafenis durft hij met niemand te spreken over wat hem vandaag is overkomen.

Na een slapeloze nacht weet Stoutenbeek de volgende ochtend wat hem te doen staat. Hij beseft wie de verdachten zijn op wie het straf-rechtelijk onderzoek is gericht. God, denkt hij, die lopen hier allemaal rond op de Zuidas. Op 14 november 2007 pakt Stoutenbeek om half tien 's ochtends de telefoon in het kantoor aan de Zuidas en belt de se-cretaresse van de burgemeester. Hij wordt direct doorverbonden. 'We hebben gedonder, Job,' zegt Stoutenbeek. Hoewel de invallen een dag eerder hebben plaatsgevonden en het eerste nieuws al in de kranten staat, weet Cohen nog van niets. 'Dit is ernstig. We moeten iets doen.'

Dezelfde dag vindt in Amsterdam in Hotel de L'Europe een ge-meentelijk vastgoedcongres plaats, met een diner in het prestigieuze restaurant Excelsior. Twaalf tafels zijn gereserveerd voor prominen-ten uit de vastgoedwereld. Het valt de aanwezigen op dat één badge blijft liggen op de tafel bij de ingang, waar de gasten zich registreren. Iedereen kijkt even welke naam op de badge staat. In de dinerzaal blijft aan de centrale tafel een couvert onaangeroerd en een stoel leeg. Het is de stoel van Hans van Tartwijk.

Hans van Tartwijk zelf schrijft later in een terugblik op 13 novem-ber 2007 op zijn weblog dat hij thuis in IJsselstein 'door twaalf (deels bewapende en overigens zeer voorkomende) dienders gewekt en af-gevoerd' is. 'Mijn kinderen en vrouw mochten vijf uur niet uit de keu-ken en moesten met de handen op tafel blijven zitten. Zelfs het on-dergoed van de meiden moest eraan geloven.' In zijn blog van 22 mei 2008 vergelijkt Hans van Tartwijk zich met cartoonist Gregorius Nek-schot, die volgens hem ook met excessieve middelen is opgepakt door de overheid. Inmiddels heeft Van Tartwijk deze blog weer stilletjes van zijn site gehaald. Zijn geblogde hartekreet is nergens meer te vin-den, zelfs niet in de automatisch aangemaakte archieven van internet.

Na drie dagen voorarrest komen Hans van Tartwijk en Dennis Lesmeister, collega-directeuren bij Trimp & van Tartwijk, weer vrij. De rechter vindt dat er onvoldoende grond is om hen nog langer in voorarrest te houden. Daarna duurt het nog een week voordat Hans van Tartwijk zijn personeel weer onder ogen durft te komen. Hij maakt een zwaar aangeslagen indruk. Hij spreekt het personeel niet plenair toe.

Justitie heeft ook haar pijlen gericht op de ex-topman van Bouwfonds, Cees Hakstege, de voormalige baas van Jan van Vlijmen. Hij is de man met de hoogste functie in de lange lijst van verdachten. Gearresteerd wordt Hakstege niet, wel wordt hij afgeluisterd. Op 13 november 2007 belt de gepensioneerde grote baas van ontwikkelaar Bouwfonds vanuit zijn vrijstaande villa tussen Woubrugge en Alphen aan den Rijn naar BMW-dealer Hans Evers. Of hij onmiddellijk een auto bij hem kan huren. Als de medewerker die Hakstege aan de lijn heeft navraag doet, wordt Hakstege even in de wacht gezet. Inmiddels is wereldkundig gemaakt dat justitie een megaonderzoek naar zijn bedrijf is gestart. In afwachting van het antwoord verzucht Hakstege, niet wetend dat de FIOD-ECD meeluistert: 'Ik wist dat het…' Even later probeert Hakstege zichzelf gerust te stellen: 'Daar kijken ze niet meer naar, zo'n boot…' Hakstege heeft het mis. Die boot van hem, daar zal de FIOD-ECD nu juist wel naar kijken.

Overal wordt op 13 november 2007 keurig voor de aanbellende FIOD-ECD'ers opengedaan. Nergens moet een deur worden opengebroken. Bij alle doorzoekingen zijn behalve de rondreizende rechterscommissarissen ook pandcoördinatoren ('paco's') van het Openbaar Ministerie aanwezig. Plus notulisten van de FIOD-ECD, die situatieschetsen maken en noteren wat waar in beslag is genomen. Elke doorzochte kamer krijgt een nummer. De notulisten maken ook aantekening van veiligheidsincidenten, zoals het trekken van een vuurwapen. Geen van de huiszoekingsnotulen maakt daar echter melding van, ook al wordt in de daaropvolgende maanden anders beweerd in de omgeving van Jan van Vlijmen.

Alle notulisten werken op een laptop, die in contact staat met het actiecentrum van de FIOD-ECD in Eindhoven. Daar zijn sinds elf uur de vorige avond vijfendertig mensen op een aparte verdieping bezig met de coördinatie van de voor Nederland ongekende reeks invallen. Voor deze actie is een softwareprogramma ontworpen dat de actieleiding aan het eind van de dag een overzicht van de eerste resultaten geeft.

13 november 2007 wordt een lange dag voor de FIOD-ECD. De

meeste zoekploegen zijn vanaf vijf uur 's ochtends op pad. Om middernacht zijn nog elf medewerkers op een logistiek centrum van de FIOD-ECD in Helmond bezig met het ontvangen en sorteren van in beslag genomen materiaal. De oogst is tweehonderd strekkende meter documenten. Plus elf terrabyte aan digitale documentatie die de ict'ers van de FIOD-ECD hebben binnengehaald met 'images' van computers op de doorzochte adressen. Een terrabyte heeft de omvang van de inhoud van een universiteitsbibliotheek. Met het softwareprogramma Sherlock doorzoekt de FIOD-ECD deze informatieberg. Dat materiaal komt boven op de 55.000 telefoongesprekken die de FIOD-ECD tapt. Allemaal gesprekken die minstens eenmaal zijn afgeluisterd en zijn beschreven. De belangrijkste van de zogeheten 'bewijsgesprekken' schrijft de FIOD-ECD voor de zekerheid tweemaal uit.

Elke doorzoeking op 13 november 2007 geschiedt aan de hand van een locatiedraaiboek van gemiddeld vijfendertig pagina's. Daarin staat wat waar moet worden gezocht. Of er kleine kinderen te verwachten zijn die door een FIOD-ECD'er naar school moeten worden gebracht. Of dat er kleine kinderen zijn die, zoals bij Jan van Vlijmen, door de vrouw van de verdachte naar school mogen worden gebracht. Het draaiboek meldt ook wanneer en waar de zoekploeg de lunchpakketten krijgt: een papieren zak met twee broodjes, een krentenbol, een appel of een sinaasappel, een beker melk en een Mars of een Twix. Een ander team van de FIOD-ECD bezorgt zelf de lunchpakketten op de doorzochte adressen, om te voorkomen dat een ingehuurde cateraar doorkrijgt waar een actie gaande is.

Ook tijdens de invallen probeert de FIOD-ECD te voorkomen dat betrokkenen lucht krijgen van een doorzoeking voordat de opsporingsambtenaren ter plaatse aanbellen. Pas nadat de FIOD-ECD en het Openbaar Ministerie zelf een persbericht hebben uitgebracht, melden de nieuwsdiensten om 16.00 uur voor het eerst dat er een actie gaande is.

Elke gearresteerde verdachte wordt door een apart geformeerd hoorkoppel verhoord. Van tevoren is besloten welke tactiek wordt toegepast. Is er kans dat Jan van Vlijmen gaat praten? Is het zinvol om de verdachte eerst gelegenheid te geven een leugenachtige verklaring af te leggen? Is het vruchtbaar de arrestant tijdens de verhoren te omsingelen? Eerst laten spartelen? Of meteen confronteren met de feiten en de verdenkingen? Is het een verdachte die eerst door de koffiedame moet worden verhoord en in tweede instantie pas op zijn eigen niveau? Of is het een captain of industry, zoals Jan van Vlijmen, die zich niet snel laat imponeren? In de regel zoeken verhoorders een klik met een verdachte. Ze willen immers een verklaring krijgen.

Het is nog vroeg, tien minuten over tien op 13 november 2007, als Jan van Vlijmen klaarzit op het hoofdbureau van de politie Kennemerland aan het Binnen Spaarne in Haarlem. Bijzondere opsporingsambtenaren Mark Barends en Johan van Ginkel van het FIOD-ECD-kantoor Arnhem zitten eindelijk tegenover de man die de gemoederen binnen de Belastingdienst en justitie al sinds halverwege 2005 bezighoudt. Het vermoeden is dat de onberispelijke zakenman met veel handlangers zijn zakken heeft gevuld met tientallen miljoenen euro's. Dat zou ten koste zijn gegaan van zijn werkgever Bouwfonds en de gepensioneerden van Philips.

De eerste vraag van het hoorkoppel is: 'Kunt u in het kort iets zeggen over uw privéomstandigheden? Gezin, hobby's?' Van Vlijmen zegt: 'Begrijp ik het goed dat ik voor dit soort vragen ook gebruik mag maken van mijn zwijgrecht? Dat is ingegeven door het feit dat ik al drie jaar in discussie ben met de Belastingdienst en ik het ongepast vind dat nu zo'n actie plaatsvindt.' Barends en Van Ginkel vuren daarna nog tientallen vragen op hem af over zijn relatie tot de directeuren van Philips Pensioenfonds Rob Lagaunne en Will Frencken. Als de naam van Frencken valt, loopt Van Vlijmen, die anders zo koelbloedig is, rood aan en begint ongemakkelijk te bewegen, aldus het proces-verbaal van het verhoor. Hij krijgt een stukje van een getapt gesprek te horen. Hij hoort zijn eigen stem. De ondervragers laten hem foto's zien. 'De geluidsopnamen en de foto's spreken voor zich en vragen om een verklaring uwerzijds.'

De twee opsporingsambtenaren die Van Vlijmen horen, kunnen in een later verhoor enige trots niet onderdrukken. 'Schrok u ervan toen wij u lieten zien dat er vertrouwelijke gesprekken zijn opgenomen?' Van Vlijmen zegt 'onder de indruk' te zijn van de opnames met bugs in de hotelkamers die hem en zijn maten van Philips ontmaskeren. Maar inhoudelijk laat hij niets los. 'Ik onthoud me graag van commentaar.' Van Vlijmen wordt in een van de eerste verhoren ook naar het goede contact met zijn mysterieuze oom Nico Vijsma gevraagd.

'Is dat op basis van gelijkwaardigheid? Of speelt u de bal naar hem toe? Of speelt hij de bal naar u?' Ook geen commentaar. Het eerste verhoor eindigt om 10.44 uur met het zetten van de handtekening van de hoofdverdachte onder het proces-verbaal met de code V01-01.

Later zegt Van Vlijmen tegen de hulpofficier tijdens het verhoor in verzekeringsstelling dat de verdenkingen 'onzin' zijn. De volgende dag zegt hij op het politiebureau in Tilburg dat hij een 'schoon geweten' heeft. Van Vlijmen zegt het niet gemakkelijk te hebben. 'Ik zit hier niet voor mijn lol.' Hij wil 'best een open dialoog aangaan'. Maar de vastgoedbons is ontevreden over de minder florissante omstandigheden waaronder hij wordt verhoord. Jan verlangt 'een goede setting, een normale kamer, waar ik uit kan. In deze setting waarin ik word overvallen en in een hok word gezet, wil ik geen verklaring afleggen.'

Deel 1

Fraudeverdachten nemen Bouwfonds over

2 Een sfinx met smetvrees

Wie is Jan van Vlijmen? Een jongen van goede komaf met talent
voor de handel, maar ook verlegen, stilletjes en kil. Een manipula-
tieve controlfreak die met geld strooit, maar ook een punctuele gie-
rigaard zonder vrienden. 'Hij is een gigageldwolf.'

Dat Joannes Ferdinand Maria van Vlijmen (Heemstede, 1956) zich op
13 november 2007 rond een uur of tien niet zo lekker voelt op het politiebureau van Haarlem, wekt bij zijn familie, vrienden en zakenpartners weinig verbazing. Een politiebureau is niet de aangewezen
habitat voor deze telg uit keurige en traditionele families, zowel van
vaders- als van moederskant. Zijn grootvader had de leiding over het
familiebedrijf Boldoot dat sinds 1789 eau de cologne aan de gewone
man brengt en zich hofleverancier mag noemen. Zijn moeder is een
Grapperhaus, een familie die onder meer een naoorlogse staatssecretaris levert. Hij heeft vrienden en nauwe zakenpartners bij de meest
vooraanstaande en vermogende families van Nederland, zoals de familie Fentener van Vlissingen van het grootste familiebedrijf van Nederland, de Steenkolen Handels Vereeniging (SHV), en de familie De
Pont van beleggingsmaatschappij Janivo. Tot zijn zakenpartners behoren ook investeerder Roel Pieper en de Twentse miljardair Dik
Wessels van bouwer VolkerWessels en internetbedrijf World Online.

Zelf is Van Vlijmen ook niet onbemiddeld. Zijn eerste geld verdient hij, evenals de familie De Pont, met de handel in auto's. Als student exporteert hij auto's naar de Verenigde Staten. Maar zijn hart ligt
bij het vastgoed. Vermogend wordt Van Vlijmen nadat hij in 1995 zijn
bedrijf verkoopt aan vastgoedonderneming Bouwfonds en daarvan
directeur wordt. De immer onberispelijk geklede Van Vlijmen vertrekt in 2001 met ruzie bij Bouwfonds, dat dan Nederlands grootste

huizenbouwer en projectontwikkelaar is. Daarna begint hij weer voor zichzelf. Zijn faam groeit in vastgoedkringen sindsdien alleen maar. Tot die reputatie met zijn arrestatie op 13 november 2007 in één klap aan gruzelementen ligt.

Van Vlijmen is als directeur bij Bouwfonds de grote man die vastgoedprojecten kan initiëren. Maar daarnaast houdt hij zich vooral bezig met het opbouwen van een organisatie, met als enig doel het in crimineel verband wegsluizen van miljoenen. Dat is althans de verdenking als de keurige Van Vlijmen niet ver van zijn landgoed Bloemenoord in het Haarlemse politiebureau aan de tand wordt gevoeld.

Hij kan, zoals de Belastingdienst het noemt, als directeur de structuur van zijn fraude vormgeven en de bijbehorende geldstromen 'opwekken'. Hij kan de vastgoedprojecten en de geldstromen fiatteren om ze daadwerkelijk tot stand te laten komen. Via de randjes laat hij bij gereputeerde ondernemingen als Bouwfonds en Philips Pensioenfonds nogal wat miljoenen weglekken. Dat gaat via een ingenieus opgezette fraude en een wijdvertakt, maar hecht netwerk met familieachtige trekjes, is de verdenking. Maffiatrekjes zelfs, zal een van de slachtoffers, theaterondernemer Joop van den Ende, later op televisie zeggen.

Voor zijn medeverdachten is Van Vlijmen 'Don Giovanni', blijkt uit door justitie onderschepte correspondentie. Don Giovanni is Johannes in het Italiaans. De Don. De gewone mensen in zijn omgeving noemen hem met een mengeling van ontzag en sarcasme Koning Jan. Van Vlijmen is trots op zijn nieuwe villa op het indrukwekkende landgoed Bloemenoord in Heemstede. Hij heeft het huis een slag laten draaien om het zonlicht beter op zijn terras te laten vallen.

Zakenpartners Willemsen en Minderman zijn verrast dat ze worden uitgenodigd voor de inwijding van het huis. Van Vlijmen staat er niet bekend om veel los te laten over zijn privézaken. Als de gasten op de bewuste zaterdagmiddag komen aanrijden over de Herenweg in Heemstede en afslaan richting de Kadijk, zien ze een haag van beveiligers. Mannen gekleed in het zwart, met zonnebrillen op en oortjes in. 'Wat komt u doen?' wordt Willemsen en Minderman gevraagd. 'We komen voor Jan van Vlijmen,' antwoorden ze. De gorilla's knikken en sturen ze door het stalen hek het terrein op. Daar staat weer iemand in het zwart met een oortje en een zonnebril. Die leidt het duo naar het bordes, waar ze ook weer staan in het zwart met oortjes en zonnebril. 'Alsof je in een maffiafilm terechtkomt,' zeggen ze achteraf.

Aanwezig zijn ook bankier Hans ten Cate met zijn kenmerkende stok, makelaar Harry Mens, projectontwikkelaar Bob Nikkessen, notaris Jan Carel Kloeck, architect Aat van Tilburg en veel andere vertrouwelingen en zakenpartners. Tijdens de opening worden rondleidingen door het huis gegeven. De gasten zien gigantische slaapkamers. Tegen elkaar fluisteren ze dat het een beetje een kille bedoening is. Dat geldt zowel voor het huis, gebouwd naar een ontwerp van Van Tilburg, als voor de inrichting. Het valt op dat in het huis nog kale peertjes hangen en dat in sommige vertrekken een beetje goedkope houten vloer ligt. Her en der is bezuinigd op de kosten. Maar het is vooral de vervaarlijke ontvangst die als kil wordt ervaren door gasten die iets verder af staan van Van Vlijmen en Vijsma.

Koning Jan is een extreme controlfreak, bevestigen vrijwel al zijn zakenpartners. Zijn telefoon neemt hij nooit meteen op. Iedereen die hem belt, komt eerst in zijn voicemail terecht. Geen telefonische surprises. Dat terwijl Van Vlijmen jaren eerder in het meisjesstudentenhuis in Leiden nog indruk maakt dankzij zijn mobiel. Dat is dan nog een zeldzaam statussymbool. Alleen als Koning Jan er klaar voor is, laat hij zijn secretaresse terugbellen. Een vastgoedman die om een kennismakingsgesprek vraagt, krijgt een telefoontje terug van de secretaresse. De heer Van Vlijmen voert geen kennismakingsgesprekken, goedemiddag. Telefonisch contact komt alleen tot stand als hij het wil. Als er wordt gebeld, dan alleen op een tijdstip dat Van Vlijmen zelf kiest. Als hij het contact de moeite waard vindt, belt hij terug. Zakenpartner Rob Willemsen merkt dat Jan in de avonduren ook wel om futiele redenen aan de lijn kan hangen. Willemsen heeft dit telefoneergedrag als intimiderend ervaren. 'Het bereikbaar zijn om het bereikbaar zijn.'

Onderdeel van het controlespel over zijn telefonische bereikbaarheid is dat Jan van Vlijmen het aantal keren turft dat iemand hem tevergeefs heeft gebeld. Hoe meer mislukte pogingen, des te hoger een beller in zijn achting stijgt. 'Je moet wel leren dat je zo'n vent niet twee keer per dag belt, maar twintig keer. Totdat je hem hebt. Dan krijg je hem heus wel te pakken,' legt Van Vlijmen eind 2007 uit aan een medeverdachte. Hij weet niet dat de FIOD-ECD meeluistert. De gesprekspartner vraagt vervolgens of Van Vlijmen niet op zijn telefoon heeft gezien dat hij hem te pakken probeerde te krijgen. 'Vijftien keer,' antwoordt Koning Jan. 'Dat vind ik heel terecht. Dat spreekt me enorm aan.' Ook zijn broer moet laten zien dat hij zijn best doet om Jan te bereiken, legt hij aan zijn medeverdachte uit. 'Simon moest me gisteren hebben. Ik zag dat hij me zeventien keer had gebeld. Daar word ik niet boos om. Dat juich ik toe. (…) Ik ben zo geschoold.'

Jan traint zijn leger van handlangers en zakenpartners samen met zijn oom. Hij zit ze verschrikkelijk achter de broek. Hij is precies en onberispelijk. Tot in het kleinste detail houdt hij de controle over zijn netwerk en zijn projecten. 'Jan is een vreselijke mierenneuker,' zegt verzekeraar Jim Kroon, die jarenlang het kantoor deelt in Heemstede en in zaken gaat met de firma Van Vlijmen. Kroon neemt Reinier van Vlijmen in dienst als deze ruzie krijgt met zijn oudere broer.

In Jan van Vlijmens inloopkledingkast staan zeven paar gepoetste schoenen klaar met zeven identieke donkerblauwe pakken. Staalblauw is zijn lievelingskleur. In een schaars onbewaakt ogenblik betrapt een buitenstaander hem thuis in een roze kamerjas. 'Ik ben geen homo hoor,' verklaart Van Vlijmen haastig. Meer buitenissige uitdossingen zijn uitgesloten bij Jan van Vlijmen. Zijn zakenmannenuiterlijk is altijd tot in de puntjes verzorgd. Netter dan net. Alles moet kloppen. Gladgeschoren. Beetje aftershave. En punctueel. Koning Jan arriveert altijd een kwartier te vroeg op het adres waar hij heeft afgesproken. Dan wacht hij in zijn auto tot vlak voor het moment suprême. Op de minuut nauwkeurig meldt hij zich dan bij zijn afspraak. Omgekeerd eist Van Vlijmen ook punctualiteit. Als iemand een halve minuut te laat op een afspraak verschijnt, kan hij een uitbrander verwachten. 'Je moet op tijd komen,' foetert Jan dan.

Zijn omgeving vreest die ontploffingen als iets niet perfect is. Aan zijn woedeaanvallen dankt hij een andere bijnaam: De Groene. Het schuim staat hem dan op de lippen. Tegenspraak duldt hij niet. Het is al een ergerlijke vrijpostigheid als een medewerker maandagochtend bij Van Vlijmen informeert hoe het weekend van de baas was. 'Daar kom ik vanmiddag in een memo aan allen op terug,' luidt dan zijn korzelige antwoord. Dat doet hij dan uiteraard niet, ook omdat hij zelden iets op papier zet. Van Vlijmen stelt het evenmin op prijs als medewerkers onder elkaar over hun privéleven praten. Op het werk dient alleen over het werk te worden gesproken.

Van Vlijmen is geen grote eter. Voedsel is functioneel voor hem. 's Ochtends gebruikt Jan één kop koffie. Hij eet gezond. Blaadjes sla, een wortel. Hij past zich aan het gezelschap aan en verliest nooit het werkelijke doel van een etentje uit het oog. Voor hem volstaat een wokmaaltijd en een vanille- of aardbeienijsje toe. Dat gebeurt vaak op dinsdagavonden in Hotel Mövenpick in Den Bosch als hij met pensioenfondsdirecteuren van Philips 'een hapje eet' en vergadert. Heeft hij iemand uit Curaçao over de vloer, dan laat hij een barbecue organiseren. In augustus 2007 is hij onder de indruk van de hoeveelheid vlees die zijn gast nuttigt. 'Twee prime ribs!' zegt Jan nadien verbaasd tegen zijn oom Nico Vijsma.

Als het echt moet, rijdt Van Vlijmen naar het smaakvolle hotel-restaurant De Kievit in Wassenaar, zoals in 2002 voor een zakelijk etentje met architect René Steevensz en de Luxemburgse trustdirecteur Roeland Pels. Of dichter bij hem in de buurt naar de Bokkedoorns aan de Zeeweg in Overveen. Het is Van Vlijmen niet om het eten te doen. Zijn grootste culinaire uitspatting zijn goedkope roomboterkoekjes. Daar moet altijd een schaal van klaarstaan. Bij hoge uitzondering steekt Jan weleens een Monte Cristo op, een premium Cubaan. Geen drugs. Geen alcohol. Tijdens de toost op de receptie ter gelegenheid van de opening van zijn landhuis suggereert het bedienend personeel Koning Jan voorzichtig om deze ene keer zelf ook eens een glas champagne te nemen. Omdat het zo raar overkomt als iedereen het glas heft en de gastheer zelf met lege handen staat.

Van Vlijmen is minder puriteins in zijn jonge jaren, vertelt hij op 9 augustus 2007 aan medeverdachte Eric Frische als de FIOD-ECD weer eens ongemerkt meeluistert.

Jan: 'Eric, en een beetje blowen. Ik heb het zelf gedaan, een jaar lang.'

Eric: 'Nou, kijk. Ik zou niet eens weten wat het is.'

Jan: 'Ik wilde weten wat het is. Daarom heb ik het een jaar lang gedaan.'

Eric: 'Wat stelt dat voor?'

Jan: 'Het is minder dan dat je alcohol drinkt.'

Eric: 'Ja?'

Jan: 'Echt veel minder. Als je vijf glazen wijn ophebt dan ben je… En ik weet het al. Ik heb heel veel gedronken vroeger en geblowd. Dus ik weet het allebei. Ik doe het allebei niet meer.'

Eric: 'Blowen, word je daar opwekkend van, of zo?'

Jan: 'Niet eens. Het kan zijn, net zoals met alcohol, dat je ook een beetje lam wordt. De mensen reageren er ook nog verschillend op.'

Nadat boekhouder Eric iets over een scheikundige verbinding mompelt, vervolgt Jan: 'Ja, Eric. Ik heb er ook nog onderzoek naar gedaan. Een heel leuk proefschrift over geschreven op die school… Ja, wat is een proefschrift. Maar dat blowen is zo op zich veel minder slecht voor je dan alcohol, wat op je nieren en hersenen invloed heeft.'

Tegenwoordig dus geen alcohol of wiet meer voor Jan van Vlijmen. Koning Jan is nu een enthousiast theedrinker. In een ongebruikelijk optreden in de openbaarheid vraagt hij een verslaggever van een vastgoedvakblad waar hij hem mee van dienst kan zijn. Thee graag, antwoordt deze. Als de journalist 's avonds thuiskomt, is daar in de tussentijd een kostbaar theeservies afgeleverd in opdracht van Koning Jan.

In de testosteronrijke vastgoedkringen is Jan een zeldzaam toonbeeld van seksuele beheersing. Er zijn geen meldingen van avontuurtjes. Jan heeft wel iets met het bovennatuurlijke. Hij mediteert, zelfs als hij in een privévliegtuig zit. Dat heeft ook een beetje te maken met zijn vliegangst. De kist waar hij op 31 augustus 2007 in zit, is wel erg gammel. Er zitten stoelen los, wat Jan mateloos ergert. 'Draden moeten netjes achter een paneel weggewerkt worden. Niet wegproppen. Dat past niet in mijn systeem. Ik kan niet begrijpen dat je met slechte banden gaat vliegen. Zuinigheid op een vliegtuig van twee miljoen. Dat don't match,' foetert hij in een gesprek met zijn boezemvriend en medeverdachte Jack Del Castilho.

Jan van Vlijmen is klein van stuk. Slank, zonder het kantoorbuikje van zijn generatiegenoten. Regelmatig hardlopen, twee rondjes over het landgoed met zijn broer Reinier of even de duinen in, is daar niet vreemd aan. Ondanks zijn bescheiden postuur weet Jan met zijn lichaamstaal beduidend omvangrijkere types te imponeren. Een rijzige projectontwikkelaar herinnert zich nog als de dag van gisteren zijn eerste ontmoeting met Koning Jan. Boven in het gebouw staat de projectontwikkelaar bij de liftdeuren zijn als belangrijk aangekondigde bezoek op te wachten. Koning Jan stapt, stipt op tijd, uit de lift. Hij loopt op de projectontwikkelaar af, begroet de drie koppen grotere man en blijft vervolgens minutenlang zwijgend voor zijn gastheer staan, strak omhoog recht in zijn ogen starend. Die weet geen woord meer uit te brengen. Terwijl het zwijgen aanhoudt, breekt het zweet de projectontwikkelaar uit.

Zonder een woord te zeggen, verschrompelt de kleine Koning Jan de reus tegenover hem tot een hulpeloos iemand, die verlangt naar de komst van de rest van het verwachte gezelschap, om van deze onaangename gewaarwording te worden verlost. De projectontwikkelaar vergeet nooit meer hoe Jan van Vlijmen in hun eerste ontmoeting laat voelen wie van hen tweeën de macht heeft.

Zwijgend mensen aanstaren zonder te knipperen is al langer een favoriete bezigheid van Van Vlijmen. Bij zijn aantreden bij Bouwfonds in 1995 als directeur van de projectontwikkelingspoot maakt hij een kennismakingsronde langs zakenpartners van Bouwfonds. Daaronder is een projectontwikkelaar die samen met Bouwfonds een woningencomplex in Vught gaat neerzetten. Nadat Van Vlijmen aan hem is voorgesteld door een andere Bouwfondsmanager, blijft Jan zijn nieuwe zakenrelatie fixeren, zonder aan het gesprek deel te nemen. Na die koude douche gaan Bouwfonds en de Vughtse projectontwikkelaar uit elkaar. Van Vlijmen heeft deze zakenrelatie van Bouwfonds letterlijk de tent uitgekeken.

Veel vrienden maakt Koning Jan niet op deze manier. Zijn kring van intimi is zo beperkt, dat mensen die helemaal niet weten dat ze huisvrienden zijn, tot hun verbazing worden uitgenodigd op het huwelijk van Van Vlijmen om het bruidspaar en de aanwezigen toe te spreken. Zelf mijdt Koning Jan sociale evenementen. Feesten en partijen negeert hij. Als zijn gezelschap tijdens een zakenreis in Duitsland 's avonds het afsluiten van een succesvolle grote deal bekroont met een borrel en een gezamenlijk etentje met de zakenpartners, gaat Van Vlijmen in zijn eentje op zijn hotelkamer eten.

Van Vlijmen bezoekt alleen sociale evenementen die direct van belang zijn voor vastgoeddeals waarop hij nog broedt. Zoals de borrels van het Bouwfonds zelf. Die bezoekt Van Vlijmen wel regelmatig. Of het royale afscheid van de grote baas Cees Hakstege in 2001. Ook bij die gelegenheden praat Koning Jan uitsluitend over zijn werk. Zaken-partners met wie hij intensief samenwerkt, hebben geen idee hoe de vrouw van Jan heet en of hij kinderen heeft. Laat staan hoe die kinde-ren heten. 'Nooit zal je Jan van Vlijmen over zijn privéleven horen praten.' Het ontbreken van een gezinsprofiel verleent hem ook een ze-kere sociale onzichtbaarheid. Een teflonlaagje. Als Van Vlijmens op-vallendste eigenschap wordt vaak zijn kleurloosheid genoemd. In groepsverband maakt hij bijna een verlegen indruk. Dan staat hij het liefst ergens achteraan. Hij is geen gangmaker, geen charismatisch lei-der. Als Jan van Vlijmen onvoorbereid een groep moet toespreken, schemert een aanleg om te stotteren door.

Zijn Engelse spreekvaardigheid is beroerd, herinneren betrokke-nen zich uit de tijd dat Van Vlijmen als Bouwfondsdirecteur ook de Britse kredietbeoordelaars van Moody's en Standard & Poor's te woord moet staan als ze de ratingaanvraag van het Bouwfonds Ne-derlandse Gemeenten komen onderzoeken. Maar in door de FIOD-ECD afgeluisterde gesprekken gebruikt Van Vlijmen tegenover Neder-landse gesprekspartners aan de lopende band Engelse uitdrukkingen. 'No sweat.' Of: 'Good luck morgenavond.' 'Hé man, be good, ballen,' zegt hij tegen een van zijn medeverdachten bij het Philips Pensioen-fonds. Stopwoordje: 'Een winner!' Of: 'Dat zou een winner zijn.'

Afgezien van enkele zorgvuldig gekoesterde, rijke zakenrelaties, zoals John Fentener van Vlissingen ('One of a kind,' volgens Jan) en een klein clubje jeugdcontacten met wie hij zijn hele leven zaken is blijven doen, bouwt Van Vlijmen geen emotionele band op met me-dewerkers en ondergeschikten. Maar, zo voegen marktkenners daar begripvol aan toe, om succesvol te zijn in de vastgoedmarkt komt eni-ge sociale ongrijpbaarheid wel van pas.

Na zijn aantreden bij het Bouwfonds heeft Van Vlijmen zijn divi-sie meteen flink gereorganiseerd. Er vallen gedwongen ontslagen. Dat gaat de baas gemakkelijker af als zijn werknemers geen vrienden zijn geworden. In de privéondernemingen van Jan van Vlijmen is met re-gelmaat rond de kerstdagen personeel de laan uitgestuurd. Een licht schrikbewind voorkomt dat er te veel binding groeit, analyseren er-varingsdeskundigen. Anderen menen dat het emotieloze personeels-beleid van Jan van Vlijmen pottenkijkers moet weren.

Koeltjes is de reactie van Koning Jan als vlak na elkaar de twee honden van zijn gezin doodgaan. Het zijn waakhonden die loslopen over het omheinde landgoed. Zijn vrouw Nicolette is wel ontdaan. Terwijl Van Vlijmen toekijkt, barst Nicolette in het gezelschap van anderen in tranen uit. Jan maakt geen enkele aanstalten zijn vrouw te troosten. Ze snikt onder de ogen van haar man op de schouders van het huispersoneel uit. Van Vlijmen maakt daar een sarcastische opmerking over, waardoor zijn vrouw nog harder moet huilen.

Echtgenote Nicolette is dertien jaar geleden met Jan getrouwd en staat onvoorwaardelijk achter hem. De verdenkingen tegen haar man zijn lasterlijke leugens, meent ze. In haar vrije tijd schenkt de afgestudeerde kunsthistorica thee als vrijwilligster bij het stoomgemaalmuseum De Cruquius. Ze heeft twee dochters van Jan. Sommige leden van de familie Van Vlijmen zijn daar niet onverdeeld blij mee. Want twee dochters betekent later twee schoonzoons, die meedelen in het familiebezit. De dochters krijgen de gepaste Kennemer opvoeding. Ze spelen bij Hockeyclub HC Bloemendaal, net als Jan zelf vroeger.

Van Vlijmen is slim. Goed in hoofdrekenen. Het belangrijkste voor hem is geld. De architectuur of de esthetiek van de gebouwde omgeving interesseren hem niet. Rendement op vastgoed is zijn passie. Met boten heeft Jan ook een klik. 'Ik ben een botenman,' zegt hij van zichzelf. Voormalige Bouwfondsmedewerkers herinneren zich dat de gesprekken tussen Jan en zijn chef in naam bij het Bouwfonds, Cees Hakstege, bijna uitsluitend over boten gaan. Ondergeschikten worden verzocht alleen over het werk te praten.

Voor de lol heeft Jan van Vlijmen ook zo'n leuk retroscootertje, in babyblauw uiteraard. Om met zijn broers even naar De Oase te crossen, het pannenkoekenrestaurant aan de hoofdingang van de Amsterdamse Waterleidingduinen.

Als hobby heeft hij modelvliegtuigjes, net als zijn vader. Alleen zet Van Vlijmen junior, anders dan senior, de bouwpakketten niet zelf in elkaar. Jan laat zijn modelvliegtuigjes door iemand anders bouwen. Met de op afstand bestuurbare exemplaren speelt hij op het terrein voor modelvliegtuigen in Vijfhuizen, bij Badhoevedorp in de Haarlemmermeer. Een eindje verderop vliegen op Schiphol de echte jumbojets af en aan. Het liefst zou Jan van Vlijmen in de vliegtuighandel gaan. Jumbojets aan- en verkopen.

Of de passie van de Van Vlijmens voor vliegtuigen iets te maken heeft met de familiegeschiedenis, is onbekend. Zijn vader verliest kort na de oorlog in een vliegtuigongeval boven Schiphol zijn oudste broer. Die is dan net aangesteld in Londen om het filiaal van hun internationaal vermaarde parfumbedrijf Boldoot te reorganiseren. Pijnlijk genoeg voor de firma overlijdt hun vader – de grootvader van vastgoedman Jan die getrouwd was met een Boldootnazaat – enkele weken erna, op 16 december 1946. Het bedrijf maakt vervolgens moeilijke tijden door en wordt in 1963 verkocht aan Akzo.

De handel zit Van Vlijmen in de genen. Een uitvergrote combinatie van zijn modelvliegtuigjeshobby en zijn handelsgeest is de tweedehands autohandel waarmee hij als adolescent een zakcentje bijverdient. Hij begon ooit in de brommerhandel, vertelt zijn oom Nico jarenlang tegen vrienden. In zijn studententijd exporteert hij Peugeots en BMW's naar de Verenigde Staten. Tweedehands Mercedessen zou hij ook verhandeld hebben. Helemaal in zijn nopjes is Jan met zijn mobiele telefoonnummer, want dat eindigt op 405915. Van de Peugeot 405 en de Porsche 915, twee automodellen waar Jan wat mee heeft. Ook als hij halverwege de jaren negentig in de Quote-500-lijst van rijkste Nederlanders is binnengekomen, koopt Jan van Vlijmen voor zichzelf nog steeds bij voorkeur een shabby bruine tweedehands Mercedes. Daarmee rijdt hij naar zijn klanten, als onderdeel van een ingestudeerde act. 'Want als je in een Rolls Royce ergens voorrijdt, doe je geen zaken,' legt Jan van Vlijmen binnenskamers uit.

Zijn naaste omgeving veronderstelt dat Jan de multimiljonair uit gierigheid in tweedehands Mercedessen blijft rijden. Maar het Openbaar Ministerie heeft op 13 november 2007 een vloot van een dozijn wagens en motoren van Jan in beslag genomen. Hij heeft een BMW-motor, type Cruiser, en een Harley-Davidson die bij broer Simon staat. Verder bezit hij een Chevrolet Suburban en een dertig jaar oude Toyota Landcruiser. Zijn vrouw rijdt in een Landrover Discovery. Ook heeft hij een klassieke Jaguar en een klassieke Peugeot. Bij Ockhuisen in Loosdrecht staan drie klassieke Mercedessen, een 450SEL, een 280SE en een 600. Krenterig is Jan niet in het belijden van zijn liefde voor automobielen.

Maar de ware maatstaf van succes is voor hem geld. En omdat Jan veel succes wil, heeft hij veel geld nodig. Heel veel geld.

De drang naar financieel scoren spreekt Van Vlijmen in mei 2001 uit in het liber amicorum voor vertrekkend Bouwfondsbestuursvoorzitter Cees Hakstege. Een twintigtal leidinggevenden van Bouwfonds laat zich voor die gelegenheid fotograferen met hun lievelingskunstwerk. Behalve Jan van Vlijmen. Hij wordt gefotografeerd met de cleane witte muren van zijn werkkamer op de achtergrond. 'Ik ben in de allereerste plaats op mijn werk en de handel geconcentreerd. Ik heb weinig met zaken die me daarvan zouden kunnen afleiden. Daarom hangt er bij mij geen kunst aan de muur,' verklaart Koning Jan in dat vriendenboek. Als Jan iets aan de muur heeft hangen, dan zijn het foto's van de panden die hij heeft ontwikkeld. Op zijn bureau liggen nooit papieren. Zijn onafscheidelijke koffer is altijd leeg, bezweren mensen die er weleens een blik in konden werpen.

De fixatie op materieel succes levert Jan van Vlijmen in Heemstede een andere bijnaam op: Rupsje Nooitgenoeg. Zo noemen buurtbewoners rond villa Bloemenoord aan de Kadijk hun buurman vanwege zijn aanhoudende pogingen het omringende land te kopen. Hij start een rechtszaak tegen een buurvrouw om haar grond naast zijn landgoed te verkrijgen.

De ouders van Jan overwegen volgens bronnen in Heemstede te verhuizen naar België om de fall-out te ontvluchten van de vastgoedfraudezaak waarin hun zoon de hoofdverdachte is. Vanuit totale afzondering in het huis van bewaring in het Noord-Hollandse Zwaag, waar Jan na 13 november 2007 terechtkomt, stuurt hij zijn ouders een briefje. 'Het spijt me zoals het is gelopen,' schrijft hij hen enigszins tweeslachtig.

Voor zijn ouders is Jan de lieveling van de vier zoons die elkaar in hun jeugd met de hockeysticks flink te lijf gaan op de velden van hun club Bloemendaal. De broers Van Vlijmen hockeyen ook met makelaar Michiel Floris als ze nog op de lagere school zitten. Floris is vooral bevriend geweest met Simon en Reinier maar Jan sleept hem veertig jaar later mee in de vastgoedfraudezaak. Ook accountant Jan Steven Menke speelt tientallen jaren hockey met Van Vlijmen en belandt in november 2007 eveneens in het huis van bewaring. Mevrouw Menke, ook verdachte omdat haar man haar weer meesleept als directeur op papier van vennootschappen, zegt nog altijd bewonderend dat Jan ook op latere leeftijd nog een 'tophockeyer' is.

Van Jan, de oudste zoon, stellen de ouders zich het meeste voor. Hij heeft het gemaakt in de vastgoedwereld. Broer Mick zit in de Verenigde

Staten, waar hij werkzaam is bij een geurtjesfabrikant. Minstens eenmaal per jaar komt hij over uit Amerika, voor de jaarlijkse wandeltocht van de vier broers met hun vader door de Alpen. Het afgelopen jaar moeten de vijf mannen hun traditionele pelgrimage noodgedwongen doorbrengen in Zuid-Nederland, omdat het Openbaar Ministerie het paspoort van Jan van Vlijmen in beslag heeft genomen.

Broer Reinier van Vlijmen is een klusjesman, die nu vooral binnen de familie actief is. Broer Simon van Vlijmen is zijn hele leven meegesurft op de vastgoedactiviteiten van zijn oudere broer Jan. In het kielzog van Jan trekt Simon in 1995 mee naar het Bouwfonds om er verhuurmanager te worden. Na 2005 vestigt hij zich als zelfstandig makelaar, onder meer om samen met zijn broer vastgoed te zoeken voor de miljarden van de internationale investeringsmaatschappij HDG Mansur. Daarmee wordt Simon zonder al te veel moeite miljonair.

In het kielzog van Jan is Simon nu ook verdachte in de vastgoedfraude. Volgens justitie heeft hij uit de ruif meegegeten. Tijdens het langdurige voorarrest van Jan is broer Reinier naar Zwitserland gereisd om bij de bank de voorbereide noodscenario's in werking te zetten. Jan heeft al een huis in Sedrun en is volgens justitie zakelijk actief in de omgeving van het Vierwoudstedenmeer. Het huis van Simon in Bloemendaal staat te koop voor 2,2 miljoen euro. Hij is vertrokken naar Zwitserland.

'Wij naaien de buitenwereld, maar voor elkaar komen we op,' zegt Jan van Vlijmen in besloten kring. Zo weinig als Jan op zijn werk over zijn familie praat, zo groot is de nadruk die hij binnen de familie en de kring van naaste medewerkers legt op trouw en loyaliteit. 'Het is niet een familie, maar dé familie. Een clan,' zegt een zakenpartner. 'Loyaliteit kweken, daar draait het bij hem om.'

Koning Jan is royaal voor zijn getrouwen, maar blieft zelf geen verjaardagscadeaus. Hij neemt eigenlijk het liefst nooit wat aan. Zakenpartners die Van Vlijmen bijvoorbeeld een rapport over de tafel trachten te overhandigen, hebben de ervaring dat Van Vlijmen geen hand uitsteekt om het aangebodene in ontvangst te nemen. Dat dwingt de aanbieder tot de ongemakkelijke stap het dan maar op tafel tussen hen in te leggen. Hij stopt niets in zijn lege koffer.

Van Vlijmen heeft een van zijn chauffeurs eens zijn toenmalige Bouwfondsbaas Cees Hakstege van vliegveld Zestienhoven laten ophalen, als geste. Van Vlijmen verbiedt zijn chauffeur nadrukkelijk om welke gift dan ook te aanvaarden van zijn passagier. Hakstege, die niet van dit verbod weet, biedt de chauffeur van Van Vlijmen na afloop van de rit een fooi aan. De chauffeur weigert zo beleefd mogelijk. Een dag later laat Hakstege een fles champagne bezorgen bij de chauffeur. Deze merkt dat het praktisch onmogelijk blijkt om het geschenk niet aan te nemen van de bezorger. Als Koning Jan hier later weet van krijgt, vaart hij woedend uit tegen zijn chauffeur. Champagne aannemen is nog erger dan het aannemen van een fooi, foetert Jan verontwaardigd. Want champagne is duurder.

Jan van Vlijmen streeft een imago van onkreukbaarheid na. In een smoezelig restaurantje zal men hem niet aantreffen. Hij is snel ergens vies van. Hij vergadert het liefst in recent schoongemaakte anonieme hotelkamers, in het Crowne Plaza Hotel in Hoofddorp bijvoorbeeld. Dat ligt op een steenworp afstand van zijn eigen kantoorruimte. In steriele hotelruimtes verwacht Van Vlijmen geen afluisterapparatuur.

Ten onrechte. Als hij op 13 juni 2007 met een medeverdachte in een hotelkamer bekokstooft hoe ze hun vastgoedboekhouding verder zullen vervalsen, luisteren medewerkers van de FIOD-ECD mee. Zij horen ook hoe een hotelmedewerker de wind van voren krijgt van de smetvrezige Van Vlijmen: 'Een kuthotel. Een gore kamer. De telefoon doet het niet. En de prullenbak is smerig. Maar je moet me ook een beetje uit de brand helpen, want we zitten een beetje in tijdnood. (…) Kan je ze even gek maken? Dat ze per onmiddellijk een tosti brengen in kamer één punt nul zes? Eerst die tosti bestellen, want anders gaan ze eerst al die klachten opschrijven en ik wil binnen vijf minuten een tosti. Wil je dat zeggen? Eén punt nul zes. Goed werk. Hoi.' Nadat de hotelmedewerker buiten gehoorsafstand is, zegt Van Vlijmen tegen zijn medeverdachte: 'We gaan die lui even roosteren.'

Minstens zo vies als een smerige hotelprullenbak vindt Van Vlijmen de vondst van een dode muis in het buitenzwembad van zijn villa. Sindsdien heeft Koning Jan daar nooit meer een duik in genomen. Hij zwemt pas weer thuis nadat er een nieuw zwembad is gegraven. Dat laat hij wel eerst overkappen. Als hij 'partner in crime' Eric Frische in een geheime vergadering in een hotelkamer een appeltje aanbiedt, verzekert hij de accountant dat hij hem heeft gewassen. Oud-zakenpartner en kantoorgenoot Kroon zegt: 'Het kantoor van Jan is heel netjes ingericht. Jan van Vlijmen is een heel nette man. Ik herinner mij dat Jan bij een bezoek aan mijn kantoor in Heemstede bang was dat hij een hondenhaar op zijn pak zou krijgen.' Een ander zegt: 'Tegen heug en meug neemt hij weleens een kopje thee. Maar dan moet hij wel zeker zijn dat het kopje is afgewassen.'

Jan geeft vreemden, maar ook bekenden, liever geen hand. Als dat is mislukt, zoekt hij daarna snel een mogelijkheid zijn handen te wassen. Sommige handenschudders die dit overkomt, denken daar jaren later nog onthutst aan terug. De man met smetvrees probeert krampachtig schone handen te houden. Ook van het ontvangen van de in het bedrijfsleven gebruikelijke eindejaarsgeschenken wenst Jan van Vlijmen verschoond te blijven. Dat doet Jan nogal overdreven, menen mensen in zijn omgeving. Hen gaat pas een lichtje op na zijn arrestatie 13 november 2007 op verdenking van corruptie en omkoping. Want zelf mag Jan wel graag cadeautjes geven. Het overdreven theeservies voor een passerende verslaggever is geen uitzondering. Politie en justitie verdenken hem ervan op grote schaal vuile handen te hebben gemaakt door werknemers van pensioenfondsen, banken, grote investeerders en vastgoedbedrijven om te kopen. Slechts eenmaal heeft Jan tot zijn verbazing smeergeld teruggekregen. Van een ambtenaar. 'Dat is de eerste in mijn hele leven die geen geld heeft aangepakt,' meldt Jan in besloten kring. Afgezien van dit ongevalletje is alles en iedereen altijd te koop, volgens Jan.

Van Vlijmen studeert bedrijfseconomie aan de toenmalige Gemeentelijke Universiteit in Amsterdam, nu de Universiteit van Amsterdam. Daarvoor heeft hij naar eigen zeggen een jaar *liberal arts* gestudeerd in Californië. Dat moet het blow- en alcoholjaar geweest zijn. Van Vlijmens eerste baan is in 1983 in Singapore. Bij de Inter-Alphabank, volgens zijn ene cv. Als trainee bij de NMB, volgens zijn andere cv. Terug in Nederland werkt hij vier jaar als projectontwikkelaar bij Mavob, het latere Mabon en nog later HBG Vastgoed. In een recente bedrijfsbrochure staat dat hij sinds 1984 zelfstandig projectontwikkelaar is. Vervolgens is Van Vlijmen kort makelaar bij Richard Ellis en een half jaar projectontwikkelaar bij Jonk de Rooij in Haarlem, een bedrijf van een oom. Eind jaren tachtig start hij zijn eerste eigen bedrijf, Van Vlijmen Vastgoed, dat hij in 1995 met zichzelf erbij aan Bouwfonds verkoopt.

Geld is macht, is de overtuiging van Koning Jan. Macht is er om te gebruiken. De secretaresse en de schoonmaakster op het kantoor van de fraudeverdachte projectontwikkelaars Rob Willemsen en Maarten

Minderman kunnen daarover meepraten. Toenmalig Bouwfondsdirecteur Jan van Vlijmen trekt na afloop van zijn eerste bezoek aan het kantoor van Willemsen Minderman een briefje van honderd gulden uit zijn portemonnee en schuift dat in het voorbijgaan naar de secretaresse. Waar haar werkgevers bijstaan. Daarna trekt Van Vlijmen nog een biljet van honderd gulden en geeft dat voor de ogen van de stomverbaasde Willemsen en Minderman aan de secretaresse, met de mededeling: 'Voor de schoonmaakster.' Meer zakenpartners van Van Vlijmen kunnen verhalen vertellen over het openlijk rondstrooien door Van Vlijmen van contanten onder hun personeel. 'Het overvalt je en het voelt intimiderend. Alsof je eigen medewerkers voor je neus worden omgekocht,' vertelt een van hen.

Daar komt het optreden van Jan van Vlijmen inderdaad op neer, meent het Openbaar Ministerie. Van Vlijmen pakt anderen wel in, maar wil zelf niet ingepakt worden. Koning Jan wil koste wat het kost vermijden dat hij zelf dankjewel moet zeggen, maar hij probeert systematisch anderen van hem afhankelijk te maken. Dat beeld rijst op uit de getuigenissen en de documenten. Toch is zijn hofhouding ook niet altijd eerlijk. Zonder dat Jan het merkt, schroeven zij weer de rekeningen aan zijn adres op.

De schade die Philips Pensioenfonds en de Rabo Vastgoedgroep, de huidige eigenaar van Bouwfonds, in totaal claimen ten gevolge van niet-ambtelijke omkoping door Koning Jan en zijn hofhouding beloopt een kwart miljard euro. Jan van Vlijmen heeft vanaf zijn aanhouding op 13 november 2007 tot eind april 2008 vastgezeten. Bijna de helft van die zes maanden voorarrest heeft hij in alle beperkingen gezeten. Dat betekent een streng eenzaam regime met minimale contactmogelijkheden met de buitenwereld of met andere arrestanten. Geen kranten. Geen radio. Geen tv. In dat half jaar heeft de hoofdverdachte van de vastgoedfraude tot frustratie van justitie zijn vierde bijnaam eer aangedaan: de Sfinx. Anders dan veel van zijn medeverdachten heeft Van Vlijmen zijn mond nauwelijks opengedaan. Hij wordt uit voorlopige hechtenis vrijgelaten zonder dat hij een verklaring heeft afgelegd.

De behoefte om zich te verantwoorden voelt Jan van Vlijmen tot nu toe niet. Dat merken ook de fiod-ecd-rechercheurs die hem de eerste dagen van zijn voorarrest proberen te verhoren, voordat de Sfinx er letterlijk een half jaar lang het zwijgen toe doet. Een man van zijn statuur, een voormalig Bouwfondsdirecteur, die wil zich toch kunnen verantwoorden, proberen de verwonderde FIOD-ECD'ers op 14 november 2007, de tweede dag dat Van Vlijmen vastzit. 'Ik weet niet wat een man van statuur is,' kaatst Van Vlijmen terug. 'Ieder mens is van dezelfde statuur. Ik geloof heilig in ieder mens. (…) Ik heb een schoon geweten,' bezweert Van Vlijmen.

U zegt ons dat ieder mens van dezelfde statuur is, recapituleren zijn verhoorders. Geldt dat ook voor belastingambtenaren, willen de FIOD-ECD'ers dan van Jan van Vlijmen weten. 'Ja, dat is mijn stellige overtuiging,' antwoordt Koning Jan vroom. Op dat moment weet hij niet dat zijn verhoorders in het geheim al menig gesprek hebben afgetapt waarin Jan van Vlijmen de medewerkers van de Belastingdienst uitscheldt voor onder meer 'de Gestapo'.

Geld heeft Jan zelf niet, beweert hij tegenwoordig aan iedereen die het horen wil. Het zit allemaal in de zaak. Of heeft hij het toch elders? In een verhoor maakt hij zelf een opsomming aan opsporingsambtenaren die hem willen plukken. Hij heeft een rekening van de Hong Kong Bank. Dateert uit 1983 toen hij daar stage liep. Staat niet meer dan vijf dollar op, zegt hij. De schilderijen thuis zijn Jans voornaamste bezittingen. 'Die zijn vijfduizend euro per stuk ofzo.' Net zo duur, of beter gezegd net zo goedkoop, als zijn bed. 'Buiten een mooie ring van mijn vrouw is dat alles.' En voor het huis in Sedrun heeft hij net een kavel bijgekocht. Hij heeft een zeilboot met ligplaats in Menton, een Hallberg-Rassy 53, en een sloep, type Interboot, van zes meter in Loosdrecht. In Engeland is een nieuwe boot in aanbouw, waarvoor anderhalve ton is aanbetaald.

De voorbereiding van zijn strafzaak is tegenwoordig zijn dagtaak. Het verschil met de periode voor zijn voorarrest is dat hij nu panisch is bij de gedachte dat de rechtszaak opnieuw tot een verblijf in de cel kan leiden. Een paniekgevoel dat de controlfreak voor zijn arrestatie onbekend is. Ook veranderd is de zelfverzekerdheid waarmee Koning Jan denkt dat hij iedereen in zijn zak heeft. Maar diep van binnen is de Sfinx met smetvrees zichzelf gebleven, ondanks het feit dat hij de hoofdverdachte is in het grootste justitiële fraudeonderzoek ooit in Nederland. Terwijl justitie voor het reuzenbedrag van 64 miljoen euro beslag bij hem heeft gelegd, parkeert hij in Amsterdam tijdens het bezoeken van advocatenkantoor Spigthoff, zijn auto om de hoek op het parkeerterrein van het Hilton Hotel. Daar is parkeren namelijk gratis voor klanten van het advocatenkantoor. Toch een paar euro verdiend. Hij loopt daar prompt Harry Mens tegen het lijf, die door justitie ook als verdachte is aangemerkt.

Koning Jan is gul voor de mensen die hij nodig heeft, maar op de centen als een uitgave overbodig is. 'Hij is een gigageldwolf,' zegt projectontwikkelaar Rob Willemsen tegen justitie. Willemsen wordt continu achter zijn broek gezeten om doorbetalingen te doen. Yorick Prinzen heeft als directeur van Jans bedrijf Rooswyck een 'eindeloze discussie' met hem over het wel of niet aanschaffen van een fotocamera voor Rooswyck. Als Jan twee nachten in de jachthaven Port Vauban van het Zuid-Franse Antibes zijn boot niet heeft kunnen aansluiten op de elektriciteitsvoorziening van de haven, laat hij zijn maatje Jack Del Castilho een brief naar de haven sturen, waarin hij dertien euro terugeist van de betaalde havengelden. Omdat hij zijn eigen generator heeft moeten gebruiken voor de stroom.

Van Vlijmen zegt tegen pensioenfondsdirecteur Rob Lagaunne van Philips, met wie hij grote transacties doet, zowel boven als onder tafel, dat hij niet houdt van geld over de balk gooien. Dat doet Lagaunnes voorganger bij Philips Pensioenfonds Will Frencken wel, tot Van Vlijmens ergernis. 'Ik ben zo grootgebracht door mijn familie.' Lagaunne reageert: 'Ik zeg altijd, in Indonesië waren wij rijk, maar in Nederland niet. (…) We gaan niet smijten met geld. Zonde. Kan altijd nog.'

Als er in zijn pand na het vertrek van een zakenpartner een kantoor vrijkomt, richt Jan dat voor Will Frencken op zijn kosten in. In een onderschept gesprek zegt hij: 'Hij heeft nu een kantoor. Wil hij per se een fles Petrus op drinken. Ik regel het voor hem. Kom ik erachter dat zo'n fles 1200 euro kost!'

Rob: 'Een flesje van 150 euro vind ik ook al lekker, hoor.'

Jan: 'En ik drink spa.'

Rob: 'Ik drink wijn en bier, maar ga echt niet verder dan een fles van 200.'

Dan geeft Jan Rob een horloge. 'Dat is wat anders,' zegt hij. 'Dat is forever. Dat is straks leuk voor je zoon of voor je kleinkinderen.' Over de horloges betaalt Jan zogeheten anoniemenbelasting. 'Ik betaal 10.000 als ik een horloge geef. Die jij normaal moet betalen. Dan hoef je aan de belasting niet te zeggen aan wie je hem gegeven hebt. Ben je van dat gezeik af.'

3 De gifpil van Cees

Jan van Vlijmen komt in 1995 stilletjes binnen bij Bouwfonds. In de tijd dat de Sfinx nog een welpje is, rinkelen al de eerste alarmbellen. Maar de vicevoorzitter van Bouwfonds, Cees Hakstege, beschermt Jan en drukt het semi-overheidsbedrijf daarmee een gifpil door de strot. 'Wij werken op basis van vertrouwen.'

Hij is altijd onberispelijk gekleed, hij komt uit een familie met aanzien en hij heeft een smetteloos blazoen. Maar bij Bouwfonds weten sommigen al in 1995 dat er een rotte lucht rond de firma van Jan van Vlijmen en zijn persoon hangt. Toch ontvangt de semi-overheidsinstelling de jonge projectontwikkelaar en zijn gezelschap met open armen als de overname van Van Vlijmen Vastgoed is beklonken.

Dertien jaar later ziet justitie de man als de hoofdverdachte van Nederlands grootste bedrijfsfraude ooit. De nieuwe Bouwfondseigenaar Rabo Vastgoedgroep moet zeker twintig miljoen euro aan onderzoek spenderen om de onderste steen boven te krijgen. Dat terwijl veel voorkomen had kunnen worden als de eerste waarschuwingssignalen serieus waren genomen. Het risico van corruptie en vriendjespolitiek ligt namelijk al vanaf dag één op de loer.

Dat de signalen niet hebben geleid tot een dubbele dijkbewaking is opvallend. Bouwfonds Nederlandse Gemeenten geldt eind jaren tachtig als een van de klassieke Nederlandse ondernemingen van na de oorlog: conservatief en degelijk, met weinig dat ruikt naar zelfverrijking of extreem winstbejag. Het is een bureaucratisch bedrijf met een starre, hiërarchische cultuur. Het bedrijf bestaat sinds 1946 en heeft een ideële doelstelling. Het probeert met een 'bouwkas' het woningtekort van na de Tweede Wereldoorlog weg te werken. Vooral de kleine man moet aan een eigen woning geholpen worden. Volgens weekblad *Elsevier* rijdt oprichter Jacob Wiersema op een oude legermotorfiets, een Royal Enfield, stad en land af om gemeentebestuurders van zijn idealisme te overtuigen. In de loop der jaren sluiten steeds meer provincies zich aan als aandeelhouder.

Zo ontstaat in 1957 de NV Bouwfonds Nederlandse Gemeenten. Gemeenten zullen een halve eeuw aandeelhouder blijven, totdat ABN Amro het bedrijf opkoopt. Wiersema, die volgens zijn vrouw Nita later zijn motor inruilt voor een 'eenvoudige auto', werkt tot 's avonds laat voor 'een karig salaris'. 'Dan deden we altijd nog even een spelletje triktrak of rummikub', zegt ze kort na zijn overlijden in 2005 in het weekblad. Zijn idealisme verklaren vrouw en zonen uit zijn afkomst als zoon van een tuinman, die jaren als huisknecht werkte voor de familie Duyvis in Koog aan de Zaan. Wiersema blijft bij Bouwfonds aan tot 1980. Hij draagt zijn hele leven lang zijn motto uit: 'Vastgoed moet bijdragen aan de maatschappelijke welvaart.'

De gemeenten zien jarenlang weinig terug van hun aandeelhouderschap. Bouwfonds keert geen dividend uit, behalve 'een gebakje en een kroket bij de aandeelhoudersvergadering'. De winst wordt ingehouden en is daarmee een goedkope en belangrijke financieringsbron van Bouwfonds. Zo weet het bedrijf veel beter dan andere instellingen de vastgoedcrisis van begin jaren tachtig te doorstaan. Dat zorgt voor een groeiend zelfbewustzijn. Eind jaren tachtig steekt een nieuwe wind op. De nieuwe bestuursvoorzitter John Simons begint met de verzakelijking van Bouwfonds. Het semi-overheidsbedrijf wordt harder en steeds commerciëler. Winst maken is de nieuwe hoofddoelstelling.

Het snelle geld, de hebzucht en de grote ego's treden sluipenderwijs binnen bij het voorheen conservatieve bedrijf. Met een waaier aan activiteiten en een cultuur die mijlenver afstaat van de fundamenten die kort na de Tweede Wereldoorlog zijn gelegd. De transformatie van bouwer van huizen voor particulieren naar een veelkoppig monster doet onder Simons in de jaren tachtig zijn intrede. Bouwfonds ontpopt zich behalve als een machtige woningontwikkelaar ook als hypotheekverstrekker, automatiseerder en verzekeraar. Bouwfonds verkoopt in de jaren tachtig verzekeringen via onder meer Hooge Huys. Maar die activiteit stoot Bouwfonds weer af in de jaren negentig. Evenals de automatiseringsdiensten die worden geleverd aan de gemeenten.

Op hypotheekgebied concurreert Bouwfonds met de banken en de verzekeraars. Naast woningbouwprojecten stapt Bouwfonds ook in commercieel vastgoed. Hier vindt de belangrijkste expansie binnen het bedrijf plaats. Bouwfonds verstrekt financiering voor vastgoedprojecten van ondernemers. Dat zijn beleggers zoals pensioenfondsen en rijke particulieren die met geleend geld een rijtje huizen, hotels, winkels of kantoren willen kopen. En projectontwikkelaars die geld nodig hebben om nieuwe onroerendgoedprojecten te realiseren. Bouwfonds trekt de volle portefeuille en pompt de vastgoedmarkt vol met leningen.

Maar waarom altijd anderen financieren en zelf afzijdig blijven? John Simons bedenkt eind jaren tachtig dat Bouwfonds het ontwikkelen van kantoren en winkels natuurlijk ook zelf kan doen. De gewone man aan een huis helpen, zoals Wiersema dat heeft bedacht, is natuurlijk prachtig, maar de ware vastgoedman droomt over kantoortorens, skylines en winkelpromenades. De afdeling Bouwfonds Vastgoedontwikkeling zal nooit de grootste winstmaker van Bouwfonds worden als het op deze voet doorgaat. Om snel een partijtje te kunnen meeblazen, moet Bouwfonds bestaande bedrijven overnemen.

In 1988 wordt van de broers Anne en Jelle Brouwer het bedrijf Burginvest overgenomen. Bouwfonds doorbreekt hiermee zijn stoffige imago. Het bedrijfje blijft eerst zelfstandig vanuit Driebergen te opereren. Maar als blijkt dat er nogal wat problematische panden zijn aangekocht en zich tegenvallers aandienen, worden de teugels aangehaald. Bestuursvoorzitter Simons zegt in 1991 omvangrijke voorzieningen te moeten nemen op de avontuurlijke overname. Het avontuur wordt hem op een zeker moment te gortig. Burginvest wordt naar het hoofdkantoor in Hoevelaken gehaald. Daar zetelt Bouwfonds al sinds de jaren zestig in een heropgebouwd kasteel met omliggende nieuwe kantoren. Directeur Berend Boks, die afkomstig is uit de bouwwereld, moet de boel in goede banen leiden. Hij is sinds 1990 in dienst om Bouwfonds te laten groeien met commercieel vastgoed. Burginvest komt als een misser te boek te staan. Een beginnersfout van een behoudend semi-overheidsbedrijf met kriebelende ambities.

Bouwfonds legt zich niet neer bij de zeperd. De grote stap voorwaarts op het terrein van commercieel vastgoed moet dan maar via een andere overname komen. Vooral Cees Hakstege, vanaf 1992 vicevoorzitter van Bouwfonds, is de aanjager. Hij is niet tegen het geven van geld voor maatschappelijke doelen. Maar winst maken is het doel. De maatschappelijke betrokkenheid van Bouwfonds is 'flauwekul', zegt hij jaren later. Die twee zaken moet je goed scheiden, is zijn opvatting.

Hakstege komt net als Boks uit de bouwwereld. Ze komen zelfs van hetzelfde concern: HBG. Boks is directeur geweest van ontwikkelingsdochter Mabon. Hakstege van het andere dochterbedrijf HBM. Het is een klein kliekje van oude bekenden dat elkaar treft bij Bouwfonds. Boks en Hakstege kennen Jan van Vlijmen, die tussen 1984 en 1987 bij Mabon gewerkt heeft en daar een prima indruk heeft achtergelaten. Maar hij werkt zich pas in de schijnwerpers als zelfstandig ondernemer. Het relatief onbekende Van Vlijmen Vastgoed staat na de ellende van Burginvest hoog op het verlanglijstje van Hakstege en Boks. Boks spreekt Van Vlijmen op een reis naar Azië en is onder de indruk. De overname is door Berend Boks geïnitieerd in april 1995, blijkt uit een memo van Boks aan Hakstege.

De acquisitie is met zestien miljoen gulden in feite een kleine. Maar het is usance dat een bedrijf voor aankoop wordt doorgelicht via een boekenonderzoek. Zelfs als het een bedrijf is van een goede bekende. Wat is de cultuur, hoe ziet de projectadministratie eruit en wat is de potentie van de lopende projecten? Bouwfonds bereidt zich goed voor. Het laat drie verschillende partijen naar Van Vlijmen Vastgoed kijken. Dat zijn accountantsorganisatie Moret Ernst & Young en het Amsterdamse advocatenkantoor Loeff Claeys Verbeke. Daarnaast is er een intern onderzoek van twee Bouwfondswerknemers, van de afdelingen Woningbouw en Property Finance.

Hun baas Hakstege mag dan opgetogen zijn over Van Vlijmen, de Bouwfondsonderzoekers lopen niet over van enthousiasme na hun onafhankelijke analyse van de winstpotentie. Van Vlijmen Vastgoed schermt met negentien lopende vastgoedprojecten. Omdat een flink deel daarvan niet meer behelst dat een tekening en een idee, wordt de portefeuille gesplitst in A-projecten en B-projecten. De Bouwfondsmannen moeten de A-portefeuille beoordelen. Dat zijn twaalf vastgoedprojecten waarvan Van Vlijmen tegen Bouwfonds heeft gezegd dat er 'redelijkerwijs mag worden verwacht dat ze gerealiseerd zullen worden'. Dit blijkt uit een memo aan de raad van bestuur van 11 augustus 1995 en de notulen van een vergadering van de raad van commissarissen van 7 september 1995 waarin de overname wordt goedgekeurd. 'Overnamewaardig,' luidt het oordeel van de twee Bouwfonds-onderzoekers.

Ze raden echter aan de winstpotentie op nul te stellen en niet mee te nemen in de overnamesom. Maak die overnamesom maar afhankelijk van de nog te realiseren transacties, raden ze aan. Ze schatten de kans dat de A-projecten waar Van Vlijmen mee schermt gerealiseerd worden op niet groter dan vijftig procent. 'Het is denkbaar dat een aantal projecten gerealiseerd kunnen worden en tot winst kunnen leiden, zij het dat deze winst lager wordt geschat dan aangenomen.' Het zou zelfs een miskoop kunnen worden. Als sommige projecten niet doorgaan, is er 'zelfs sprake van een negatieve opbrengst wegens geactiveerde en te amortiseren voorbereidingskosten'. Met het bedrijf worden ook de financiële risico's overgenomen die tot schulden kunnen leiden. Ze stellen voor een winstdeling af te spreken met Van Vlijmen. Zodat de betrokkenheid van de nieuwe man 'gewaarborgd' wordt.

Dat zijn bedrijf helemaal niet zoveel voorstelt, weet Van Vlijmen zelf ook heel goed. 'Om een beetje een goede indruk te maken en met zijn bedrijf te pronken, laat Jan een foto maken van hemzelf en zijn werknemers,' zegt een toenmalige zakenpartner. 'De helft van de mensen die op de foto staat, werkte niet eens bij Jan. Die trok hij weg achter hun bureaus bij de andere bedrijfjes in zijn kantoorpand in Heemstede.'

Advocatenkantoor Loeff Claeys Verbeke doet als tweede partij onderzoek. Ze kijken niet naar de financiële risico's, maar naar de achterliggende informatie. Ze zijn snel klaar en houden er geen goed gevoel aan over. De projectdossiers zijn namelijk 'leeg'. Concrete afspraken blijken er nauwelijks te zijn. Er is sprake van 'verwachtingen'. Projecten blijken zich vooral in een zeer pril stadium te bevinden. Ook de nauwe relaties met 'begunstigde' partijen baren zorgen. Zoals die met investeringsmaatschappij Janivo van de miljonairsfamilie De Pont, die als eindbelegger als eerste de projecten aangeboden krijgt. Of zoals het vaste bouwbedrijf Van Wijnen en de vaste architect Van

Tilburg en partners. Het bedrijf legt schriftelijk nauwelijks iets vast. 'Wij werken op basis van vertrouwen,' is de reactie van Van Vlijmen. De onderzoekers hebben koudwatervrees.

Accountantskantoor Moret Ernst & Young doet het derde en meest uitgebreide onderzoek. Accountant Peter de Pater is nog kritischer dan de anderen in zijn boekenonderzoek. Hij waarschuwt niet alleen voor de rammelende boekhouding, maar ook voor de bedrijfscultuur van Van Vlijmen, die gekenmerkt wordt door een vermenging van zakelijke en privébelangen. Moret Ernst & Young constateert in 1995 ook dat Van Vlijmen Vastgoed alleen familieleden in vaste dienst heeft. Broer Simon bijvoorbeeld. Een aangetrouwde oom, Nico Vijsma, is meewerkend commissaris. De laatste dient via zijn bedrijfjes Interfuma en Newhouse Hike forse facturen in. De hoogte van de bedragen spreekt hij mondeling met zijn neef af. Zonder dat er contracten zijn, betaalt Van Vlijmen hem in drie jaar tijd bijna twee miljoen gulden aan advieskosten en management fee. Het is een van de grootste kostenposten bij Van Vlijmen Vastgoed. Olivier Lambert levert voor ruim honderdduizend gulden per jaar accountantsdiensten aan Van Vlijmen Vastgoed. Ze keren stuk voor stuk later terug bij Bouwfonds en ook allemaal als fraudeverdachte.

Van Vlijmen Vastgoed werkt in een klein netwerk en heeft vaste zakelijke relaties, rapporteert Moret Ernst & Young. Ook hier komt de bevoorrechte positie van Janivo aan de orde. Van Vlijmen gaat 'zeer coulant om' met de belangen van belegger Janivo, zo staat in het rapport. De projectontwikkelaar betaalt zaken die normaal voor rekening van de belegger komen, signaleren de accountants. Als voorbeelden noemen ze kosten van inrichting, inbouw, service, onderhoud en kortingen aan huurders. De accountants signaleren 'coulance verrekeningen tussen verschillende projecten van dezelfde belegger'. Voor de accountants is dit een duidelijk waarschuwingssignaal. Hiermee 'wordt een vorm van afhankelijkheid gecreëerd door de belegger steeds te wijzen op de bedragen die door Van Vlijmen onverplicht zijn betaald'.

Het gebeurt bijvoorbeeld bij het destijds prestigieuze nieuwbouwproject Rivium in Capelle aan den IJssel. Belegger Janivo, die nauw betrokken is als financier, krijgt twee miljoen gulden aan onverplichte betalingen door Van Vlijmen Vastgoed toegeschoven, aldus het rapport. Van de bedragen die hiermee gemoeid zijn 'is de exacte omvang moeilijk te bepalen' omdat Van Vlijmen Vastgoed niet berekent hoeveel een project moet gaan kosten en niet berekent wat de bouw in werkelijkheid kost. Volgens Ernst & Young is 'projectcontrole derhalve niet zichtbaar'. 'Veel afspraken zijn niet schriftelijk vastgelegd,' staat in het rapport waarover *Het Financieele Dagblad* in juli 2008 voor het eerst bericht. Projectadministraties en kostentoerekeningen ontbreken. De boekhouding van Van Vlijmen Vastgoed is volgens de accountants ingegeven door 'fiscale motieven'. Daardoor is er 'geen goed beeld van de daadwerkelijk behaalde operationele resultaten'.

Peter de Pater en zijn collega Aad de Vries besluiten zelf te gaan kijken bij Van Vlijmen. Ze gaan langs op zijn kantoor Kennemerhaghe in Heemstede, dat hij huurt van Janivo. Het is de miniwolkenkrabber waar justitie in 2008 nog een doorzoeking komt doen. Het pand staat op de grens van Heemstede en Aerdenhout, naast het treinstation. Projectontwikkelaar Jonk de Rooij zet het kantoor eind jaren tachtig neer. Van Vlijmen werkt dan bij dit bedrijf van zijn oom Joep Jonk en moet het gebouw vol krijgen met huurders. Dat lukt hem met gemak. Hij blijft zijn klanten trouw. Als huurders het gebouw in de steek laten, helpt Jan een oplossing te zoeken.

Een oud-zakenpartner zegt dat Van Vlijmen het gebouw er bij de gemeente doorheen krijgt met een piepkleine maquette. 'Niemand zag zo de tekortkomingen van het pand.' De gemeente is achteraf niet blij met het groene, vierkante glazen gebouw. Oudere dames hebben veel last van de wind. De hoogbouw wijkt in maat, schaal en verschijningsvorm sterk af van de omgeving. Een recent rapport over het gebied stelt dat het gebouw een 'ongenaakbaar' exterieur heeft vanwege 'de nauwelijks gedetailleerde, ongelede bouwmassa en het materiaalgebruik van gecoat spiegelglas en gepolijste natuursteenbeplating'.

De accountants van Moret die in 1995 voor de deur staan, zijn vooral geïnteresseerd in wat er zich binnen afspeelt. Ze vinden dat er een merkwaardig sfeertje hangt, vertellen ze later tegen Joost Pieter de Smeth, de financiële man van Bouwfonds. Een indruk die overeenkomt met hun kritiek op de bedrijfscultuur. De Pater stuurt zijn rapport op 16 augustus 1995 aan de raad van bestuur van Bouwfonds Nederlandse Gemeenten. De aanbiedingsbrief is gericht aan bestuurslid Cees Hakstege. De accountants rapporteren dat de manier van zakendoen van vastgoedbedrijf Van Vlijmen 'opmerkelijk' is.

De Smeth verklaart bijna vijftien jaar later tegen de FIOD-ECD dat opperhoofd John Simons aarzelt over Van Vlijmen. Omdat Bouwfonds 'een heel nestje Van Vlijmens in huis haalt,' zegt De Smeth. Dat bevalt Simons niet helemaal. Toch laat hij zijn aarzelingen varen.

Cees Hakstege is vol vertrouwen over Van Vlijmen. Hij veegt de kritiek van tafel. Hij wil dat Van Vlijmen Vastgoed wordt gekocht. Dat kan de jonge projectontwikkelaar in één klap miljonair maken. Koper Bouwfonds stelt als voorwaarde dat de overgenomen partij directeur wordt bij de overnemende partij. De raad van bestuur, met behalve Hakstege ook oudgediende Simons en de relatieve nieuweling Bart Bleker, keurt de overname op 15 augustus 1995 goed. Het lijkt een weloverwogen besluit van de raad van bestuur. Maar in werkelijkheid is het Hakstege die op eigen houtje de kiem zaait van wat jaren later de grootste Nederlandse fraudezaak ooit zal worden. De beslissing wordt genomen een dag voordat het kritische accountantsonderzoek over het bedrijf van Van Vlijmen klaar is.

De alarmsignalen van de accountant blijken de raad van bestuur niet bereikt te hebben. In de aanloop naar de overname schrijft Hakstege keurig een memo over de plannen. Hij stelt de overnameprijs op 6,81 miljoen euro inclusief 3,6 miljoen euro goodwill. Die bestaat uit enkele lopende projecten met een hoge slagingskans en de winstpotentie van andere. Slechts twee projecten worden resultaatafhankelijk gesteld. Dat terwijl de twee Bouwfondsonderzoekers adviseren om dat vanwege de risico's op een nieuwe strop bij veel meer projecten te doen. Van Vlijmen krijgt tachtig procent van het resultaat van deze twee projecten als ze inderdaad binnen vijf jaar worden gerealiseerd. Later wordt deze afspraak herzien en krijgt Van Vlijmen in 1997 3,13 miljoen gulden als compensatie voor de projecten. Deze laatste afspraak wordt twee jaar later pas vastgelegd in een vaststellingsovereenkomst gedateerd 12 november 1997.

Hakstege meldt in zijn memo dat 'alle projecten technisch en commercieel grondig zijn geëvalueerd, zowel intern als door derden'. Hij roemt ook het werk van advocatenkantoor Loeff Claeys Verbeke, de fiscalisten van Loyens & Volkmaars en de experts van Bouwfonds. Maar Hakstege doet iets vreemds. Hij verzwijgt de kritiek van de onderzoekers. De harde bewoordingen van huisaccountant Moret Ernst

& Young deelt hij niet met de andere leden van de raad van bestuur. De raad van commissarissen keurt de overname in september goed op basis van het onvolledige memo. De onderzoeken zelf krijgen ze niet te zien. Onduidelijk is of de commissarissen überhaupt hebben gevraagd naar de resultaten van een *due diligence*-onderzoek.

De centrale ondernemingsraad krijgt het onderzoek van Moret wel, maar slaat evenmin als Hakstege alarm. Niemand vraagt door. Hakstege meldt nog wel dat 'drs. Van Vlijmen ons reeds veel jaren persoonlijk bekend is. Desondanks is de screening van hem en zijn medewerkers zorgvuldig gedaan. Ook daarvan is de uitkomst positief.' Ondanks het diepgaande interne onderzoek van de Rabo Vastgoedgroep enkele jaren later is in de archieven van Bouwfonds geen spoor gevonden van deze 'screening' van Van Vlijmen en zijn twee medewerkers.

De Smeth zegt achteraf het 'buitengewoon raar' te vinden dat hij het rapport van Moret Ernst & Young niet te zien heeft gekregen. De kanttekeningen zijn niet onder de aandacht gebracht van de toezichthoudende organen, concluderen onderzoekers van de Rabodochter zomer 2009 na uitgebreid intern onderzoek naar de rapporten, notulen en gesprekken met tientallen betrokkenen. De latere onderzoekers staan er versteld van. Hakstege besteedt geen enkele aandacht aan de gebreken in de bedrijfsvoering bij Van Vlijmen Vastgoed. Ook de dubieuze bedrijfscultuur waar de accountant voor waarschuwt, verzwijgt hij. Het advies om een substantieel deel van de aankoopsom afhankelijk te stellen van toekomstige winst wordt door Hakstege in de wind geslagen. Het advies wordt niet eens ingebracht in de vergaderingen van de raden van bestuur en commissarissen. Althans, de notulen maken er geen melding van. De lovende woorden in het memo van Hakstege worden geslikt.

Cees Hakstege stelt jaren later in een eerste reactie dat hij het kritische boekenonderzoek van Moret niet heeft gezien. Dat het rapport aan Hakstege is gericht, betekent niet dat hij het ook moet hebben gelezen. Zijn boodschap is dat er heel veel post wordt gericht aan de Bestuurder van Bouwfonds, maar dat een Bestuurder die post niet ook allemaal persoonlijk doorneemt.

Bemoeienissen op dergelijk detailniveau zijn gereserveerd voor anderen, legt Hakstege uit. Als iemand bij Bouwfonds de kanttekeningen van de accountants heeft gezien, moeten dat John Simons of Berend Boks zijn geweest. Want Boks is verantwoordelijk voor de aankoop van Van Vlijmen, betoogt Hakstege. Of anders misschien bestuurslid Bart Bleker, gokt Hakstege. Want Bleker is volgens hem verantwoordelijk voor commercieel vastgoed. Bleker bestrijdt dat. Hoe het ook zij, Hakstege kan zich niet herinneren dat hij de accountantskritiek op het over te nemen bedrijf van Van Vlijmen heeft zien langskomen of dat dit in het bestuur ter sprake is gekomen. Hakstege beweert het hele accountantsrapport niet te herkennen. De kritische conclusies komen hem op zich overigens niet vreemd voor. 'Ik kende Van Vlijmen al langer en ik wist dat hij zo handelde. Hij was een kleine ontwikkelaar en handelde in zijn organisatie op *handshake*. Maar bij Bouwfonds ging het heel anders en daar moest hij, Van Vlijmen, zich aan houden.'

Op 11 september 1995 heeft Bouwfonds het bedrijf van Van Vlijmen en de kerstboom met dochtervennootschappen in handen. 'Er waren voor ons drie redenen om het bedrijf in zijn geheel over te nemen,' zegt Boks een paar dagen later tegen persbureau ANP. 'We moesten een goede creatieve ontwikkelaar hebben als directeur, en dat is Jan van Vlijmen. En we hadden commerciële mensen nodig. Het evenwicht tussen techneuten en commercie bij Bouwfonds Vastgoedontwikkeling is in evenwicht gebracht.' Boks zegt ook erg blij te zijn met de voet aan de grond in Duitsland, in de deelstaat Nordrhein-Westfalen, via de joint venture van Van Vlijmen Vastgoed en bouwer Van Wijnen uit Baarn. Van Vlijmen is dan net een maand 38 jaar oud. 'Van krantenjongen tot miljonair,' aldus de typering van de carrière van Van Vlijmen door het ANP.

Van Vlijmen wordt niet-statutair directeur en moet vijf jaar aanblijven. Bouwfonds zal ook zijn broer Simon en Olivier Lambert, de financiële man van Van Vlijmen Vastgoed, een baan aanbieden. Ook meldt een andere oude bekende zich. Een medewerker van Bouwfonds ziet vlak na de binnenkomst van de Sfinx een handgeschreven fax binnenlopen. De fax is afkomstig van Janivo, het beleggingsvehikel van de familie De Pont. In de fax zegt de familie ervan uit te gaan dat Van Vlijmen ook in deze nieuwe omstandigheden het herenakkoord zal naleven en dat vastgoedprojecten eerst aan de familie De Pont aangeboden zullen blijven worden. De Bouwfondsmedewerker vindt dit zo'n vreemde boodschap, dat hij er snel even een kopietje van maakt. Jans eerste deal is inderdaad met Janivo in Utrecht. Het betreft een kantoor naast een pand dat Janivo bezit.

Boks blijft de baas van Jan van Vlijmen en zijn club. Hij denkt het verschil te kunnen maken met de projecten die Van Vlijmen inbrengt. Maar Boks komt er al snel achter dat niet hij, maar Van Vlijmen de grote baas moet worden. Dat heeft Hakstege allang voorgekookt met Van Vlijmen, denkt hij achteraf. Hakstege kan erg goed opschieten met Van Vlijmen, al laat hij dat op de werkvloer nauwelijks merken. Hakstege is sowieso onzichtbaar op de afdeling vastgoedontwikkeling. Op 1 juli 1996 bestijgt Van Vlijmen hier de troon. Hij krijgt op die plek alle ruimte om zijn toekomst zelf uit te stippelen. Een stap die fataal wordt voor de goede naam van Bouwfonds.

Bouwfonds bestaat in 1996 vijftig jaar en dat wordt uitbundig gevierd. De omvangrijke kunstcollectie van Bouwfonds, een van de oudste van Nederland, wordt in Museum Boijmans Van Beuningen tentoongesteld. Op het verjaardagsfeest in Hoevelaken laten ruim drieduizend zakenrelaties hun gezicht zien. In een door Ivo de Wijs geschreven opera wordt de geschiedenis van Bouwfonds neergezet. De nieuwe slogan 'Bouwfonds vandaag, ruimte voor morgen' wordt gelanceerd. Jan en zijn oom Nico zullen de nieuwe cultuur en de ruimte die ze krijgen ten volle benutten. Oom Nico Vijsma wordt ontslagen als 'meewerkend' commissaris bij Van Vlijmen Vastgoed als het bedrijf wordt overgenomen. Maar hij verdwijnt niet. Sterker, hij wordt de onzichtbare man achter de schermen bij Bouwfonds Vastgoedontwikkeling. Hij zal de werknemers niet alleen hoofdpijn, maar ook bange dagen en nachten bezorgen.

4 De Paardenstaart

Oom Nico Vijsma heeft geen verstand van vastgoed, maar wordt wel de charismatische consigliere van zijn neef Jan. Het 'Joodje uit het jappenkamp' neemt een sneeuwwitje en bluft iedereen af. 'Ik ben een *lone wolf*.'

In het kielzog van Jan van Vlijmen duikt vanaf eind jaren tachtig Nico Vijsma (Den Haag, 1937) op. Ze vormen een onafscheidelijk en opvallend duo in het Nederlandse bedrijfsleven. Vijsma is in alles het tegendeel van de gladde zakenman Van Vlijmen. Dat begint al met zijn uiterlijk. Vijsma draagt zijn lange haar in een paardenstaart. Ook binnenshuis draagt hij een lange zwarte leren jas. Zijn zonnebril houdt hij eeuwig op.

Vijsma heeft twee kanten. Een zonnige zijde en een schaduwzijde. 'Nico is een gespleten mens,' zegt een ex-vriendin. Hij heeft zelfs twee stemmen. Gewoonlijk gebruikt hij zijn bejaarde falsetstem, waarmee hij met welgekozen woorden zachtjes vleit en fleemt. Zoetgevooisd neemt hij mensen voor zich in. Maar Nico Vijsma kan ook een krijsende schreeuwstem opzetten, die je niet van zo'n iel mannetje zou verwachten. Dat is de stem die mensen ineen doet krimpen.

Vijsma staat graag in het middelpunt van de belangstelling. Op een feest staat hij twee uur lang luidkeels gedichten van Marsman uit zijn hoofd voor te dragen. Hij nodigt twee dozijn gasten uit voor het North Sea Jazz Festival, als dat nog in zijn geboortestad Den Haag plaatsvindt. Onder de genodigden zijn Edwin de Roy van Zuydewijn en prinses Margarita. Rondom zijn gasten arrangeert Vijsma een hechte ring van vervaarlijk uitziende bodyguards met alles erop en eraan: oortjes, zonnebrillen, zwarte pakken, hier en daar een tatoeage. Het gezelschap schuift in gesloten formatie door de met muziekliefhebbers afgeladen festivalzalen. Als een gast de kring wil verlaten, bijvoorbeeld voor toiletbezoek, krijgt hij van Nico een bodyguard mee die zich als bewaker bij de wc-deur posteert. Jazzliefhebbers die informeren waar alle drukte voor nodig is, krijgen te horen dat het kleine zonnebankgebruinde mannetje in het midden van de zwaarbewaakte groep de ambassadeur van Indonesië is. 'Lachen, man! Typisch Nico,' vertelt een van Vijsma's toenmalige gasten nog nagenietend.

Op deze act heeft Vijsma menig variant. Hij belt bijvoorbeeld zakenrelaties met de vraag of ze zin hebben mee te gaan naar de film. Een luxetouringcar met aan boord een half dozijn bodyguards haalt de gasten op. In de bioscoop heeft het gezelschap een rij stoelen voor zichzelf. De bodyguards staan aan weerszijden van de rij opgesteld, waar zij de hele filmvoorstelling met hun armen over elkaar paraat blijven. Humor, volgens de ene gast. Eng, volgens de ander. Over de naam van de film die is vertoond, verschillen betrokkenen van mening. De oorlogsfilm *Saving Private Ryan*, meent de een zich te herinneren. Een karatefilm, weet de ander. Beide genres zijn geliefd bij Vijsma. De Spielbergfilm *Saving Private Ryan*, waarin een Amerikaanse kapitein in de Tweede Wereldoorlog opdracht krijgt de enige overlevende van de vier broers Ryan op te sporen en weg te halen uit de Duitse frontlinies, heeft Vijsma meermalen gezien, samen met Jan van Vlijmen.

Vijsma koketteert een beetje met geweld. Hij raadt Jan van Vlijmen aan de lijvige samoerairoman *Moesasji* van de Japanse auteur Eiji Josjikawa te lezen. Het boek gaat over een zwaardvechter wiens leven bestaat uit een onafgebroken reeks duels. Vijsma beoefent zelf jarenlang vechtsporten, volgens goede kennissen tot aan free fighting toe. Het geeft hem een gespierd voorkomen. Vijsma bezoekt ook kooigevechten en kickboksgala's. Vergezeld door mooie vrouwen huurt hij dan een tafel vooraan. Op de eerste rij, waar de zweetdruppels en het bloed op de toeschouwers spetteren. Als uitje stapt Vijsma, die zichzelf ziet als een Haags straatschoffie uit de Schildersbuurt, regelmatig de Haagse sportschool Kamakura in het arbeidersbuurtje van De Gheijnstraat binnen. Hij is minstens tweemaal zo oud als de trainende jongemannen. Vijsma dateert van 26 maart 1937. Als Vijsma de zestig al is gepasseerd, volgt hij privékaratelessen.

Begin deze eeuw werpt Vijsma zich op als mental coach van de *full contact freefighter* Franklin Beuk die bij Kamakura traint. Hij heeft een zekere naam verworven in de Nederlandse vechtsportwereld. Beuk is een bedrijf gestart, Beuk VIP Services. Vastgoedbedrijven die door Vijsma worden geadviseerd, huren Beuk VIP Services in voor bewaakt limousinevervoer en het 'monitoren van landgoederen'. Hij vereert ook een andere sportschool met zijn bezoek: Kenamju in Haarlem, de Kennemer Amateur Judoclub. Uit de vechtsporters die hij leert kennen, chartert Vijsma een tiental vaste krachten voor allerlei hand- en spandiensten. Niet alleen Franklin, maar ook Robbie, Mario, Ron, John en Martin, om er een aantal te noemen. Vijsma huurt hen onder meer in via bedrijven als Rooswyck. Daar staan ze op de loonlijst, evenals zijn twee zonen Maurits en David. Zij doen 'chauffeurswerkzaamheden en beveiliging', aldus Vijsma's belastingadviseur Willem van Meerkerk tegen justitie. Een van de vaste klusjes voor twee van zijn sportschooltypes is Vijsma naar vergaderingen en afspraken vergezellen. De gorilla's van Nico, noemen sommigen dit verschijnsel oneerbiedig, hun mond achter een hand verbergend. 'Ach, dat vindt Nico gewoon leuk,' verklaart een zakenpartner schouderophalend.

Maar anderen verhalen over de reële angst die Nico met dit gezelschap bij hen oproept. Op voorwaarde van anonimiteit verklaren vechtsporters dat Nico Vijsma weleens geld, tweeduizend euro, heeft geboden om iemand 'uit elkaar te trekken'. Getuigen spreken, eveneens op voorwaarde van anonimiteit, over vuurwapens die in omloop zijn bij de gorilla's van Vijsma en Van Vlijmen. Of dat hun eigen hobby is of die van oom en neef is onduidelijk.

Vijsma laat zijn vechtsporters ook wat bijverdienen als zijn privéchauffeur. Als ze onderweg in een file terechtkomen, geeft Vijsma de opdracht er over de vluchtstrook voorbij te rijden. Als ze worden aangehouden, maant Vijsma de agent haast te maken. 'Schrijf de bekeuring uit en verder wil ik niets horen.' Zijn chauffeur heeft hij daar al psychisch op voorbereid. Niet zeuren, boete betalen en doorrijden.

Uit het reservoir aan getrainde hulpkrachten rekruteert Vijsma met Jan van Vlijmen bewakers voor het kerkelijk huwelijk van prinses Margarita en Edwin de Roy van Zuydewijn op 22 september 2001 in het Franse Auch. Een gebaar van Vijsma en Van Vlijmen naar de man die op dat moment bij Bouwfonds werkzaamheden voor hen verricht. In 2005 verklaart De Roy van Zuydewijn tegen journalist Ton Biesemaat dat de kring rond Van Vlijmen 'jongens zijn die overal buiten willen blijven omdat ze levensgevaarlijk zijn. Die hebben gewoon *ripsquads*. Er worden gewoon mensen *gekneecapped*.' De Roy van Zuydewijn zegt ook dat de kring rond Van Vlijmen een geschil over de huur van flats bij het Scheveningse Kurhaus heeft laten afhandelen 'door twee Antilliaanse *hitwomen*. Women! Daar werd in restaurants in geuren en kleuren en gierend van het lachen over gesproken.' De geluidsopnamen van dit interview zijn door de Amsterdamse recherche in beslag genomen, nadat ze waren uitgetikt. Niemand neemt deze verhalen van De Roy van Zuydewijn erg serieus. Totdat justitie in najaar 2007 de pijlen blijkt te richten op het Bouwfondsgezelschap wegens vastgoedfraude.

Jan van Vlijmen stelt ook getrainde surveillanten uit Nico Vijsma's reservoir ter beschikking aan zakenman Roel Pieper. Dat gebeurt daags nadat de oud-topman van Philips en zijn vrouw op 31 mei 2003 op hun landgoed Koekoeksduin in Aerdenhout zijn aangevallen door een tbs'er. Bij die aanslag raakt Piepers vrouw zwaargewond. Het aanbieden van door Vijsma gearrangeerde privébewakers komt vaker voor, blijkt uit door justitie onderschept telefoonverkeer. Op 13 augustus 2007 zegt Van Vlijmen tegen zijn vriend en medeverdachte Jack Del Castilho: 'Ik heb net de baas van KPN Mobile aan de lijn. Nog geen tien minuten geleden. Die bedreigd wordt door een klant, met zijn vrouw en kinderen. Politie erbij en alles. Franklin was hier want die haalde me net van Schiphol en ik zei, moet ik Franklin sturen? Bewaking? Nou, dat hoefde niet.'

Nico Vijsma gebruikt zijn vechtsportconnecties ook met grote regelmaat om cocaïne voor hem te regelen. Daarvan is hij een stevige gebruiker. 'Even snel een sneeuwwitje nemen,' heet het dan. Tot in de hoofdkantoren van grote Nederlandse ondernemingen snuift Vijsma publiekelijk zijn coke. Dan gaat hij, in gezelschap van directeuren van zakenpartners, even in de vensterbank zitten, ook meteen goed zichtbaar voor de buitenwereld. Ostentatief neemt hij een snuif met een biljetje van honderd. Of hij maakt routineus een kommetje van de oksel van zijn duim en wijsvinger, strooit daarop een hoopje witgoed als betreft het Franse snuiftabak en houdt het kommetje even snel onder de neus. 'Wil je ook wat?' vraagt Vijsma verblufte omstanders dan.

Niet iedereen kan zulke aanbiedingen van Nico Vijsma weerstaan. Een intern onderzoeksrapport over de cultuur van Bouwfonds Commercieel Vastgoed noteert dat meer mensen cocaïne gebruiken op de werkvloer. Als het Openbaar Ministerie op 13 november 2007 voor 11.281.760 euro beslag legt op bankrekeningen van Nico Vijsma, beseffen zijn zoons, die bij pa op de loonlijst staan, dat ze het voortaan echt zelf moeten doen. Tot dan toe wordt een van hen nog door vader onderhouden. 'Ik heb maar een uitkering aangevraagd, want mijn vader zegt sinds kort dat hij geen geld meer heeft,' legt hij zijn omgeving uit. De ander vermeldt op zijn LinkedIn-profiel dat hij negeneeneenhalf jaar, tot november 2007, als consultant heeft gewerkt voor Idlewild, het bedrijf van zijn vader dat het Openbaar Ministerie ook als verdachte aanmerkt.

Nico Vijsma is hard geweest voor zijn twee zoons, menen getuigen. Een ex zegt dat hij zeer agressief uit de hoek kan komen. Vijsma is een aangetrouwde oom van Jan van Vlijmen. Zijn zoons heeft hij met de zus van Van Vlijmens vader. Ome Nico, Niek voor intimi, is twintig jaar ouder dan zijn neef. Ze schelen een generatie. Jan van Vlijmen gaat al voor zijn pubertijd intensief met oom Nico om. 'Ik ken Jan van Vlijmen al sinds toen hij een kind was,' verklaart Vijsma in de verhoren na zijn arrestatie. 'Vroeger, toen was hij nog maar vijftien jaar oud, had hij als missie het hebben van een eigen bedrijf. Hij wilde dat ik daar ook een rol in zou spelen. In 1990 was het zover.' Maar hij zegt ook: 'Ik was niet erg close met Van Vlijmen. Wij kwamen niet op elkaars verjaardagen.'

De fundamenten van het duo zijn gelegd als Jan van Vlijmen een tiener is en Nico Vijsma een dertiger. Zo bezien is Jan de creatie van Nico. Dat is ook de mening van de ouders van Jan van Vlijmen, volgens hun omgeving. De ouders van Van Vlijmen zijn boos op Vijsma en wijten de problemen die Jan nu heeft aan de slechte invloed van zijn oom. 'Nico heeft hun zoon van hen afgepakt,' analyseert een huisvriend. 'Nico kan wel zonder Jan, maar Jan kan niet zonder Nico,' meent een ander. 'Als Van Vlijmen alleen is, maakt hij bijna een verlegen indruk.' Verzekeringsman en zakenpartner Jim Kroon: 'Jan en Nico zijn een twee-eenheid. Net als Peppie en Kokkie.'

Het maakt eigenlijk weinig uit wie van het duo nu precies de kwade genius is, relativeert een ambtenaar. 'Bij criminelen kan je eindeloos bezig blijven met onderzoek naar de onderlinge relaties. Volgens mij is maatgevend hoe ze hun geld onderling verdelen.' Voor zo ver nu valt te overzien, zou Nico dan de ondergeschikte zijn van Jan.

Nico ontmoet de tante van Jan van Vlijmen als zij verpleegster is in het Marinehospitaal in Overveen. Daar komt Nico Vijsma terecht na zijn terugkeer met het vliegdekschip Karel Doorman uit Nieuw-Guinea. Vijsma werkt rond 1960, tijdens de mislukte poging van Nederland om Nieuw-Guinea te behouden, in het toenmalige Hollandia, het huidige Jayapura, de hoofdstad van de Indonesische provincie Papua. Vijsma is in dienst van het Nederlandse leger als schrijver.

Tijdens de Tweede Wereldoorlog is Vijsma ook in Nederlands-Indië. Hij zit als vijfjarige jongen met zijn moeder in een jappenkamp. De gruwelijkheden die hij daar meemaakt, kwellen Vijsma nog steeds. Hij vertelt dat hij sindsdien niet meer in het donker durft te slapen, want dan begint hij te hallucineren. Dan gaan de kastdeuren op onverklaarbare wijze open en dicht. Alles beweegt. 's Nachts moet nog steeds het licht aan in zijn slaapkamer. Om desondanks toch de slaap te kunnen vatten, bindt hij zich een blinddoek voor. Een van zijn angstigste jeugdherinneringen aan het kamp is een eng boek, waar zijn moeder bij wijze van straf uit voorleest als hij iets verkeerd doet. Zelfs nu, als 72-jarige, wil hij niet zeggen welk boek hij toen zo verschrikkelijk vond.

Een lezer is Nico zeker. Hij is altijd op zoek naar spanning en samenzwering. Jan en Nico kijken beiden uit naar de nieuwe thriller van Henning Mankell, die het meest bekend is door zijn boeken met politie-inspecteur Kurt Wallander. Nico zegt voor de smetvrezige Sfinx een vers exemplaar te hebben, dat hij nog niet heeft aangeraakt. 'Ik neem hem voor je mee, Jan. Dan haal ik voor mezelf wel een nieuwe.' 'Dolgraag,' is de reactie van Jan. Een ander favoriet boek is de elfhonderd pagina's tellende sciencefictionthriller *Cryptonomicon* van Neal Stephenson. Dat boek valt bij Nico zo in de smaak, dat hij de titel voor een emailalias gebruikt. Het is een historische thriller over spionage, hackers, niet te kraken nazicodes, multinationals en geheime diensten.

De Tweede Wereldoorlog speelt ook een rol in Vijsma's leven. Dat benadrukt hij zelf vaak. Traumatisch voor Vijsma is het feit dat van zijn moederskant, de Haagse fruit- en augurkenverkopersfamilie Bobbe, de meeste leden in de Tweede Wereldoorlog door de nazi's zijn omgebracht in Auschwitz. 'Ik ben een Joodje dat de oorlog heeft overleefd doordat ik in een jappenkamp zat,' heeft Vijsma menigmaal wanhopig uitgeroepen. Van dit oorlogstrauma heeft hij later 'een feest gemaakt,' zegt Vijsma tegen het *Algemeen Dagblad* in 1997 ter gelegenheid van zijn zestigste verjaardag. Want naast de blinddoek heeft Vijsma een tweede remedie tegen de nachtelijke terugkeer van de boze herinneringen gevonden. 'Nog beter is het dus om altijd iemand bij je te hebben. Een mooie vrouw bijvoorbeeld, ha, ha.' Het valt de verslaggever inderdaad op hoeveel mooie en jonge vrouwen om Vijsma heen zwermen in het Argentijnse restaurant Fiesta Latina waar Vijsma uitbundig zijn verjaardag viert. Vier maanden later wordt Vijsma als een ware societyfiguur, met zijn 'kekke paardenstaartje', gesignaleerd in het Haagse Congresgebouw, in gezelschap van de 25-jarige hoogblonde Claudia. Met haar gaat Vijsma trouwen, zegt hij trots, maar pas nadat ze beiden 'in leeftijd wat meer naar elkaar toegroeien'.

Vijsma klopt zich graag op de borst over zijn seksuele ijver. In dienst van het Nederlandse leger is hij al 'de grootste rukker van de Stille Oceaan,' grapt hij over zichzelf. De vrouwenliefhebberij van Vijsma leidt er toe dat zijn huwelijk, dat hij in 1966 sluit met de moeder van zijn zoons, spaak loopt. Na de scheiding zorgt Vijsma financieel nog wel voor haar, maar ze wordt min of meer verbannen naar het Belgische Lanaken. Daar sterft zij aan een gebroken hart, meent een kennis van de familie. Zelf raakt Vijsma ook weer van de kaart als zijn stiefkind Marije, de dochter van een van zijn nieuwe vriendinnen, onverwachts op 23-jarige leeftijd overlijdt door een hartaandoening.

De altijd charmante Vijsma gaat enthousiast door op de versiertoer. Bij de vastgoedbedrijven die hij adviseert, claimt hij een rol bij het aannemen van nieuwe vrouwelijke personeelsleden. In Fiesta Latina, het Argentijnse restaurant in Den Haag waar hij graag eet, zijn op zijn avonden altijd veel langbenige dames aanwezig, weten andere gasten. 'Ome Niek gaat er prat op alle bordelen van Nederland met een bezoek te hebben vereerd,' zegt een bron uit zijn *inner circle*. Vijsma is promiscue, maar komt daar rond voor uit. 'Ik ben een eerlijk mens. Ik hou niet van liegen. Ook ben ik zeer loyaal en trouw naar de mensen toe. Tot het einde van de wereld,' omschrijft hij zichzelf tegenover het Openbaar Ministerie tijdens een verhoor.

Ontsnapt aan de nazi's en de jappen, probeert Vijsma alles uit het leven te halen wat er in zit. Hij helpt anderen bij het zoeken naar een doel in hun leven en het benutten van hun kansen. Tijdens het shoppen in Den Haag ontmoet hij een winkelmeisje in damesmodezaak Jill. Nico vindt dat de jongedame meer capaciteiten heeft. Ze wordt in 1998 aangenomen als telefoniste voor een van Jans bedrijven en vertrekt pas jaren later. Vijsma ontfermt zich ook over mannen die volgens hem meer in hun mars hebben. Voor vastgoedbedrijf Rooswyck haalt hij een gesjeesde student bedrijfskunde binnen. Hij werkt als portier bij de Rotterdamse discotheek Starlight en wordt ingehuurd door Nico voor een feest. Niet lang daarna mag hij zich tot de vastgoedclub van Jan en Nico rekenen. De latere financiële rechterhand van Jan en Nico, Olivier Lambert, begint als studentikoze portier van Jans kantoor Kennemerhaghe in Heemstede. Hij klimt met Jan en Nico op tot de directie van de vastgoedontwikkelingstak van het grote Bouwfonds.

Nico helpt mensen met hun toekomst, maar leeft zelf vaak bij de dag, alsof zijn leven ervan afhangt. De lunches en diners waarmee Vijsma het leven probeert te vieren, zijn befaamd. De Indonesische restaurants Garoeda in Den Haag en Bali in Breda zijn enkele van zijn favorieten. 'Dan laat hij de hele tafel vol met eten smijten, ook al ziet iedereen dat het veel te veel is en nooit op zal gaan,' vertelt een disgenoot. Mateloosheid kenmerkt zelfs de manier waarop Vijsma koffie drinkt. 'Dan gaat er een zakje suiker in. Nog een zakje. Een derde zakje. En een vierde, voordat het eerste slokje wordt genomen,' weet een ooggetuige.

Het helpt allemaal niet om de doodsangst geheel te verdrijven. Bij het minste of geringste snelt Vijsma naar de arts voor een consult. Maar dat de lichte beroerte en de hangende mondhoek waar hij even last van heeft, wellicht aan overdadig cokegebruik zijn te wijten, wil er niet in bij Vijsma. Tijdens het verhoor door de FIOD-ECD, waarin hij honderduit praat, maar nauwlettend de echte onderwerpen vermijdt, beklaagt hij zich over het syndroom van Sjögren waar hij zo'n last van heeft. 'Ik ben ongeneeslijk ziek. Ik maak geen speeksel meer aan. Dat beheerst mijn hele leven,' verzucht Vijsma.

In de jaren tachtig is de Paardenstaart directeur van het advertentiebedrijf van de toenmalig AD- en NRC-uitgever Dagbladunie. 'Door zijn onorthodoxe optreden stimuleert hij zijn mensen tot ver boven hun mogelijkheden,' tekent een AD-journalist in de tweede helft van de jaren negentig op over Vijsma's tijd bij het Rotterdamse kranten-concern. Sinds 1990 is Vijsma niet meer in loondienst. Hij komt in de vastgoedwereld terecht en is bereid daarvoor zijn riante salaris op te geven. 'Dat leek mij leuk. In die periode had ik enorme tegenslagen in het leven, huwelijk geklapt. Verdiende 200.000 gulden.' Vijsma wordt adviseur bij het bedrijf van zijn neef, Van Vlijmen Vastgoed: 'Het da-gelijks runnen van het bedrijf. Komt het personeel op tijd, dan doen ze hun werk. Ik heb geen verstand van vastgoed.'

Toch wordt hij in de artikelen in het AD een vastgoedman ge-noemd. Hij omhelst volgens de verslaggever zijn vriend Harry Mens. Naar eigen zeggen bestrijken zijn adviezen allerlei terreinen: 'Vast-goed, software, *human resources*.' Tegen de FIOD-ECD zegt Vijsma: 'Ik adviseer mensen in alle opzichten. Ik stel mij beschikbaar voor ieder-een die mij zakelijk of privé nodig heeft. Ik ben gewoon een eenling die adviezen verstrekt.' Of het nu vastgoed, personeelsbeleid of coaching is, Vijsma zit er bovenop. Hij bemoeit zich met alles, tot op detailniveau. Zoals hij het zelf tegen zijn neef zegt over de nieuwe kracht Pieter, die bij hun vastgoedbedrijf Landquest werkt: 'Hij heeft nog niet *delivered*.' Nico zegt dat het geen slechte man is en dat hij hem in Amsterdam 'bij gaat tunen' en hem zal uitleggen 'wat de spel-regels zijn'. Onderdeel van zijn filosofie is de touwtjes strak te houden.

Dat blijkt bijvoorbeeld uit een afgetapt telefoontje tussen Vijsma en zijn secretaresse Desiree Dek in augustus 2007. Vijsma grijpt in als blijkt dat de werkrelatie tussen zijn neef Jan en oud-pensioenfondsdirecteur Will Frencken van Philips een probleem kan worden in lopende onder-zoeken. De link tussen Frencken en Van Vlijmen moet koste wat het kost uitgewist worden. Ze hebben de fout gemaakt om Jan van Vlijmen een eigen doorkiesnummer op de telefoon te geven in het nieuwe kan-toor van Frencken in Weert. 'Een wassen neus,' zegt Dek, maar wel een probleempje als de lijst in verkeerde handen valt. Van de fiscus of justi-tie bijvoorbeeld. Nico Vijsma zit aan de knoppen om te voorkomen dat de groep wordt ontmaskerd. Frencken mag niet te veel weten.

Nico: 'DD, met Niek. Wij gaan even een andere strategie met me-neer F. te W. aan.'

Desiree: 'Vertel.'

Nico: 'Als die idioot nog belt.'

Desiree: 'Ja.'

Nico: 'Hou hem dan af, zoals je al eerder hebt gezegd tegen mij.'

Desiree: 'Oké ja, maar ik moet nog wel een klein stukje nazorg doen. Want die lijst is in het bezit van Frencken. Die is alleen maar in het bezit van Frencken.'

Nico: 'Een telefoonlijst?'

Desiree: 'Ja, dat is gewoon een A'4tje met een tabelletje erop met toestel 12.'

Nico: 'Zodat het net lijkt alsof Jan van Vlijmen in het kantoorgebouw zit?'

Desiree: 'Precies.'

Nico: 'Ja maar dat is nou dodelijk…'

Deisree: 'Als je die lijst niet hebt, dan weet je niks. Ik kan wel naar Frencken een nieuwe lijst mailen voor die tijd en zeggen van goh ik stuur je hier de nieuwe lijst.'

Nico: 'Alsof hij erom gevraagd heeft?'

Desiree: 'Als hij suf genoeg is dan gooit-ie gewoon de oude weg en doet hij een nieuwe lijst in zijn map. Dat is het enige wat ik kan verzinnen. Anders moet ik het hem gaan uitleggen waarom ie een nieuwe lijst heeft.'

Nico: 'Nee, dat moet Jan doen.'

Nico en Jan hebben een duidelijke rolverdeling. De Paardenstaart weet wanneer hij een klus aan zijn neef moet overlaten. De veel socialere Nico wordt door zijn vrienden omschreven als een superceremoniemeester.

De AD-journalist noemt hem in die periode 'een soort Godfather'. 'Een zwarte smoking met een dito gekleurd modehemd. Don Corleone. Een beetje het evenbeeld van Al Pacino.' Zijn neef Jan van Vlijmen, die dan bij Bouwfonds directeur is, adviseert Vijsma als een soort onzichtbare spin in een onzichtbaar web, aldus nog steeds het AD. 'Een soort consiglieri.' Bij een andere gelegenheid zegt Vijsma in die periode dat hij 'het smerige werk' opknapt voor zijn neef Jan.

Maar Vijsma fungeert ook als een mental coach voor Jan van Vlijmen en een tiental andere Bouwfondsmanagers. Degenen die zulke sessies van Nico hebben ondergaan, doen nog steeds allemaal erg geheimzinnig over wat daar precies op ze is losgelaten. 'Toen ik daaruit kwam, leek het alsof ik stukken groter was geworden. Ik kon de hele wereld aan,' vertelt een vastgoedman. Maar over wat er nou precies in die urenlange sessie is voorgevallen, weet hij geen enkel detail meer te reproduceren. Hij is niet de enige.

Een ooggetuige weet wel dat Nico Vijsma belangrijke ontmoetingen van zijn neef Jan van Vlijmen met hem oefent. Dan nemen zij de psychologische beïnvloedingsmogelijkheden en scenario's van tevoren door. Voor de ene gesprekspartner kiezen ze de intimiderende aanpak. Voor de ander achten ze de inpakmethode geschikter. Zo zijn ze samen op een bankje op het landgoed van Koning Jan gesignaleerd, waar ze een aankomende ontmoeting met een belangrijk zakenpartner repeteren. Complete toneelstukken studeren ze in, waarbij oom Nico de toekomstige gesprekspartner van Jan zelfs nabootst met kenmerkende rekwisieten, zoals een pijp. Vijsma wordt door sommige medewerkers geadoreerd en door andere een 'enge man' gevonden. Hij lokt mensen uit de tent, hij provoceert en manipuleert. Dat manipuleren doet zijn neef ook, alleen is de heer uit Heemstede een stuk hoffelijker.

De voorlaatste keer dat Vijsma de media te woord staat, is in 2005. Dat gebeurt in een televisie-uitzending over onrust onder de buurtbewoners van het Haagse Burgemeester de Monchyplein. Die onrust is ontstaan nadat zij hebben ontdekt dat de Nederlandse regering de vvd-parlementariër Hirsi Ali bij hen in de flat heeft laten onderduiken. Dat is na de doodsbedreigingen aan haar adres. De buurt is niet zo blij met deze nieuwe buur. Vijsma, die de onderbuurman van Hirsi Ali is, wordt als toevallige passant door de televisieverslaggever om een reactie gevraagd. Die wil hij echter niet geven. Waarom niet, vraagt de verslaggever. 'Ik ken u niet,' bromt Vijsma verstoord vanachter zijn zonnebril. Maar wat vindt u dan van Hirsi Ali, houdt de reporter aan. 'Die ken ik ook niet,' aldus Vijsma over de meest spraakmakende Nederlander van dat moment in een voor hem kenmerkend toneelspel.

Vijsma heeft maar weinig op met de media. 'Ik ken zo'n krantenredactie van dichtbij uit de tijd dat ik uitgever was. Ik had grote verwachtingen van zo'n krantenredactie. Maar het waren vooral middelbare heren. Meer was het niet,' vertelt hij desgevraagd. 'Maar weet u, journalisten zijn net als architecten vooral bezig om een monument voor zichzelf te bouwen. En dan dien ik hen daar de benodigde informatie voor te verstrekken.' Het laat me echt koud wat over me wordt gezegd of wordt geschreven, zegt hij.

Zijn rol in de fraude wordt overdreven, meent Vijsma. 'Mensen maken er een grote mystiek van. Ik ben maar een kleine kanarievogel in een kooi. Ik heb geen vrienden. Ik ken niemand buiten het werk. Ik ben een *lone wolf.* Dat ben ik.' Dat is dan toch een goede reden om uit te leggen wat zijn werkelijke rol is geweest? Vijsma, het voormalige Haagse straatschoffie met zijn hoge aimabele stem: 'Uw verzoek raakt het zachtste plekje op mijn achilleshiel. Ik wil best uit de school klappen. Maar de timing….'

Die snelle combinatie van bekritiseren en vleien, de keiharde en supersofte aanpak direct na elkaar. Dat mag kenmerkend voor Vijsma heten. Hij geniet van de verwarring die dat creëert. Als enige van de tientallen verdachten in de vastgoedfraude antwoordt Vijsma uitbundig op vragen die de FIOD-ECD hem voorlegt. Tegelijk gaat hij nergens echt op in. 'U vraagt aan een burger of twee andere burgers elkaar kennen. Dat gaat mij in mijn Joodse bloed zitten, dus ik zwijg hierover,' motiveert Vijsma zijn weigering om iets te verklaren over de relaties tussen mensen. Als zijn verhoorders iets over een andere verdachte willen weten, zegt Vijsma: 'Over hem ga ik niets zeggen. Maar het is een goed mens.'

Zijn neef Jan houdt ook rekening met de Joodse achtergrond van Vijsma. Op 4 oktober 2007 verwacht Van Vlijmen met miljardair Dik Wessels uit Twente naar Berlijn te gaan, vertelt hij een zakenpartner in een gesprek dat justitie onderschept. 'Ik bouw daar een project met hem.' Wessels wil dat Jan meedoet, maar het project heeft Van Vlijmen een 'filosofische' kwestie bezorgd, zegt hij. Het gaat namelijk om een gebouw dat op de plek moet komen waar in de Tweede Wereldoorlog het Volksgericht stond. Hier zijn de tegenstanders die op 20 juni 1944 een aanslag op Hitler planden, berecht en vermoord, vertelt hij pensioenfondsdirecteur Rob Lagaunne. Deze moet toegeven dat het 'een heel aparte plek' is. Behalve Von Stauffenberg zijn er honderden anderen vermoord, zegt Van Vlijmen. 'Dus ik zei, Dik, je kent mijn oom Nico ook. Ik wil weten, want zijn hele familie is vergast, of iemand die Joods is dat goedvindt. En die zei: "Nou, het is zestig jaar geleden, Jan. Doe het."'

In oktober 2006 is Van Vlijmen ook al uitgenodigd door Wessels om naar Berlijn te komen. 'Vanuit Twente met zijn privévliegtuig ernaartoe. Wordt het een dag van tevoren afgeblazen omdat een van de werknemers een muur op zijn hoofd had gekregen en die was zowaar morsdood. Toen dacht ik... er hangt toch iets van...'

Rob: 'Zweempje. Een beetje eng, hè?'

Jan: 'Ik vond het geen goed teken. Ik ga er met gemengde gevoelens heen.'

Het project van Van Vlijmen en de miljardair uit Twente, waaraan nooit enige ruchtbaarheid is gegeven, behelst de bouw van luxeappartementen in het voormalige gerechtsgebouw van de Wehrmacht, waar tussen de jaren 1939 en 1945 ruim 1400 mensen ter dood zijn veroordeeld op religieuze gronden en wegens spionage, landverraad en dienstweigering. Wessels merkt dat in Duitsland aanvankelijk gematigd enthousiast gereageerd wordt op de herontwikkeling door Kondor Wessels op de historisch beladen plek. Maar Van Vlijmen en elf andere vermogende particulieren durven het aan en steken 25 miljoen euro in het project. Na tien jaar leegstand worden in november 2007 in het complex Atrion am Lietzensee de eerste van de honderd luxehuurwoningen opgeleverd.

Van Vlijmen doet voor ongeveer een half miljoen euro mee om de contacten met de miljardair uit Rijssen warm te houden. Hij laat zo nu en dan zijn gezicht zien bij Wessels. De bouwmagnaat rekent de Sfinx tot zijn netwerk. Maar Wessels is minder enthousiast over Vijsma. Als hij een keer meekomt naar Rijssen, weten de nuchtere tukkers alleen al vanwege zijn verschijning niet wat ze meemaken. 'Ik wil dat je hem nooit meer meeneemt,' verordonneert de Twentse vastgoedmagnaat.

Jan en Nico zijn tegenpolen. In levensstijl, maar ook in motoriek. Nico beweegt altijd nerveus, Jan nooit. Tegelijkertijd zijn ze twee handen op één buik. Willem van Meerkerk is belastingadviseur en bestuurder van vennootschappen van Vijsma. Hij zegt: 'Er is een samenwerkingsverband, een vaag verband van samenwerking, tussen Jan van Vlijmen en Nico Vijsma. Met vaag bedoel ik niet geconcretiseerd door contracten.' Van onverkwikkelijke zaken zegt Van Meerkerk niets gemerkt te hebben. 'De administratie, boekhouding, beheer van geld en de fiscalist en accountant aansturen, regelde ik voor hem de laatste tien jaar. Nico heeft een hekel aan papier, hij houdt kantoor in zijn auto. Hij vond papier maar ballast.' Dat door de bedrijven van Vijsma miljoenen stromen vindt Meerkerk niet verdacht. 'Het is typisch Nico Vijsma dat als er geld binnenkwam hij anderen mee wilde laten delen.'

Vijsma houdt zich in de verhoren van de domme: 'Ik weet het niet, u vraagt dingen aan een chimpansee.' Als zijn verhoorders vragen wie er bij Bouwfonds van hogerhand bij betrokken is, zegt Vijsma: 'De raad van bestuur moest overal toestemming voor geven. Wij hebben steeds onder de paraplu van een grote organisatie gewerkt. U vraagt mij of de raad van bestuur wist van de winstdelingsovereenkomsten met Willemsen en Minderman in de projecten Hollandse Meester, Coolsingel en Solaris. Dan hanteer ik het *fucking* zwijgrecht.'

Hij blijft soeverein overeind in de verhoren. 'Als iemand naar zijn oude moer gaat, ben ik dat maar.' Het lijkt wel een spel voor hem, een naadloze voortzetting van de voorgaande jaren. De verhoren boeien hem ook. Het beoefenen van het normloze spel van de macht, als wraak voor het normloze lot dat hem in zijn kinderjaren treft. Het verschil tussen goed en kwaad lijkt tijdens dit spel uit het zicht geraakt. Geconfronteerd met de verdenkingen van het Openbaar Ministerie zegt ome Nico in een van zijn verhoren over zichzelf en zijn medeverdachten: 'Ik ben niet geschrokken van de zwaarte van de delicten, niet in fysiek technische zin. Ik ben geschrokken van het feit dat mijn neef Jan van Vlijmen al maanden vastzit. Wij zijn fatsoenlijke mensen. Maar voor de wet waarschijnlijk niet.'

Nico en zijn makkers hebben zo hun eigen fatsoensnormen. Daar heeft niemand onder geleden, meent Vijsma. 'Mensen die rechtstreeks bij mij betrokken zijn geweest zullen nooit iets negatiefs over mij verklaren. Dat bestaat gewoon niet. Iemand die een verklaring tegen mij aflegt, heeft nooit rechtstreeks met mij te maken gehad.' Hoe de oude Vijsma zijn voorarrest heeft ondergaan, is onbekend. In elk geval zonder televisie. Hij is de enige van de reeks mannen in voorarrest die daar niet om heeft gevraagd.

5 De bedrijfscultuur van Jan en Nico

Jan en Nico vestigen moeiteloos een dubieuze cultuur bij de projectontwikkelaars van het ouderwetse Bouwfonds. Geweld en intimidatie worden niet geschuwd. Met zijn allen in therapie. 'Wij nemen dit project over.'

Het personeel van Bouwfonds Vastgoedontwikkeling is in de zomer van 1995 niet van tevoren geïnformeerd over de komst van Jan van Vlijmen. Wel een beetje raar, vindt het kleine clubje van veertien projectleiders, een controller, een vastgoedjurist en enkele secretariaatsmedewerkers. Jan van Vlijmen komt voor het personeel onaangekondigd binnen als de nieuwe directeur. Nog merkwaardiger vindt het personeel de oudere man die met Jan van Vlijmen is meegekomen. Zonder dat ook hij wordt voorgesteld, zo herinnert een ex-werknemer zich. 'Wie is die clown in die zwarte jas met die zonnebril?' vragen medewerkers lacherig aan elkaar. 'Hij komt onaangekondigd het bedrijf binnenlopen en schijnt niet eens een vast contract te hebben,' vertellen ze elkaar.

Het lachen vergaat ze snel. De collegiale sfeer van voorheen slaat abrupt om na de komst van Van Vlijmen en de oudere zonderling Nico Vijsma, die Van Vlijmens aangetrouwde oom blijkt te zijn. Van Vlijmen neemt nog meer eigen mensen mee naar zijn nieuwe werkkring. Hij installeert Olivier Lambert als financiële man en controller, die hiervóór dezelfde functie vervulde in Van Vlijmens privéonderneming. Jan neemt ook zijn broer Simon mee naar Bouwfonds. Hij wordt daar 'verhuurmanager'. Het aanstellen van familieleden door Van Vlijmen stuit aanvankelijk op scepsis. Zelfs de toenmalige Bouwfondsbestuursvoorzitter John Simons geeft in 1995 uitdrukking aan zijn aarzeling over de komst van 'een heel nestje Van Vlijmens'. De vicevoorzitter van de raad van bestuur Cees Hakstege stelt Simons gerust.

Jan van Vlijmens oom Vijsma weet de onwennigheid te pareren. 'Hij heeft enorm charisma,' zegt een collega die Vijsma jaren van dichtbij heeft meegemaakt. 'Maar er ligt een waas van onbetrouwbaarheid en ongrijpbaarheid om hem heen. Vijsma is een engerd, maar mensen durven zich niet tegen hem te keren.' Tegen zijn nieuwe baas Berend Boks zegt Van Vlijmen: 'Je zult wel zien hoeveel plezier je krijgt van de inbreng van Vijsma.' Een vast dienstverband voor Vijsma bij Bouwfonds komt er niet, ook al ziet Van Vlijmen dit graag vanwege de 'onschatbare waarde' van zijn aangetrouwde oom voor het bedrijf. Vijsma sluit via zijn vennootschap Idlewild eigen managementovereenkomsten met Bouwfonds.

Van Vlijmen weet al snel de macht te grijpen binnen de afdeling commercieel vastgoed. Met zijn nieuwe baas Berend Boks spreekt hij een taakverdeling af. Boks concentreert zich voortaan op de grote lijnen en Van Vlijmen zal de dagelijkse routine voor zijn rekening nemen. Een keurige rolverdeling, meent Boks, maar binnen enkele dagen al is hij de greep op de gang van zaken volledig kwijt, zonder dat hij dat direct doorheeft. Dat besef komt pas enkele maanden later.

Boks is aanvankelijk blij dat het managementteam van Bouwfonds wordt versterkt met expertise op het gebied van commercieel vastgoed. Daar heeft Bouwfonds behoefte aan na het vertrek van de vorige directeur projectontwikkeling, Frank van der Heijden. Van Vlijmen neemt de positie van Van der Heijden in. Boks kent Van Vlijmen al jaren van HBG, waar ze beiden hebben gewerkt. Boks vertrouwt Van Vlijmen. Maar Boks hoort al snel dat Vijsma zijn secretaresse het hof heeft gemaakt. Yvonne, ook wel de ijskast genoemd door het Bouwfondspersoneel (niet alleen als woordspeling op haar achternaam), gaat met Vijsma uit. Boks waardeert het dat zijn secretaresse dat keurig bij hem meldt. Later gaat Yvonne samenwonen met Vijsma.

Boks heeft iets anders aan zijn hoofd dan de relatieperikelen op zijn werk. Het Monument voor de Onbekende Soldaat, dat zijn vader Joost Boks als architect voor de Amerikanen ontwierp, staat te roesten. Het staat in Arlington, op de nationale begraafplaats bij de hoofdstad Washington. Boks besluit zich in te zetten voor de restauratie. Het plan is in mei 1995, ter gelegenheid van vijftig jaar bevrijding van Europa door de Amerikanen, het opgeknapte monument als Europees cadeau aan te bieden aan de Amerikanen. Boks vliegt regelmatig op vrijdag naar Washington en keert zondags terug. In oktober 1995, na de eerste werkweken van Van Vlijmen bij Bouwfonds, zijn er nog wat losse eindjes die Boks in Washington moet regelen rond de renovatie. Hij knoopt er een vakantie aan vast. Op kantoor vindt de jonge garde dat het project wel erg veel tijd en aandacht van Boks opslokt. Als hij terugkomt is zijn organisatie in rep en roer. Hij wordt bestookt met klachten over het bizarre optreden van Vijsma en Van Vlijmen.

Twee Bouwfondsmedewerkers hebben moeilijkheden gekregen met de gemeente Arnhem over de bouw door Bouwfonds van de nieuwbouwwijk Rijkerswoerd. De gemeente Arnhem is de grootste aandeelhouder van wat dan nog het Bouwfonds Nederlandse Gemeenten is. De medewerkers willen het probleem met Arnhem bespreken met hun kersverse directeur. Tot hun stomme verbazing typeert Van Vlijmen het hele plan, waar tegenwoordig vijfduizend woningen en een winkelcentrum staan, meteen bij hun binnenkomst als 'een kutproject'. 'Opsodemieteren. Weg met die troep,' geeft Van Vlijmen hen te verstaan. 'We gaan het hele contract met Arnhem verscheuren,' kondigt hij aan. Als de twee Bouwfondsmannen hun nieuwe directeur voorzichtig waarschuwen dat dit niet goed zal zijn voor het imago van Bouwfonds onder de gemeenten, ontploft Van Vlijmen: 'Het imago van dit bedrijf? Weet je wat ik daarmee doe? Daar veeg ik mijn reet mee af.' Ongebruikelijke taal in de tot dan toe keurige ambtelijke Bouwfondsorganisatie.

Enkele dagen later roept Jan van Vlijmen een van de geschoffeerde medewerkers bij zich. Uit zijn onlangs aan Bouwfonds verkochte privévastgoedonderneming heeft Van Vlijmen nog wat onverkochte delen over van het bedrijvenpark Rivium in Capelle aan den IJssel. In dit verband is er wel een 'leuke klus' te doen, zegt de nieuwe directeur, terwijl hij een visitekaartje over de tafel schuift naar zijn medewerker. Bij de firma die op het visitekaartje staat, moet de Bouwfondsmedewerker zestig kleurenfolders laten maken van het Riviumproject, om institutionele beleggers te interesseren.

Als de medewerker de brochuremaker belt, is die al op de hoogte. In no time dient hij een offerte in. Hij vraagt 360.000 gulden voor zestig kleurenfolders. Zesduizend gulden per folder? Stikkend van de lach gaat de medewerker naar Van Vlijmen. Maar tot zijn verwondering vindt zijn nieuwe directeur dit bedrag helemaal geen grap. Bloedserieus zegt Jan van Vlijmen: 'Die offerte gaan we accepteren. En jíj gaat dat contract tekenen.' De ondergeschikte weigert. 'Daar word je zelf ook niet slechter van, hoor,' probeert Van Vlijmen nog. Tevergeefs. De persoon valt uit de gratie en wordt vervolgens getrakteerd op pesterijen. Bij binnenkomst op het wekelijkse maandagochtendoverleg zegt Van Vlijmen voor het front van het verzamelde personeel tegen de medewerker: 'Jou heb ik hier niet meer nodig.'

Na drie maanden komt de man met Jan van Vlijmen overeen het strijdtoneel te verlaten met een vertrekpremie. Maar het treiteren gaat door. Op de ochtend van zijn afscheidsborrel krijgt de man van de chef personeelszaken, Cees van den Brink, te horen dat de gouden handdruk natuurlijk niet zoals afgesproken netto zal zijn, maar bruto. De vertrekkende Bouwfondsmedewerker is niet van plan over zich heen te laten lopen. Aan het eind van de middag na de afscheidsspeeches neemt hij het woord: 'Dank voor de bitterballen en het bier. Maar ik blijf.' Na nog een onaangename werkweek stemt Jan van Vlijmen alsnog in met de oorspronkelijke afspraak. Zijn vertrekpremie wordt, zoals in eerste instantie ook was afgesproken, netto.

Een andere Bouwfondsmedewerker krijgt tijdens zijn eindejaarsgesprek van Van Vlijmen een pluim voor zijn succesvolle werkzaamheden. Een maand later, in januari, wil de directeur hem alsnog op staande voet ontslaan. De man heeft tot op de dag van vandaag geen idee waarom. Tal van andere ruzies breken uit tussen Van Vlijmen en Vijsma en de oude Bouwfondsgarde. Hoewel, oud? Onder hen is een kwartet dat deel uitmaakt van Jong Oranje, het aanstormend managementtalent van Bouwfonds. Een van hen is Diederik Stradmeijer, die sinds 1991 bij Bouwfonds werkt. Hij meldt zijn collega's hevig geschrokken dat hij door een anonieme persoon is gebeld met de onheilspellende vraag: 'Hoe is het nou met je dochtertje?' Stradmeijer zegt zijn collega's dat hij een verband vermoedt met de komst van de nieuwe directeur en zijn rechterhand Vijsma.

Bij Bouwfonds lijken de muren oren te hebben. Als personeel onder vier ogen overleg voert, stormt Vijsma onaangekondigd de werkkamer binnen. 'Ik weet wat jullie zeggen en dat pik ik niet,' krijst Vijsma hen dan toe, waarna hij letterlijke stukken herhaalt uit het gesprek dat ze even eerder in zijn afwezigheid hebben gevoerd. Bij een andere gelegenheid sist Vijsma een Bouwfondsmedewerker toe: 'Ken je die film *The Silence of the Lambs*? Zo'n man als die Hannibal, zo'n vent ben ik ook.'

Het wordt het kritische kwartet van Jong Oranje allemaal te gortig. Ze besluiten telefonisch advies te vragen aan Frank van der Heijden, de vorige directeur van de projectontwikkelingsdivisie die naar Bouwfondsdochter Haarlemsche Hypotheekbank is vertrokken. Van der Heijden staat op de speaker. De vier ongeruste managers horen hun voormalige baas zeggen: 'Ik weet het al waarover jullie bellen. Het gaat over de nieuwe gasten. Ik kan jullie maar één ding zeggen: wegwezen! Nu! Dit is slecht volk. Gevaarlijke jongens. Hier kan je niet tegenop. En dit gesprek heeft nooit plaatsgevonden.' Ten einde raad vraagt daarna een van de vier verontruste jonge managers belet bij het lid van de raad van bestuur Cees Hakstege. Hij weet ook meteen waar het over gaat. De enige reactie van Hakstege, nadat hem het hele verhaal is voorgehouden, is een gelaten: 'Er gebeuren hier veel dingen die niet kunnen. Weet je dat? Ik wens je verder veel succes.' Onthutst verlaat de klokkenluider de bestuurskamer.

Directeur Jan van Vlijmen reageert op de kritiek door het viertal bij zich te roepen in zijn werkkamer. Ook Nico Vijsma zit daar. Van Vlijmen zegt: 'Jullie kunnen kiezen: Werk je met me mee? Of niet?' Een voor een moet het viertal antwoord geven. Drie van hen antwoorden dat ze niet voor Van Vlijmen werken, maar voor het Bouwfonds Nederlandse Gemeenten. Maar bij de vierde van het kwartet, Diederik Stradmeijer, breekt iets. Hij wordt volgens aanwezigen emotioneel. 'Ja, ik wil,' antwoordt Stradmeijer dan aan Van Vlijmen. 'Alsof hij hem ten huwelijk had gevraagd,' herinnert een van de aanwezigen zich. Van de groep die zich onbehaaglijk voelt bij de aanpak van Van Vlijmen is binnen drie, vier maanden iedereen verdwenen, behalve Stradmeijer. Hij maakt onder de vleugels van Van Vlijmen en Vijsma nog een grote carrière bij Bouwfonds. Het Openbaar Ministerie verdenkt ook Stradmeijer nu van fraude en deelname aan een criminele organisatie.

Ook Berend Boks klaagt bij bestuursvoorzitter Cees Hakstege over de grote mond die zijn ondergeschikte Van Vlijmen opzet. Maar in plaats van dat Hakstege Boks steunt, wat gebruikelijk is in de hiërarchie van een conservatief bedrijf, is het exit Boks. Aan opsporingsambtenaren vertelt Boks: 'Op advies van Jan van Vlijmen en Olivier Lambert zijn uiteindelijk in het vierde kwartaal van 1995 zogenaamde verliezen afgeboekt op de projecten Coolsingel en Nieuwe Uitleg omdat deze projecten niet haalbaar waren. Dit ging allemaal buiten mij om. Van Vlijmen en Lambert gingen rechtstreeks hiervoor naar Hakstege. Ik vond dit schandelijk. Ik heb hier nog een notitie over geschreven. Ineens was Hakstege helemaal niet meer te spreken over mijn projecten en dat was volgens hem mijn eigen schuld. Ik wilde dit wel uitspreken tussen Hakstege en Van Vlijmen maar dat gebeurde niet. Ik ging ten aanzien van de heer Hakstege van het goudhaantje naar de verdachtenbank. De heer Hakstege liet mij toen compleet vallen.'

Dat Hakstege en Van Vlijmen een erg hechte relatie hebben, blijkt ook uit de woorden van de chauffeur van Hakstege. Hij vertelt aan Boks dat hij Hakstege en Van Vlijmen heel Europa rondrijdt. Naar Zweden en Frankrijk, omdat ze samen een boot voor Hakstege aan het uitzoeken zijn.

In twee, drie maanden tijd degradeert Boks van baas tot ondergeschikte van Van Vlijmen. 'Dit gaat niet goed,' zegt Boks op een avond tegen zijn vrouw. Hakstege nodigt Boks op 17 januari 1996 uit voor een lunch. Hij geeft hem te verstaan dat hij naar het buitenland moet vertrekken. Boks wordt weggepromoveerd naar Bouwfonds Duitsland, een nieuwe dochter die op dat moment nul werknemers in dienst heeft. Van Vlijmen pocht tegen Boks: 'Binnen vijf jaar ben ik een van de leidende figuren in het Nederlandse vastgoed.'

De weggepeste baas laat op zijn laatste werkdag zijn secretaresse Jan van Vlijmen halen. Die komt binnen en staart zijn baas zwijgend aan. 'Oké,' hoort het personeel hem tegen Van Vlijmen zeggen. 'Nu blijven wij elkaar hier net zo lang in de ogen zitten kijken totdat jij als eerste je ogen neerslaat. En dan vertrek je uit deze kamer, klootzak.' De daaropvolgende minuten duren uren in de beleving van de Bouwfondsmedewerkers die zich op gehoorsafstand bevinden. 'En nou oprotten,' horen ze ten slotte. Daarna zien ze Van Vlijmen de directiekamer verlaten. In die kamer keert Van Vlijmen de volgende dag terug, maar nu als de nieuwe bewoner. Uit de daaropvolgende zes jaar bij

Bouwfonds kan niemand zich meer herinneren dat Jan van Vlijmen ooit nog een ander wedstrijdje oogworstelen verloor.

Jan van Vlijmen is volgens het Bouwfondspersoneel afhankelijk van Nico Vijsma. Regelmatig komt het tweetal maandagochtend samen op Jans kamer bij Bouwfonds. Dan gaat de deur dicht. Daar gebeurt dan 'iets' waar de medewerkers maar geen hoogte van kunnen krijgen. Als Jan wordt gevraagd wat die zonnebril op kantoor uitspookt, antwoordt hij: 'Dat is Nico. Hij is ziener. Hij ziet mensen. Daar is hij heel goed in. Hij ziet meer dan andere mensen kunnen zien.' Een oud-collega zegt dat Jan een verlegen teruggetrokken jongen is. 'Als hij een groep moet toespreken, dan kijkt hij steeds voor bevestiging naar Nico.'

Het vestigen van een eigen bedrijfscultuur en een nieuwe managementstijl heeft een hoge prioriteit bij Van Vlijmen. Dat zijn stijl hard is, merken niet alleen Boks en de vier opstandelingen. Een oud-medewerker: 'Jan is een man waar alles zwart of wit is. Geen tussenschakeringen. Je bent vriend of vijand.' Een jonge ex-Bouwfondsmedewerker verklaart tegenover de FIOD-ECD: 'Van Vlijmen legt de druk hoog bij mensen. De suggestie wordt gewekt dat veel mogelijk is, maar het komt erop neer dat je in de maat moet lopen.' Projectontwikkelaars Rob Willemsen en Maarten Minderman merken dat hun zakenpartners Van Vlijmen en Vijsma minachtend spreken over anderen. 'Die kerel met dat haar, zeggen ze dan,' aldus Willemsen. Vooral de Bouwfondscollega's zijn geen knip voor de neus waard, volgens Van Vlijmen en Vijsma. 'Op het hoofdkantoor werken naar hun zeggen alleen maar randdebielen, incapabele mensen waar je niets aan hebt. Het hoofdkantoor wordt door hen altijd Het Gesticht genoemd,' verklaart Willemsen en Minderman later aan onderzoekers die namens de nieuwe Bouwfondseigenaar de fraude proberen te ontrafelen.

Dat Van Vlijmen en zijn team in een apart gebouw zitten, voedt vanaf dag één de geruchten binnen Bouwfonds. 'Zo zou er sprake zijn van een strak geleide, geïsoleerd opererende organisatie waarbinnen mensen werden geïntimideerd en het zou hen zijn verboden om te gaan met andere medewerkers van Bouwfonds,' aldus forensisch onderzoekers van de Rabo Vastgoedgroep. Binnen Bouwfonds spreekt men over een sekte. Volgens ex-bestuurder Henk van Zandvoort lijkt Bouwfonds

Vastgoedontwikkeling jarenlang op 'een verzetsorganisatie waarbij je je afvraagt of je buurman wel te vertrouwen is'. Van Vlijmen en zijn team zitten apart in een noodkeet naast het witte gebouw waar andere delen van Bouwfonds zijn gehuisvest, even verderop naast Huize Hoevelaken, het Bouwfondskasteeltje dat spottend ook wel wordt aangeduid als Versailles, het zonnekoningpaleis. Om er binnen te komen is een apart pasje nodig. Bouwfondspersoneel dat niet bij Vastgoedontwikkeling werkt, kan er niet zomaar binnenstappen. Collega's van andere Bouwfondsafdelingen spreken over de Villa Van Vlijmen als ze over het aparte gebouw van Vastgoedontwikkeling hebben. De 'villa' is inmiddels, na het uitbreken van de vastgoedaffaire, gesloopt door de nieuwe Bouwfondseigenaar Rabo Vastgoedgroep. De Rabodochter ontdekt namelijk dat het omvangrijke gebouw zonder toereikende vergunning van de gemeente Hoevelaken door Bouwfonds is neergezet.

Voor de onderzoekers van de Rabo Vastgoedgroep die nu Bouwfonds bezit, is de rol van Vijsma een van de grote mysteries uit de geschiedenis van de affaire. De mental coach heeft een 'klasje' in hotel Jan Tabak in het Gooi. Een jonge ex-Bouwfondsmedewerker zegt: 'Eens in de twee weken had ik sessies met Vijsma in Jan Tabak. Ik had altijd het idee dat ik in de gaten werd gehouden. De sessies gingen niet over werk, maar over hoe je je als ontwikkelaar gedroeg. Men wilde mij vormen naar het model dat hen voorstond.'

'Wees voor niemand bang,' is voor de latere directeur Diederik Stradmeijer de dringende boodschap van Vijsma in de vele tientallen sessies die hij krijgt. 'Jij weet meer dan iedereen om je heen en straal dat dan uit.' Na sessies met Vijsma weet de weinig charismatische Stradmeijer zijn collega's te verrassen met een flitsende presentatie. Het coachen van het personeel vormt 'een essentieel onderdeel' van de nieuwe bedrijfscultuur die Van Vlijmen introduceert, concluderen onderzoekers van de Rabo Vastgoedgroep uit gesprekken die ze in 2008 voeren met een reeks (ex-)werknemers. Uit oude e-mails blijkt dat er sprake was van 'een zekere gedwongenheid'. Ook is vastgesteld dat Vijsma veel documenten met projectinhoudelijke informatie toegestuurd krijgt door de Bouwfondsmedewerkers die bij hem onder behandeling staan. Weinig ex-werknemers praten er openlijk over. Als er wel iets over wordt verteld, is het eigenlijk alleen in gemeenplaatsen. Alsof de mensen zich ervoor schamen.

Van Vlijmen en Vijsma sturen regelmatig projectontwikkelaars van Bouwfonds naar een ex van Vijsma, Patrice Nieuwenhuijs, voor behandeling. Sommigen ervaren het als tamelijk intimiderend dat zij naar haar worden gestuurd voor een mentale verbouwing. Nieuwenhuijs is in de jaren negentig verbonden geweest aan de privéonderneming van Vijsma, Idlewild. Langs deze onderneming zijn volgens het Openbaar Ministerie later verdachte betalingen gevloeid. Evenals haar vroegere partner Vijsma doet Nieuwenhuijs aan mental coaching. Daar heeft zij een onderneming voor, The Power Company, die klanten werft met leuzen als 'Wat ga je morgen doen, als je weet dat je niet kan falen? Ontdek de kracht in jezelf'. Een van de Bouwfondsprojectontwikkelaars die in opdracht van Vijsma in behandeling gaat bij The Power Company is Rob van den Broek.

Nieuwenhuijs ziet geen problemen kleven aan het coachen van medewerkers van haar ex. Evenals psychologen heeft zij een beroepscode die haar voor onethisch handelen beschermt, stelt ze. Nieuwenhuijs weigert te zeggen welke code dat precies is. De contacten met Bouwfonds leggen haar geen windeieren. In een brief van 9 december 2002 wijst Van den Broek haar erop dat 'de meeste mensen' die ze onder behandeling heeft 'van de heren Vijsma en Van Vlijmen' komen. Met het geld dat Nieuwenhuijs onder meer voor deze coachingsessies ontvangt van Bouwfonds en Van Vlijmen koopt zij van de bekende misdaadverslaggever Peter R. de Vries een pand op stand aan de Prins Frederik Hendriklaan in Naarden voor de destijds, 11 februari 2002, aardige som van 1.490.000 gulden. De behandelmethodes van Nieuwenhuijs en Vijsma associeert de huidige Bouwfondseigenaar Rabo Vastgoedgroep na intern onderzoek met NLP, neurolinguïstisch programmeren, een in de Verenigde Staten ontwikkelde vorm van psychologisch inprenten.

Bouwfondsmedewerkers doen alsof het slechts zelden voorkomt dat ze een sessie met Vijsma hebben gehad. Maar onderzoekers van de Rabo Vastgoedgroep weten jaren later op basis van agenda's van anderen een agenda van Vijsma samen te stellen. Tussen april 1997 en december 2004 blijkt Vijsma al 764 een-op-eengesprekken met Bouwfondsmanagers gevoerd te hebben. In werkelijkheid zijn het er nog veel meer geweest, zo blijkt uit het bestuderen van oude e-mails. Jaarlijks heeft Vijsma ook een uitgebreide ontmoeting met de directeur personeelszaken van Bouwfonds, ook na diens vertrek bij het bedrijf.

Edwin De Roy van Zuydewijn, die door Bouwfonds wordt ingehuurd om een rapport te maken over buitenlandse expansie, vertelt in *de Volkskrant* dat ook hij en prinses Margarita meedoen aan 'boeddhistische sessies'. Nico neemt zelf de mental healing sessies met Margarita voor zijn rekening. Rond haar huwelijk in de zomer van 2001 zit ze op 6 augustus 2001 in het Amsterdamse Hilton Hotel tegenover Vijsma in een lege ruimte. 'Hoeveel ruimte heb je nodig om je heen,' vraagt Nico volgens het *Volkskrant*-artikel. 'Heel veel,' gebaart Margarita. Tijdens het 'gronden' moet ze 'alles uit haar geestelijke koker kunnen laten lopen' en zich 'schoon laten wassen'.

Vijsma houdt zich ook bezig met wereldse zaken. Volgens getuigen is hij een 'klusjesman' en 'wegvoorbereider' van Van Vlijmen. Hij verricht zo nu en dan 'faciliterende betalingen'. De Rabo Vastgoedgroep concludeert na onderzoek: 'Het is moeilijk de rol van Vijsma achteraf af te leiden uit de documentatie en gesprekken. De werkzaamheden van de heer Vijsma zouden advisering (al dan niet met betrekking tot projecten) en coaching betreffen. Uit de ons bekende informatie blijkt dat hij met name een niet geheel duidelijke rol op de achtergrond speelde (…) terwijl hij, zo meent een aantal geïnterviewden, geen specialist was in bouwen of ontwikkelen.'

'Men moet erbij zijn geweest om het te begrijpen', zeggen oud-Bouwfondsmedewerkers. Vijsma is voor velen een man met twee gezichten en met letterlijk twee stemmen. 'Hij is bijzonder aardig en charmant,' is een veelgehoorde reactie op de vraag wie Vijsma is. 'Veel van hem geleerd,' zeggen oud-Bouwfondsmedewerkers. 'Een man met wie ik zo weer zou werken,' zegt een oud-directeur van een evenementenbureau dat veel organiseert voor Bouwfonds. 'Een sparringpartner.' Van Vlijmen zegt zich bewust geweest te zijn van 'de kracht Vijsma' en de 'impact die hij heeft op mensen'. Maar tegenover eerdere onderzoekers van de Rabo Vastgoedgroep bagatelliseert hij de vijandige uitstraling van zijn oom. 'Als mensen bang zijn voor hem zegt dat iets over die mensen.' Gewelddadig is Vijsma niet in de ogen van zijn neef, hooguit intimiderend. Hij 'helpt' mensen een besluit te nemen 'als ze ergens om heen draaien'. Hij kan niet eens rekenen, zegt zijn neef, maar gaat wel vaak mee om mensen tot zaken en besluiten te brengen. Want Nico 'staat boven de materie'.

Maar er is ook wel degelijk een verontrustende schaduwzijde die de persoon Vijsma kenmerkt. Van Vlijmen zelf erkent dat mensen vaak schrikken als de verschijning Vijsma zijn kamer binnenkomt. Sommige voor de Rabodochter geïnterviewde personen zeggen dat Vijsma hen intimideert. Hij schreeuwt en sommigen voelen een dreiging van fysiek geweld. Tegen de interne onderzoekers van de Rabo Vastgoedgroep is verklaard dat ook fysiek geweld is gebruikt. 'Mensen zijn over de grond geschopt,' wordt verklaard. De onderzoekers vinden hiervoor echter geen nadere bevestiging. Gemeld wordt dat medewerkers zo angstig zijn, dat een van hen huilend op de grond ligt en schreeuwt dat hij 'echt wel mee zou doen' met de praktijken van Van Vlijmen en Vijsma.

Een andere Bouwfondsmedewerker besluit ontslag te nemen en krijgt prompt een half uurtje later Nico aan de telefoon. 'Je hebt wel vrouw en kinderen,' zegt Nico dreigend. 'Je dient wel je hypotheek te betalen.' De medewerker schrikt zich een ongeluk en voelt zich 'zeer bedreigd'. Een kleine vastgoedontwikkelaar, die niet aan Bouwfonds is gelieerd, heeft op een zeker moment op zijn eigen kantoor een afspraak met onderdirecteur Dennis Lesmeister om te praten over een gezamenlijk project. Komt er een onbekende man met twee bodyguards binnenlopen. De oudere man draagt een lange jas en een zonnebril en is een curieuze verschijning voor de ontwikkelaar. 'Wij nemen dit project over,' zegt de man. De toon van deze enkele opmerking en de hele setting zijn zo bedreigend voor de vastgoedontwikkelaar dat hij 'enige tijd in het buitenland onderduikt'.

Een oud-medewerker zegt: 'Voordat je met je buurman praat, kijk je eerst om je heen, want straks nemen ze je ook te grazen. Er heerste angst. Voor het onverwachte, het onberekenbare. Dat leidde tot een soort individualisering binnen het bedrijf. Alle loyaliteit en collegialiteit verdwijnen. Je wendt je af van een ander, omdat je het risico wil vermijden dat je meegesleept wordt als de ander onverwachts in ongenade valt.'

Oud-Bouwfondsvoorman Jaco Reijrink zegt later tegen de FIOD-ECD: 'Ik heb weleens gehoord dat er een secretaresse is geweest bij Bouwfonds Vastgoedontwikkeling die toen zij daar kwam werken een gesprek moest hebben met Vijsma. Het licht was dan gedimd en er stond een muziekje op. Vijsma zei dan dat ze wel loyaal moest zijn. Dat meisje heeft vervolgens haar baan daar opgezegd en is ergens anders bij Bouwfonds gaan werken.'

Tegelijkertijd worden andere werknemers verwend. Maar wel op zo'n manier dat anderen binnen de club van vastgoedontwikkeling dat te weten komen. 'Hij kon met een stralende glimlach een horloge in je zak laten glijden, maar wel zo dat iedereen het zag,' zegt een voor de Rabo Vastgoedgroep geïnterviewde Bouwfondswerknemer over Van Vlijmen. Van Vlijmen en Vijsma delen bonussen in contanten uit in gesloten envelopjes. Met de traktaties creëert het duo een afhankelijkheid en loyaliteit bij een groepje jonge ambitieuze vastgoedjongens. Die realiseren zich na verloop van tijd dat ze niet meer terug kunnen uit hun gouden kooi.

Dat kan een verklaring zijn waarom een deel van de vertrouwelingen van het eerste uur tot eind 2007 loyaal blijft. Cadeautjes en geldbedragen gaan ook naar externe adviseurs, zoals makelaars, projectontwikkelaars en fiscalisten. Volgens een oud-medewerker wordt bij makelaars, die courtage in rekening brengen, weleens een nulletje extra bijgeschreven. In plaats van 300.000 is het drie miljoen, zegt Van Vlijmen. 'Er staat niet in de wet dat je niet meer mag hebben dan je vraagt,' zegt hij dan lachend.

Van Vlijmen werkt in de beginperiode heel erg hard. Hij runt zijn onderdeel met strakke hand en strikte zakelijkheid. Van Vlijmen is volgens ex-collega's in zichzelf gekeerd, moeilijk benaderbaar en onzichtbaar voor de rest van de Bouwfondsorganisatie. Hij hanteert korte en geïsoleerde communicatielijnen. Opvallend is dat ook de mensen van Van Vlijmen zich niet laten zien op personeelsuitjes. Secretaresses zeggen dat het niet verboden is mee te gaan, maar dat het zeker niet wordt gestimuleerd. Het maken van afspraken met de vastgoedontwikkelingsclub en andere onderdelen van Bouwfonds voor algemene vergaderingen blijkt onmogelijk. Van Vlijmen werkt bewust met kleine teams van vaste medewerkers. Al snel weet men binnen Bouwfonds Vastgoedontwikkeling nauwelijks van elkaar wat men doet.

Het solistisch opereren in aparte teams, die niet met elkaar communiceren, wordt een paar jaar later in een memo van 14 september 1998 schriftelijk vastgelegd door Van Vlijmen, zijn onderdirecteur

Stradmeijer en de financiële man Lambert. Per project wordt een persoon aangesteld als aanspreekpunt die het hele traject de teugels in handen heeft en de kosten in de gaten houdt. Deze vertrouweling krijgt dan een volmacht met vergaande bevoegdheden. Van acquisitie tot ontwikkeling tot oplevering werkt hij vooral alleen. Gevolg is dat iedereen vooral bezig is met zijn eigen project. Eens per week rapporteert de betreffende projectontwikkelaar aan Van Vlijmen. Er zijn nooit afdelingsbrede overleggen over lopende projecten. Door deze cellenstructuur en het strakke militaire regime blijven dubieuze afspraken, kostenoverschrijdingen en eventuele onregelmatigheden dan ook niet alleen onzichtbaar binnen Bouwfonds, maar ook binnen de rest van de club van Van Vlijmen. Dat veel werk wordt uitbesteed aan onderontwikkelaars en architecten geeft nog meer speelruimte. Het echte werk wordt gedaan door externe partijen.

Het onderdeel Bouwfonds Vastgoedontwikkeling wordt geleid door Van Vlijmen 'als ware Van Vlijmen Vastgoed nooit overgenomen door Bouwfonds,' stellen onderzoekers in een driehonderd pagina's tellend rapport dat de Rabo Vastgoedgroep vele jaren later laat opstellen. Sterker, zo concluderen de onderzoekers, er is sprake van een 'omgekeerde integratie'. De bestaande Bouwfondsorganisatie wordt eigenlijk geïntegreerd in de Van Vlijmenorganisatie. Van Vlijmen zelf schrijft in een afscheidsboek voor Bouwfondsbestuursvoorzitter Cees Hakstege dat Hakstege hem heeft beloofd 'dat het hem niet ging om het inpassen van mijn bedrijf in een bestaande structuur, maar veel eerder om het aanhaken van een wagon aan een snel rijdende trein'.

Van Vlijmen en Vijsma zijn er alleen maar content mee. In een van zijn zeldzame verklaringen tegenover de FIOD-ECD zegt Vijsma over zijn aantreden bij Bouwfonds: 'Toen ik binnenkwam, trof ik een stel sufkonten aan die feitelijk niets hoefden te doen voor hun geld doordat de gemeenten bakken met geld uit de ramen schoven. Mijn binnenkomst, met die van Jan van Vlijmen, was een revolutie voor velen bij Bouwfonds. Ik zal daar ook wel kwaad bloed gezet hebben bij een groot deel van het personeel.' De acties van Nico Vijsma en Jan van Vlijmen hebben een heilzame uitwerking op het Bouwfonds gehad, meent Nico: 'Na vijf jaar Van Vlijmen en Vijsma was Bouwfonds nummer twee in Nederland op het gebied van commercieel vastgoed.'

Deel 2

Jan en Nico palmen handlangers in voor een eerste roof

6 Gebouwenporno

Hoe een kleine projectontwikkelaar na een boottochtje gaat mee-
bouwen aan luchtkastelen. 'De turbo gaat erop.'

Het is een zonnige dag in juni 1997 als Rob Willemsen en Maarten
Minderman een beetje onwennig in Friesland aan boord van een tjalk
stappen. Deze dag zal hun leven voorgoed veranderen. Maar het zal
nog tien jaar duren voordat dit besef in zijn volle omvang tot het duo
doordringt. De schuchterheid bij het aan boord gaan van het zeilschip voor het zakelijke uitje zit in de aard van Willemsen en Minderman. Rob Willemsen is een rasechte Rotterdammer, type techneut
met brilletje, slank figuur, gemakkelijke prater. Maarten Minderman
is een minder spraakzame, forsgebouwde Hagenaar. Allebei het type
doener.

Willemsen en Minderman zijn relatief bescheiden mensen in de
vastgoedwereld, waar een grote mond de norm is. Beiden zijn na de
HTS Bouwkunde in loondienst getreden bij Bohemen Projectontwikkeling in Den Haag. Maar begin jaren negentig jeuken hun handen
om het zelf te doen. Samen starten ze in 1994 in Capelle aan den IJssel
een eigen bedrijfje in projectontwikkeling. Sindsdien zijn ze onafscheidelijk. Ze vullen elkaar naadloos aan, hebben zakenpartners gemerkt. Ze maken elkaars zinnen af en hebben het gevoel dat ze elkaars
gedachten kunnen lezen. Het zijn harde werkers. 'Jongens van de ge-
stampte pot', noemen ze zichzelf. Allebei uit een gezin van vier kinderen, met een vader in overheidsdienst als kostwinner. Hun firma, die
ze eenvoudigweg Willemsen Minderman noemen, komt in 1995 goed
op stoom met vooral kleinere woningbouwprojecten. Het bedrijf

blijft bescheiden in omvang. Meer dan elf man werken er niet. Hoewel Willemsen graag praat over zijn werk, zijn de directeuren niet de types voor smalltalk en sociale uitjes.

De invitatie die in het voorjaar van 1997 op hun deurmat valt, kunnen ze echter niet weerstaan. Want ambities heeft het duo wel. Hun huisbank vsb, het latere Fortis, nodigt de beginnende projectontwikkelaars uit voor een dagje zeilen. Een goede bankrelatie kan een groeiend bedrijf verder helpen, beseffen Willemsen en Minderman. Ze hebben bij de bank een andere contactpersoon. Maar Jan Steven Menke is op dat moment de directeur van de afdeling vastgoedfinanciering van vsb. Hij heeft de boottrip laten organiseren. Deze Menke legt direct verantwoording af aan de raad van bestuur, zo weten Willemsen en Minderman. Een dergelijke uitnodiging kunnen ze eenvoudigweg niet links laten liggen.

Met een man of vijfentwintig, voornamelijk hotshots en makelaars uit het onroerend goed, stappen ze aan boord. Als de welkomstdrankjes zijn genuttigd en de pleziervaart met het gerestaureerde schip net is begonnen, neemt gastheer Menke Rob Willemsen en Maarten Minderman mee naar beneden. Daar in de onderste laag van de tjalk zit een merkwaardig figuur. Ze zien een wat oudere man met een baseballpet achterstevoren op. Het meest curieuze is dat de man geconcentreerd een boek zit te lezen, terwijl de rest van het gezelschap druk staat te netwerken. 'Een vreemde einzelgänger,' herinnert een aanwezige zich, 'waar andere gasten op de boot met een grote boog omheen lopen.'

Willemsen en Minderman steken hun hand uit. Menke stelt de man met de pet voor als 'de adviseur Nico Vijsma'. Wat de aard van de adviezen is die deze Vijsma geeft, laat Menke in het midden. Minderman ziet hoe Vijsma zijn zakenpartner opneemt en een langdurig gesprek aangaat. Op Willemsen komt de rare snuiter over als zeer intelligent en communicatief. Hij ervaart meteen een klik met hem. Zonder dat zaken worden besproken maakt Vijsma grote indruk door zijn charisma. Vijsma blijkt vleiend, innemend, vriendelijk en ijzersterk in levenswijsheden. Hij krijgt al snel vat op de gevoelige Willemsen, die zich alleen nog laat storen als hem een hapje en een drankje wordt aangeboden. De hele boottocht gaat verder aan de jonge projectontwikkelaar voorbij. Hij spreekt uren met de onbekende man met de pet. Als Willemsen terugrijdt naar Zuid-Holland voelt hij zich fantastisch. Hij denkt maar één ding: ik kan de wereld aan.

Als Willemsen een paar maanden later nog even zelfverzekerd achter zijn bureau zit te werken aan een van zijn woningbouwprojecten in de provincie, krijgt hij telefoon. Aan de andere kant hoort hij de typische hoge stem die hem in het geheugen gegrift staat. Willemsen zit rechtop in zijn stoel als zijn bootvriend nu opeens wel over zaken begint. Vijsma: 'Ik heb een eigen adviesbureau en adviseer bijvoorbeeld Bouwfonds en hun directeur Jan van Vlijmen. Ik heb erover nagedacht en ik vind jullie de meest geschikte personen om een bepaald project te doen. Interesse?' Willemsen is meteen enthousiast. 'Uiteraard hebben we interesse.' Vijsma zegt: 'Willen jullie voor Bouwfonds onderzoeken of een vastgoedproject van hen aan de Rotterdamse Coolsingel haalbaar is?' Erg mooi plekje in Rotterdam, beseft Willemsen, maar wat Vijsma vervolgens zegt, doet zijn oren klapperen. 'Het is niet zomaar een project. Het moet de hoogste kantoortoren van Nederland worden met een theater eraan vast.'

'Wow,' denkt Willemsen, 'een enorme kans.' Maar Vijsma waarschuwt hem ook: 'Er gebeurt niets zonder een gesprek met directeur Van Vlijmen zelf. Hij is niet de eerste de beste. Hij is een man met een groot charisma.' Willemsen en Minderman herinneren zich achteraf nog levendig dat Vijsma hem beschrijft als charmant, maar ook onaantastbaar en onpersoonlijk. Zonder twijfel een autoriteit die Bouwfonds momenteel naar grote successen loodst. Een man met een geweldige reputatie.

Sfinx Jan komt inderdaad korte tijd later in eigen persoon naar het pretentieloze kantoor van Willemsen Minderman in Capelle. Dat hij de baas is, straalt Van Vlijmen bij deze eerste ontmoeting meteen uit. Van Vlijmen is onberispelijk gekleed en legt bij binnenkomst een visitekaartje neer. Hij zegt: 'Ik ben de directeur van Bouwfonds Vastgoedontwikkeling.' De boomlange en beresterke Minderman ziet een klein mannetje staan dat dwars door hem heen kijkt. Minderman heeft geen idee wat hij moet zeggen. Als er koffie gehaald wordt, valt er een ongemakkelijke stilte. Van Vlijmen is afstandelijk, maar hij wil wel zaken doen. Hij vertelt dat Bouwfonds niet weet hoe het verder moet met het prominente plan aan de Coolsingel. Het plan voor de wolkenkrabber voor Rotterdam zit 'in het slop,' zegt hij. De tekening van het Londense architectenbureau Kohn Pedersen Fox voor de Coolsingeltoren is 'niet haalbaar' en 'afgeschoten door de gemeente,' beweert Van Vlijmen. Dat blijkt later een leugen.

Als het onalledaagse bezoek weer is vertrokken, nemen Minderman en Willemsen een kijkje op de hoek van de Coolsingel en de Kruiskade. Fantastisch, denken ze. Bouwfonds is een onderneming in de top van de markt. Het kleine kantoor Willemsen Minderman kan zich flink optrekken. Dit is wat anders dan het ontwikkelen van woonwijken en kleinere kantoren. Dit is het echte werk. Bij Willemsen keert het gevoel terug dat hij al had na de tocht met het vsb-zeilschip: 'De wereld ligt aan onze voeten.'

Binnen Bouwfonds ligt de wereld aan de voeten van Van Vlijmen. Sinds hij de dienst uitmaakt in de afdeling projectontwikkeling staan daar alle neuzen zijn kant op. Wie tegenstribbelt, kan zijn biezen pakken. Zijn het ondergeschikten, dan stuurt Jan ze zelf de laan uit. Zijn het bazen zoals Berend Boks, dan regelt Jan het via zijn steun en toeverlaat Cees Hakstege. Van Vlijmen zorgt ervoor dat hij het bestuur van Bouwfonds tevreden houdt. Hij doet dat door maandelijks met een gelikte show een overzicht van zijn grootse plannen te geven met maquettes en al. 'Gebouwenporno,' heten deze sessies intern. Zelf voert hij slechts in beperkte mate het woord. Een erg bevlogen planoloog is hij niet. Daar heeft hij anderen voor. Voor allerlei wissewasjes huurt hij bevriende klusjesmannen in. Een eigen computerjongen arrangeert gladde presentaties voor zijn bazen. René van Gameren van het vaste reclamebureau Publi Design maakt de brochures. De folders staan stijf van de artist's impressions van nieuwe wolkenkrabbers. In totaal lopen honderden projecten en plannetjes bij Bouwfonds Vastgoedontwikkeling. De een is realistischer dan de ander. Duur zijn ze stuk voor stuk. Bouwfonds wil snel groeien en dat mag wat kosten, houden Jan van Vlijmen en Bouwfondsbestuursvoorzitter Cees Hakstege de organisatie voor.

De mannetjesputtersfeer binnen het semi-overheidsbedrijf met private ambities zit er goed in als Van Vlijmen en zijn manschappen binnen zijn. 'De turbo gaat erop,' zegt de nieuwe directeur tegen zijn collega's. Projecten moeten snel van de grond om Bouwfonds, dan al de grootste woningontwikkelaar van Nederland, ook te laten stijgen in de andere ranglijstjes. Dat zijn de lijstjes van ontwikkelaars van commercieel vastgoed, veelal kantoren en winkels dus. Het is geen probleem als lopende vastgoedprojecten worden aangekocht of als veel werk wordt uitbesteed aan derden. Van Vlijmen introduceert een nieuwe werkwijze. Wij bedenken de plannen en leggen de contacten. Maar laat vooral anderen, onderontwikkelaars of gedelegeerd ontwikkelaars, het werk oppakken. Strak aangestuurd door Jan en Nico of een van hun vertrouwelingen.

De meest opwindende plannen zijn groot in omvang en prestigieus. Als Jan eenmaal comfortabel op het hoofdkantoor van Bouwfonds in Hoevelaken zit, wil hij niet alleen een wolkenkrabber ontwikkelen op de Coolsingel. Hij wil meteen een handvol wolkenkrabbers uit de grond stampen. Jan van Vlijmen weet waar hij over praat. Samen met architect René Steevensz en investeringsmaatschappij Janivo zet hij eind jaren tachtig in Chicago een echte wolkenkrabber neer. Deze Amerikaanse stad is de bakermat van hoogbouw. Hier staan kantoortorens van 450 meter hoogte. Dat gaat niet lukken in Nederland. Wel haalbaar in Nederland zijn torens van tussen de honderd en tweehonderd meter. Daarvan wil Van Vlijmen er in elk geval een in Rotterdam, een in Zoetermeer, een in Zwolle voor ABN Amro en een in Gent, België, voor het bedrijf Tele Atlas. Deze Tele Atlastoren, zoals het hoogste gebouw van Gent moet gaan heten, wordt het nieuwe hoofdkantoor van cartografiebedrijf Tele Atlas. Dat is eind jaren negentig een veelbelovend bedrijf met dezelfde familie De Pont sinds 1995 als sleutelaandeelhouder. Dat zijn sinds jaar en dag vrienden van Van Vlijmen.

De veramerikaanste Nederlander Steevensz, inmiddels ook een vriend van Jan, neemt achter de tekentafel plaats voor een hele rits plannen van Jan. In ontwerp schelen de wolkenkrabbers niet veel van elkaar. Ze zijn van glas en staal. De Tele Atlastoren bestaat uit twee delen en is lager en dikker en lijkt meer op de IJsseltoren in Zwolle dan de ranke torens die Steevensz en Van Vlijmen voor Rotterdam en Zoetermeer in gedachten hebben. 'Hollandse Meester is een kopie van de Coolsingeltoren,' zegt Bouwfondsbestuursvoorzitter Cees Hakstege zelfs later over de wolkenkrabbers voor Zoetermeer en Rotterdam. In 1997 zijn de plannen van Bouwfonds voor het hart van Rotterdam het meest concreet. Hakstege is Feyenoordfan en verliest net als Van Vlijmen de wereldhavenstad niet uit het oog. Tegenover het stadhuis naast de kiosk van de zoon van de legendarische voetballer Faas Wilkes moet op de plaats van de Generale Bank, het Luxor-theater en het Spinozahuis een nieuwe *landmark* verrijzen: de Cool-singeltoren, ook bekend als het Luxorproject.

Het centrum van de havenstad dat in de Tweede Wereldoorlog gro-tendeels is verwoest, oefent al jaren een bijzondere aantrekkingskracht uit op architecten en stedebouwkundigen. Maar ook bij de hoge heren uit het vastgoed, stenenstapelaars en vastgoedbeleggers die iets nieuws willen. Niet alleen Bouwfonds, ook andere grote namen zitten in dat hart tussen de Coolsingel en de Lijnbaan. Instituten als Philips Pensi-oenfonds, Fortis en Bouwfonds. Maar ook vermogende families, zoals de familie De Pont met hun bedrijf Janivo. De Maarssense kasteelbe-woner Jan Dirk Paarlberg heeft hier met Jungerhans een van de oudste speciaalzaken van Nederland in handen. Het inmiddels failliete Junger-hans is al bijna 120 jaar specialist in alle benodigdheden voor koken en tafelen en een begrip in Rotterdam. Samen met Bouwfonds Commer-cieel Vastgoed wil Paarlberg woon- en kantoortorens realiseren op die centrale plek in de tweede stad van Nederland.

Rond de Lijnbaan staan meerdere architectonische symbolen van het naoorlogse optimisme en de wederopbouw te verpieteren als Bouwfonds gefocust raakt op expansie in Rotterdam. De eerste posi-ties slaat Bouwfonds hier al in juni 1995 in. Van de vastgoedtak van Philips Pensioenfonds, onder leiding van de jonge directeur Will Frencken, koopt Bouwfonds samen met de Hollandsche Beton Maat-schappij (HBM) het Spinozahuis. De bouwdochter van HBG, op dat moment het grootste bouwconcern van Nederland, slaat de handen ineen met Bouwfonds voor hun plannen aan de Coolsingel. Die con-tacten lopen op directieniveau. Hakstege staat als ex-directeur van HBM op goede voet met de ontwikkelaar en bouwer. Van Vlijmen heeft zelf jaren eerder gewerkt voor Mabon, eveneens een dochterbe-drijf van HBG.

Om het wolkenkrabberplan een zetje te geven, koopt Bouwfonds het kantoorpand aan de Coolsingel, waar dan het hoofdkantoor van de Cre-dit Lyonnais Bank Nederland in zit. Het is een bijzondere plek. Niet al-leen voor Rotterdammers en stedebouwkundigen, maar ook voor justi-tie en de bankenwereld. Hier doen justitie en de FIOD in 1983 hun eerste doorzoeking bij een bank wegens fraude. Dat alles gebeurt onder toe-ziend oog van journalisten en fotografen van het *Rotterdams Dagblad*, dat tegenover de toenmalige bank redactie houdt. Dit megaonderzoek naar financiële fraude bij de Slavenburgbank is voor justitie in omvang en ambitie vergelijkbaar met de latere vastgoedfraudezaak.

De Slavenburgaffaire is allang vergeten als de stad Rotterdam samen met de meest prominente partijen uit de vastgoedwereld de plannen voor de wolkenkrabber maakt. 'De verwachting is dat in de toekomst er een grootschalige herontwikkeling zal plaatsvinden en daar willen we bij zijn,' zegt Berend Boks, directeur Bouwfonds Vastgoedontwikkeling, tegen de pers vlak voordat Van Vlijmen hem in 1995 opzij laat schuiven. Voor buitenstaanders is het dan ook opmerkelijk dat het kleine Willemsen Minderman in 1997 op het toneel verschijnt om het project vlot te trekken. De twee projectontwikkelaars zijn verguld met de plannen en maken trots hun eerste haalbaarheidsstudie. Van Vlijmen vraagt het duo wat zo'n studie moet kosten. Voordat Willemsen en Minderman een bedrag kunnen noemen, zegt de Bouwfondsdirecteur al 250.000 gulden toe.

In maart 1998 is de studie af. Als ze op het hoofdkantoor van Bouwfonds hun analyse mogen presenteren, ontmoeten ze Van Vlijmen voor de tweede keer. Als Willemsen en Minderman in Hoevelaken achter de bomen het kasteel zien opdoemen waar Bouwfonds kantoor houdt, zijn ze gespannen. Tot hun opluchting valt de studie in de smaak. Vijsma vraagt ze om de studie verder uit te werken. Hun aanbieding van minder dan een miljoen gulden beperkt zich tot begeleiding, tot het moment dat de bouwvergunning binnen is. Maar ze hebben een voet tussen de deur bij het grote Bouwfonds, blijkt al snel.

Cruciaal bij de ontwikkeling van een project is het tijdig vinden van huurders en een belegger die het pand wil kopen. ABN Amro wordt genoemd als potentiële huurder van de Coolsingeltoren. In de zomer van 1998 komt de Stichting Bedrijfstakpensioenfonds voor de Bouwnijverheid (BPF Bouw) in beeld als belegger. Het is na ABP en PGGM het derde pensioenfonds in omvang in Nederland. Het pensioenfonds doet steeds meer zaken met Bouwfonds en Van Vlijmen. De grote man bij BPF is Anne Bodzinga. Iemand met wie Jan naar eigen zeggen dik is. Ze eten in die tijd af en toe met elkaar met hun vrouwen erbij, vertelt Van Vlijmen later in een afgetapt gesprek. BPF is ook medeontwikkelaar van het kantoorgebouw Equinox over de Utrechtsebaan in Den Haag, een nieuwbouwproject dat in de bruidsschat zit van Van Vlijmens privébedrijf als Bouwfonds dit koopt. Bij de Rotterdamse Coolsingel wil BPF niet alleen financieel participeren in de ontwikkeling, maar ook eindbelegger zijn. De Coolsingeltoren moet de eerste echte gezamenlijke ontwikkeling worden van Bouwfonds en BPF. Over de stad verspreide gemeentelijke diensten dienen zich aan als huurder.

Besloten wordt om de eerdere partner HBM uit te kopen. De afkoopprijs is inzet van onderhandelingen. De vraag is echter of Van Vlijmen zijn maat Bodzinga en diens duizenden pensioengerechtigde bouwvakkers wel de beste prijs geeft. Het pensioenfonds voor de bouw betaalt veel meer voor haar deel in het te slopen Spinozahuis dan Bouwfonds kort ervoor, blijkt uit kadastergegevens. Rob Willemsen spreekt zijn verbazing uit tegen Van Vlijmen. Maar de waardesprong op één dag is voor niemand reden om alarm te slaan. Het pensioenfonds stapt volgens projectontwikkelaar Ton Bredie van BPF 'op een rijdende trein,' zegt hij later tegen de FIOD-ECD. Toch loopt het allemaal erg stroef tot ergernis van de hoogste bazen. 'Het was een gigantisch project,' verklaart Hakstege later over de Coolsingeltoren. 'Ik heb een gesprek gehad met burgemeester Peper vanwege planologische problemen met de Coolsingel en heb hem om hulp gevraagd bij de oplossing van die problemen.'

In de tussentijd blijft Van Vlijmen in turbotempo plannen maken. Hij heeft een kantorencomplex in Capelle in gedachten. Hij heeft nog een plan voor een appartementencomplex in Heemstede liggen.

Willemsen en Minderman zit op de eerste rij om ook een Zoetermeerse wolkenkrabber te mogen bouwen. Sterker, het is een project dat in hun handen is gekomen. Dat komt omdat architect Steevensz, de vertrouweling van Jan van Vlijmen, een 'gouden tip' geeft. Hij vertelt dat de gemeente een kavel heeft gereserveerd voor kantoren op het Plein der Verenigde Naties. Ook hier geldt weer dat het hebben van een huurder en een belegger voor het starten van de bouw cruciaal is. Het kantoor in Zoetermeer moet ook een recordhoogte krijgen. De naam van het Zoetermeerse project onthult het ambitieniveau: De Hollandse Meester, 'als eerbetoon aan de originaliteit, zeldzaamheid en klasse van de Hollandse schilders'. Het ontwerp voor het gebouw langs de rijksweg A12 in Zoetermeer wordt bejubeld. 'Het is een meesterwerk van architectuur en lef waarmee we in Zoetermeer voor de dag kunnen komen,' zegt de Zoetermeerse wethouder Economische Zaken, Paul Scheffer in 1999.

De gemeente Zoetermeer reserveert pas een bouwkavel voor Willemsen Minderman als ze melden dat ze met ict-bedrijf Lucent mogelijk een huurder hebben. Later zijn het Centraal Bureau voor de Statistiek en zelfs het Korps Landelijke Politiediensten kandidaat. De projectontwikkelaar krijgt een paar maanden de tijd om het idee uit te werken. Het hebben van een huurder vooraf kan het verschil maken tussen een mislukt en een succesvol vastgoedproject.

In diezelfde periode hangt Vijsma aan de lijn. Hij vraagt of Bouwfonds nu met Willemsen Minderman mag meedoen in Zoetermeer. Omdat het duo Bouwfonds 'te vriend wil houden', besluiten ze dit project ook samen te doen, zoals ook in Rotterdam. De wederzijdse afhankelijkheid krijgt zijn beslag. Als onderdeel van de samenwerkingsovereenkomst verkoopt Willemsen Minderman de optie van de gemeente om te bouwen op de grond een jaar later aan Bouwfonds voor vijf miljoen gulden. Dat is een opmerkelijk hoog bedrag. Het is veel meer dan ze zelf betalen voor de optie en de voorbereiding. Willemsen en Minderman zeggen later tegen de FIOD-ECD dat ze een miljoen gulden genoeg hadden gevonden om de samenwerking aan te gaan met Van Vlijmen voor de realisatie van de wolkenkrabber. Toch krijgen ze vijf miljoen gulden. Ook vreemd, vindt het duo, is dat Van Vlijmen vraagt om sommige stukken en dossiers die betrekking hebben op de Coolsingeltoren naar zijn huisadres te sturen.

In de tussentijd worden Willemsen en Minderman en hun technische experts uitgenodigd om naar Chicago te reizen om hoogbouw te bekijken en wat voorwerk te verrichten. Architect Steevensz legt ze in de watten met etentjes en theatervoorstellingen. Steevensz organiseert meerdere reizen. De rekeningen voor de 'excursie en een *fly around*' van 130.000 dollar stuurt hij naar Bouwfonds, zo verklaart hij bij justitie. Nico en Jan zijn er niet bij, maar met latere reisjes gaan wel mee broer Simon van Vlijmen, Bouwfondsonderdirecteur Diederik Stradmeijer en architect en ex-Rijksbouwmeester Wytze Patijn, die supervisor is voor het project in Rotterdam. De onderlinge banden worden aangehaald. De trip wordt op video gezet. De deelnemers krijgen een kopie thuisgestuurd. Maarten Minderman zal de video Kerst 1999 met tranen in zijn ogen bekijken. Niet van geluk, maar van ellende. En dat terwijl het leven het duo nu nog zo toelacht.

7 Blind vertrouwen

Hoe met vreemde geldstromen en vriendendiensten een werkelijkheid achter de werkelijkheid wordt gecreëerd. 'Waar is al dat geld voor?'

In 1999 stroomt het werk van Bouwfonds binnen bij Willemsen Minderman. Dat gaat gepaard met curieuze zaken. Willemsen en Minderman hebben er zeker wat voor over om hun firma op te stoten in de vaart der volkeren. Ondanks het feit dat hun kennismaking met de top van de Nederlandse vastgoedontwikkeling niet altijd even goed voelt. Vooral de mannen die bij Bouwfonds werken – want mannen zijn het zonder uitzondering – gedragen zich nogal apart.

Willemsen en Minderman hebben eigenaardige ervaringen met Jan, Nico en hun financiële steun en toeverlaat Olivier Lambert. Als dit drietal het kantoor van Willemsen Minderman in Capelle bezoekt, nemen ze de regie over. Hun binnenkomst wordt door Rob Willemsen en Maarten Minderman en hun personeel ervaren als een soort overname. Ze hebben daar hun trucjes voor. Terwijl Willemsen en Minderman gastheer zijn, rangschikken Nico en Jan de vergaderkamer voorafgaand aan het overleg. Hun stoelen staan aan de raamzijde, die van Willemsen en Minderman aan de andere kant. Overtollige stoelen worden aan de kant geschoven, zodat Willemsen en Minderman hun plek niet zelf kunnen kiezen. Elke vergadering hetzelfde liedje. Altijd dezelfde opstelling: Jan links, Olivier in het midden en Nico rechts. Vijsma altijd hevig gesticulerend.

Het blijft niet bij de tafelschikking waardoor Willemsen en Minderman ervaren dat ze niet meer de baas zijn in hun eigen kantoor. Van Vlijmen stelt zich afstandelijk op. Tijdens een vergadering op het kantoor in Capelle moet op een zeker moment een contract getekend worden. Willemsen en Minderman worden overstelpt met lovende woorden van Jan, Nico en Olivier. Als Willemsen en Minderman de pen oppakken om hun handtekening te zetten, zien ze de drie Bouwfondsmannen plotseling opstaan. Strak naast elkaar aan de vergadertafel beginnen ze uitbundig te applaudisseren. 'Wat goed!' Applaus schelt zo hard door de vergaderruimte, dat collega's verderop in het kantoor van Willemsen Minderman zich afvragen wat daar gebeurt. Het tafereel herhaalt zich de maanden erna. Nog wat later krijgen Willemsen en Minderman zelfs al een overdonderend applaus als ze een rapportje overleggen. Minderman: 'De eerste keer dacht ik dat ze me in de maling namen. Maar ze doen het iedere keer.' Willemsen en Minderman denken dat het 'bij de cultuur hoort'. Maar leuk vindt Willemsen het niet. Het staat mijlenver af van zijn gevoel van onoverwinnelijkheid dat Nico hem eerder geeft op de boot. Willemsen: 'Je voelt je zo klein worden. Het is kleinerend, denigrerend.'

Het uitzicht op goede zaken maakt veel goed. De cruciale ontwikkelingsovereenkomst voor de Coolsingeltoren met Bouwfonds kan ondertekend worden. Willemsen Minderman kan met de ontwikkeling van de toren in Rotterdam een stempel drukken op de havenstad. Heet hangijzer is de hoogte van de prijs voor het project. Voor welk bedrag mag het bedrijf meespelen in de eredivisie van de projectontwikkeling? Het antwoord van Van Vlijmen laat niet lang op zich wachten. De zaken gaan door. En hoe. In het Coolsingelproject krijgt Willemsen Minderman in juni 1999 de ontwikkelopdracht en de directievoering over het project tot de oplevering. Ze weten bovendien met Van Vlijmen een buitengewoon royale ontwikkelingsovereenkomst te sluiten. Ze krijgen voor het werk 13.850.000 gulden. Dat is inclusief te maken projectkosten, maar ook nog te betalen oude kosten, meldt Jan ze. Het is nog altijd een enorme smak geld voor zo'n opdracht en voor een bedrijf van acht man. Dat valt de Belastingdienst jaren later ook op.

Directeur Anne Bodzinga van het BPF, het pensioenfonds voor de bouw, dat de helft van de kosten moet dragen, zegt later tegen de FIOD-ECD: 'Geen enkele ontwikkelaar zou deze overeenkomst met deze voorwaarden hebben moeten tekenen.' Willemsen en Minderman vinden het ook heel veel wat ze betaald krijgen. Maar ze zeggen later Jan van Vlijmen weer te geloven als deze zegt dat uit het potje nog wel 'oude verplichtingen van Bouwfonds aan derden' betaald moeten worden. Eigenaardig, dat zo'n berg geld bij ze wordt aangelegd voor te vereffenen oude rekeningen van Bouwfonds, vinden ze zelf. Maar het is geen reden om af te zien van de overeenkomst.

Afwijkend is ook de gang van zaken rond het woningenproject Princezand in Van Vlijmens woonplaats Heemstede. Het is een project uit de tijd van Van Vlijmen Vastgoed. Bouwfonds heeft er met alle plannen voor kantoren geen trek meer in. Het heeft te veel voeten in de aarde om het te realiseren. Buurtbewoners zijn tegen, de gemeente stelt lastige voorwaarden en het gebouwencomplex verdient sowieso niet de schoonheidsprijs. Willemsen Minderman neemt het Princezandproject begin 1999 toch over om het 'uit te ontwikkelen'. De overname wordt bezegeld in een brief van 8 februari 1999 van Rob Willemsen aan Jan van Vlijmen. De brief gaat naar het privéadres van de Bouwfondsdirecteur. Bouwfonds krijgt 600.000 gulden van Willemsen Minderman voor het kwakkelende project.

Opmerkelijk is dat de Bouwfondsdirecteur een handvol appartementen mag aanbieden aan derden tegen niet-marktconforme vriendenprijzen. Willemsen en Minderman zien dit zelf achteraf als een 'vergoeding' voor Van Vlijmen. Jans broer Simon van Vlijmen koopt een eengezinswoning in Princezand met een korting van enkele tienduizenden euro's. Dat is volgens Simon niet meer dan logisch na vijf jaar wachten en elders huren. Want de oplevering duurt lang. Opmerkelijker is dat een aangetrouwde tante van Jan en Simon volgens de FIOD-ECD de helft van de marktprijs betaalt. Pikant is dat Fortisbankier Jan Steven Menke dezelfde vriendenbehandeling krijgt. Hij koopt volgens de FIOD-ECD twee appartementen voor 600.000 gulden. Gewone stervelingen kunnen voor die prijs slechts één appartement aan het Spaarne verwerven. Menke speelt sinds zijn studententijd hockey met Van Vlijmen in Bloemendaal. Menke is de Fortisbankier die Willemsen en Minderman in 1997 uitnodigt voor de boottocht en Willemsen voor het eerst voorstelt aan Nico Vijsma.

Menke en zijn vrouw verklaren later niet geweten te hebben dat ze de twee appartementen tegen een vriendenprijs hebben gekregen. De vrouw noemt het appartement 'vreselijk, in een vreselijke buurt'. Hun dochter heeft er een tijdje gewoond. Menke zegt dat hij de aankoop heeft geregeld met Vijsma. Ze zijn zelfs in zijn bezit als hij ze koopt, verklaart Menke. Vijsma wil ze volgens hem doorbreken, maar krijgt geen toestemming van de gemeente. Uit het kadaster blijkt niet dat Vijsma eigenaar is geweest. Maar Menke zegt dat de transacties gewoon via een makelaar zijn gegaan. Niets mis mee, verklaart hij tegen de FIOD-ECD.

Willemsen en Minderman verbazen zich wel over de gang van zaken. Maar als Van Vlijmen zegt dat hij toestemming heeft van Hakstege om dit soort dingen voor eigen rekening en risico te ontwikkelen en uit te onderhandelen, ebt de verwondering weer weg. Ze geloven Jan van Vlijmen. Ze hebben 'blind vertrouwen in de zeer charismatische en vertrouwenwekkende man,' schrijven ze begin 2009 in een excuusbrief aan het Bouwfonds. 'Op het moment dat we doorvroegen, gaf hij ons het gevoel dat we onnozel waren.' Zaken gaan bovendien voor.

Wat begint met een onschuldig boottochtje over het IJsselmeer en het langzaam aanhalen van de banden is nu een huwelijk. Door het tekenen van de samenwerking en het aangaan van de verplichtingen zitten Bouwfonds en Willemsen Minderman aan elkaar vast. Dat geldt voor de appartementen van Princezand, voor Hollandse Meester, voor de Coolsingeltoren en voor een kantorencomplex in Capelle. Het is een relatie waarin Jan en Nico de regie houden. Na Princezand, Hollandse Meester en Coolsingeltoren schudt Vijsma namelijk dit vierde veelbelovende project uit zijn mouw om in samen te werken. Er mankeert 'iets' aan het project Werken aan de Maas uit de stal van Van Vlijmen. Het kantoor van Willemsen Minderman moet ook dit project vlot trekken.

Werken aan de Maas is een van de projecten die Van Vlijmen meeneemt als hij zijn bedrijf in 1995 aan Bouwfonds verkoopt. De toekomstige resultaten, zo is de afspraak bij de overname, komen volledig toe aan de projectontwikkelaar. Willemsen en Minderman voelen ook wel voor dit project. Opnieuw uitzicht op een spectaculaire opdracht met een behoorlijke kans van slagen. Over Hollandse Meester zegt Van Vlijmen regelmatig dat het gebouw er zeker gaat komen. Dat is ook de boodschap met de jaarwisseling. Eind 1999 stuurt Bouwfonds Vastgoedontwikkeling alle relaties een kijkdoos. Wie in het venster tuurt, ziet alle gebouwenporno van Van Vlijmen. De wereldstad met luchtkastelen wordt verlicht door een lampje in een luchtballon boven in de kartonnen schoenendoos. 'Ruimte voor succes,' staat op de ballon.

Voor Willemsen en Minderman staat het spel op de wagen. Wat vertrouwen wekt over Capelle, ook de thuisbasis van Willemsen Minderman, is dat Van Vlijmen een bijzondere band heeft met de strook grond. Buiten twijfel staat dat Van Vlijmen zijn stempel heeft gedrukt op Rivium, het kantorenterrein aan de noordelijke voet van de Van Brienenoordbrug. Dit is met twaalf rijstroken een van de drukste plekken van Nederland.

Om begin jaren negentig de aanleg van Rivium mogelijk te maken is een kleine grenswijziging noodzakelijk van de gemeente met als beroemdste inwoner minister-president Jan Peter Balkenende. Dat lukt de dan nog zelfstandig opererende Van Vlijmen op wonderbaarlijk eenvoudige wijze. Het terrein aan de Maas ligt grotendeels braak als de nog jonge Van Vlijmen hier begin jaren negentig een toren realiseert. Oude rotten uit de vastgoedwereld kunnen zich nog goed herinneren hoe Van Vlijmen pronkt met het project. Tijdens de bouw schreeuwen grote borden langs de A16 bij de Brienenoordbrug dagelijks een kwart miljoen automobilisten toe dat Van Vlijmen Vastgoed daar een project uit de grond stampt. Luidruchtig, maar het werkt wel. Het onbekende bedrijfje lanceert zichzelf zo de wereld in, samen met bouwbedrijf Van Wijnen waar Jan graag mee samenwerkt. Koper is een Duitse belegger. Na de oplevering huurt onder meer het verzekeringsbedrijf Marsh er kantoorruimte. Nu is het bekend als de Schoutentoren.

Genodigden, die bij de opening aanwezig waren, herinneren zich nog lacherig, maar nauwkeurig, de ongebruikelijke ceremonie waarmee Jan en Nico het kantoor hebben 'ingewijd'. Alle aanwezigen moeten van Nico in een kring gaan staan en elkaars hand vastpakken. Daarna moeten ze hun ogen dichtdoen en samen aan de grond denken waarop dit gebouw staat. 'Een grounding,' noemt Nico dit tot hilariteit van de aanwezige no-nonsensevastgoedmannen.

Zoals hij gewend is te doen, zoekt Van Vlijmen voor dit gebouw ook huurders in zijn eigen kring. Het vastgoedbeheerbedrijf Rooswyck houdt er kantoor tot juni 2007. Dit is een bedrijfje dat Van Vlijmen stiekem naast zijn directeurschap van Bouwfonds runt. Het doet vastgoedbeheer en int huren voor vastgoedbeleggers. Rooswyck, vernoemd naar een van de villa's van de vooraanstaande familie Van Vlijmens in Overveen, is een van de verdachte vennootschappen in het fraudeonderzoek omdat via deze weg geld zou zijn weggesluisd.

In de toren van Van Vlijmen is ook het bevriende reclamebedrijf Publi Design gehuisvest. Directeur is René van Gameren, die Nico nog kent uit de tijd dat hij werkt bij uitgever Dagbladunie. Ook wordt er ruimte gehuurd door het architectenbureau van de tweelingbroers Aat en Jan van Tilburg, het bureau waar Van Vlijmen en Bouwfonds jarenlang mee samenwerken, onder meer voor deze toren. Als later naast de verzekeringstoren een tweede wordt neerzet, wordt gesproken van het Geminiproject. Een verwijzing naar de tweeling Van Tilburg. Maar ook in lijn met de reeks van gebouwen die Jan en Nico vernoemen naar sterren of denkbeeldige planeten: Equinox in Den Haag, Alpha Centauri in Diemen, Antares in Hoofddorp en Quasar in Utrecht.

Vijsma polst Willemsen Minderman in de zomer van 1999 voor het project Werken aan de Maas. Van Vlijmen en Vijsma geven het project de naam Solaris, een ogenschijnlijke knipoog naar de realiteit. Solaris is een fictieve planeet uit de gelijknamige sciencefictionroman van de Poolse schrijver Stanislav Lem. In het verhaal, dat tweemaal is verfilmd, wordt Solaris bezocht door een ruimteschip. De oceaan op de planeet beïnvloedt de psyche van de bemanning ernstig. De vraag is of deze brainwashing een vorm is van buitenaards contact, een straf of een gift van de Solarisoceaan. De grenzen van het weten, de werkelijkheid achter de werkelijkheid en de subjectiviteit van waarnemingen zijn de thema's van het boek. Een ogenschijnlijk wrange dubbele lading, constateren Willemsen en Minderman achteraf, als ze praten over hun rol in de schaduwwereld van Jan en Nico en de psychologische druk die ze gevoeld hebben.

Het vastgoedproject ligt in de zomer van 1999 al enige tijd stil als Willemsen en Minderman worden gepolst om aan boord te stappen. Het ontwerp is van Aat van Tilburg en stamt al uit 1995. Het zijn vier kantoorgebouwen, ook wel de haaientanden genoemd, en twee paviljoens. Van Vlijmen verkoopt de samenwerking intern met het verhaal dat bij Bouwfonds zelf onvoldoende kennis aanwezig is om het project te verwezenlijken.

Hij zegt tegen Willemsen en Minderman dat het plan goedkoper en efficiënter moet kunnen. Ze gaan aan het werk en stellen aanpassingen voor. Voor het kleine Willemsen Minderman is het opnieuw een zeer veelbelovend project. 'Wij waren bepaald niet gewend te denken en te werken met de bedragen die met het project gemoeid waren,' schrijft het duo in 26 januari 2009 in de excuusbrief aan de nieuwe eigenaar van Bouwfonds, Rabo Vastgoedgroep. Aan de precieze overeenkomst tussen Bouwfonds en onderontwikkelaar wordt in 1999 nog volop gesleuteld. Wel rekent Willemsen Minderman op een kostenvergoeding van 7,5 miljoen gulden op de uitontwikkeling en realisatie van het project.

Volgens Bouwfonds, dat het project overdraagt, is de ontwikkeling al voor negentig procent gereed. Het bestemmingsplan van de gemeente Capelle staat formeel alleen de bouw van bedrijfsruimte toe. Van Vlijmen doet alsof dit de bouw van kantoorruimte in de weg kan staan. Om dit te voorkomen duidt hij het project aan als 'werkruimte'. Hij reserveert daarmee geld dat hij laat oppotten bij Willemsen Minderman.

De ambitieuze Willemsen en Minderman willen het kantorencomplex graag realiseren. Hun kleine bedrijf schiet opeens als een raket omhoog in de snelle wereld van het vastgoed en de projectontwikkeling. Met dank aan Jan en Nico. Ze zijn immers gelijktijdig ook in de race voor de bouw van de wolkenkrabbers in Rotterdam en Zoetermeer. En dat terwijl Willemsen Minderman daarvoor niet veel meer dan huizen ontwikkeld heeft. Ze moeten nog laten zien wat ze kunnen, maar vooralsnog gaat het in 1999 uitstekend met de zaken. Hun droom om toonaangevende projecten te doen, komt stap voor stap dichterbij. Met dank aan die curieuze ontmoeting met die man met de paardenstaart op de boot van de vsb-bank.

De ontwikkelingskosten van Solaris in Capelle zijn ongeveer honderd miljoen gulden, wordt in een eerste calculatie berekend. Besloten wordt om het stapje voor stapje te doen. Want de eindbelegger, die het opgeleverde gebouw over een paar jaar zal moeten kopen, is er halverwege 1999 nog niet. En als je dan als ontwikkelaar een gebouw gaat realiseren, doe je het voor eigen risico. Daar houden projectontwikkelaars niet van, of ze nu groot of klein zijn. Voor de huurcontracten bedenkt Van Vlijmen een interessante constructie, die een belegger weer over de streep kan trekken. HBG mag aannemer zijn in het project maar ze hebben dan zelf wel de verplichting om een deel te huren. Voor bouwer Dura geldt hetzelfde. Het valt Willemsen en Minderman op dat bouwbedrijf Van Wijnen penvoerder is, maar geen huurverplichting heeft. Van Vlijmen en Van Wijnen kennen elkaar goed. Ze hebben regelmatig samen gebouwen neergezet. Ze willen zelfs een joint venture beginnen in Duitsland.

De belegger komt er na de huurders ook al snel. In oktober staat makelaar Willem Stephan voor de deur. Een oude rot in het vak die jarenlang samenwerkt binnen DRS Makelaars met de Amsterdamse vastgoedfamilie Rijsterborgh. Als zelfstandig makelaar werkt Stephan in 1999 exclusief voor het Duitse Bankhaus Wölbern. Dat zoekt beleggingen in Nederland. Van Vlijmen en Stephan doen vaker zaken. Op 19 oktober 1999 bereikt Bouwfonds met de Duitsers overeenstemming. De definitieve deal wordt beklonken op 3 november. Bankhaus Wölbern betaalt 140 miljoen gulden voor het complex. Later wordt dat verhoogd tot 167 miljoen gulden omdat het aantal vierkante meters wordt uitgebreid.

Zo'n koopsom is gebaseerd op een vastgesteld bruto aanvangsrendement van zeven procent. Dat is een in de vastgoedwereld veelgebruikt kengetal om de waarde en de kwaliteit van een gebouw of complex uit te drukken. Het bruto aanvangsrendement wordt uitgedrukt in procenten en wordt berekend door de huuropbrengst in het eerste jaar van de exploitatie te delen door de totale investering. Het lijkt een prachtige deal voor alle betrokkenen. Voor Bouwfonds zit daarmee ruim dertig miljoen gulden winst in het vat. Dat is zelfs na de betaling van Willemsen Minderman als uitvoerend ontwikkelaar. Bovendien is met een belegger aan boord het risico voor de ontwikkelaars zeer beperkt. De koper staat immers klaar met een grote zak met geld voor de kantoren, er moet alleen nog geleverd worden. De winst ligt straks voor het oprapen, lijkt het.

Dan gebeurt er iets vreemds. De risico's zijn grotendeels weggenomen door het aantrekken van de belegger. Maar er volgt wel een flinke kostenverhoging. Dat maakt het plaatje voor Bouwfonds opeens een stuk minder aantrekkelijk. Willemsen Minderman sluit namelijk op 8 oktober 1999 een zogeheten *turnkey*overeenkomst om Solaris te verwezenlijken voor een veel hoger bedrag. Het gaat nu opeens niet meer om honderd miljoen gulden maar om 127,5 miljoen. Hiermee komt de winst voor Bouwfonds uit op 'slechts' 12,5 miljoen gulden. De bedragen worden door Van Vlijmen opgehoogd zonder dat Willemsen en Minderman daarom vragen. Ze geloven Van Vlijmen als hij zegt dat Bouwfonds dat doet om Willemsen Minderman als kleine partij te beschermen tegen de financiële risico's van een dergelijk groot project. Hiermee worden de verschillen tussen de stichtingskosten en de werkelijke begroting enorm. Willemsen en Minderman hebben er een 'rotgevoel' bij want ze begrijpen niet waarom Bouwfonds opeens meer wil uitgeven. Maar ze zeggen niets.

Bij Bouwfonds zelf, bij de bestuurders Hakstege, Bleker, juristen en accountants, valt het ook niet op dat de winsten in de gewijzigde afspraken zijn verslechterd. Justitie ontdekt later dat de datum van de overeenkomst van Willemsen Minderman voor die van de definitieve overeenkomst met Bankhaus Wölbern ligt. Justitie vermoedt dat de afspraak tussen Bouwfonds en de onderontwikkelaar in werkelijkheid later tot stand komt. De overeenkomst zou daarmee geantedateerd zijn.

Wat gebeurt hier nu in de ogen van justitie? In feite hevelt directeur Van Vlijmen voor de vierde keer een smak geld over naar zijn vers aangetrokken Capelse onderontwikkelaar. Dit keer is het maar liefst ongeveer twintig miljoen gulden. Zo stroomt de kas vol bij Willemsen Minderman. Ze moeten er wel iets voor doen. Maar ze weten dat deze bedragen in geen verhouding staan tot het werk dat ze leveren. 'Waar is al dat geld voor,' vragen ze zich af? Het duo wordt opnieuw gerustgesteld door Koning Jan en Nico. Ze moeten uit dit potje met miljoenen 'verplichtingen aan derden' voldoen, houden Van Vlijmen en Vijsma hen voor. Willemsen en Minderman gaan akkoord maar hebben geen flauw idee wie ze straks allemaal moeten betalen. Dat zal echter niet lang meer duren. Dan komen ze er achter dat ze in de tang zitten en onderdeel zijn geworden van de grootste fraudezaak die de Nederlandse vastgoedwereld ooit heeft meegemaakt.

8 Geen weg meer terug

Het stallen van de miljoenen van Bouwfonds was het voorspel. Opmerkelijke facturen komen binnen bij Willemsen Minderman. 'Dit geld blijft niet bij ons.'

'Nog een klein stukje. Stop!' Nico Vijsma laat zijn chauffeur stoppen net naast de voordeur van het kantoorpand van Willemsen Minderman, langs de A20 in Capelle aan den IJssel. De mental coach van Bouwfonds vereert zijn vrienden weer eens met een bezoek. Zijn geblindeerde Mercedes oogt op zijn zachtst gezegd apart op het Capelse bedrijfsterrein Hoofdweg. Als de chauffeur annex bodyguard naast de auto blijft wachten, wordt de sfeer grimmig. De lui die Vijsma heeft leren kennen op de sportschool, hangen nu bij projectontwikkelaar Willemsen Minderman voor de deur. De zware jongens doen voor zover valt te zien geen vlieg kwaad. Maar het voelt intimiderend. 'De aanwezigheid van de bodyguard maakt dat wij ons ongemakkelijk voelen, ook naar ons personeel en dat van andere bedrijven die in het pand zitten,' verklaart het duo later tegen Bouwfonds.

Het contact met hun grote zakenrelaties Jan van Vlijmen en Nico Vijsma wordt sowieso harder en onaangenamer. Vooral de donkere kant van Vijsma wordt steeds zichtbaarder voor de onderontwikkelaars. De rustige, vriendelijke en innemende man ontpopt zich steeds vaker als een heethoofd. Vijsma belt regelmatig met collega's van Bouwfonds terwijl hij in het kantoor van Willemsen Minderman staat. Zonder blikken of blozen maakt hij collega's van Bouwfonds schreeuwend uit voor rotte vis.

Het is juni 1999 als Jan en Nico op het Capelse kantoor tegen Willemsen zeggen dat ze 'een probleem', hebben binnen Bouwfonds. 'Jullie moeten ons helpen dat op te lossen.' In een onsamenhangend verhaal wordt Willemsen en Minderman gevraagd om Bouwfonds een gepeperde factuur te sturen. Het is weer zo'n vreemde vergadering. Jan en Nico maken geen aantekeningen. Dat doen ze nooit trouwens. Documenten die Jan krijgt overhandigd, geeft hij altijd staande de vergadering weer terug. Hij neemt niets mee in zijn lege koffer. Nico loopt weer druk en gesticulerend rond terwijl Jan stoïcijns blijft zitten.

Willemsen en Minderman doen wat de grote directeur van Bouwfonds zegt. Ze zien het niet zozeer als een verzoek van Van Vlijmen, maar van de organisatie Bouwfonds. Als dat een probleem heeft en een boekhoudkundige oplossing zoekt voor een openstaande factuur, willen Willemsen en Minderman best helpen. Ze zijn allang blij als Jan en Nico weer vertrekken. Ze gaan akkoord met een factuur waarvan ze weten dat hij niet deugt. Het duo dient op 22 juni 1999 bij Bouwfonds een rekening in van 1.250.000 gulden. Met als omschrijving 'voorbereidingskosten planontwikkeling'. Dat past keurig in de afgesproken werkzaamheden voor de lopende projecten. Niet dat Willemsen en Minderman dit werk echt doen. Van Vlijmen zegt tegen Willemsen en Minderman dat hij betalingen wil verrichten die buiten de boeken van Bouwfonds moeten blijven. Achteraf denken Willemsen en Minderman dat hiermee hun ellende is begonnen. Ze denken nu dat het een test is geweest. Van Vlijmen kijkt hoe meegaand ze zijn en of ze willen meewerken.

Willemsen en Minderman hebben zich dan al maanden laten gebruiken om geld van Bouwfonds te 'stallen'. Maar daarmee is het masterplan van Jan en Nico verre van voltooid. Het is allemaal voorspel. Van Vlijmen en Vijsma willen namelijk niet Willemsen en Minderman verrijken, maar zichzelf. Met de vermoedelijk valse factuur gaan ze met de onderontwikkelaars een nieuwe grens over. Het duo uit Capelle zegt Van Vlijmen en Vijsma toe dat ze het grootste deel, één miljoen gulden, zullen doorbetalen aan onbekende derden als die zich in de toekomst melden. Ze zijn hiermee een doorgeefluik geworden van geldstromen die bij Bouwfonds vandaan komen. In ruil hiervoor krijgen ze behalve een stroom van werkzaamheden ook een beloning. Van het geld mogen ze 250.000 gulden zelf houden als 'voorschot' voor werkzaamheden op het Coolsingelproject. Als Willemsen en

Minderman toezeggen, weten Jan en Nico dat ze het duo bij de kladden hebben. Het heeft even geduurd, maar de Capelse onderontwikkelaars zijn in de zomer van 1999 ingepalmd met mooie beloftes, royale samenwerkingsovereenkomsten en een bonus.

De eerste 'onbekende derde' die het geld deels komt opeisen in het kader van het Coolsingelproject is een zekere Hans Sanders. Dat is de oud-directeur van de Hollandsche Beton Maatschappij (HBM), een opvolger van Hakstege. Dat hij geld te goed heeft, is opmerkelijk, omdat HBM onder Sanders de samenwerking is aangegaan met Bouwfonds in het Coolsingelproject. Later verkoopt het deze positie door aan Stichting Bedrijfstakpensioenfonds voor de Bouwnijverheid (BPF Bouw). De factuur van een kwart miljoen gulden ontvangen Willemsen en Minderman op 12 juli 1999. Sanders is naar eigen zeggen vanaf september 1998 weg bij HBM. Tegenover de FIOD-ECD verklaart Sanders de betaling aan de hand van werkelijk gedane werkzaamheden in het Coolsingelproject. Hij zegt bemiddeld te hebben tussen zijn oude werkgever en Bouwfonds. De oud-HBM-baas zegt kort na zijn vertrek HBM zover gekregen te hebben dat ze hun belangen aan Bouwfonds en uiteindelijk het pensioenfonds voor de bouw verkopen.

Daarnaast vraagt Van Vlijmen of Sanders een 'haalbaarheidstraject voor Bouwfonds' kan 'ondersteunen'. Deze werkopdracht blijft 'heel beperkt', zegt Sanders. Hij dient zijn facturen in bij Willemsen Minderman, ook al kent hij deze partij niet. Dat is op verzoek van Bouwfondsdirecteur Jan van Vlijmen, zegt hij. Willemsen Minderman speelt een sleutelrol in het project aan de Coolsingel. Maar zij kunnen de werkzaamheden van Sanders weer niet plaatsen. Ze horen pas later dat de man een gepensioneerde HBM-directeur is.

Na Sanders meldt Nico Vijsma zich hoogstpersoonlijk. Deze keer niet met werk maar met een verzoek om geld. Hij is ongeduldig en bot. 'Ik dien een factuur in bij jullie,' zegt hij. 'Ik wil 750.000 ex btw. Verzinnen jullie maar een plausibele titel.' Willemsen en Minderman zeggen dat ze geen idee hebben wat ze moeten doen. Nico wil dus geld zien zonder dat er een tegenprestatie wordt verricht. Maar het moet wel verantwoord worden in de boeken. Desnoods met een gefingeerde omschrijving. Vijsma heeft een suggestie, verklaren Willemsen en Minderman achteraf. Vijsma dringt erop aan dat ze de factuur aanmerken als 'aanbrengfee' op hun eigen projecten.

Willemsen en Minderman hebben een pot geld van Van Vlijmen en Vijsma tot hun beschikking. Maar het 'verwerken' van zo'n betaling aan Vijsma als gefingeerde aanbrengfee op relatief kleine projecten zien ze toch niet zitten. Zoiets valt snel op. Dan wordt de oude Vijsma link. Hij stapt boos het kantoor binnen. Zijn chauffeur annex bodyguard staat weer prominent voor de deur van Willemsen Minderman. 'Hebben jullie al wat verzonnen?', bitst hij. Willemsen en Minderman voelen zich geïntimideerd. Ze besluiten het bedrag over drie eigen projecten uit te smeren. Vijsma wordt betaald wegens verrichte diensten via drie al jaren lopende vastgoedprojecten, Mook en Middelaar, Bio Science Park en Vlietveste. Projecten waar Vijsma helemaal niets mee te maken heeft.

Als rond de eeuwwisseling de bankrekening van Willemsen Minderman uitpuilt en er weer een opmerkelijke factuur binnenkomt van een makelaar die bemiddeld zegt te hebben in het Coolsingelproject, weten ze genoeg. 'Dit geld blijft niet bij ons.' Ze proberen hun werk zo goed mogelijk te doen. Maar het duo begint zich langzamerhand te realiseren dat Van Vlijmen in werkelijkheid niet geïnteresseerd is in wat ze doen en of ze het goed doen. Over de gebouwen zegt Van Vlijmen altijd. 'Die gaan we timmeren.' Maar echt nodig voor zijn masterplan is het helemaal niet dat de plannen ook werkelijkheid worden, beseffen Willemsen en Minderman begin 2000. Ook als een plan niet wordt gerealiseerd, kan flink wat geld weglekken bij opdrachtgevers. Willemsen en Minderman denken dat Van Vlijmen onderontwikkelaars als hen gebruikt om miljoenen te stallen die hij later weer kan (laten) ophalen.

Hoewel de FIOD-ECD later spreekt van een geraffineerde fraude, is het niet eens een ingewikkelde constructie. Stelen van de baas in een supermarkt of een elektronicazaak valt op door een leeg schap of een tekort in de kassa. Geld stelen uit vastgoedprojecten gaat ook niet zomaar. Zelfs niet als je directeur met een ruim mandaat bent. Van Vlijmen zet een systeem op waarmee hij niet in de gaten loopt, aldus de verdenking. Hij wil geen financiële tekorten. Of een leeg schap waar een product had moeten liggen. Dus bedenkt hij een eenvoudige maar doeltreffende list. Hij besluit als directeur van Bouwfonds nieuwe kantorencomplexen en wolkenkrabbers te ontwikkelen. In zulke vastgoedprojecten voert hij de kosten navenant op. Zolang niemand van zijn leidinggevenden zegt dat het veel te duur is, kan hij ongemerkt zijn gang gaan. Aangezien hijzelf directeur is, ruime bevoegdheden heeft, en nauwelijks wordt gecontroleerd door zijn raad van bestuur bij Bouwfonds, is er geen vuiltje aan de lucht.

Om een extra rookgordijn op te trekken laat Van Vlijmen Bouwfonds het werk niet zelf doen. Dat gebeurt door 'onderontwikkelaars'. In de projecten van eind jaren negentig spant hij Willemsen Minderman voor zijn wagen. Zij zijn blij met werk. Van Vlijmen betaalt ze enorme bedragen. Zo worden er miljoenen apart gezet. Dat mogen ze lang niet allemaal zelf houden. Het verschil tussen de werkelijke kosten van hun werk plus een extraatje en het bedrag dat er kunstmatig bovenop is gelegd, wordt afgeroomd, luidt de verdenking.

Van Vlijmen voert de kosten niet zomaar op door de komma een plekje te verschuiven op de factuur. Dat zou te makkelijk zijn voor zo'n intelligente figuur die geen sporen wil achterlaten. Hij wil voor elke betaling een reden verzinnen, hoe onwaarschijnlijk ook. Hoewel hij het rijk alleen heeft bij Bouwfonds, zijn de controlerende accountants en leidinggevenden ook niet helemaal gek. In zijn tijd als directeur van Bouwfonds heeft hij twee hobbels te nemen. Stap één is: hoe rechtvaardig ik intern het doorstorten van enorme bedragen? Ofwel: hoe leg ik die enorme kosten uit? Stap twee is: hoe kan ik die miljoenen ongemerkt weer ophalen om ze in eigen zak te steken?

Het voorbeeld Solaris laat zien hoe inventief Van Vlijmen is met zijn eerste uitdaging, het verzinnen van een rechtvaardiging voor de opgehoogde kosten. Het aannemingsbedrijf Labes heeft op het project in Capelle een 'bouwclaim' van vijf miljoen gulden. Een bouwclaim is een bekend begrip in de vastgoedwereld. Maar justitie vermoedt dat de term wordt misbruikt door de groep rond Van Vlijmen. In projecten als Solaris is sprake van een fictieve bouwclaim, veronderstelt justitie. Doe alsof iemand die bouwclaim heeft en dan moet je er op een zeker moment voor betalen.

Hetzelfde gebeurt met opdrachten voor makelaars. Doe alsof iemand een opdracht voor een makelaar heeft, zet dat op papier en koop het 'recht' vervolgens af. Zo dient Labes op 3 november 1999 bij Bouwfonds de bouwclaim in. In het geval van Solaris beweert Labes recht te hebben op geld, omdat het als aannemer gepasseerd is. Deze mogelijk gefingeerde kostenpost doorzien de toezichthouders van Bouwfonds niet. Accountant Moret Ernst & Young stelt wel vragen, maar is gerustgesteld als er geen voorziening getroffen hoeft te worden, omdat Willemsen Minderman het bedrag voor zijn rekening neemt. Labes verklaart zelf achteraf tegenover de FIOD-ECD dat hij niets weet van een bouwclaim. Op de conceptversie die wordt aangetroffen bij het Amsterdamse bouwbedrijf staat het privéfaxnummer van Olivier Lambert. De FIOD-ECD leidt hieruit af dat de financiële man van Bouwfonds en oude vertrouweling van Jan en Nico betrokken is bij het redigeren van de titel die wordt aangewend om de ophoging te rechtvaardigen.

Ook met de grondprijs wordt gerommeld. Via verschillende schijven wordt de aankoopprijs van de grond van Solaris opgehoogd met 4,3 miljoen gulden. De gemeente Capelle levert de grond februari/maart 2000 voor 8.250.000 gulden aan Capelse Maasoever bv, de joint venture voor dit project van Bouwfonds en Willemsen Minderman. Op dezelfde dag wordt de grond doorgeleverd aan Bouwfonds voor 12.565.000 gulden. Is er enige grondslag voor het prijsverschil? Is er waarde toegevoegd die de prijssprong verklaart? Een vraag die nog vaak gesteld zal worden over de geldstromen rond Van Vlijmen. Justitie antwoordt de vraag ontkennend. Nee, het is een kunstmatige prijsverhoging. Jan, Nico en Olivier realiseren zich meteen dat ze een rechtvaardiging moeten zoeken. Ze zorgen dat ze een verklaring klaar hebben. Ze zeggen tegen Willemsen en Minderman dat er een risico is dat de grondprijs alsnog wordt verhoogd. Dat zou kunnen, beweren ze, omdat de bestemming misschien nog officieel gewijzigd moet worden naar kantoorruimte. Dat is klinkklare onzin, verklaart gemeenteambtenaar Cornelis Schaap achteraf tegenover de FIOD-ECD. 'Dat risico is in mijn ogen niet waarschijnlijk en niet reëel.'

Ook in het Zoetermeerse wolkenkrabberproject Hollandse Meester wordt met de grondprijzen gegoocheld. Ook hier laat Van Vlijmen zijn eigen Bouwfonds te veel betalen voor de grond. Willemsen Minderman krijgt de optie op de bouwkavel van de gemeente na de tip van Steevensz. Bouwfonds neemt de optie kort erna voor het vijfvoudige over. Zo vloeit er weer geld in het potje van Willemsen Minderman. Voor de Coolsingeltoren worden de kosten eenvoudigweg ongemerkt opgevoerd. Bouwfonds betaalt ruim dertien miljoen gulden. Achteraf zeggen Willemsen en Minderman tegen justitie dat ze het project voor eenderde van de prijs, ofwel 3,5 of vier miljoen gulden, zouden gaan doen. Voor de hoge kosten van het project aan de Coolsingel wordt later geen rechtvaardiging gevonden. Hier doet Van Vlijmen niet eens zijn best om er een te verzinnen, lijkt het. Bodzinga van BPF, het pensioenfonds voor de bouw, draait uiteindelijk voor de helft van de kosten op en doet zijn beklag. Hij weet later zeker: 'Dit is een vooropgezette fraude. Dit is verschrikkelijk, er is tien miljoen gulden verdeeld. Ik had dit nooit vermoed. Dit is pure oplichting,' aldus een verklaring bij de FIOD-ECD.

Projectleider Ton Bredie van BPF zegt dat hij pas in 2004 inzicht krijgt in de hoge kosten, maar hij krijgt 'er geen goed gevoel bij' als de FIOD-ECD hem voorhoudt hoe het geld wordt doorbetaald. In 2008 ontdekt het pensioenfonds na een publicatie in *de Volkskrant* dat Bredie niet helemaal zuiver is. Bredie blijkt buiten zijn werkgever BPF om een eigen vennootschap voor nevenactiviteiten te hebben. Werrybo Advies, vernoemd naar een boottype, is gevestigd bij een administratiekantoor in Amsterdam. Dat Bredie erachter zit, valt alleen door de FIOD-ECD te achterhalen. De man, die voordat hij bij BPF in dienst kwam twintig jaar werkte bij het gemeentelijk grondbedrijf van Rotterdam, bezweert nooit geld aangenomen te hebben van Van Vlijmen of Vijsma. Wel erkent hij als nevenactiviteit tegen betaling 'adviezen' gegeven te hebben aan het bedrijf van zijn oude collega uit de makelaardij, De Mik Bedrijfshuisvesting. Dat is een in het justitieel onderzoek als verdacht aangemerkt makelaarskantoor dat óók nauw betrokken is bij de Coolsingeltoren, evenals Bredie.

Bredie is volgens de als getuige gehoorde ex-BPF-baas Bodzinga een 'glamourman' en op recepties de man van BPF. Maar hij legt weinig vast en kletst te vaak vertrouwelijke zaken door. Volgens Bodzinga is hij daarvoor tot de orde geroepen. BPF heeft Hofman Bedrijfsrecherche onderzoek laten doen. Na het zeer verliesgevende Cultureel Educatief Centrum Ganzenhoef (CEC) in Amsterdam is Bredie gevraagd met prepensioen te gaan in 2005. Volgens Bodzinga is de betaling van Bredie door De Mik niet in de haak. 'Ik deed direct zaken met Van Vlijmen, daar hadden we echt De Mik niet voor nodig.' De Mik en Bredie kennen elkaar uit de Van Zadelhofftijd. Bodzinga denkt bij zijn eerste verhoor dat Bredie 'in het geheel is misbruikt', maar zegt in zijn tweede verhoor dat hij er 'volledig bij betrokken is'. 'Dit is wel ernstig, hoor!'

Als de directeur van het bouwvakkerspensioenfonds BPF Bodzinga bij Bouwfonds zijn beklag doet over de hoge kosten voor de Coolsingeltoren, besluit Bouwfonds accountantskantoor PwC in te schakelen. Hoe het kostenbedrag van 13,5 miljoen gulden tot stand is gekomen en wat de grondslag is, kunnen deze onderzoekers niet achterhalen. Zelfs niet na het interviewen van Willemsen, Minderman en Van Vlijmen. Er liggen geen concrete stukken of berekeningen aan ten grondslag, luidt de conclusie in 2005.

Willemsen en Minderman weten dan allang hoe de vork in de steel zit. Maar ze houden hun kaken stijf op elkaar tegenover de forensische accountants. Ze zeggen enkele jaren later pas in tientallen verklaringen bij de FIOD-ECD dat het spel en hun rol erin niet meteen, maar pas eind 1999 goed tot ze doordringt. Justitie twijfelt op dit punt aan hun verhaal. De opsporingsambtenaren stellen zich na eigen onderzoek op het standpunt dat Willemsen en Minderman veel eerder weten of hadden moeten weten dat ze aan het frauderen zijn. Willemsen en Minderman houden vol dat ze pas sinds eind 1999 weten dat Van Vlijmen de boel tilt. Voor hun verdediging wordt dat later cruciaal. Als ze inderdaad pas na verloop van tijd fraude vermoeden, kan justitie ze moeilijk betichten van het met voorbedachten rade oplichten van Bouwfonds via het omkopen van de directeur. Willemsen en Minderman onderstrepen 'keihard' gewerkt te hebben voor het geld dat wel bij ze blijft. Volgens het Openbaar Ministerie zijn er op Solaris, Coolsingeltoren en Hollandse Meester in totaal 17.469.100 euro aan onterechte overwinsten gemaakt. Dat is inclusief btw. Het OM raamt het wederrechtelijk verkregen voordeel bij Willemsen Minderman op 4,3 miljoen euro. In werkelijkheid is daar niets van achtergebleven in de Capelse ontwikkelaar, zo zullen hun advocaten betogen. Het geld is afgeroomd of gebruikt om reguliere kosten te dekken. Willemsen en Minderman doen moeite om die kosten laag te houden. Achteraf realiseren ze zich tot hun grote ergernis dat al hun efficiencyresultaten ten goede komen aan Jan van Vlijmen en consorten. Ze hebben niet het lef om dit bij hem aan de orde te stellen.

Minderman zegt zich te herinneren dat hij pijn in zijn buik krijgt als hij zijn laatste Kerst viert in zijn oude huis. Hij denkt terug aan de hoogbouwreis naar Chicago. Hij zet de videoband op. Veel torenflats en lachende gezichten. Maar zijn gedachten dwalen af. 'Waar ben ik in godsnaam in terechtgekomen?' Rob Willemsen krijgt in dezelfde periode ook bijgedachten.

Echt hardhandig wordt het duo met de neus op de feiten gedrukt bij het slaan van de eerste paal voor Solaris in februari 2000. Van Vlijmen en Vijsma laten zich niet of nauwelijks op de bouw van het kantorencomplex zien. Maar bij het slaan van de eerste paal zijn ze aanwezig. De licht onherbergzame plek aan de voet van de Van Brienenoordbrug oogt als het decor voor een Nederlandse politiethriller, maar is nu het toneel van een indrukwekkend georkestreerd schouwspel. De eerste paal wordt geslagen door een directeur van de Duitse vastgoedbelegger Bankhaus Wölbern. Het is een keurig feest. Twee van de vier kantoren zijn al verhuurd. Dat is prettig bouwen, al moet het wel snel gebeuren. Het slaan van een eerste paal zou een goed gevoel moeten geven. Maar Willemsen en Minderman krijgen buikkrampen tijdens de ceremonie. Ze weten inmiddels dat een façade is opgetrokken. Een toneelspel waarin ze zelf een hoofdrol spelen.

Extra pijnlijk is de manier waarop het theater ook nog eens over het voetlicht wordt gebracht die dag. De ceremonie voor de eerste paal is bedacht door pr-bureau Winkelman en Van Hessen uit Den Haag. Maar met een duidelijk stempel van Nico Vijsma. Het hele terrein aan de oever van de Maas is afgezet met roodwitte politielinten. Bij een grote tent op het bouwterrein doen mannen in witte pakken met scheppen opgravingen. Er zijn namelijk zojuist archeologische vondsten gedaan in het havenslib waar Solaris op wordt gebouwd, luidt het verhaal. Opschudding alom, want dit gaat onherroepelijk vertraging opleveren voor het bouwproject. Dan graven de archeologen – in werkelijkheid ingehuurde acteurs – uit de bouwgrond twee gedenktekens van zandsteen op. Er staan inscripties op, juicht een archeoloog. Op de een staat gebeiteld: 'Bedankt, Willemsen.' En op de andere steen staat: 'Bedankt, Minderman.'

Voor de meeste aanwezigen is dit onschuldige bouwvakkershumor. Maar voor Willemsen en Minderman bevat de grap een pijnlijke dubbele bodem. Het is een openlijke zinspeling op de zak geld die Van Vlijmen en Vijsma via de bouw van Solaris met behulp van Willemsen Minderman afhandig gaan maken van Bouwfonds. Willemsen en Minderman krijgen rillingen. Opnieuw een dubbele bodem. Een schijnwerkelijkheid. Hoe waarnemingen subjectief kunnen zijn. Zijn dat niet de thema's van het boek en de film *Solaris*?

9 Uitknijpen

Jan en Nico en hun vrienden, onder wie een paar BN'ers, sturen hun facturen. 'Het echte leegroven van de geldpot begint in 2001.'

Ook na het sarcastische toneelstukje bij het slaan van de eerste paal van kantorencomplex Solaris blijven Jan van Vlijmen en Nico Vijsma bellen en langskomen op het kantoor van de onderontwikkelaar Willemsen Minderman. Oom Nico en neef Jan zijn immers nog maar halverwege. Ze hebben wel zonder dat iemand het doorheeft wat geld afgetapt via gefingeerde rekeningen. Maar de bodem van de geldpot is nog lang niet in zicht. Hoe laten ze ongemerkt de gestalde miljoenen in eigen zak glijden? Ook hier hoeven Jan en Nico niet lang over na te denken. Er is wel een behoorlijk organisatietalent voor nodig.

Met Willemsen en Minderman wordt op kantoor niet meer inhoudelijk gesproken over vastgoedprojecten. Het gaat alleen nog maar over wie welk bedrag krijgt en onder welke vermelding, herinnert het duo zich achteraf. Oom Nico en neef Jan beginnen de Rotterdammers te 'dicteren' met 'een bepaalde autoriteit'. Dan drukt Minderman zich 'voorzichtig' uit. 'Als ze iets zeiden dan deed je dat.' Jan en Nico schermen met verhalen over het af en toe 'inzetten van de sportschooltypes' tegen anderen.

Al voordat een project klaar is, of zelfs voordat er een paal is geslagen, zoals op de Coolsingel en in Zoetermeer, moeten Willemsen en Minderman de bij hen opgehoopte winst al deels weggeven aan derden. Jan en Nico gebruiken verschillende varianten om die betalingen te rechtvaardigen. Behalve de 'bouwclaim' en de 'aanbrengfee' zijn dat 'ontwikkelingsovereenkomsten' en 'winstdelingsovereenkomsten'. Aan deze 'titels' worden rechten ontleend om grote bedragen uit de pot te halen. De belangrijkste figuur die zijn hand ophoudt, is Nico Vijsma, de man die niets zegt te weten van vastgoed. Maar in 1999 begint Vijsma bij Willemsen en Minderman wel te zinspelen op een winstaandeel op de lopende projecten. 'Jullie verzinnen maar wat, ik wil geld hebben,' zegt hij. Vijsma eist achteraf geld op voor zijn 'adviezen' en 'bemiddeling'. En niet zo'n klein beetje ook.

Willemsen en Minderman zwichten voor de druk. Ze sluiten een officiële, maar voor Bouwfonds geheimgehouden winstdelingsovereenkomst met Vijsma's bedrijfje Idlewild Consultants. Die overeenkomst voor het Coolsingelproject krijgt juni 1998 als datum mee. Dat moment ligt ruim voor de overeenkomst tussen Bouwfonds en Willemsen Minderman. Daarmee kan Vijsma zijn 'werkzaamheden' verdedigen, mocht iemand vragen stellen. Het vermoeden van de FIOD-ECD en de nieuwe Bouwfondseigenaar, Rabo Vastgoedgroep, is dat deze winstdelingsregeling flink is geantedateerd. Willemsen en Minderman bevestigen deze lezing. 'Er is ongelooflijk gerotzooid met datums,' verklaart Minderman. Ook de samenwerkingsovereenkomst tussen Bouwfonds en Willemsen Minderman zou overigens geantedateerd zijn. Het krijgt als datum 15 januari 1999. Deze ondertekening vindt pas in het najaar plaats.

Vijsma eist zestig procent van de winst op de Coolsingeltoren, omdat hij het project twee jaar eerder heeft 'aangebracht'. Het miljoenencontract voor de zestig procent van de winst is anderhalf A4'tje groot. Een papiertje met een opsomming van negen nauwelijks gespecificeerde werkzaamheden. Vijsma krijgt het geld niet meteen. Maar opmerkelijk genoeg wel voordat de toren wordt gerealiseerd en dus zonder dat er daadwerkelijk winst wordt geboekt. Willemsen Minderman betaalt het bedrag van 1.843.000 euro op 17 april 2003. Het moet naar de derdenrekening van notaris Jan Carel Kloeck. Ook het bovenmatige deel uit de Hollandse Meester vloeit dan naar Vijsma op basis van een vermoedelijk valse winstdelingsovereenkomst. Idlewild krijgt zo nog eens 1.179.825 euro via de notaris.

De 'ontwikkelingsovereenkomst' van Idlewild voor Solaris is gedateerd op 21 september 1999. Vermoedelijk is die ook vals en pas veel later opgesteld. Op de computer van Willemsen Minderman treft justitie een bestand aan met als aanmaakdatum pas 7 januari 2002. Op het in 2002 opgeleverde project Solaris pakt Idlewild de meeste winst: 5.982.712 euro. Willemsen Minderman betaalt uiteindelijk over de drie projecten ruim acht miljoen euro aan Idlewild via de derdenrekening van de notaris. Een mooie bijverdienste voor de curieuze mental coach van Bouwfonds.

De bij Willemsen Minderman aangelegde pot geld is nog lang niet leeg. De totale fraude beloopt volgens justitie een veel groter bedrag. Uit het Solarisproject vloeit veel geld weg via Rooswyck, het geheime vastgoedbeheerbedrijf van Bouwfondsdirecteur Jan van Vlijmen. Vermoedelijk gaat het om meer dan vier miljoen euro. Dat is allemaal buiten het zicht van Bouwfonds, dat wel opdraait voor de kosten. Hoewel medewerkers van Rooswyck verklaren dat er allerlei werkzaamheden zijn verricht voor de betalingen, is voor de FIOD-ECD onduidelijk welk werk tegenover dit bedrag staat.

'Het echte leegroven van de geldpot begint in 2001,' verklaren Willemsen en Minderman later tegen justitie. De facturen stromen binnen bij hun bedrijf. Het vermoeden is dat er niet of nauwelijks werk wordt verricht, niettemin moet er betaald worden. Van de Bouwfondsfamilie is het niet alleen Vijsma die zijn hand ophoudt. Het potje wordt ook gebruikt om sommige oud-collega's van Bouwfonds te betalen. Personen die willen meedoen of een oogje dichtknijpen. Of mensen die naast hun werk voor Bouwfonds 'nevenwerkzaamheden' uitvoeren voor dezelfde projecten. Soms gaan de betalingen via meerdere schijven.

Terwijl Vijsma er als de kippen bij is, meldt financiële man Lambert zich pas als de grote mannen hun centen binnen hebben. Dat is in de jaren 2002 tot 2005. Lambert weet dat bij Willemsen Minderman geld in het potje is achtergebleven van Solaris, Hollandse Meester en Coolsingel. Lambert stelt voor om het naar zijn privévennootschappen te boeken via andere projecten van Willemsen Minderman. Het gaat om forse bedragen. Justitie komt op 2,3 miljoen euro voor Lamberts bedrijfjes. Willemsen Minderman heeft hiervoor een managementovereenkomst gesloten met bedrijfjes van Lambert. 'Fake,' zegt Minderman. Puur opgesteld om de winsten uit Solaris, Coolsingel en Hollandse Meester af te romen. Op papier verricht Lambert allerlei werkzaamheden voor Willemsen Minderman. Maar in werkelijkheid gebeurt er niets. 'Het slaat allemaal nergens op,' zegt Willemsen.

Ook betaalt Willemsen Minderman facturen van Eligo Analyse en Advies, een bedrijfje van Edwin de Roy van Zuydewijn. De ex-echtgenoot van prinses Margarita doet in die jaren enige tijd als freelancer onderzoek voor de buitenlandse expansieplannen van Bouwfonds. Eligo Analyse en Advies heeft minstens 150.000 euro betaald gekregen in het kader van vertalingen voor brochures voor het project Solaris. De Roy van Zuydewijn is door de FIOD-ECD aan de tand gevoeld, maar kan zich 'noch de facturen, noch de werkzaamheden herinneren'.

Een bedrijfje van de vrouw van Bouwfondsvoorman Diederik Stradmeijer dient al rond de eeuwwisseling rekeningen van enkele tonnen in voor een 'vastgoedstudie'.

Het bedrijfje Saund Monro stuurt een rekening van ongeveer 150.000 euro ten laste van het project Solaris, aldus het strafdossier. Het is het bedrijf van Jan van Vlijmens broer Simon, die ook in dienst is van Bouwfonds. Hij onderstreept dat hij wel gewerkt heeft voor het geld. Maar hij moet ook toegeven dat hij jarenlang voor de projecten van Bouwfonds nevenwerkzaamheden verricht zonder zijn werkgever in te lichten. 'Ik zat met twee petten op. Ik deed zowel werk voor Bouwfonds als voor Saund Monro. Een dubbele pet is heel normaal in de vastgoedwereld,' beweert de jongere broer van Jan tegen verhoorders van de FIOD-ECD. Willemsen en Minderman zeggen nooit aan mevrouw Stradmeijer en Simon van Vlijmen betaald te hebben, hier is vermoedelijk sprake van een via via-betaling. Kempermanagement, een bedrijfje van ex-Bouwfonds- en Rooswyckdirecteur Eric Kemperman, dient ook rekeningen in. Ook hij bestrijdt de verdenking van justitie stellig: 'Ik heb er gewoon voor gewerkt.'

Justitie blijft de betalingen wantrouwen. Temeer daar Willemsen en Minderman verklaren dat Jan van Vlijmen hen achter de broek zat met de vraag of er wel op tijd wordt gedeclareerd bij Bouwfonds. Hij verzint volgens de onderontwikkelaars met grote precisie de bedragen en de titels. De doorbetalingen gaan in kleine stappen. Van Vlijmen vertelt Willemsen en Minderman in hotels of gewoon op hun kantoor wie betaald moeten worden en met welke vermelding op de factuur. Van de berg geld die Bouwfonds naar Willemsen Minderman sluist, moeten rekeningen worden voldaan, dicteert zowel Jan als Nico. Niets over de doorbetalingsverplichting wordt op papier gezet.

Willemsen en Minderman sturen een deel van de correspondentie over lopende projecten naar het privéadres van Van Vlijmen in Heemstede.

Behalve met oud-Bouwfondscollega's komt Van Vlijmen op de proppen met een reeks onbekenden die nog geld te goed zouden hebben. Het zijn personen die Willemsen en Minderman niet of nauwelijks kennen uit de projecten. Op hun kantoor treft justitie een overzicht aan in een printje van een Excelbestand. Het printje van de lijst zou afkomstig zijn van Lambert. Justitie neemt de reeks facturen onder de loep, omdat wordt vermoed dat het gaat om gefingeerde werkzaamheden. Justitie heeft de meeste indieners gedurende het onderzoek als verdachten aangemerkt. De meesten van hen ontkennen dat er iets mis is met de facturen.

Allereerst is er de factuur van ex-HBM-directeur Hans Sanders, die al halverwege 1999 binnenkomt op het Coolsingelproject. Daarna volgt De Mik Bedrijfshuisvesting. Ook deze makelaar zegt dat de facturen correct zijn. Directeur Peter de Mik betaalt weleens contante retourprovisies aan partijen als 'douceurtje'. Financiële man Richard Goud zegt tegen belastinginspecteurs tien procent van de gefactureerde bedragen contant op te nemen. Het geld wordt gebruikt voor retourprovisies, zeggen Goud en De Mik. Het duo weigert te zeggen wie het geld krijgt toegespeeld, omdat dit 'de zakelijke belangen zou schaden'. De Mik zegt: 'Ik heb nimmer één cent aan meneer Van Vlijmen retour gegeven.' Hij onderstreept voor Bouwfonds gewerkt te hebben bij de verkoop van Coolsingel aan BPF. Ook zijn huurders gezocht voor Solaris, zegt hij.

Oud-directeur Rob Hoyng van de pensioenuitvoerder voor de kleinmetaal, MN Services, meldt zich ook. Hij zegt een studie gemaakt te hebben over de Coolsingeltoren. Hoyng zegt geen geschreven rapport opgemaakt te hebben. 'Dat hoefde ook niet van Jan want ik was negatief over het project.' Hij krijgt daar wel 75.000 gulden exclusief btw voor betaald via Willemsen en Minderman. Hoyng zegt Jan van Vlijmen en zijn vrouw goed te kennen na wat etentjes over en weer. Hoyng is in die jaren voor Bouwfonds belast met het universitair vastgoedproject Technopolis in Delft.

Een ander bedrijf dat geld incasseert voor werk aan het Coolsingelluchtkasteel is Emeraude. De man achter deze vennootschap is

Ben Hordijk, vastgoeddirecteur van belegger Janivo. Hij is al twintig jaar een zeer goede bekende van Jan van Vlijmen. Hordijk zegt twee brochures gemaakt te hebben voor 146.000 gulden inclusief btw. Het is slechts bij een dummy gebleven voor die brochure, zegt de man die niet bekendstaat om deze vaardigheid. Toch incasseert hij de bedragen.

In het project Hollandse Meester zit volgens justitie minstens één valse factuur. Het is een rekening van het bedrijfje 2BConnected. Zonder dat het bedrijfje een duidelijke prestatie levert, krijgt het op 1 augustus 2002 53.999,84 euro betaald. De omschrijving is: 'Project Zoetermeer, advies Data Cabling Transfers & High Rises'. Het is een bedrijfje van de Surinamer Hans Prade jr. die vooral bekend is vanwege de status van zijn vader als Surinaams diplomaat en oud-voorzitter van de Surinaamse Rekenkamer. Hij werkt in de onderneming Fincentives samen met Edwin de Roy van Zuydewijn en Olivier Lambert. Prade zegt tegen justitie dat hij in 2002 geld te goed heeft van Lambert. Hij spreekt af de rekening te sturen aan Willemsen Minderman. Prade heeft tegenover het OM erkend dat de factuur niet overeenkomstig de waarheid is opgemaakt. Het is een managementvergoeding die Prade te goed heeft van Fincentives. Lambert betaalt niet zelf, maar uit het potje van Willemsen Minderman. Prade wijst naar Lambert.

Ook duikt een betaling op aan makelaar en televisiepresentator Harry Mens. Hij heeft naar eigen zeggen in 1999 en 2000 veel contact met Van Vlijmen en Vijsma. Hij wordt regelmatig uitgenodigd in een hotel, waar ze spreken 'over de vastgoedmarkt'. Mens krijgt via tussenpersoon Bosman Vastgoed 1.762.500 gulden betaald. Willemsen en Minderman hebben tegen justitie verklaard dat Jan hun heeft verteld dat Mens 'iets wist' over Hakstege en daarom betaald moet worden. Mens chanteert Hakstege, is het verhaal.

Maar Mens noemt dit tegenover justitie onzin. 'Ik heb niets belastends over Hakstege te melden. Nu niet en nooit niet.' Mens verklaart van Van Vlijmen de opdracht gekregen te hebben om Solaris te verkopen aan een belegger. De potentiële koper die Harry Mens naar eigen zeggen vindt, is de Wassenaarse projectontwikkelaar en polofanaat Harry van Andel. 'Die is het niet geworden, maar ik heb wel mijn courtage gedeclareerd.' De in 2007 overleden Van Andel wilde volgens

Mens wel 160 miljoen gulden betalen. Mens zegt zijn werk gewoon gedaan te hebben en recht te hebben op zijn courtage. Dat hij de factuur aan Bosman Vastgoed stuurt, is conform de instructies van Jan en Nico, zegt Mens. Harry Mens wordt vooralsnog met rust gelaten. Dat is, aldus een proces-verbaal van de FIOD-ECD, vanwege 'de omvang van de entiteit Mens en de dreigende verjaringstermijn van vijf jaar'.

Makelaar Willem Stephan, die met de Duitsers van Bankhaus Wölbern de belegger voor het Capelse Solaris aanbrengt, heeft verklaard dat Mens helemaal niets gedaan heeft. 'Dit is een fake toestand en een fake factuur.' (…) Alleen 'een idioot' zou volgens Stephan 160 miljoen gulden betalen. Maar het is 'einde verhaal,' zegt Stephan, omdat Van Andel is overleden.

Mens houdt vol dat zijn factuur 'in materiële zin klopt'. Alleen de omschrijving, 'hierbij belasten wij u conform afspraak bij het slaan van de eerste paal voor onze courtage inzake begeleiding en verkoop van het project Solaris aan Bankhaus Wölbern', misschien niet. Maar dat is volgens Mens een foutje. Die omschrijving komt niet van hem maar van Vijsma, zegt hij. 'Niet opzettelijk. De passage aan Bankhaus Wölbern had eruit gemoeten.' Van Vlijmen laat nog een officieel document opstellen waarin wordt afgezien van de diensten van andere makelaars dan Stephan. Hieruit zou moeten blijken dat de betaling aan Mens via de tussenpersoon terecht is gedaan. Toch blijft het vreemd dat Mens geld krijgt voor een mislukte deal. In het onroerend goed word je alleen bij succes beloond. Voor een mislukte bemiddeling wordt over het algemeen geen vergoeding gegeven in de makelaardij.

Justitie en de Rabo Vastgoedgroep vermoeden dat het om een schijnwereld gaat. Dat beeld wordt bevestigd door bekennende verdachten als Willemsen en Minderman en een aantal bekennende kleine handlangers. Jan van Vlijmen regisseert de facturen en de werkzaamheden om dubieuze doorbetalingen van een 'legale titel' te voorzien. Zwarte inkomsten worden op die manier gewit. In de boeken 'klopt' het allemaal. Dat is ook wel zo prettig, mocht de Belastingdienst of een werkgever vragen hebben over de inkomstenstromen. Van Vlijmen rolt van project naar project met de facturen. Beloofde giften uit het ene project betaalt hij in het volgende uit.

Willemsen en Minderman merken dat Van Vlijmen, Vijsma en Lambert eerst nog veel moeite doen om te verhullen dat het nepfacturen zijn, betalingen waar geen werkzaamheden tegenover staan. Na verloop van tijd wordt dat echter anders. De verzoeken worden steeds brutaler en over de titel voor de facturen wordt steeds gemakkelijker gedaan. Dat valt op te maken uit afgelegde verklaringen. Justitie denkt dat de facturen vals zijn dan wel kunstmatig zijn opgehoogd om geld door te sluizen. Sommige indieners van facturen erkennen ronduit dat ze geen werk hebben verricht. Koning Jan heeft ze voor hun karretje gespannen. Ze zeggen dat Jan de handlangers tien procent van de hoogte van de valse factuur betaalt als beloning voor het doorsluizen.

Verzekeraar Jim Kroon, een broer van Hans Kroon van het onlangs gefailleerde beursbedrijf Van der Moolen, is naar eigen zeggen gebruikt door zijn oude vrienden Jan en Nico om geld door te betalen. Hij betaalt vier keer 150.000 gulden aan het bedrijfje van de vrouw van Stradmeijer waarvan hij nooit heeft gehoord. Het bedrijfje Saund Monro van Jans broer Simon van Vlijmen krijgt via deze weg 300.000 gulden. De directeur van Kroon Assurantiën zegt tegen justitie: 'Ik ben gewoon een schlemiel die door Van Vlijmen en Vijsma is misbruikt om geld weg te sluizen.'

Daarmee is het spel nog niet ten einde. De laatste stap ontbreekt. De stap naar Van Vlijmen zelf. Hij besteedt veel aandacht aan het voorkomen van een directe geldstroom uit het potje bij Willemsen Minderman naar hemzelf. Maar voor niets gaat de zon op. Jan doet al dat werk niet voor zijn oom en hun vriendenclub. Vijsma, de man die al sinds de pubertijd van Jan met hem in zaken wil, fungeert als de schakel. Hij betaalt zijn neef van de miljoenen die bij zijn bedrijfje Idlewild binnenstromen. Ome Nico en Jan leggen hun afspraken daarover keurig vast in overeenkomsten bij de notaris. Voor de zekerheid vertellen ze het niet aan Willemsen en Minderman.

Ze gebruiken de derdenrekening van notaris Kloeck. Die jonge 'openbaar ambtenaar met een publieke taak' krijgt hiervoor een volmacht. Idlewild sluit een geheime winstdelingsovereenkomst met de vennootschap Bloemenoord van Van Vlijmen. Notaris Kloeck betaalt vijfenzeventig of zestig procent van Vijsma's 'winst' weer keurig door aan Van Vlijmen. Justitie stuit tijdens een doorzoeking bij de notaris in 2008 op 'poolovereenkomsten'. In deze afspraken deelt financiële man Lambert ook in de winst. Maar die overeenkomsten worden later ongedaan gemaakt. Lambert meldt zich daarna voor zijn miljoenen via de weg van vermoedelijk gefingeerde werkzaamheden door Willemsen en Minderman.

Zo is de cirkel rond voor Willemsen, Minderman, justitie en de slachtoffers Bouwfonds en pensioenfonds BPF. Een groot deel van de 17,5 miljoen euro overwinsten komt uit bij de man die bij Bouwfonds zelf verantwoordelijk is voor het opstellen van de royale overeenkomsten met Willemsen Minderman. Van Vlijmen krijgt betaald na zijn vertrek als directeur van Bouwfonds. De directeur doet een greep in de kas van Bouwfonds, is de verdenking, en brengt de buit via verschillende schijven weer terug binnen zijn eigen bereik als hij uit dienst is.

Het kantorencomplex Solaris in Capelle aan den IJssel wordt in 2002 opgeleverd. Bouwfonds is een forse winst door de neus geboord, maar het complex staat er. Van Vlijmen blijft zich na zijn vertrek bij Bouwfonds stiekem bemoeien met de projecten. Hij hoopt op een veel vettere winstdeling als de gebouwen er komen. Maar alle 'gebouwenporno' en grootspraak hebben behalve enorme kosten weinig concreets opgebracht. Begin 2005 komt het hoge woord eruit. De Rotterdamse plannen rond de Coolsingel zijn een luchtkasteel. 'Er zit geen enkele voortgang in het project,' constateert Dennis Damink, gemeentelijk projectleider voor het centrumgebied. In dezelfde week blijkt ook de stekker getrokken uit de ontwikkeling van de Jungerhanstoren op het Binnenwegplein in de Maasstad. De klassieke gebouwen in hartje Rotterdam, die plaats zouden moeten maken voor de Coolsingeltoren, staan ondertussen grotendeels te verpieteren. Bouwfonds en het pensioenfonds voor de bouw BPF hopen ooit nog iets te doen met hun grond en de plannen. Maar vooralsnog zijn het luchtkastelen. Het project komt pas weer in het nieuws in december 2007 als details over het onderzoek van justitie via *Het Financieele Dagblad* naar buiten komen.

Ook de reuzenwolkenkrabbers van Zoetermeer en Gent komen er niet. Hollandse Meester is onderdeel van het strafrechtelijk onderzoek, Gent niet. Wel stuiten de onderzoekers van de nieuwe eigenaar van Bouwfonds, Rabo Vastgoedgroep, op enorme kosten, die tot dan toe geruisloos voor rekening zijn gekomen van het bedrijf. Tele Atlas, dat geografische databanken voor navigatiesystemen ontwikkelt, wordt zelf overigens wel een groot succes.

Dat geldt niet voor Willemsen en Minderman. De vijftigers stellen dagelijks te worstelen met heel andere zorgen. Waarom hebben ze meegedaan en gezwegen? Waarom hebben ze zich als doorgefluik laten gebruiken? 'We drukten het weg,' stellen ze later. Hun leven lijdt er onder. Ze raken gedemotiveerd, hun geheim vreet aan ze. Op 19 november 2007, zes dagen nadat de FIOD-ECD ook bij hem is binnengevallen, komt een einde aan het jarenlange stilzwijgen en de schaamte bij Rob Willemsen. Hij stuurt justitie een brief. 'Ik kan niet langer meer leven met de kennis die ik bij me draag. Reeds vele jaren leef ik niet meer in mijn eigen leven. Dag in dag uit knaagt het en ga je er uiteindelijk aan onder door. Dag in dag uit stap ik het kantoor binnen of mijn werkkamer en voel je de aanwezigheid.' Nadat hij zes keer verhoord is, besluit ook Maarten Minderman openheid van zaken te geven. Het OM heeft twee sleutelverdachten met bekennende verklaringen.

Hun bedrijf houdt met moeite het hoofd boven water. Ze zijn na hun stormachtige groei weer terug bij af en hopen dat het project De Grote Lijn, het oude Ter Meulengebouw in Rotterdam, hen aan het werk houdt. Janivo verkoopt het pand in 2006 aan Fortis Vastgoed. Dat gebeurt na bemiddeling door een oude bekende, Jan van Vlijmen.

Justitie ziet Willemsen en Minderman vooralsnog niet als willoze slachtoffers. Ze worden najaar 2009 gezien als lid van een criminele organisatie met als doelmerk om Bouwfonds op te lichten. Bouwfonds is voor 17,5 miljoen euro bestolen door de eigen directeur en een paar handlangers. Willemsen en Minderman hebben daar willens en wetens aan meegewerkt, is de verdenking. Er is sprake van oplichting en valsheid in geschrifte. Willemsen en Minderman werken jarenlang gewillig mee en hebben valse overeenkomsten gemaakt, meent justitie. Is de psychologische druk werkelijk zo groot dat ze gevangen zijn in een 'web', zoals ze nu zelf verklaren? Hun verhaal staat niet op zich. Willemsen en Minderman zijn niet de enigen die zich hebben laten inpalmen door Jan van Vlijmen en Nico Vijsma.

10 De koffer van de architect

De getalenteerde Nederlandse architect René Steevensz werkt vanuit de Verenigde Staten tientallen jaren mee aan de doorsluistruc
van Koning Jan. Hij legt voor de FBI en FIOD-ECD een onthullende
bekentenis af. 'Een stukje hebberigheid. Eer en geld.'

De twee gezichten van Vijsma en Van Vlijmen zijn berucht onder hun
vrienden, kennissen en zakenpartners. Ze komen treffend tot uitdrukking in de telefoongesprekken die het duo voert. Die zijn in 2006
en 2007 massaal afgetapt door justitie. De Capelse onderontwikkelaars Willemsen en Minderman komen daar niet in voor. Van hen
hebben Jan en Nico al afscheid genomen als het tappen begint in
2006.

Wel valt een andere naam uit de prestigieuze, maar jammerlijk ge-
faalde wolkenkrabberprojecten. Het is die van architect René Steevensz. De veramerikaniseerde Nederlander ziet Nico en Jan als 'vrienden voor het leven'. Ze hebben in twintig jaar een warme band opgebouwd. Maar als oom en neef elkaar op een rustig moment bellen,
spreekt Nico andere taal, de straattaal die hij bewaart voor momenten
dat hij geïrriteerd is. 'Rot op, die is helemaal geen vriend voor het leven,'
tettert Nico op 26 mei 2007 met hoge stem door zijn mobieltje tegen
Jan. Nico klaagt dat Steevensz de hele tijd geld wil, maar zelf op zijn
'dikke reet zit'. Jan maar bedrijven en projecten aandragen waar de architect voor kan tekenen tegen de hoofdprijs. Nico vindt Steevensz een
geldwolf. Van Vlijmen blijft even stoïcijns als altijd. Hij reageert nauwelijks op de klaagzang. De Sfinx weet dat Vijsma gemakshalve vergeet
hoe belangrijk Steevensz al twee decennia voor ze is.

Het is geen toeval dat Jan van Vlijmen deze architect halverwege de
jaren negentig aanwijst voor de geplande torens van Bouwfonds. Ge-

bouwen ontwerpen kan de in Indonesië als zoon van een KNIL-officier geboren Steevensz (1951) heel behoorlijk. De in Chicago woonachtige architect geldt als een expert op het gebied van wolkenkrabbers. Die staat van dienst bouwt hij op vanaf de andere kant van de oceaan. Na zijn studie architectuur aan de Technische Universiteit in Delft in 1976 studeert Steevensz verder in de Amerikaanse staat Illinois. Omdat zijn Amerikaanse vrouw Vicki niet kan aarden in Nederland, vestigt Steevensz zich in 1983 in de Verenigde Staten. Hij moet in Chicago opnieuw beginnen als architect en geeft zijn carrière snel vaart. 'Ik was de enige Nederlandse architect die in Chicago ingeschreven stond en daarom kon ik veel Nederlandse mensen met belangen in vastgoed ontmoeten, zoals architecten, ministers en burgemeesters,' vertelt hij later aan justitie.

Hij leidt eind september 2004 een groep prominente Nederlandse stedebouwkundigen rond in het kader van een congres over 'bestendig bouwen'. Doel is om Amerikaanse architecten kennis te laten maken met de ervaring van Nederlanders. Het congres is onverwacht een groot succes met zevenhonderd deelnemers en sprekers, onder wie Frits van Dongen van architectenbureau de Architekten Cie. uit Amsterdam, Martin Aarts van het gemeentelijke dS+V uit Rotterdam en Steevensz zelf. De laatste maakt in zijn zwarte Porsche indruk op de Nederlanders. Hij doet de rondleiding mede namens het Nederlandse consulaat in Chicago, waarvoor hij ook het interieur ontwerpt. Hij woont op dat moment met zijn vrouw in een honderd jaar oud huis in Glen Ellyn, een dorpje nabij Chicago, waar ook Perkins Pryde Kennedy Steevensz (PPKS) kantoor houdt. Steevenz is partner bij het architectenkantoor PPKS.

Een van de Nederlanders die Steevensz al eens eerder in Chicago rondleidt, is Jan van Vlijmen. Dat is al in de jaren tachtig. Steevensz werkt dan bij architectenbureau Loebl Schlosmann & Hackl. De jonge Van Vlijmen vraagt de architect naar de mogelijkheden om te investeren in Chicago. Steevensz wijst hem op een kans, een hoog kantoorgebouw in het centrum van Chicago, St. Clair Place. Het handelsinstinct van de voormalige autoverkoper laat Van Vlijmen niet in de steek. Hij heeft nog geen eigen bedrijf. Toch weet hij beleggingsmaatschappij Janivo van de steenrijke familie De Pont in contact te brengen met de Amerikaanse vastgoedveteraan Marvin Romanek. Steevensz ontwerpt het gebouw in 1988. Medeontwikkelaar en eindbelegger in het prominente project wordt Janivo. 'Het was knap,' verklaart Steevensz later tegen justitie, 'dat zo'n jonge gast als Van Vlijmen toen met een investeerder als Janivo met een project in het centrum van Chicago aan de slag ging.'

Janivo is een van de institutionele beleggers uit Nederland die in die jaren met open armen worden ontvangen in de Verenigde Staten. Ook pensioenfonds PGGM is actief in de regio Chicago, evenals Shell Pensioenfonds en het Pensioenfonds voor de Metaal. Philips Pensioenfonds duikt elders in de Verenigde Staten op met hoge verwachtingen van hun buitenlandse investeringen. De investering van Janivo wordt ook opgemerkt in de Amerikaanse pers. 'Ik geloof dat we de eerste Nederlandse groep zijn die investeren in Chicago vanaf de grond omhoog,' zegt Harry Bergstra, van Janivo in de *Chicago Tribune* in 1989. Maar het project loopt financieel uit op een fiasco. Het gebouw dat in 1991 wordt opgeleverd is volgens zakenblad *Crain's Chicago Business* een 'monument van de ingezakte vastgoedmarkt in 1992' en blijft lange tijd leeg staan. Jaren later is de familie De Pont nog verstrikt in juridische procedures over het gebouw. Het kantoor wordt omgebouwd tot hotel.

Architect Steevensz houdt in de jaren negentig contact met Van Vlijmen als deze zelfstandig projectontwikkelaar wordt. In 1993 start Steevensz als partner bij het bureau PPKS in Chicago. Vanwege zijn achtergrond wordt Steevensz de man die voor de Nederlandse markt hoogbouw ontwerpt. 'Stay in touch with the Dutch' is zijn motto, zegt hij tegen de Amerikaanse pers in 1999. Elke maand gaat hij een week terug. Zijn bezoekjes aan Van Vlijmen en Vijsma leggen hem geen windeieren. Steevensz wordt overladen met opdrachten. Eerst van Van Vlijmen Vastgoed, maar daarna vooral van Bouwfonds. Behalve Hollandse Meester, de Coolsingeltoren en het Tele Atlasgebouw ontwerpt Steevensz voor Bouwfonds ook de kantoren Alpha Centauri in Diemen, De Taats in Papendorp, Steenakker in Breda, Eurocenter op de Zuidas en de IJsseltoren in Zwolle. Maar ook voor enkele andere Nederlandse partijen is Steevensz actief. Voor woningcorporatie Rochdale ontwerpt Steevensz het hoofdkantoor. Voor dit Brugge-bouw krijgt hij op het Nederlands-Amerikaanse architectenseminar in Chicago een *Citation of Merit*. Voor corporatie PWS ontwerpt hij woningencomplex De Grote Prins in Rotterdam. Tegen de ex-directie van de corporaties Rochdale en PWS loopt een strafrechtelijk onderzoek wegens fraude. Justitie heeft voor zover bekend geen aanwijzingen dat hier een verband is met Bouwfonds en Steevensz.

Dat de vooraanstaande architect Steevensz een belangrijke schakel is in het netwerk van Jan en Nico wordt de FIOD-ECD pas duidelijk als ze hem onverwacht van de straat plukken. Dat gebeurt als Steevensz in maart 2009 even in Nederland is om lopende projecten door te spreken. Met Van Vlijmen wil hij twee paviljoens in Hoofddorp neerzetten tegenover het kantoor van Landquest, de firma van de oud-Bouwfondsdirecteur. Voor Electrabel in Zwolle ontwerpt Steevensz het nieuwe hoofdkantoor.

Ook is Steevensz tot november 2007 in beeld voor lucratieve projecten voor Living City, de joint venture van Joop van den Ende met Zuidasbedrijf Trimp & van Tartwijk. Steevensz heeft verder recent een ontwerp ingediend voor een museum in Venlo voor de bekende Japans-Amerikaans-Limburgse beeldhouwer Shinkichi Tajiri. De vriendin van Steevensz, die ook presentaties en websites voor hem maakt, is directe familie van de gelauwerde kunstenaar die in maart 2009 overlijdt. Steevensz en Midori Tajiri huren dan samen een appartement op de vijfendertigste verdieping van een fonkelnieuwe wolkenkrabber van architect Helmut Jahn. Het appartement is van de Nederlander Peter Trimp, een neef van directeur Harm Trimp van projectontwikkelaar Trimp & van Tartwijk.

Justitie vermoedt dat Steevensz een dubieuze dubbelrol speelt. Om zijn rol goed te kunnen onderzoeken, hebben de Nederlandse autoriteiten hulp nodig uit de Verenigde Staten. Steevensz is Amerikaans staatsburger. Hij ruilt in 2007 de Nederlandse nationaliteit in voor de Amerikaanse 'omdat hij op Obama wil stemmen'. Officieren van justitie Robert Hein Broekhuijsen en Danielle Goudriaan dienen op 16 september 2008 een rechtshulpverzoek in. Maar tot ergernis van justitie in Nederland heeft de FBI dan even geen tijd vanwege de corruptiezaak rond Rod Blagojevich, de democratische gouverneur van de staat Illinois in Chicago.

Behalve justitie voelt ook Steevensz' opdrachtgever Bouwfonds nattigheid. Parallel aan het justitieonderzoek zet de nieuwe eigenaar van Bouwfonds, Rabo Vastgoedgroep, onderzoekers van PricewaterhouseCoopers (PwC) op de fraude. Ook PwC wil Steevensz spreken. Maar de architect blijkt niet gemakkelijk te bereiken. Na lang aandringen meldt hij zich in maart 2009 bij PwC. De vastgoedfraudezaak is dan al zestien maanden vol in de publiciteit. Steevensz spreekt urenlang met de forensisch accountants. Als hij het kantoor van PwC in de Amsterdamse Riekerpolder verlaat, denkt Steevensz af te zijn van de lastige vragen. Maar dan staat op Schiphol de politie onverwacht voor zijn neus. Ze arresteren de man die al lang op hun wensenlijstje staat, maar zich nauwelijks meer in Nederland laat zien. Steevensz verdwijnt door zijn arrestatie twee weken van de aardbodem. Dat leidt tot grote ongerustheid bij zijn Nederlandse zakenpartner en zijn vriendin in Amerika.

Als het verhoor op 27 maart 2009 om vijf over vijf 's middags begint, neemt Steevensz zijn 'vriend voor het leven' Van Vlijmen in bescherming. Dat heeft hij eerder die dag ook gedaan tegenover PwC. De FIOD-ECD houdt hem voor dat hij wordt verdacht van het opmaken van valse facturen, witwassen en deelname aan een criminele organisatie. 'Dan denk ik aan maffia,' zegt Steevensz. 'Witwassen zegt mij niets. Ik heb niets te verbergen. Ik maak dingen en schrijf daarvoor facturen. Dus van valsheid is geen sprake. Er zijn projecten gebouwd en er zijn projecten niet gebouwd. Ook voor de niet-gebouwde projecten is werk verricht. Tekeningen en ontwerpen.'

Steevensz Architects International is zijn eigen bedrijf naast zijn deelneming in PPKS. Steevensz klust bij naast zijn werk voor PPKS. Dat is bekend bij de Amerikaanse fiscus, vertelt hij de FIOD-ECD. Als Steevensz in Nederland aan de tand wordt gevoeld, is de FBI inmiddels ook in actie gekomen. Tot hun ontsteltenis worden kantoorgenoten van Steevensz in Chicago gehoord. De FBI, die ondersteund wordt door drie ingevlogen FIOD-ECD'ers, staat niet bekend om zijn zachte aanpak. De administratie van PPKS wordt bestudeerd, bankrekeningen en betalingen worden tegen het licht gehouden. Het huis van Steevensz in Glen Ellyn wordt doorzocht.

Maar ook de FIOD-ECD gaat in Nederland niet zachtzinnig te werk. Het is al diep in de avond als Steevensz nog wordt doorgezaagd. Vooral Eurocenter, het project op de Zuidas van ontwikkelaar Bouwfonds, Trimp & van Tartwijk en Philips Pensioenfonds, blijft terugkomen in het verhoor. Steevensz is de hoofdarchitect voor het opgeleverde complex van drie gebouwen ter waarde van bijna 150 miljoen euro. Uit getuigenverklaringen blijkt dat de architect zijn rekeningen vermoedelijk heeft opgehoogd. Steevensz houdt vol dat hij wel veel werk heeft geleverd. 'Het gebouw staat er toch?' Maar om tien uur 's avonds is hij doodop. 'Ik ben erg moe en heb last van een jetlag. Ik heb rust nodig.' Steevensz weigert zijn verhoor te ondertekenen. 'Ik ben niet in staat, te moe, om een en ander te bevatten,' schrijft hij met de hand onder het na voorlezing opgemaakte proces-verbaal.

De volgende dag laat de FIOD-ECD dreigend weten dat in de Verenigde Staten onderzoek plaatsvindt. 'U heeft gisteren verklaard dat over gelden op de rekening van Steevensz Architects belasting wordt betaald en dat die vervolgens belegd worden. Blijft u bij deze verklaring?' Dan slaat Steevensz om. Hij voelt zich 'niet goed'. Hij trekt verklaringen terug en zegt: 'Uit een gevoel van optimisme, naïviteit of ondernemerschap zijn er dingen gebeurd waarin ik speelbal ben geworden van een groter schema, een schema dat professioneel is uitgedacht.' Dan gooit Steevensz ineens alles op tafel, zoals Willemsen en Minderman dat eerder in 2008 ook doen.

Steevensz' verhaal overtreft de verwachtingen van de FIOD-ECD. Uit zijn relaas blijkt dat de frauduleuze handelingen van Van Vlijmen al vanaf 1995 meteen hun intrede doen bij Bouwfonds. Dat is ruim voor de Coolsingeltoren en Hollandse Meester. De grote opdrachten voor Steevensz komen binnen als Van Vlijmen vanaf 1995 de scepter zwaait bij Bouwfonds. Bij zijn eerste project in Diemen maken Jan en Nico de architect Steevensz wel duidelijk dat hij iets moet terugdoen. Vijsma en Van Vlijmen draaien er niet omheen. Volgens Steevensz vragen ze hem een *dummy company* op te richten. Doel van deze brievenbusvennootschap is een kantoor, een adres en een bankrekening te hebben. Steevensz richt de Chicago Construction Company op. Hij geeft nu toe dat hij via dit bedrijf een jaar lang valse facturen naar Bouwfonds stuurt voor het project in Diemen. Directeur Van Vlijmen keurt ze in Hoevelaken goed en laat ze betalen. Zo stroomt geld van Bouwfonds richting de Verenigde Staten.

Maar het is geen cadeautje van Van Vlijmen voor de architect. Steevensz spreekt met Jan en Nico een relatief primitieve werkwijze af om het geld weer terug te sluizen: de koffer. Bij zijn tripjes naar Nederland vult de internationaal gevierde architect zijn koffer niet alleen met kleding, maar ook met bankbiljetten. De binnengekomen dollars die Bouwfonds te veel betaalt, neemt hij cash weer mee terug naar Nederland. Hij geeft de contanten aan Vijsma, blijkt uit een proces-verbaal van zijn bekentenissen. Dat is volgens Steevensz vaak na telefonisch vooroverleg met Van Vlijmen.

Deze onthulling geeft een wrange tweede betekenis aan het levensmotto 'Stay in touch with the Dutch' dat hem naar eigen zeggen zoveel goeds heeft gebracht. Zelf mag Steevensz eenderde houden van de 150.000 gulden die hij midden jaren negentig versleept. Maar de werkwijze wordt al snel een stuk geraffineerder. Steevensz moet in de latere projecten zijn facturen nog altijd flink ophogen. Steevensz geeft toe dat hij regelmatig telefoontjes krijgt van Van Vlijmen om gefingeerde werkzaamheden te declareren. Van Vlijmen geeft aan welke omschrijving en welke werkzaamheden op de factuur komen te staan. 'Aanbrengfee' bijvoorbeeld. Dat ontvangt Steevensz dan op de rekening van zijn eigen vennootschap. Steevensz noemt een reeks Bouwfondsprojecten waar dit speelt: Diemen, Utrecht, Breda, Rotterdam, Zoetermeer, Zwolle en Amsterdam.

Van Vlijmen laat het geld niet meer direct doorstorten van Bouwfonds, temeer omdat hij in 2001 afscheid heeft genomen. De betalingen komen van bevriende zakenpartners. Steevensz wordt gevoed uit verschillende bronnen. Aannemer Labes, het bedrijfje Solid Brick en Trimp & van Tartwijk betalen de architect. Het primitieve verslepen van koffers met geld van de Verenigde Staten naar Nederland maakt plaats voor een girale route. Steevensz stort het geld weer door aan twee buitenlandse vennootschappen waarvan justitie de eigenaren vooralsnog niet weet te achterhalen. Kesse Escowei S.L. zetelt in Barcelona met als betrokkene Ramon Escola Gallart. De facturen worden geboekt op de IJsseltoren in Zwolle. Windmain Services Limited zetelt in Londen. Steevensz zegt niet te weten wie hier achter zitten. Wel zegt hij dat Nico Vijsma hem een keer belt om te zeggen dat er nog geen geld binnen is op de rekeningen van deze bedrijven. In het vastgoedproject Eurocenter gaat het al om bijna 3,5 miljoen euro dat via deze buitenlandse brievenbusvennootschappen wordt weggesluisd, aldus een overzicht dat de FIOD-ECD heeft gemaakt. Later ontdekt justitie dat de Spanjaard Escola Gallart die achter de Spaanse firma zit, de zwager is van registeraccountant Jan Steven Menke, oud Fortisbankier en de financiële adviseur van Van Vlijmen uit Aerdenhout.

Steevensz erkent zich ten volle bewust geweest te zijn van de onwettigheid van zijn handelen. Als Steevensz zelf een keer een concept maakt voor een nepfactuur en deze aan Van Vlijmen faxt op zijn huisadres, zorgt de architect dat hij deze niet bewaart. Niet op de computer en niet in zijn administratie. 'Op dat moment weet je al dat het niet goed is.' De opzet blijkt ook uit getapte telefoongesprekken. In 2006 zegt Steevensz over de telefoon tegen Van Vlijmen dat er weer een mogelijkheid aankomt om geld weg te sluizen. Ze bellen elkaar op. Jan lacht: 'We kennen elkaar al zo lang, René, wat een slimme vos ben je.' René antwoordt amicaal: 'Haha, helemaal niet, Jan. Als ik slim was, dan was ik Jan van Vlijmen.'

Over het waarom van het ophogen van facturen is Steevensz helder in zijn analyse: 'Een stukje hebberigheid. Eer en geld.' Veel belangrijker dan het cash geld zijn voor Steevensz de opdrachten die voor hem in het verschiet liggen, zegt hij. In totaal strijkt Steevensz met zijn rol als doorgeefluik volgens zijn eigen inschatting in tien jaar tijd een kleine miljoen dollar op. Vooral Jan zit aan de knoppen, ook als hij weg is bij Bouwfonds. 'Hij bepaalt wat ik mag achterhouden voor mezelf.' Dat Van Vlijmen ook na zijn vertrek zich bemoeit met Bouwfondsprojecten heeft Steevensz zich naar eigen zeggen niet zo gerealiseerd. 'Ik dacht dat hij nog een adviseurschap had bij Bouwfonds. (…) Het is voor mij belangrijk zo iemand te vriend te houden voor het verkrijgen van opdrachten. Maar ook voor het niet verliezen van opdrachten.'

Steevensz noemt zichzelf 'speelbal in een schema dat professioneel is uitgedacht'. Van Vlijmen zei volgens Steevensz: 'Wij hebben een goed project, wij kunnen wel wat delen. Bouwfonds heeft een goede winst en wij delen ook mee in die winst.' Steevensz zegt de indruk te hebben dat dit nog steeds zo gaat in de vastgoedwereld en niet alleen bij Bouwfonds. 'Ik was mij er eigenlijk wel van bewust dat ik iets deed wat niet kon. Maar in een euforische staat zijn je ethische normen snel vervaagd', zegt Steevensz. Op de derde dag van verhoren zegt Steevensz dat hij naar de Verenigde Staten wil. 'Het zijn economisch moeilijke tijden. Als daar mensen worden ontslagen, is dat heel erg. Er zijn daar geen voorzieningen zoals in Nederland. Ik kan die mensen niet in de steek laten.' Bij PPKS werkten volgens Steevensz ooit 25 man, maar inmiddels slechts tien. Maar het Openbaar Ministerie wil de rechter juist vragen zijn hechtenis met maximaal nog eens tien dagen te verlengen. Het verzoek van Steevensz om naar huis te gaan wordt niet gehonoreerd.

Op 1 april, de verjaardag van zijn zoon en de echtgenote met wie hij enkele jaren geleden heeft gebroken, wordt Steevensz nog steeds verhoord. Steevensz heeft spijt als haren op zijn hoofd dat hij al die jaren heeft meegewerkt met Van Vlijmen en Vijsma. 'Ik heb veel te verklaren en goed te maken naar mijn vrienden, familie en partners. De kortzichtigheid van mijn handelen en nalatigheid van mijn plichten hebben tot deze situatie geleid. De prijs van eer, respect en reputatie is niet in geld te omschrijven. De schaamte en smet op mijn naam kunnen alleen tenietgedaan worden door zuiverder het leven door te gaan,' aldus Steevensz in een bijna religieuze schuldbekentenis zoals die in Amerikaanse strafzaken wel vaker voorkomen.

Op 9 april wordt Steevensz vrijgelaten nadat hij alle medewerking heeft verleend. Hij is helemaal leeggelopen om zichzelf 'te reinigen'. Niemand uit zijn omgeving weet van zijn frauduleuze praktijken, zegt Steevensz, die toegeeft ook zijn partners van PPKS bedrogen te hebben. Het architectenbureau neemt later vanwege de affaire afscheid van Steevensz. De gerenommeerde architect met een reeks van toonaangevende Bouwfondsprojecten op zijn naam wacht nu op zijn berechting.

Deel 3

De bovenbazen van Bouwfonds zijn blind voor frauderisico's

11 Beauty Cees

Na de privatisering van Bouwfonds en de verkoop aan ABN Amro krijgt 'Mooie Cees' Hakstege, Vastgoedman van het Jaar, een royaal afscheid in het Muziektheater. Bouwfonds wordt volwassen, maar stinkt een uur in de wind. 'Cees is een man met wie je een paard kunt stelen.'

De avondspits in de Amsterdamse binnenstad ondervindt op 31 mei 2001 enige hinder van een chique praalkoets. De koers wordt getrokken door twee zwarte volbloeden. In de opgepoetste landauer rijdt een glimmende bestuursvoorzitter Cees Hakstege stapvoets door het historische centrum van de hoofdstad van Nederland. Ook Nel, zijn vrouw, rijdt mee. 'Gezellig allemaal, hè?' zegt de in een felroze jasje gestoken mevrouw Hakstege. In de koets zit ook de opvolger van Cees als hoogste baas van Bouwfonds, Henk Rutgers. Ook hij is vergezeld van zijn eega.

Het ritje met het rijtuig is een geschenk van de beroemde makelaar Cor van Zadelhoff aan Cees Hakstege, de 'Man of the Year 2001' volgens het *Holland Real Estate*-jaarboek. Vastgoedtsaar Van Zadelhoff zit hoogstpersoonlijk in jacquet als koetsier op de bok. Van Zadelhoff draagt een hoge grijze hoed. Dat is voorbehouden aan de koetsier als hij ook de eigenaar is van de koets. Paardengek Van Zadelhoff doet dit graag om zijn goede zakenrelatie Hakstege een lolletje te verschaffen. En een plezier doet hij Cees en Nel daar zeker mee. 'We hebben genóten,' complimenteert Nel Hakstege de gulle gever als ze uitstapt.

Van Zadelhoff rijdt het kwartet naar de Stopera, het Amsterdamse gebouwencomplex van stadhuis en opera aan de Amstel. Bouwfonds huurt het cultuurpaleis af voor een groots feest waarmee honderden onroerendgoedbonzen de 62-jarige Bouwfondstopman uitzwaaien naar zijn pensionering. Die begint 'morgen', krijgt het gezelschap te horen. Hakstege is de volgende dag, 1 juni 2001, inderdaad fysiek weg bij Bouwfonds. De organisatie zal hem gewoon doorbetalen tot zijn feitelijke pensionering op 1 januari 2002.

Bouwfonds bespaart kosten noch moeite voor dit bedrijfsevenement. Twee jaar eerder begint Cees Hakstege binnenshuis al over een goed voorbereid afscheid. De organisatie ligt in handen van Bouwfondsmedewerker Elsa Gorter, die dit soort speciale evenementen altijd arrangeert. 'Zonder Elsa loopt het in het honderd, met Elsa loopt het in de duizenden,' luidt binnen Bouwfonds het gezegde. Elk evenement dat Elsa voor Bouwfonds organiseert, is weer grootser dan het vorige. Bij Bouwfonds zijn ze daardoor onderhand wel wat gewend, maar dit spektakel is opnieuw memorabel en grensverleggend royaal.

Bouwfonds trakteert de elite van de Nederlandse vastgoedmarkt op speciaal voor de topman bedachte optredens van het Nederlands Blazersensemble en Het Nationaal Ballet, gearrangeerd door choreograaf Hans van Maanen. Concertgebouwdirecteur Martijn Sanders spreekt lovende woorden over de maatschappelijke betrokkenheid van de pensionaris. De bekende toneelacteur Gijs Scholten van Aschat lijmt de avond aan elkaar met miniatuursketches. Hij speelt daarin een alter ego van Cees Hakstege, in verschillende fases van diens leven. 'Mooie carrières beginnen met een jongensdroom,' meldt de toneel-Cees. Cees, die een beetje ijdel is. Cees, die altijd met vrouwen bezig is. Cees, die zo verlangt naar de oprichting van een geheime indianenclub. De jonge Cees, die geen baan zoekt, maar een positie. Cees, die zo trots is op zijn eerste fiets en al op jeugdige leeftijd beseft dat transportvoertuigen 'een perfect middel voor zelfexpressie' zijn. Cees, die geïnspireerd door een foto van een oom als missionaris op de motor in Afrika, besluit om later ook zendeling te worden. Aldus de ontboezemingen van Scholten van Aschat in zijn rol van Hakstege. 'Maar vooral omdat de missionaris op een Harley uit 1946 reed,' vult Hakstege later aan als hij zelf op het podium staat.

Hakstege doet nogal wat etappeplaatsen aan in zijn leven op weg naar dit grandioze afscheid in het Muziektheater. Hij studeert in 1965 af in Civiele Techniek in Delft. Naar eigen zeggen betaalt hij de studie zelf, omdat zijn ouders daar financieel niet toe in staat zijn. Hakstege zegt in de lokale krant *Rijn en Gouwe* dat hij als leidekker onder meer de gebouwen van de Tweede Kamer doet. 'Ik heb elke lei op die daken wel een keer in mijn handen gehad.' Na zijn studie geeft hij leiding aan de afdeling Wegen bij de provincie Zuid-Holland. Daarna, al op zijn negenentwintigste, is hij de jongste directeur van Openbare Werken en Grondbedrijf in Nederland. Dat is in zijn thuisgemeente Alphen aan den Rijn. Hij is vanaf 1975 directievoorzitter van bouwbedrijf Wilma en een onderdeel daarvan, aannemersbedrijf De Waal. Daarna is hij tien jaar directeur bij de Hollandsche Beton Maatschappij.

HBM, het grootste bouwconcern van Nederland, wil Van den Berg Infrastructuren opkopen, een aannemersbedrijf uit Zwammerdam dat telefoonkabels legt, maar ziet daarvan af. Halverwege 1990 wekt directeur Hakstege verbazing door zelf via een *management buy in* directeur en grootaandeelhouder te worden van Van den Berg. 'Ik heb alles moeten verkopen om dat mogelijk te maken,' zegt Hakstege later. 'Mijn huis, mijn boot, alles.' Maar de man, die in die periode ook voorzitter is van de Rotary in Alphen, ruilt het ondernemerschap al snel weer in voor een dienstverband. Hakstege kan Van den Berg Infrastructuren tegen een mooie prijs aan het bedrijf ULC verkopen. Hoeveel hij verdient, is onbekend. Op 1 januari 1992 stapt Hakstege over naar het Bouwfonds Nederlandse Gemeenten. Daar treedt hij aan als vice-voorzitter van de raad van bestuur. Waarmee hij meteen geldt als de gedoodverfde opvolger van de zittende bestuursvoorzitter, John Simons.

Het afgeladen Muziektheater weet niet dat een kruiwagen uit zijn privéomgeving Hakstege bij Bouwfonds parachuteert. Volgens het personeelsdossier bij Bouwfonds komt het initiatief voor zijn benoeming van zijn eigen vader. Hakstege senior draagt zijn zoon voor als kandidaat-bestuurder bij de toenmalige directeur personeelszaken van Bouwfonds, Cees van den Brink. Hakstege zegt zelf in interviews dat hij zich 'als de dag van gisteren' kan herinneren dat de president-commissaris van Bouwfonds hem belt voor de functie. Dat is een prominente figuur: Hans Gruijters, oud-minister van Volkshuisvesting en Ruimtelijke Ordening. Hij is ook de man die in 1983 op verzoek van het kabinet onderzoek doet naar vastgoedfraude binnen het Algemeen Burgerlijk Pensioenfonds. Een affaire die grote gelijkenissen heeft met die rond Philips Pensioenfonds en Bouwfonds.

In 1998, het jaar waarin toezichthouder Gruijters bij Bouwfonds Nederlandse Gemeenten opstapt, stoot Hakstege door naar de positie van voorzitter van de raad van bestuur. Een tussenpaus, denkt menigeen. Maar in plaats van op de winkel te passen, ontpopt Hakstege zich tot degene die binnen de kortste keren de hele winkel verkoopt. Met alles erop en eraan, memoreert het erelid van de vvd, Hans Wiegel, in zijn afscheidsrede in het Muziektheater. Het liberale kopstuk is op dat moment president-commissaris van Bouwfonds, ook nog één dag. 'Gewoon commissaris' blijft Wiegel nog tot 2006.

Ook abn Amro-topbankier Rijkman Groenink zwaait Hakstege in het Muziektheater lof toe. Onder meer voor 'het elan' waarmee Hakstege ruim een jaar eerder zijn Bouwfonds aan abn Amro verkoopt. Een deal waarmee Hakstege een gecompliceerde privatiseringsdiscussie afrondt en eigenhandig een tijdperk beëindigt. Het tijdperk van idealisme, waarin de aandeelhouders van Bouwfonds gemeenten zijn. Bouwfonds verschaft in de wederopbouw na de Tweede Wereldoorlog een halve eeuw lang volkshuisvesting tegen de laagste prijs. Winst maken is in die periode vies. Het is het tijdperk dat Bouwfondspersoneel ambtenaren zijn en zich ook zo gedragen. Om vijf uur 's middags verlaat iedereen het pand. Bij Bouwfonds is een apart toegangspasje vereist als je 's avonds door wil werken, constateert een abn Amro-bankier geschokt nadat de bank Bouwfonds verwerft. Op het hoofdkantoor van de bank in Amsterdam is het de normaalste zaak van de wereld om dagelijks tot acht uur 's avonds door te werken.

Na zijn aantreden bij Bouwfonds streeft Hakstege ernaar het ambtelijke bedrijf commerciëler en marktgerichter te maken. Hij verzakelijkt de relatie met de aandeelhoudende gemeenten door te breken met het beleid dat alle winst in het Bouwfonds moet blijven. Veertig procent van het snelgroeiende resultaat moet voortaan als dividend worden uitgekeerd aan de 479 gemeenten die aandeelhouder zijn van Bouwfonds. Maar in plaats van tevredenheid levert dit groeiende onvrede op bij de gemeenten. Ze beginnen zich van de weeromstuit als echte beleggers te gedragen en vergelijken het rendement op hun belang in Bouwfonds met andere en vaak profijtelijker beleggingsmogelijkheden. Tegelijkertijd dendert de opkomst op de jaarvergaderingen van Bouwfonds naar beneden. Vrijwel geen enkele aandeelhoudende gemeente laat daar nog zijn gezicht zien.

Achteraf gezien beleeft de vastgoedmarkt eind twintigste eeuw een hausseperiode. Niemand bij de gemeenten heeft het nog over een publieke taak die Bouwfonds moet vervullen door het volk te huisvesten. 'De gemeenten hebben emotioneel allang afscheid van ons genomen,' zegt Hakstege later over de aandeelhouders. Pas twee decennia later, nadat een wereldwijde kredietcrisis in 2009 ook de vastgoedmarkt verlamt, klinkt in Nederland voor het eerst weer de roep om gemeentelijke garanties voor de huizenbouw. Zou een soort landelijk volkshuisvestingsfonds met de gemeenten als financier misschien een goed idee zijn, opperen sommigen onbevangen? Verschillende gemeenten geven daadwerkelijk gehoor aan deze suggestie en ondersteunen in de zomer van 2009 de financiering van de inzakkende huizenbouw. De pendule beweegt weer terug.

Zulk noodweer is ver weg begin jaren negentig. Onder leiding van Hakstege besluit Bouwfonds dat eenvoudige vinexrijtjeshuizen bouwen in Nederlandse weilanden te simpel is voor de ambities van het grote Bouwfonds. 'Grond is goedkoper dan hoogpolig tapijt,' sneert Hakstege. Onder zijn leiding koopt Bouwfonds als eerste partij op de Nederlandse vastgoedmarkt strategisch weilanden ver voordat daar sprake is van overheidstoestemming om te gaan bouwen. 'Voor mijn komst deed Bouwfonds alleen woningen,' verklaart Hakstege achttien jaar later. Maar kantoren, winkelcentra, dat is pas het echte vastgoed, redeneert hij. Op de cover van het jaarboek dat Hakstege tot vastgoedman van het jaar uitroept, prijkt een in goud ingelijst portret van de Bouwfondsvoorzitter tegen de achtergrond van een artist's impression van de Hollandse Meester, de grootste kantoortoren van Nederland die Bouwfonds in Zoetermeer zou bouwen.

Nederland is te klein voor Bouwfonds. Hakstege wil met Bouwfonds uitbreken naar het buitenland. Amerika. Duitsland. Frankrijk. '*Bouwfonds on course. Destination: Europe and the World, so much is sure,*' jubelt de vakpers. De benodigde middelen voor deze expansie naar nieuwe markten en naar het buitenland moeten komen uit een beursgang van Bouwfonds. Daar droomt het Bouwfondsbestuur van. Ook zou een sterke financiële partner het kapitaal voor de groei kunnen fourneren, bedenkt Hakstege met zijn medebestuurders. Als Hakstege in 1998 voorzitter van de raad van bestuur wordt, dient zich haast automatisch ABN Amro aan als de grote broer die Bouwfonds van de gezochte uitbreidingsmiddelen kan voorzien. Bouwfonds en ABN Amro sluiten in 1998 eerst een gezamenlijke joint venture op vastgoedgebied, die op initiatief van ABN Amro-bankier Hans ten Cate tot stand komt. De bank heeft daar zijn kwijnende afdeling projectontwikkeling ondergebracht.

Op verzoek van de afdeling bijzondere kredieten van de bank houdt Ten Cate in 1996 de vastgoedportefeuille van ABN Amro tegen het licht. Hij treft daar zulke grote lijken in de kast aan, dat een afwaardering van honderd miljoen gulden nodig lijkt ten opzichte van het bedrag waarvoor het vastgoed in de boeken van ABN Amro staat. De problemen concentreren zich bij een aantal projecten. In het Belgische Sint-Niklaas, een winkelcentrum dat de bank bouwt met aannemer Volker in Rijswijk en een hotel en winkelcentrum aan de Nieuwezijdskolk in Amsterdam. Dat laatste debacle is zo groot, dat ABN Amro heel lang vreest dat zij op vastgoedgebied niet meer met de gemeente Amsterdam mag samenwerken.

ABN Amro heeft te weinig expertise om op eigen houtje te kunnen doorgaan in het vastgoed, rapporteert Ten Cate aan Rijkman Groenink. Een losse verkoop van de zeperds is geen optie, want de markt zou ABN Amro het vel over de oren halen. De enige mogelijkheid om een pijnlijke en omvangrijke afwaardering te vermijden, lijkt het onderbrengen van de *bleeders* bij een andere vastgoedonderneming. Op advies van Ton Meijer van projectontwikkelaar MAB en Ton Nelissen van bouwbedrijf Dura maakt ABN Amro-troubleshooter Ten Cate een afspraak met Bouwfondsbestuursvoorzitter John Simons. Ten Cate zegt van zichzelf dat hij geen verstand van vastgoed heeft. Op de jaarlijkse vastgoedbeurs in het Zuid-Franse Cannes eten Ten Cate en Simons in een restaurantje aan de Middellandse Zee. Door in 1998 zestig procent van de joint venture voor haar rekening te nemen, bevrijdt Bouwfonds ABN Amro feitelijk van de last van een ellendige portefeuille.

Deze samenwerking met Bouwfonds bevalt ABN Amro goed. In tegenstelling tot het eerdere besluit om zich helemaal uit het vastgoed terug te trekken, besluit ABN Amro nu de samenwerkingspartner over te nemen. Ook deze nieuwe koers wordt door Rijkman Groenink ingezet, met achter de schermen bij de bank opnieuw voorbereidend werk van Hans ten Cate. En opnieuw kan Ten Cate via de band van Bouwfonds een vervelend dossier van ABN Amro wegspelen. De bank heeft door te royale hypotheekverstrekking een noodportefeuille opgebouwd met huizen die zoek zijn, panden met wietplantages en panden met criminele antecedenten. Daar zit onder meer veel vastgoed van de later vermoorde Willem Endstra in. Als de bank Bouwfonds koopt, ziet Ten Cate kans de noodportefeuille van de bank, ter grootte van honderden miljoenen, onder te brengen bij een Bouwfondsdivisie, de afdeling Property Finance van Bertus Pijper. Na de overname van Bouwfonds brengt Pijper met Bouwfondsbestuursvoorzitter Cees Hakstege een zakelijk bezoek aan Endstra om over een oplossing te praten. Die oplossing wordt dan gezocht in een extra kredietlijn van Bouwfonds voor Endstra.

Bij Bouwfonds is het vooral Cees Hakstege die zijn aandeelhouders, de 479 gemeenten, ervan overtuigt dat een overname door ABN Amro de beste toekomststrategie is om Bouwfonds te laten groeien. Vrijwel geen enkele gemeente, op een piepklein groepje onder leiding van SP-bolwerk Oss na, brengt de sociale volkshuisvestingsmissie van Bouwfonds in herinnering. De belangrijkste tegenwerping komt van een aantal andere gemeenten, onder leiding van Delft, die zich afvragen of ABN Amro wel genoeg gaat betalen voor de aandelen Bouwfonds. De discussie gaat daarna alleen nog over de centen, niet over de privatisering als zodanig.

Op 26 augustus 1999 geven Rijkman Groenink en Cees Hakstege gezamenlijk een persconferentie in de Spiegelzaal van het Amstelhotel over het overnamebod door ABN Amro van 1,2 miljard gulden. Televisieploegen rukken uit. 'Ik heb mijn krijtstreeppak al aangetrokken,' grapt Hakstege. 'Een soort Oranjegevoel' heeft bezit van hem genomen, zegt de Bouwfondsbestuursvoorzitter. Voor het oog van de camera's herinnert een journalist Hakstege aan de sociale missie waarvoor Bouwfonds ooit is opgericht. Verdwijnt dat sociale aspect nu helemaal met de overname door ABN Amro? Halverwege zijn antwoord krijgt Hakstege een black-out. Zijn collega Bouwfondsbestuurder Bart Bleker schiet zijn stotterende voorzitter dan te hulp. Genadeloos registreren de camera's hoe Bleker zijn voorzitter vanuit de zaal een spiekbriefje toeschuift. Daarop staat: 'Fondsen.'

Bouwfonds heeft het sociale aspect van haar oorspronkelijke missie sinds 1996 afgezonderd in een speciaal hoekje: de stichting Stimuleringsfonds Volkshuisvesting Nederlandse gemeenten. Om critici op de overname van Bouwfonds door ABN Amro de mond te snoeren, belooft de bank later nog een dotatie van netto vijftig miljoen gulden aan dit stimuleringsfonds. Hakstege slaagt er echter niet in om de naam van dit sociale fonds over zijn lippen te krijgen. Van de hele persconferentie zendt het NOS-Journaal uitgerekend deze verspreking uit. Dankzij de speciaal voor deze speciale gelegenheid in het Bouwfondshoofdkantoor opgehangen videoschermen zijn honderden medewerkers live getuige van het tenenkrommende optreden van hun bestuursvoorzitter. 'Het leek eeuwig te duren. Ik voelde me alsof ik een beker azijn moest leeg drinken,' zegt Ab Welgraven, destijds de directeur van Bouwfonds Fondsenbeheer, in een terugblik in het liber amicorum ter gelegenheid van het vertrek van Hakstege.

'De kern van de zaak is natuurlijk dat voor Hakstege diep in zijn hart maatschappelijke betrokkenheid geen hoge prioriteit heeft,' reconstrueert de directeur communicatie van Bouwfonds, Joost Kingma, in het boekje bij het afscheid van Hakstege. 'Hij vindt dat het er moet zijn, maar beschouwt het ook als een geitenwollensokkenverhaal. Het gaat bij hem om handel, om geld verdienen, om koopmanschap,' analyseert Kingma. Zijn bestuursvoorzitter is volgens hem in wezen een koopman. De Bouwfondsdirecteuren Kingma en Welgraven eindigen hun bijdragen aan Haksteges afscheidsboek met lovende woorden. 'Hoe wij bij ABN Amro zijn binnengekomen, is volledig op zijn conto te schrijven,' benadrukt Kingma. Hakstege is de grote 'roerganger', die Bouwfonds in de veilige haven van ABN Amro heeft geloodst, jubelt het personeel unisono.

Die commerciële inborst heeft Hakstege kennelijk gemeen met zijn honderden gasten in het Muziektheater. De zaal is afgeladen met 'mijn meest intieme vrienden en dan ben ik nog zeer selectief te werk gegaan,' ronkt Hakstege in zijn dankwoord, maar al die honderden vooraanstaande zakenlieden brengen samen slechts enkele tienduizenden guldens bijeen voor het afscheidscadeau aan Hakstege, een donatie aan een stichting voor de bouw van een school in India. Het bedrag was zo mager, dat Bouwfonds het uit eigen kas aanvult tot 50.000 gulden. Daarmee wordt voorkomen dat de overhandiging van de cheque een blamage voor de bestuursvoorzitter oplevert.

'Chapeau!' roept Hans Wiegel in het Muziektheater vanaf het katheder. Halverwege de avond krijgt hij het woord en spreekt Cees Hakstege toe. Cees is net een paar dagen geleden benoemd tot Ridder in de Orde van Oranje Nassau, verklapt Wiegel de zaal. 'Op het hoogtepunt van je carrière afscheid nemen, dat is het mooiste wat iemand kan overkomen,' complimenteert de politicus, die op dat moment een van de invloedrijkste commissarissen van Nederland wordt genoemd. Hakstege heeft heel wat meer gedaan dan alleen Bouwfonds verkopen, onderstreept Wiegel. Op de eerste plaats, aldus Wiegel, moet ook 'de verbreding van Bouwfonds richting commercieel vastgoed' op het conto van Cees worden geschreven. Dat is de afdeling van zijn vriend Jan van Vlijmen. Hakstege is ook degene die, zo roemt Wiegel, 'het commercieel denken binnen Bouwfonds heeft aangemoedigd'. De oorspronkelijke slogan van Bouwfonds en ABN Amro, 'ruimte voor ondernemen', wordt onder aanvoering van Hakstege persoonlijk omgebouwd tot 'ruimte voor succes'.

Cees van den Brink, directeur personeelsbeleid bij Bouwfonds, zegt daarover in het liber amicorum: 'Cees is groot geworden in de wereld van het onroerend goed. Hij weet daardoor als geen ander wat "voor wat hoort wat" betekent. Dat brengt hij in de praktijk op een manier waarvan velen zich in eerste instantie hebben afgevraagd of dit geen geldverkwisting is.' Onbekend is of Van den Brink dan weet heeft van de persoonlijke premie van een miljoen gulden die Hakstege krijgt voor de verkoop van Bouwfonds aan ABN Amro, zoals nu uit het Bouwfondspersoneelsdossier blijkt. Destijds verwees Hakstege het bericht in *de Volkskrant* dat hij 1,2 miljoen gulden overnamebonus zou krijgen vol vuur naar het rijk der fabelen.

Van den Brink refereert wel aan de door Hakstege bevorderde aanschaf van de bijzondere zeilboot de *Marieke*, een Wieringer Aak. Halverwege de jaren negentig koopt Bouwfonds de boot samen met Fortis. De directeuren kunnen de boot voor hun netwerken inzetten. De vakbonden spreken er schande van, herinnert Van den Brink zich. De personeelsdirecteur weet tot zijn genoegen ook nog hoe Hakstege deze kritiek weet te smoren: 'Hij nodigde de vakbonden uit om de cao te ondertekenen aan boord van de *Marieke*. Dat is inmiddels traditie geworden. De vakbonden kijken ernaar uit. Briljant.'

'Cees is een man met wie je een paard kunt stelen,' looft Bouwfondsdirecteur Frank van der Heijden in datzelfde afscheidsboek. 'Uiteindelijk gaat het om de knikkers,' verduidelijkt hij. In menig afscheidswoordje wordt, zonder een spoor van wrevel, gerefereerd aan het verzorgde uiterlijk van Hakstege. Hij laat nieuw gekochte stropdassen strijken, klinkt het bewonderend. 'Hij gaat heel trouw naar de kapper, maar je ziet nooit dat hij is geweest. Volgens mij krijgt de kapper iedere keer de opdracht er een millimeter af te halen,' vertelt zijn secretaresse. Hakstege heeft als bijnaam 'Mooie Cees'. Ook wel 'Beauty Cees'.

Hakstege is trots op wat hij heeft bereikt. Commercieel vastgoed staat op de kaart. Als scheidend voorzitter van de raad van bestuur zegt de grote Bouwfondsbaas in 2001 in het vakblad *Building Business*: 'Ik weet zeker dat wij over een aantal jaren nummer één zijn, want als ik naar de portefeuille van onze Jan van Vlijmen kijk, dan weet ik zeker dat we dat halen. En dat halen duurt niet lang meer, de inhaalslag die wij de laatste vijf jaar hebben gemaakt was gigantisch.'

Na zijn vertrek bij Bouwfonds neemt de roem van Hakstege nog toe. Binnen de stormachtig opgekomen nieuwe politieke partij van Pim Fortuyn, de LPF, geldt Hakstege als een geheide kandidaat-minister voor Volkshuisvesting en Ruimtelijke Ordening. Hij twijfelt of hij zijn zeilvakanties wel wil opgeven voor een ministersbaan. Hakstege noemt politici in 2001 in een interview nog 'egotrippers' die alleen aan de korte termijn denken. Maar hij kent het vooraanstaande LPF-Kamerlid en vastgoedhandelaar Gerard van As persoonlijk uit hun woonplaats Alphen aan den Rijn. Hakstege haalt de politiek niet.

Via zijn privébedrijf Cristel Vastgoed blijft de Feyenoordfan na zijn pensionering actief in het vastgoed. Volgens zijn eigen opgave adviseert hij het ministerie van VROM, directeur Peter Noordanus van ontwikkelaar AM, Museumvastgoed van Klaas Hummel, beursfonds Nieuwe Steen Investments, Maeyveld, Fortress, Straetholding, Holland Immo Group, Snippe Vastgoed en bank-verzekeraar SNS Reaal. SNS huurt de oud-Bouwfondsbestuursvoorzitter in ten behoeve van de due diligence, het boekenonderzoek, bij de overname van Bouwfonds Property Finance. SNS koopt in de jaren negentig al verzekeraar Hooge Huys van Bouwfonds. In 2006 biedt Hakstege als oud-Bouwfondsbestuursvoorzitter zijn diensten aan Rabo aan als die bank overweegt om Bouwfonds over te nemen van ABN Amro. Rabobank bedankt daarvoor. Hakstege is ook commissaris van de in 2009 gefailleerde Van Hoogevest Groep.

Hakstege gaat na zijn pensionering voor zijn voormalige ondergeschikte Jan van Vlijmen werken. Op 18 mei 2007 bespreekt Cees op het kantoor van Jan hoe hij de gemeente Almere pusht om met Van

Vlijmens privébedrijf Landquest iets te doen bij het consortium met Philips en de Bank Nederlandse Gemeenten, waar Pim Vermeulen in het bestuur zit. Cees zegt tegen Jan: 'Ik ken Pim nog uit mijn Bouwfondstijd. Ik druk het er wel doorheen.' Hakstege is commissaris vastgoed bij de Bank Nederlandse Gemeenten. Jan valt goed in Almere bij wethouder Adri Duivesteijn. 'Die heeft toen nog een boek aan mij gegeven. Gesigneerd. "Beste Jan, bedankt voor je tijd"', memoreert Van Vlijmen. Ook Hakstege meent goed te liggen bij de PVDA-bouwwethouder. De oud-topman van Bouwfonds stelt voor om te wroeten in Almere om hun consortium op de kaart te krijgen.

Ook Jan van Vlijmen is, zoals altijd strak in pak, aanwezig bij het afscheid van zijn steun en toeverlaat. Het zal niet lang meer duren voordat hij als directeur commercieel vastgoed in het kielzog van Mooie Cees Bouwfonds verlaat. Jan van Vlijmen schrijft in het liber amicorum dat hij en Hakstege elkaar kennen uit hun gedeelde verleden bij Mabon, de projectontwikkelingspoot van HBG. Hakstege heeft Van Vlijmen toen persoonlijk omgepraat om naar Bouwfonds te komen, aldus Van Vlijmen. Ze hebben in hun tijd bij Bouwfonds veel projecten samen afgerond, schrijft Van Vlijmen. 'We hadden een rolverdeling. Cees was de aangever, hij zette de toon. Wij waren de afmaker. Hij was de boodschapper van het slechte nieuws. Daarna moesten wij het overnemen, de pil vergulden en een nieuwe afspraak maken. Dat was onze act. Die hebben wij in de loop der jaren geperfectioneerd. Ik denk dat iedereen in de commercie gevoel voor drama moet hebben. Commercie is vaak theater. Cees hoort tot de hoofdrolspelers in zijn vak.'

Van Vlijmen spreekt in het Muziektheater tijdens het afscheidsspektakel Hakstege toe in een videoboodschap die wordt geprojecteerd op banieren die vanaf de nok van de zaal naar beneden hangen. 'Als ik aan Cees denk,' houdt Van Vlijmen de zaal vol vastgoedbonzen voor, 'dan denk ik: de commandant verlaat het schip. Het schip dat nu op de juiste koers ligt.' Bij aanwezigen die de vervolggeschiedenis kennen, komt de vraag boven of dit meer is dan een onschuldige afgesleten metafoor. Doelt Jan van Vlijmen hier op een heel ander schip dan de meeste toehoorders op dat moment kunnen weten? Een verborgen speldeprik aan het adres van Hakstege over een echte boot? Een peperduur zeewaardig zeiljacht dat nu eigendom is geworden van Hakstege en onder deze nieuwe eigenaar op koers ligt?

12 Smeerkees

Beauty Cees wordt smeerkees. De reputatie van Cees Hakstege, de gevierde leider van Bouwfonds, verkruimelt. De zeilboot blijkt een hoofdrol te spelen in de vermoedelijke omkoping van de captain of industry door zijn ondergeschikte. 'Klaar is Cees'.

Nee, hij voelt zich helemaal niet lekker. De problemen met zijn hart spelen weer op. Bovendien heeft hij slecht geslapen vannacht, klaagt Cees Hakstege. Het jaar 2007 loopt ten einde. Het team van de FIOD-ECD staat op het punt hem te verhoren. Maar eerst informeren de rechercheurs voorkomend hoe het nu met de gelauwerde vastgoedheld gaat. Het moet toch een schok voor hem zijn dat ze hem verdenken van fraude.

Nou, het gaat niet zo best dus, moppert Hakstege. De gepensioneerde Bouwfondsbestuursvoorzitter heeft zelfs even zijn arts geconsulteerd. Zijn medische toestand staat eigenlijk niet toe dat hij blootgesteld wordt aan de stress van een nieuw verhoor. Met tegenzin werkt hij toch mee, legt Hakstege uit. Dan is hij er tenminste vanaf. Maar dat is een misrekening. De FIOD-ECD laat het niet bij één of twee verhoordagen. In liefst zeventien verhoorsessies stellen de ondervragers in steeds iets andere bewoordingen beleefd dezelfde kwesties aan de orde. Met elke sessie raakt Hakstege tot zijn eigen ergernis verder verstrikt in de verhalen waarmee hij de verdenkingen tracht te pareren.

Telkens keert in de verhoren die boot terug. De boot waarover Hakstege op de dag van de invallen van FIOD-ECD op 13 november 2007 zichzelf in een afgeluisterd telefoongesprek moed inspreekt. 'Daar kijken ze niet meer naar, zo'n boot...' Ook een misrekening. Juist in dit schip bijt de FIOD-ECD zich vast. Het gaat om het jacht waarop Hakstege in zijn laatste jaren bij Bouwfonds zo trots is. Een peperduur Zweeds zeiljacht van vijftien meter lang, type Hallberg-Rassy 46. In de aanloop naar zijn grootse afscheid in het Muziektheater dagdroomt Hakstege hardop over lekker spelevaren na zijn pensioen op zijn eigen zeilschip.

Veel bijdragen aan het afscheid van Hakstege van Bouwfonds staan in het teken van zijn preoccupatie met transportmiddelen en hun mogelijkheden als instrumenten van zelfexpressie. Hij vertelt het gezelschap in het Muziektheater fier dat hij met zijn privéchauffeur 700.000 kilometer heeft rondgereden. Vliegtuigen zijn naar zijn zeggen een van zijn twee 'grote passies'. Een passie die hij deelt met de naar Duitsland weggepromoveerde Bouwfondsdirecteur Berend Boks. Hakstege werkt op de Rijksluchtvaartschool zelfs even aan de klassieke jongensdroom van de jaren vijftig: piloot worden.

Maar het vervoermiddel dat Cees Hakstege op het hoogtepunt van zijn carrière het meest dierbaar is, is zijn zeilschip. Dat weet bijna de hele vastgoedjetset die hem op 31 mei 2001 applaudisserend uitgeleide doet. Menigeen maakt dan toespelingen op zijn hobby. 'Een roerganger neemt afscheid van Bouwfonds' heet het voor hem geschreven afscheidsboek. Bouwfondsdirecteur Jan van Vlijmen zegt in zijn vaarwelboodschap dat hij Hakstege associeert met de commandant van een boot op koers. Slechts een enkeling vermoedt minder onschuldige kanten aan de watersporthobby van Hakstege. Zijn collega in de raad van bestuur van Bouwfonds Jaco Reijrink vraagt zich bijvoorbeeld af of een voorzitter van een raad van bestuur werkelijk zoveel meer verdient dan een eenvoudig lid van de raad van bestuur, dat hij zich een dergelijk dure boot kan veroorloven. Ik heb een gelukkige hand van beleggen, sust Hakstege zijn collega-bestuurder.

Bedenkingen heeft ook de directiechauffeur van Bouwfonds. Hij is al privéchauffeur van Hakstege sinds diens vorige functie, als directeur-grootaandeelhouder bij Van den Berg Kabelwerken in Zwammerdam. Ze rijden met zijn tweeën al elf jaar rond. Op de achterbank leest Hakstege zijn stukken en voert zijn telefoongesprekken. In de loop van de dag gaat Hakstege vaak voorin naast zijn chauffeur zitten. Hem valt op dat de telefoontjes van zijn baas de laatste jaren voor zijn pensionering steeds vaker gaan over aanschaf, bouw en inrichting van een Zweeds zeiljacht, een Hallberg-Rassy 46.

Het rare is, vertelt de chauffeur later aan opsporingsambtenaren, dat de Bouwfondstopman alles rond de aankoop van deze boot per se via Jan van Vlijmen laat lopen. Terwijl zijn chauffeur meeluistert, belt Hakstege aan de lopende band naar Jan van Vlijmen met wensen over de aan te schaffen boot. Die accessoires, een dergelijke motor, dat aggregaat en zulke veiligheidssystemen. 'Dit geeft Hakstege dan door aan Van Vlijmen,' verklaart de directiechauffeur. Hij weet zeker dat de boot vanaf het begin speciaal voor Hakstege in Zweden wordt besteld en gebouwd. De chauffeur rijdt zijn Bouwfondsbaas voor deze order meermalen doordeweeks naar de werf Nova Yachting in Bruinisse, de Nederlandse importeur van dit Zweedse klassejacht. De innige band tussen Hakstege en Van Vlijmen is opmerkelijk. Van Vlijmen is de ondergeschikte van Hakstege bij Bouwfonds. Hakstege gaat over zijn salaris en over zijn promotie en hij moet Van Vlijmen controleren.

Ook de directiesecretaresse bij Bouwfonds, die jaren voor Hakstege werkt, maakt van nabij mee hoe druk haar baas zijn laatste jaren is met de aanschaf van dit schip. Eigenlijk weet iedereen het. 'De gesprekken van de top gaan op het laatst alleen nog over bootjes,' herinnert een voormalige directeur zich. Haksteges collega Jaco Reijrink en toenmalig Bouwfondsbestuurder Bart Bleker beamen tegen de FIOD-ECD volmondig dat zij op de hoogte zijn van Haksteges Zweedse zeiljacht. Pas jaren later horen de privéchauffeur, de secretaresse en de voormalige collega-bestuurders van de FIOD-ECD dat het luxe zeiljacht niet van Hakstege is, maar van Jan van Vlijmen. Dat is gek, omdat de grote baas toch altijd in detail vertelt over zijn boot en zijn nautische wederwaardigheden. Dat de boot is gekocht door zijn ondergeschikte heeft Hakstege nooit gezegd.

Reijrink weet nog goed dat Hakstege het jacht persoonlijk afhaalt bij de Zweedse werf Ellös. 'Ik weet nog dat de heer Hakstege mij heeft verteld dat ze het zeil niet omlaag konden krijgen bij windkracht acht en Nel, zijn vrouw, dit niet fijn vond. U vraagt mij of Hakstege mij ooit heeft gezegd dat deze boot van Jan van Vlijmen was en hij deze mocht gebruiken. Dit heeft hij mij nooit verteld. De heer Hakstege heeft mij de indruk gegeven dat het zijn schip was. Hij was trots op dat schip.'

De boot waar Hakstege zo verguld van is, is op 10 oktober 1997 gekocht voor 995.000 gulden. Door alle extraatjes, zoals communicatie-apparatuur en veiligheidssystemen, stijgt de prijs naar 1.225.822 gulden. Volgens importeur Paul Hameeteman bestelt Hakstege bij hem alle extraatjes voor 15 januari 1998, zodat de werf er tijdens de bouw rekening mee kan houden. Het is niet Hakstege, maar Jan van Vlijmen die Hameeteman betaalt. Daags nadat Hakstege met de boot wegvaart uit Zweden voldoet Jan van Vlijmen op 13 juni 1998 de laatste betalingstermijn. Cees en Nel Hakstege varen het schip rechtstreeks naar hun eigen huurligplaats in Enkhuizen. Daar blijft de boot ook.

Jan van Vlijmen en Cees Hakstege zijn grote botenliefhebbers. Met het schip voor Hakstege in de haven van Enkhuizen staat Van Vlijmen voor zijn gevoel met lege handen. Meteen nadat de Hallberg-Rassy 46 aan Hakstege is meegegeven, bestelt Jan van Vlijmen voor zichzelf bij de werf een Hallberg-Rassy 53. Een slag groter dan het jacht waar hij zijn baas in laat rondvaren. De chiquere boot van Van Vlijmen komt in het Franse Menton te liggen en heet *Nicolette*, zoals zijn echtgenote. Als Hakstege al twee jaar met de Hallberg-Rassy 46 het IJsselmeer en de Noordzee bevaart, verkoopt Jan van Vlijmen op 14 januari 2000 de boot bij notariële akte formeel aan Cees. Die doopt het schip om van *Goodwin* tot *Cristel*, een samenvoeging van de namen van Haksteges twee kinderen. Hakstege heeft twee jaar gratis gevaren en flink gepocht bij zijn Bouwfondscollega's als de FIOD-ECD berekent dat het schip nog 800.000 gulden waard is. Hakstege en Van Vlijmen prikken de prijs op 700.000 gulden. Daarvan hoeft Cees maar 500.000 gulden te betalen. De ontbrekende 200.000 gulden moet Hakstege volgens het koopcontract uiterlijk twee jaar later, op 31 december 2002, aan verkoper Jan van Vlijmen voldoen.

Maar een handgeschreven *side letter* die Van Vlijmens vaste notaris Jan Carel Kloeck bij dit koopcontract bewaart, meldt: 'Betreffende de verkoop van een zeiljacht Hallberg-Rassy 46 Scandinavia genaamd Goodwin. Verkoper verklaart hiermee dat koper heeft voldaan aan artikel 1 lid 2. D.d. 14-01-2000 Heemstede.' Jan van Vlijmen scheldt daarmee dezelfde dag dat Hakstege een schuld bij hem krijgt deze betalingsverplichting van zijn toenmalige baas onmiddellijk kwijt. Aan het scheepskadaster, dat het eigendom van schepen registreert, zendt notaris Kloeck een kopie van het koopcontract 'met daaraan gehecht een verklaring van de verkoper dat de prijs geheel is voldaan'.

In 2005 begint de Belastingdienst lastige vragen te stellen aan Jan van Vlijmen over de vordering van 200.000 gulden die hij volgens het officiële koopcontract al vijf jaar op Hakstege heeft. Van Vlijmen zegt 'uit piëteit' met de recente hartproblemen van Hakstege het incasso daarvan te hebben laten versloffen. Een vreemd verhaal, vinden de belastinginspecteurs. Na hun vragen begint de gepensioneerde Bouwfondstopman alsnog geld te betalen aan Jan van Vlijmen, ondanks de kwijting in de side letter. Op 25 april 2006 en op 31 mei 2006 stort Hakstege 25.000 euro bij Van Vlijmen, voor 'afbetaling boot' en 'afbetaling boot tweede termijn'. Verdere afbetalingen blijven uit van de dan nog resterende 45.000 euro schuld.

De FIOD-ECD brengt de curieuze botengeschiedenis in verband met omkoping. Hakstege is echter niet van plan zich die aantijging zomaar te laten aanwrijven. Op bijna alle verdenkingen rond zijn Hallberg-Rassy reageert Hakstege met een verhaal. Hij vertelt niemand dat zijn boot van zijn ondergeschikte Jan van Vlijmen is geweest, omdat ze dit 'geen donder aangaat'. Alle extra's voor de te bouwen boot bestelt Hakstege, omdat koper Jan van Vlijmen geen verstand van boten heeft. Hakstege haalt de boot op in Zweden, omdat Jan van Vlijmen niet kan zeezeilen. De boot gaat linea recta naar Haksteges ligplaats, omdat Van Vlijmen geen plek heeft. Twee jaar gratis varen op een boot van Van Vlijmen is gewoon een vriendendienst. De side letter die twee ton schuld kwijtscheldt, is Hakstege onbekend. O ja, aan die kwijtschelding is de voorwaarde van zijn overlijden verbonden. Het moet een fout van de onervaren notaris zijn dat die voorwaarde in het officiële koopcontract en de side letter ontbreekt. Hakstege is traag met afbetalen door zijn hartoperatie. Justitie zelf doorkruist zijn laatste afbetaling met de invallen op 13 november 2007.

Wanneer Hakstege tegen opvallend gunstige condities via Van Vlijmen het zeiljacht verwerft, is hij bij Bouwfonds formeel de baas van Van Vlijmen. 'Dit had op geen enkele wijze invloed op mijn positie ten aanzien van Van Vlijmen bij het Bouwfonds,' verklaart Hakstege tegen de FIOD-ECD. 'Waarom is de aanschaf van de Hallberg-Rassy nu zo'n item? (…) Ik begrijp niet dat u veronderstelt dat als Van Vlijmen mij gunsten verleent dan wel financieel bevoordeelt, hoe dit mogelijk zou kunnen zijn. Ik ben de baas. Hij is mijn ondergeschikte.'

Een jaar na zijn pensionering bij Bouwfonds, september 2002, verkoopt Hakstege zijn niet-afbetaalde Hallberg-Rassy 46. Voor een leuk prijsje, dat wel, zo laat hij doorschemeren. De precieze verkoopprijs is in het scheepskadaster niet terug te vinden. Hakstege heeft Bouwfonds na tien jaar vaarwel gezegd. Maar dat bevalt hem maar matig. Hij valt 'in een gat'. Met adviesopdrachten geeft Jan zijn voormalige baas weer perspectief, zegt hij. 'Van Vlijmen heeft me gered na de Bouwfondsperiode.'

Twee jaar na zijn pensionering ondergaat hij een hartoperatie. Vanwege zijn gezondheid stopt Hakstege met zeilen. Net als veel andere oudere botenliefhebbers besluit hij over te stappen op een zeewaardig motorjacht. Om zijn vroegere baas te plezieren, laat Jan van Vlijmen alvast door medewerker Jack Del Castilho wat research doen naar een geschikt motorjacht voor Hakstege. Del Castilho schrijft daarom op 7 november 2003 aan een zakenrelatie in München: 'Ik ben door de hierboven vermelde heren (Jan van Vlijmen, Dennis Lesmeister en Uncle Nico Vijsma) verordonneerd om als de sodemieter (ja, zo werd het mij echt gezegd!) zo compleet mogelijke no-nonsense-info te zenden van een "first class ship" (moest Grand Banks 42 Motor Yacht zijn met 3 cabins). Ik ben een oude Surinaamse Jood die na twee hartoperaties dacht het wat rustiger aan te doen, maar ik werd voor deze klus meedogenloos uit mijn hangmat getrapt om in luttele dagen de diverse jachtwerven in Nederland en daar buiten af te stropen op zoek naar een geschikte boot. Ik hoop dat ik met bijgaande documentatie enigermate kan aantonen dat ik naar behoren met de opdracht bezig ben in afwachting van de verdere instructies van mijn bovengenoemde superieuren. Met vriendelijke groet, Jack Del Castilho, Manager secr. Office of Mr. J.F.M. van Vlijmen.'

In december 2004 loopt Hakstege op een botenbeurs met Jan van Vlijmen en diens kompaan Jack Del Castilho. De vriend van Van Vlijmen zegt Hakstege ook al uit de jaren zeventig te kennen, uit de tijd dat Hakstege en Van Vlijmen bij HBG werken. Hakstege omschrijft tegenover zijn verhoorders Jack als 'de kassier van Jan van Vlijmen'. Het trio treft Frits Kremer van Kremer Nautic. Deze botenman heeft onder Van Vlijmen en zijn maten de bijnaam 'de snor'. Hij kan door een daling van de dollar een fraai Grand Banks 42 Heritage-motorschip van 708.850 euro aanbieden voor 635.000 euro. Hakstege drentelt om de boot, maar wil niet meer dan zes ton betalen.

'Op enig moment word ik apart geroepen door Del Castilho,' reconstrueert Kremer. 'Hakstege blijft achter bij de boot. Ik krijg te horen dat Hakstege die boot moét hebben. Del Castilho zegt dat ik het eens moet worden met Hakstege en dat het verschil aan Del Castilho gefactureerd kan worden.' De kassier van Jan van Vlijmen betaalt 35.000 euro mee aan de nieuwste boot van de oud-Bouwfondstopman.

Hakstege beweert hier niets van te weten. Als hij er achter komt, stelt hij een contractje op. Dat geeft de kassier van Van Vlijmen in ruil voor zijn bijdrage het recht een paar dagen per jaar met de boot van Hakstege te varen. Ongelukkigerwijs kan Hakstege dit contract niet aan de FIOD-ECD laten zien. 'Toen ik dit aan mijn vrouw liet zien, heeft zij dit verscheurd. Mijn vrouw wil niet in het bed liggen waar iemand anders in heeft gelegen.' Nel is volgens Cees nogal gehecht aan deze boot omdat ze hem heeft ingericht. Hakstege betaalt ten langen leste Del Castilho in november 2007 zijn 35.000 euro terug. Dat is drie jaar na diens bijdrage en pas op het moment dat bekend wordt dat oud-Bouwfondsmensen onder het vergrootglas van justitie en de fiscus liggen.

Hakstege en zijn vrouw zijn trots op hun Grand Banks met zijn kenmerkende mahonie- en teakhouten vloeren en interieur. In het *Owners journal* voor de wereldwijde bezitters van deze klassieke plezierjachten prijkt een foto van mooie Cees en zijn vrouw Nelly. De man in rode broek en paarse polo op de foto is volgens het periodiek voor botenmannen een echte zeiler. Hij vaart met vrouw en kinderen vooral op de Noord-Europese wateren. Eerst met zijn Hallberg-Rassy en andere zeilboten en nu met de Grand Banks. Ze vallen op 'de knappe klassieke uitstraling' van het zeewaardige motorschip. Ze prijzen hun bemiddelaar Kremer uitbundig aan. De *Pieternel*, vernoemd naar zijn vrouw, heeft Stellendam als ligplaats.

Niet alleen de boten van de grote Bouwfondsbaas interesseren de onderzoekers. Volgens het Openbaar Ministerie heeft Hakstege zich tijdens zijn bestuursvoorzitterschap bij Bouwfonds ook laten trakteren op verbouwingen van zijn privévilla in Alphen aan den Rijn. Het Amsterdamse aannemingsbedrijf Labes klust daar tot en met 2000 heel wat af. Dat is in opdracht van Haksteges ondergeschikte bij Bouwfonds, Jan van Vlijmen, aldus een verklaring van aannemer Herman Labes.

Vaklui van Labes leggen een parketvloer, bouwen een sauna in en timmeren teakhouten dekenkisten voor in de tuin. Verder doen zij schilderwerk, zowel binnen als buiten, leggen hardstenen tegels, installeren elektra en een beregeningsinstallatie in de tuin. Ze bouwen een vlonder en een steiger voor de privéhaven achter het huis. Er volgt nog veel meer timmer-, sloop-, schilders-, graaf- en loodgieterswerk. Cees en Nel Hakstege sturen de klussers van Labes ook door naar de privéwoningen van zoon en dochter Hakstege. Die kunnen ook een verbouwinkje en een verfje gebruiken. Herman Labes en diens voorman zeggen nog een vijfde pand van Hakstege op te knappen, Noordeinde 140c in Den Haag. Dat is een privévastgoedbelegging van de Bouwfondsbestuursvoorzitter via zijn persoonlijke investeringsmaatschappij UFA. Pizzahut is de huurder. Na de opknapbeurt verkoopt Hakstege dit pand.

Herman Labes becijfert de omvang van al zijn klussen voor Hakstege op 449.000 euro, zo'n 900.000 gulden. Hakstege heeft daar geen cent van betaald. 'Ik heb nimmer een rekening van Labes ontvangen voor de werkzaamheden. Laat staan een rekening met onderbouwing.' Dan is het simpel voor Hakstege: 'Ik heb dus ook geen rekening betaald.' Hij bagatelliseert de omvang van de klussen. Labes heeft niet voor 900.000 gulden maar slechts voor 130.000 gulden vertimmerd. Hakstege vertelt niet hoe hij tot dit bedrag komt. 'Met de presentatie van deze gegevens wacht ik nog wel even tot we voor de rechter staan.' Negen ton noemt Hakstege 'godsonmogelijk', 'belachelijk' en 'bezopen'. Oké, sauna, parketvloer en dekenkist, dat klopt wel. Maar de rest wat Labes gedaan zegt te hebben, is 'onzin', beweert Hakstege. Zijn vrouw denkt dat het geklus 'via het Bouwfonds geregeld en betaald werd'. Een heel normale regeling, volgens haar.

Tijdens zijn verhoren verklaart Labes in opdracht van Bouwfondsdirecteur Jan van Vlijmen bij de Bouwfondsbestuursvoorzitter te klussen. Met Van Vlijmen spreekt Labes af dat de rekeningen nooit naar Hakstege gaan, maar bijvoorbeeld naar Van Vlijmens privébedrijf Rooswyck of naar Bouwfonds. Om te verbergen dat het werk voor Hakstege is, fabriceert Labes op verzoek van Van Vlijmen en diens rechthand Vijsma fantasieomschrijvingen op zijn facturen. Dat bekent hij tijdens het verhoor.

In de loop van 2008 tuimelt Hakstege ook binnen Bouwfonds van zijn voetstuk. Na aanhoudende vragen van de fiscus schaalt het vast-goedbedrijf een eigen intern onderzoek op. De privéchauffeur van Hakstege begint verklaringen af te leggen. Hij heeft in een opengevallen koffer van Hakstege, tijdens een afspraak bij het bureau Publi Design, een envelop met bankbiljetten van 250 gulden, een pak van anderhalve centimeter dik, gevonden. Publi Design is van René van Gameren, een oud-Dagbladuniecollega van Nico Vijsma. Hakstege heeft een gsm, maar wil onderweg toch vaak bellen vanuit een telefooncel. Hij moet voor Hakstege 'keurig ingepakte pakjes' koerieren naar een Noord-Franse scheepswerf. Zijn baas krijgt 'horloges van Jan van Vlijmen'. Zijn voormalige privéchauffeur is gek, reageert de oud-Bouwfondstopman.

Nel Hakstege ontvangt met haar man wel ieder een Cartierhorloge 'als relatiegeschenk', maar volgens haar niet van Jan van Vlijmen. Jans zogeheten kassier, Del Castilho, bemiddelt wel voor de reparatie van zo'n horloge. Dat levert zeventig procent korting op. Het resterende bedrag zegt Nel te hebben betaald. Cash. De Haksteges snappen niet hoe Del Castilho dan een factuur van Cartier Juweliers voor 3010 euro kan bezitten, gedateerd op pakjesavond 5 december en gericht aan Nel Hakstege voor een 'bandinterventie staalgouden band', waarop staat: 'Dit bedrag is reeds aan ons voldaan door dhr. J. del Castilho.'

Als Bouwfondsbestuursvoorzitter gebruikt Hakstege drie creditcards door elkaar: zijn privékaart en twee zakenkaarten, waarvan er één van Bouwfonds Commercieel Vastgoed is, de afdeling van Jan van Vlijmen. Hakstege declareert als 'een chaoot', volgens een secretaresse. Opvallend vindt zij de 'verhouding' van haar baas met een 'spionne' bij Bouwfondsconcurrent Multi Vastgoed. Dat geeft een dubbele bodem aan het compliment dat Multi Vastgoedtopman Hans van Veggel uitspreekt tijdens het afscheidsfeest voor de Bouwfondstopman in het Muziektheater: 'Hakstege is een levensgenieter, een man met een twinkelende uitstraling. Een tovenaar die er door de jaren heen steeds beter is gaan uitzien.' Zijn geflirt is zo bekend binnen Bouwfonds, dat zijn afscheidscabaretvoorstelling in Hoevelaken met kantoorhumor 'Klaar is Cees' is genoemd.

Cees, zegt zijn collega-Bouwfondsbestuurder Jaco Reijrink tijdens het afscheid, heeft een 'perfecte coiffure en iedere dag een vers iwc-horloge'. Nog zo'n steek onder water. Want Reijrink, zo zegt hij later tegen de FIOD-ECD, heeft op grond van eigen waarnemingen dan al 'weleens verdenkingen gekoesterd richting de heer Hakstege dat er dingen niet zouden kloppen'. Ook van een aannemer weet Reijrink 'dat Hakstege zijn hele leven al aan het graaien is'. Vooraanstaande bronnen op de vastgoedmarkt, die anoniem willen blijven, kennen ook een andere bijnaam van Beauty Cees: 'Smeerkees'. Het Openbaar Ministerie raamt het totale wederrechtelijk verkregen voordeel dat Hakstege van of via Jan van Vlijmen heeft ontvangen op 1.605.048 euro. Het OM beschouwt Hakstege najaar 2009 als een lid van een criminele organisatie.

Cees Hakstege laat weleens wat doorschemeren tegenover zijn medeverdachten. Dat valt op te maken uit een telefoongesprek van Jan van Vlijmen op 19 augustus 2007 met Nico Vijsma. Nico praat zijn neef bij over zijn laatste contact met Cees Hakstege, die Jan en Nico graag aanduiden als 'de Hakkenbar'.

Nico: 'Hij [Hakstege] is bijvoorbeeld tegen mij natuurlijk heel erg onderdanig.' Volgens Nico Vijsma heeft Cees Hakstege hem gezegd: 'Niek, we waren ratjes.' Vijsma zegt Hakstege te hebben geantwoord: 'Ja uh, Cees als je een rat bent, sta je in de *Quote*. Dus uh, je mag het zelf zeggen. Ik denk: klootzak, je hebt het gewoon verneukt.' Hakstege zou ook tegen Vijsma hebben gezegd dat hij veel aan Jan van Vlijmen heeft te danken.

In het strafdossier zit ook een tap van een telefoongesprek van Hakstege met een vertrouweling, waarin de oud-Bouwfondsbestuursvoorzitter lijkt te erkennen dat hij fout is geweest: 'Ze kunnen zo ongelofelijk fanatiek zijn. Weet je, nu worden zaken anders beoordeeld dan tien jaar geleden. Tien jaar geleden kon je veel meer doen om aan het werk te komen dan nu. Nu krijg je al dat gezeik en moet je transparant zijn. En vroeger regelde en ritselde je wat en dan kreeg je werk. Ik zal best in het verleden iets verkeerd gedaan hebben, daar twijfel ik niet aan. Het zou maar goed zijn ook… Ik werk nu voor een aantal clubs die ook voor Bouwfonds vroeger werkten. Met Van Vlijmen en Del Castilho. Dat zijn hele goede relaties van me. Daar stop ik niet mee. Ze kunnen de pot op. Maar weet je waar ik altijd bang voor ben? Voor publiciteit.'

Allemaal onzin en misverstanden, meent Hakstege nu. In zijn glorietijd bij Bouwfonds geldt Hakstege als een communicatietalent. Nu reageert hij nauwelijks op vragen. Eén ding wil hij naar aanleiding van de fraudeverdenkingen wel benadrukken: 'Voor alles wat ik heb ontvangen, heb ik hard gewerkt.' En ach, onder een verkeerde omschrijving werkzaamheden factureren, 'doet half Nederland', stelt Hakstege.

Klaar is Cees, is het gezegde binnen Bouwfonds, meldt ook collega-Bouwfondsbestuurder Bart Bleker op het afscheidsfeest. Maar anno 2009 is Bouwfonds op zijn beurt nog niet klaar met Cees. De aanwijzingen dat er iets mis is rond de voormalige bestuursvoorzitter stapelen zich eind 2008 op na nieuwe beschuldigingen over belangenverstrengeling. Begin 2009 meldt *Het Financieele Dagblad* dat de huidige eigenaar van Bouwfonds, Rabo Vastgoedgroep, bij het Openbaar Ministerie aangifte doet van oplichting en fraude door haar voormalige topman. Een ongekende stap voor een bedrijf.

Hoe diep Hakstege van zijn voetstuk valt, spreekt onder meer uit twee kleine interieuraanpassingen in het kasteel in Hoevelaken, dat vooral dient voor representatieve doeleinden. De kasteelzalen zijn vernoemd naar voormalig Bouwfondsbestuurders. In de gangen hangen schilderijen van oud-bestuurders. Vrijwel direct na het uitbreken van de fraudeaffaire op 13 november 2007 en de invallen van justitie op onder meer dit adres staat de Rabodochter voor een dilemma. Hakstege is verdachte en niet veroordeeld, maar in de Hakstegezaal vinden wel belangrijke bijeenkomsten plaats, zoals de commissarissenvergaderingen en de cao-onderhandelingen. Kort daarop haalt de Rabodochter toch maar het portret van Cees Hakstege van het haakje. Daar is nu op het behang een schaduw zichtbaar. Het kunstwerk, met het geschilderde motto 'Breviter sed vehementer' (de gelatiniseerde versie van het oer-Hollandse 'kort maar krachtig') is inmiddels in de kelder van het kasteel ondergebracht. De letters 'Hakstegezaal' zijn ook voorzichtig van de deur afgekrabd. De ruimte is omgedoopt tot Vijverzaal.

Hakstege zoekt na de overname van Bouwfonds door Rabo nog contact met de nieuwe bestuurders over zijn schilderij. Hij stelt dan voor om zijn eigen portret even te komen ophalen. Niet geheel gespeend van ijdelheid wil Hakstege het zelf thuis aan de muur hangen. Bouwfonds heeft Hakstege moeten teleurstellen. Het schilderij van Co Westerik met een geschatte waarde van 60.000 euro is eigendom van de kunststichting van Bouwfonds. Het is niet de bedoeling dat dergelijk kunstbezit van Bouwfonds in privéwoningen van Bouwfondsmedewerkers eindigt.

Haksteges privéwoning in Alphen aan den Rijn staat in 2009 te koop. Een 'hoogwaardig afgewerkte' woning, belooft de makelaar. De verkoop vlot alleen niet zo de afgelopen anderhalf jaar. Herfst 2009 is voor de tweede keer, en nu 'spectaculair', de vraagprijs verlaagd met een half miljoen euro. Onder de vele pluspunten van de villa noemt de makelaar de fitnesskamer met sauna (stoom en infrarood), de fraaie granieten vloeren van de hal, de keuken en het toilet, de massief eiken parketvloeren van de eetkamer, de living en de kamers op de eerste verdieping, de privéhaven met jollensteiger en de riante tuin rondom met beregeningsinstallatie. De hele woning verkeert 'in een uitstekende staat van onderhoud'.

Vanaf de dijk langs de veenrivier waaraan Haksteges woning ligt, is rondom vrij zicht over de weilanden. Daarover zegt Hakstege in juli 2001 in het blad *Bouwwereld*: 'Ik woon zelf in het Groene Hart. Daar doet iedereen zo belachelijk lyrisch over. Je kunt er amper komen en als je er bent, is het helemaal niet zo mooi.' Hakstege vindt dat zijn Bouwfonds stukken Groene Hart moet kunnen bebouwen. 'Maak er een Nationaal Landschap van. Maar geen gebied waar alles met prikkeldraad is afgezet. Als je een bootje hebt, kun je het Groene Hart nog wel aardig verkennen,' analyseert de vastgoedbons. Maar wat wel sneu is voor veel mensen, beseft de kapitein van de Hallberg-Rassy 46 dan: 'Niet iedereen heeft een boot.'

13 Onbeperkte volmacht

Rammelende controles, veel te grote mandaten, slapende toezichthouders (onder wie Hans Wiegel) en verstrengeling van zakelijke en
privébelangen. Bouwfonds wordt overgenomen door ABN Amro en
Jan van Vlijmen vertrekt, maar het 'terugfietsen van geld' gaat door.

Duizend werknemers van Bouwfonds stromen in januari 2000 met
nerveus geroezemoes schouwburg De Flint in Amersfoort binnen. Iedereen die het hoofdkantoor van Bouwfonds in Hoevelaken kan verlaten, is erbij. Namens de nieuwe eigenaar van Bouwfonds, wereld-
speler ABN Amro, spreekt superbankier Rijkman Groenink het voltallige personeel toe. Deze speech bepaalt hun toekomst, beseffen de
Bouwfondsers, zoals ze zich trots noemen.

De organisatoren van de bijeenkomst hebben iets bedacht om de
sfeer te ontspannen. Groenink spreekt zijn nieuwe werknemers niet
van achter een katheder toe. De semi-ongedwongenheid van een tele-
visietalkshow wordt nagebootst. Televisiepersoonlijkheid Astrid
Joosten zal met Rijkman Groenink en Cees Hakstege een goed gesprek voeren, in gerieflijke fauteuils op het podium gezeten.

De organisatoren proberen de stress in de zaal te reduceren, maar
zijn zelf een zenuwinzinking nabij. Want terwijl iedereen al op zijn
plek zit, is hoofdpersoon Groenink in geen velden of wegen te beken-
nen. Hij zit vast in de file. Precies op tijd, het had geen minuut langer
mogen duren, stapt Groenink de zaal binnen. Hij is als een van de
weinigen geheel ontspannen.

Om de open sfeer te benadrukken, kan iedere Bouwfondswerknemer bij binnenkomst in de schouwburg zijn prangende vraag aan
Groenink op een formulier schrijven. Velen maken gebruik van deze
mogelijkheid om hun ei kwijt te kunnen bij de nieuwe leider. Presen-

tatrice Joosten krijgt in de pauze een selectie van de belangrijkste en interessantste vragen aangereikt. Het is toneelspel. In werkelijkheid krijgt Joosten een lijst met vragen aangereikt waarop de antwoorden staan die dagen eerder zijn doorgesproken. Vragen in de categorie: blijven na de overname door ABN Amro de Bouwfondsvakantiehuizen voor het personeel wel beschikbaar?

Groenink bereidt zijn nieuwe werknemers in De Flint een prettige verrassing. Anders dan gevreesd, zegt de ABN Amro-bestuurder dat vastgoed een andere tak van zakendoen is dan bankieren, met andere spelregels. Een vastgoedbedrijf gedijt alleen in zelfstandigheid, zegt Groenink tot opluchting van de zaal. ABN Amro zal zich nauwelijks bemoeien met het beleid van Bouwfonds, belooft Groenink.

Tevreden met deze status aparte schuifelt het Bouwfondspersoneel De Flint weer uit. Bestuursvoorzitter Cees Hakstege heeft hun winkel dan wel met het personeel erbij verkocht, de Bouwfondsers geloven dat ze hun autonomie behouden. Hakstege heeft daar tijdens de verkooponderhandelingen hard voor gelobbyd bij Groenink. Hij heeft zijn zin gekregen omdat de bank zich niet kan beroepen op eigen succes in de vastgoedmarkt. De kennis hiervan moet Bouwfonds leveren.

De projectontwikkelaars van Bouwfonds, de ondergeschikten van Jan van Vlijmen, zijn in hun nopjes met wat Groenink zegt. Eind twintigste eeuw achten vastgoedmannen zich belangrijker in de pikorde van de financiële wereld dan bankiers. Bankiers staan dan nog te boek als risicomijdende kwartaalcijferfetisjisten. Projectontwikkelaars daarentegen zien zich als visionaire topondernemers, die miljoenen durven te investeren in luchtkastelen die op zijn vroegst over vijf jaar realiteit zijn. Vastgoedhelden, die in het meeslepend levende *Quote 500*-gezelschap verkeren, waar de pakken sneller zijn en de vrouwen mooier. Hoe groter het risico, des te groter het rendement, luidt het lonkend adagium in het vastgoed. En, ook goed voor het zelfvertrouwen, na zeven vette jaren verwacht iedereen in het vastgoed dat zeven nog vettere haussejaren in het verschiet liggen.

Typerend voor hun status is dat projectontwikkelaars van Bouwfonds zo'n ruim mandaat hebben om deals te sluiten, dat zelfs Amerikaanse bankiers van ABN Amro daar jaloers op zijn, weten de leidinggevenden bij Bouwfonds. Groenink is daarover niet bezorgd.

Bouwfonds tekent toch pas een vastgoedcontract nadat een huurder of eindbelegger is gevonden. Denken Groenink en zijn bankbestuurders.

De werkelijkheid blijkt anders. Terugkijkend naar 1995 concluderen onderzoekers in 2009 dat bij Bouwfonds gedurende anderhalf decennium veel uiteenlopende regelingen voor de bevoegdheden naast elkaar hebben bestaan. Wie wat mag beslissen, is mogelijk sinds 1995 en waarschijnlijk al langer onduidelijk. Volgens de onderzoekers maakt dit van de bevoegdhedenstructuur een ondoorzichtig geheel, waardoor niet eenvoudig te bepalen is wie op welk moment waartoe bevoegd was en of diegene wel de benodigde toestemming had verkregen. Ze hebben dus maar een eind weg gerommeld bij de vroegere afdeling commercieel vastgoed van Bouwfonds, concludeert dit interne onderzoek.

De opdrachtgever voor deze screening is de nieuwe Bouwfondseigenaar Rabo Vastgoedgroep. Daaraan heeft ABN Amro Bouwfonds in 2006 met winst doorverkocht. Naar aanleiding van verdenkingen van de Belastingdienst en het Openbaar Ministerie wil de Rabodochter weten wat er aan de hand is bij Bouwfonds. Door het bedrijf is massaal de hand gelicht met interne procedures en regels, rapporteren de onderzoekers van de Rabodochter. Bovendien is het er een administratieve chaos. Dossiers zijn zoek of incompleet. Er kan niet eens een ondertekende koopakte van het bedrijf Van Vlijmen Vastgoed worden gevonden. Wel een niet-ondertekende van 11 augustus 1995.

De onduidelijkheid over bevoegdheden bij Bouwfonds biedt Van Vlijmen en consorten bij hun binnenkomst in 1995 meteen alle gelegenheid voor dubieuze praktijken bij het binnenhalen, ontwikkelen en verkopen van vastgoedprojecten. Van de raad van bestuur hebben zij weinig te duchten. Oud-bestuurders, zoals Bart Bleker, zeggen tegen de onderzoekers dat ze in de jaren negentig 'op grote afstand' staan van divisies als de afdeling commercieel vastgoed van Jan van Vlijmen. Bleker ziet zijn raad van bestuur meer als een raad van commissarissen. Als Cees Hakstege, vicevoorzitter sinds 1992 en vanaf 1998 voorzitter van het bestuur, het best vindt, leunen de andere bestuurders achterover. Jan en Cees koken de grote beslissingen over vastgoedprojecten voor, getuigen oud-medewerkers. Zelf zwakt Hakstege nu zijn rol af. Hij is dag en nacht met ABN Amro bezig, verklaart hij na het uitbreken van de affaire. Jan van Vlijmen laat hij gewoon 'zijn gang gaan'. De grote baas wil volgens de onderzoekers van de Rabodochter 'niet van de hoed en de rand' weten van de vastgoedprojecten van zijn onderneming.

Bestuurders en commissarissen van Bouwfonds stellen geen vragen over commerciële vastgoedprojecten. Van Vlijmen wordt 'op hoofdlijnen' gecontroleerd. Ook als de gemeenten nog aandeelhouder zijn van Bouwfonds, kijken hun commissarissen niet om naar commercieel vastgoed. Gemeenten stellen alleen belang in woningen, weten marktkenners. Commercieel vastgoed, winkels en kantoren, interesseert politici en ambtenaren niet. In dat vacuüm opereert Jan van Vlijmen. De directeur commercieel vastgoed werkt met vicebestuursvoorzitter Hakstege tussenschakel Berend Boks weg naar een Bouwfondsdochter in Duitsland met nul werknemers. Daarna krijgt Van Vlijmen op 1 juli 1996 een volmacht zelfstandig te besluiten tot vijf miljoen gulden. Pas daarboven heeft Van Vlijmen toestemming nodig.

Als Bouwfonds in 1998, vooruitlopend op de overname door ABN Amro in 2000, de joint venture aangaat met ABN Amro Projectontwikkeling, vernieuwt Bouwfonds het mandaat van Van Vlijmen. Adviseur Van Till Advocaten concludeert dat voor Van Vlijmen de grens van vijf miljoen gulden 'niet werkbaar' is. 'Het zou beter uitkomen als de volmacht qua financieel belang onbeperkt is.' De onderzoekers van de Rabo Vastgoedgroep kunnen niet achterhalen of dit voorstel is uitgevoerd om Jan van Vlijmen een ongelimiteerde volmacht te geven. Maar in de praktijk regeert Van Vlijmen al als onbeperkt gevolmachtigde.

Van Vlijmen wordt directeur van de joint venture met ABN Amro. Op voorstel van Hakstege krijgt Van Vlijmen in 1998, als enige binnen Bouwfonds, een winstdelingsregeling. De joint venture krijgt een eigen raad van commissarissen. Hakstege zit daar namens zestig procent aandeelhouder Bouwfonds en Hans ten Cate namens veertig procent aandeelhouder ABN Amro. Toch houdt Van Vlijmen de vrije hand. In de notulen van de commissarissen is niet terug te vinden dat zij de overeenkomsten uit 1999 hebben goedgekeurd voor de naar later blijkt frauduleuze projecten Coolsingel en Hollandse Meester. De notulen zwijgen over wat de hoogste en op één na hoogste wolkenkrabber van Nederland moest worden. Ook over het frauduleuze Solaris bevatten de notulen niets.

Hans ten Cate kan zich het Coolsingelproject alleen herinneren, omdat hij uit Rotterdam komt, vertelt hij de FIOD-ECD. Projectontwikkeling laat hij over aan de 'experts' Van Vlijmen en Hakstege. 'Ik vond dat ik geen gelijkwaardige partner was voor Van Vlijmen en Hakstege,' verklaart Ten Cate. 'Mijn kennis van onroerend goed was een stuk beperkter. Ik was bankier.' Ten Cate 'weet niet' of tijdens zijn commissariaat de bedrijfsregels voor goedkeuring van vastgoedprojecten zijn toegepast. Commissaris Ten Cate bladert vooral door de gelikte boeken met wat anderen 'gebouwenporno' noemen. Dat is het zo'n beetje. 'Ik kan mij presentaties van projectboeken herinneren. Daar staan veel afbeeldingen in en dat vraagt ook aandacht.' Ten Cate kan zich een 'mooi tekeningetje' herinneren van de Coolsingeltoren. Hollandse Meester en Solaris kent hij helemaal niet, terwijl het aangaan van verplichtingen boven de vijf miljoen gulden toch langs hem en Hakstege moet. Ten Cate zou 'nooit' toestemming hebben gegeven voor de drie projecten als hij wist dat vennootschappen van Vijsma en Van Vlijmen geld daaruit opeisen. 'Dit is duidelijk oplichting.'

De andere commissaris van de joint venture van Bouwfonds en ABN Amro, Hakstege, wijst juist Ten Cate aan als deskundige, een echte 'bancaire vastgoedman'. 'Bij bijzondere investeringen ging Ten Cate terug naar de ABN Amro en ik naar de raad van bestuur van Bouwfonds.' Hollandse Meester en Coolsingeltoren bereiken dat stadium niet. Toestemming is pas vereist als veel investeringen worden gedaan, meent Hakstege. Niettemin roemt hij Hollandse Meester nog steeds als 'zeer prestigieus'. Bij een verhoor krijgt Hakstege voorgelegd dat de kosten per frauduleus project de instemmingsgrens van vijf miljoen gulden ruim passeren. Dan meent hij dat Van Vlijmen deze wel had moeten laten goedkeuren door zijn commissarissen. Dat Bouwfonds op het Coolsingelproject zestig procent van de winst door projectontwikkelaar Willemsen Minderman aan Nico Vijsma laat geven, noemt Hakstege verontwaardigd 'a bloody shame'. 'Het is terugfietsen van geld,' aldus Hakstege.

In mei 2000 verbaast Ten Cate de financiële wereld met zijn overstap van ABN Amro naar het bestuur van Rabobank. Hij vertrekt direct als commissaris bij de vastgoedpoot. Opmerkelijk, vindt Ten

Cate, is dat hij na zijn vertrek blijft figureren in de notulen die de FIOD-ECD vindt van vergaderingen van de commissarissen. Dit is voor hem een raadsel.

De onderzoekers van de Rabodochter zien in de notulen van 1995 tot en met 2006 van de raad van bestuur van Bouwfonds nergens waar besluiten op worden gebaseerd of hoe diepgaand de besprekingen zijn. De notulen bevatten niets specifieks over vastgoedprojecten. Grootschalige projecten worden achteraf goedgekeurd, als de contracten zijn getekend. Er is niet gebleken dat projectresultaten en ontwikkelingen in die resultaten tot kritische vragen vanuit de raad van bestuur hebben geleid.

In weerwil van zijn belofte moet Rijkman Groenink toch de regels voor Bouwfonds verscherpen. Heel ABN Amro, dus ook Bouwfonds, moet voldoen aan nieuwe Amerikaanse regels als gevolg van de Enronboekhoudfraude in 2001. Dit leidt op 26 augustus 2002 tot een kritisch rapport van de interne accountantsdienst van ABN Amro. De dienst twijfelt over de organisatie, de procedures en de vastlegging bij Bouwfonds Commercieel Vastgoed. De administratieve organisatie en de interne controle (de 'ao/ic') van Bouwfonds mist 'essentiële onderdelen' zoals risicoanalyses en interne controlemaatregelen. Dit kan de in 2000 aan Bouwfonds toegekende bankvergunning op het spel zetten. Oppertoezichthouder De Nederlandsche Bank (DNB) ziet een goede ao/ic als eerste vereiste. De administratie en controle van een bank mogen niet rammelen, vindt DNB.

Alarm dus? Nee. Ondanks de geconstateerde gebreken acht de interne accountant van ABN Amro de werking van de ao/ic bij Bouwfonds 'voldoende'. Geen reden voor zorg dus, concludeert ABN Amro. Pieter van der Harst, ex-hoofd financiën van Bouwfonds, ziet wel dat de financiële man van commercieel vastgoed, Van Vlijmenvertrouweling Olivier Lambert, 'het beste jongetje van de klas' wil zijn. Lambert reageert 'zeer opgewonden' als hij kritiek krijgt bij een controle. Joost Pieter de Smeth, ook ex-hoofd financiën van Bouwfonds, verklaart tegen de FIOD-ECD dat Lambert achter zijn broek moest worden gezeten. 'Lambert wist niet goed of hij bepaalde zaken aan mij kon rapporteren. Het was helder dat zijn loyaliteit bij Van Vlijmen lag. De beantwoording van vragen ging soms moeilijk. Als je niets vroeg, kreeg je ook niets. Je moest het achter zijn kiezen weghalen. Dat was ook zo bij Van Vlijmen.' Anno 2009 verdenkt het Openbaar Ministerie ook Lambert in de vastgoedfraude.

Bij intern vervolgonderzoek in 2003 blijkt de projectontwikkelingspoot van Bouwfonds de aanbevelingen van een jaar eerder te hebben genegeerd. Ook komen nieuwe gebreken boven water. De administratie van verplichtingen in vastgoedprojecten, die zijn uitbesteed aan externe ontwikkelaars, is incompleet. De kostenberekeningen kloppen niet. Weer een jaar later, in 2004, merkt ABN Amro dat de fiatteringsregelingen bij commercieel vastgoed niet of onvolledig worden nageleefd. Een 'dode letter', noemt directeur operations Hajo Doornink ze.

Op papier heeft het personeel van Bouwfonds een non-concurrentiebeding. In 1992 verbiedt Bouwfonds handelingen die een 'goede functie-uitoefening kunnen belemmeren'. Vanaf 1995 staat in de cao dat 'zonder voorafgaande schriftelijke toestemming van het Bouwfonds het de medewerker verboden is arbeid in loondienst voor derden te verrichten, zaken voor eigen rekening te doen en/of als agent voor derden op te treden of anderszins direct of indirect arbeid te verrichten waaruit inkomsten worden verworven'. De FIOD-ECD onderzoekt of Van Vlijmen en Vijsma een non-concurrentiebeding schenden als zij aan dezelfde projecten verdienen voor zowel hun privébv's als voor hun werkgever of opdrachtgever Bouwfonds. Het is echter wel toegestaan bijverdiensten te hebben. Dat kan een argument van de verdachten zijn als ze later voor de rechter staan. Maar volgens de Rabodochter mag Van Vlijmen volgens zijn eerste arbeidscontract bij Bouwfonds tot drie jaar na zijn vertrek bij Bouwfonds niet concurreren zonder toestemming. Op elke overtreding staat een miljoen gulden boete. Het non-concurrentiebeding voor Vijsma geldt tot twee jaar na zijn vertrek, behalve als anders wordt afgesproken.

Op 8 juli 1998 stelt directeur personeelsbeleid van Bouwfonds, Cees van den Brink, aan vicevoorzitter Hakstege voor het twee jaar later aflopende contract met Van Vlijmen te verlengen tot 1 oktober 2001. Van Vlijmen verlangt dat het non-concurrentiebeding stopt bij zijn vertrek bij Bouwfonds. De sanctieparagraaf moet ook verdwijnen uit het contract. Namens Bouwfonds biedt Van den Brink Van Vlijmen pas op 30 januari 2001 een nieuw contract aan. Justitie traceert alleen een getekend exemplaar waaruit pagina's zijn verdwenen.

Over non-concurrentiebedingen zegt Nico Vijsma tegen opsporingsambtenaren: 'Daar worden nooit consequenties aan verbonden als je die schendt. Onder de neus van de Belastingdienst zijn er tientallen gevallen dat aan projectontwikkelaars grond wordt gegund en dat even later de betrokken wethouder directeur wordt van dezelfde projectontwikkelaar.'

De gebrekkige naleving van interne regels bij Bouwfonds is ook opmerkelijk omdat eerdere kwesties een waarschuwing hadden kunnen zijn. Zo is er in 1997 ophef in het parlement en de pers over de medewerking door leidinggevenden van Bouwfonds aan vermoedelijke subsidiefraude bij 451 huurwoningen door de bedrijven Gravendam en Gravendam Woningbeheer. Deze voormalige Bouwfondsdochters worden bestuurd door een handvol bekende vastgoedhandelaren, onder wie Willem Endstra. Dan is al twee jaar bekend dat het Openbaar Ministerie Endstra verdenkt van witwassen. De oneigenlijke incasso van de subsidie met behulp van Bouwfonds kan volgens de recherchedienst van het ministerie van Volkshuisvesting 'niet door de beugel'. De staatssecretaris en de Tweede Kamer spreken hun grote zorg uit over de gang van zaken.

Eind jaren negentig trekt Bouwfonds ook de aandacht met de noodhypotheekportefeuille die Hans ten Cate van ABN Amro bij Bertus Pijper van Bouwfonds onderbrengt. Die bevat hoofdpijndossiers als vastgoedfinancieringen voor, opnieuw, Willem Endstra, maar bijvoorbeeld ook Jan Dirk Paarlberg, Charles Geerts en de gebroeders Driessen. Pijper gaat nog met zijn hoogste baas Hakstege bij Endstra langs, waarna Bouwfonds diens problemen verlicht met een forse extra kredietlijn.

ABN Amro is zelf attenter op integriteitrisico's na een grote fraude in de jaren negentig bij haar diamantfiliaal aan de Amsterdamse Sarphatistraat. Rijkman Groenink geeft van dat toegenomen besef blijk als hij volgens getuigen zorgelijke vragen stelt aan Henk Rutgers, de ABN Amro-bankier die hij Bouwfonds laat leiden na het vertrek van Hakstege. Is die Pijper van Bouwfonds wel te vertrouwen, vraagt Rijkman Groenink aan Rutgers. 'Ik steek mijn hand voor hem in het vuur, maar het voelt wel heet,' antwoordt deze volgens bronnen. Pijper zelf, die inmiddels bij Bouwfonds is vertrokken, voelt zich door zijn werkgever in deze kwestie misbruikt als zondebok.

De krakende integriteitscontrole bij Bouwfonds kan nauwelijks aan de statuur van de commissarissen liggen. Zo ziet bijvoorbeeld zwaargewicht Hans Wiegel als commissaris ruim een decennium lang, tot in 2006, toe op de gang van zaken. In dat jaar constateert de Vereniging van Effectenbezitters (VEB) overigens wel dat Wiegels klinkende naam niet garant staat voor effectief toezicht. De 'falende commissaris' noemt de VEB het VVD-erelid om zijn zwakke optreden bij vier beursfondsen. De belangenorganisatie van beleggers meent daarbij ook een 'evident' geval van belangenverstrengeling aan te treffen.

Belangenverstrengeling is ook het trefwoord van een reeks verse beschuldigingen die eind 2008 bij Rabo Vastgoedgroep binnenkomen. Deze aantijgingen betreffen vermenging van zakelijke en privé-belangen door Cees Hakstege als Bouwfondsbestuurder. De nieuwe Bouwfondseigenaar zet forensisch accountants aan het werk om ook deze aanklachten te onderzoeken. Zij stuiten daarbij ook weer op de wijze waarop Wiegel zijn toezichtstaken uitvoert. De onderzoekers schenken veel aandacht aan de beschuldiging dat Hakstege als Bouwfondsbestuursvoorzitter tegelijkertijd, van 1998 tot 2001, betaald adviseur is van een concurrerende projectontwikkelaar, vastgoedbedrijf Straet Holding van Ton Moeskops en Harrie van de Moesdijk. Straet bevestigt dat Hakstege hen adviseert van 1998 tot 2008. Als 'adviseurshonorering' betaalt Straet Hakstege elk half jaar 7941,20 euro (17.500 gulden).

Hakstege is aanvankelijk lid van de formele raad van advies van Straet. Daarin zit ook Bouwfondscommissaris Wiegel. Die vindt het te ver gaan dat een Bouwfondsbestuursvoorzitter in dit gremium van Straet plaatsneemt. Hakstege zegt dat hij vervolgens op advies en met instemming van Wiegel uit deze formele raad van advies stapt en informeel 'adviseur' wordt. Wiegel kan zich dit niet precies meer herinneren. Wiegel weet wel dat hij Hakstege nooit heeft gezien in de formele raad van advies van Straet. Veel kwaad kan dat ook niet volgens Wiegel, omdat de raad van advies bij Straet eigenlijk ook nooit iets bijzonders bespreekt. Het woord Bouwfonds valt volgens Wiegel al helemaal niet tijdens die bijeenkomsten.

De onderzoekers van de Rabodochter constateren dat Bouwfonds onder Hakstege verschillende tegengestelde zakelijke belangen heeft bij

Straet. Zoals bij de aankoop rond de eeuwwisseling door Bouwfonds van aannemersbedrijf Van Erk, dat voor 100 à 200 miljoen gulden aan grondposities voor woningbouw heeft. Hakstege zegt volgens collega-bestuurder Jaco Reijrink dat Straet deze aankoop van Bouwfonds heeft bewerkstelligd. Dat verbaast Reijrink. Hij noemt Straet een agressief bedrijf. 'Wij deden als Bouwfonds nooit zaken met Straet Holding en financierde hen niet. Hakstege is commissaris geworden van Straet Holding en daarom kon Bouwfonds geen transacties met Straet Holding aangaan.' Niettemin sluit Bouwfonds met Straet, als beloning voor hun bemiddeling bij de aankoop van Van Erk, 'reciprociteitsafspraken'. Bouwfonds begint de Straetgroep dan ook financieringen te verstrekken.

Een jaar na de aanschaf door Bouwfonds van Van Erk dient de bekende Lissense makelaar Harry Mens bij Bouwfondsbestuurder Bart Bleker een rekening in voor zijn bemiddeling bij de aankoop van Van Erk. Reijrink meldt Bleker zijn argwaan hierover, verklaart hij later: 'Het project was al via Straet Holding binnengekomen en Mens kon hier als makelaar niets in gedaan hebben. De heer Bleker en ik hebben toen afgesproken de behandeling van de factuur op te schorten. Hakstege werd toen heel kwaad en stond tegen mij te krijsen in de gang. Ik vond dit toen signalen dat er iets niet klopte en dat Hakstege hierbij betrokken was. Uiteindelijk is de rekening van Mens wel betaald omdat Hakstege hier op stond.' Volgens de nieuw binnengekomen informatie heeft Hakstege 100.000 gulden smeergeld gekregen voor de aankoop van de Van Erk Bouwgroep door zijn Bouwfonds. Daar hebben de onderzoekers geen bewijs voor gevonden.

Bouwfonds betaalt Harry Mens in december 2000 zijn verlangde bemiddelingsvergoeding van 1.275.000 gulden. Dit bedrag vloeit voort uit een 'geheimhoudingsovereenkomst' die Bouwfonds Woningbouw bv eind november 1998 tekent voor de overname van het bedrijf van Adriaan van Erk. Daarin staat dat Harry Mens voor de deal heeft bemiddeld. De Rabodochter meent op grond van het eigen onderzoek dat dit uit de lucht is gegrepen. In een reactie op de bevindingen van de onderzoekers zegt de Lissense makelaar en tv-presentator dertig en misschien wel veertig gesprekken te hebben gevoerd om de koop door Bouwfonds van Van Erk mogelijk te maken. Waaronder gesprekken met Hakstege.

In de loop van 2009 heeft het Openbaar Ministerie Harry Mens nog op de lange lijst van verdachten in de vastgoedfraudezaak staan. In het dossier komen meerdere verwijzingen voor naar iets belastends dat Mens zou weten over Hakstege. Mens zet Hakstege daarmee mogelijk onder druk. Wat Mens precies voor belastende informatie over Hakstege heeft, is vooralsnog onduidelijk. Er doen veel geruchten de ronde over de levenswandel van Hakstege. Hij zou zich gedwongen hebben gezien Mens af te kopen met een beloning voor een niet-geleverde prestatie, redeneert het Openbaar Ministerie. Mens bestrijdt deze zienswijze in alle toonaarden. Hij stelt geen weet te hebben van welke onoorbare handeling dan ook van Hakstege.

Duidelijk is wel, volgens de onderzoekers, dat Hakstege vaker met meerdere petten tegelijk op handelt. Terwijl hij Bouwfondsbestuursvoorzitter is, belegt Hakstege privégeld in een vastgoed-cv die Harry Mens beheert. Rabo Vastgoedgroep vermoedt dat dit de commanditaire vennootschap Daffodil 7 is. Een onderdeel van Straet, waar Hakstege dus adviseur is, koopt in november 1998 de besloten vennootschap Elbece, die aan Hakstege privé is verbonden. In 1999 belegt de Bouwfondsbestuursvoorzitter privé in de cv Periphas I, samen met de twee Straetoprichters. Ook de notaris van Straet doet daarin mee, Ted van Lith de Jeude. Die is op zijn beurt dan overigens ook weer adviseur van Bouwfonds.

Na de beschrijving van nog enkele andere van dit soort transacties concluderen de onderzoekers dat Hakstege als Bouwfondsbestuurder meermalen privétransacties verricht met bedrijven waar Bouwfonds een zakelijke relatie mee onderhoudt. Zij constateren dat er sprake is geweest van belangenverstrengeling. Dat kan verklaren waarom Hakstege, als bestuurder en als commissaris, minder gespitst is geweest op mogelijke belangenverstrengeling door zijn ondergeschikte, Bouwfondsdirecteur commercieel vastgoed Jan van Vlijmen. Het benutten van Bouwfondsconnecties voor persoonlijke verrijking blijft ook niet beperkt tot Jan van Vlijmen en Cees Hakstege. De onderzoekers van de Rabo Vastgoedgroep concluderen in 2009 dat de vermengingen van privé en zakelijk 'zich uitstrekten tot de top van de hele Bouwfondsorganisatie'. De onderzoekers melden 'aanwijzingen' te hebben gevonden dat deze ongewenste praktijken al plaatsvonden vóór het aantreden van Van Vlijmen bij Bouwfonds in 1995. De aard van deze aanwijzingen laten de onderzoekers in het midden. Op één na. Een Bouwfondsmedewerker maakt melding, met naam en toenaam, van een toeleverancier van Bouwfonds die niet alleen tijdens de onderzochte periode 1995-2006 een diamanten ring cadeau zou hebben gedaan aan een dochter van een bestuurder van Bouwfonds, maar zo'n cadeau ook al eens in de voorgaande periode aan een dochter van een andere Bouwfondsbestuurder zou hebben gegeven. De kans bestaat dat verdachte ex-Bouwfondsers met dit verhaal de zwartepiet doorschuiven naar andere leidinggevenden.

De onderzoeksresultaten geven geen fraai beeld van de corporate governance bij Bouwfonds door de jaren heen. Niet het beeld dat ABN Amro-topman Rijkman Groenink voor ogen heeft als hij in januari 2000 in De Flint in Amersfoort zijn zegen geeft aan de voortzetting van de autonomie van Bouwfonds.

14 Een bedrijfsballon vol opvolgers

Onder ABN Amro verandert er weinig bij Bouwfonds. Jan en Nico hebben hun opvolgers goed getraind. De hand van Vijsma komt ook terug in de uitbundige feesten en partijen en in het totaaltheater 'voor een ongelofelijk verwend gezelschap'.

De nieuwe bestuursvoorzitter van Bouwfonds, Henk Rutgers, roept hartje zomer 2001 's ochtends zijn staf met spoed bijeen. De ABN Amro-bankier Rutgers is na het uitbundige vertrek van zijn voorganger Hakstege amper vijf weken echt in functie bij Bouwfonds. 'Ik heb goed nieuws en ik heb slecht nieuws,' zegt Rutgers tegen de opgetrommelde en nieuwsgierige chefs van staven. 'Het slechte nieuws eerst maar even,' vervolgt hij. 'Jan van Vlijmen is met onmiddellijke ingang vertrokken.' Stomverbaasd kijkt iedereen elkaar aan. Er komt geen afscheidsfeest, niks. Gewoon: Jan van Vlijmen is weg en wel nu meteen.

De reden is mistig. Van Vlijmen zou boos zijn omdat hij volgens nieuwe rapportagerichtlijnen niet meer aan de bestuursvoorzitter maar voortaan aan een 'gewoon' bestuurslid, Bart Bleker, verantwoording moet afleggen. Een degradatie, vindt Van Vlijmen. Kwade tongen beweren dat Van Vlijmen spoorslags zijn hielen heeft gelicht na een mislukte poging privé mee te profiteren van een overname door Bouwfonds van de Goudse projectontwikkelaar Multi Vastgoed. Vast staat dat hij zijn steun en toeverlaat Hakstege in elk geval kwijt is. Het is in elk geval geen regulier vertrek, herinnert Van Vlijmen zich in een afgeluisterd telefoongesprek. 'Ik weet van mijn eigen vertrek. Er stond in de krant dat ik ziek thuis zat. Dat las ik bij Bouwfonds gewoon achter mijn bureau. Zo werkt het. Mensen zijn gek.'

'Voor het goede nieuws,' vervolgt Rutgers zijn geïmproviseerde plenaire optreden, 'geef ik nu het woord aan Berend Boks.' Boks is daags tevoren triomferend teruggekeerd uit Parijs. Daar heeft hij namens Bouwfonds de Franse projectontwikkelaar Marignan overgenomen. De grootste aankoop ooit van Bouwfonds en eindelijk een stap op weg naar de al zo lang geambieerde internationale expansie van de nummer één op de Nederlandse woningbouwmarkt. 'U kunt zich voorstellen,' begint Boks zijn exposé tegenover de Bouwfondstoppers, 'dat ik het vorige nieuws ook helemaal geen slecht nieuws vind.' Het is een publiek geheim binnen Bouwfonds dat Boks en zijn voormalige ondergeschikte 'Vlijmen' elkaar niet liggen, hoewel beiden tijdens de directievergaderingen naast elkaar zitten. Boks permitteert zich dit grapje, omdat ook Van Vlijmens beschermheer Cees Hakstege weg is. Boks mag ook Hakstege niet. De ingelijste spotprent van zichzelf, die Boks net als anderen krijgt bij het afscheid van de grote baas in 2001, zeilt hij woedend vanaf de vluchtstrook op de Stichtse Brug het Randmeer in.

Het bestuur benoemt onderdirecteur Diederik Stradmeijer na haastig beraad tot de nieuwe directeur commercieel vastgoed. Doorgestoken kaart, verklaart later ex-Bouwfondsdirecteur Ruud Berkhout tegen de FIOD-ECD. 'Ik denk dat de heer Van Vlijmen in samenspel met de toenmalige raad van bestuur ervoor heeft gezorgd dat Stradmeijer de opvolger werd.' Gezien zijn vooropleiding en zijn ervaring met vastgoed is de benoeming uit eigen kweek opmerkelijk, menen ook de onderzoekers van de Rabo Vastgoedgroep achteraf. Stradmeijer werkt sinds 1994 bij Bouwfonds. Hij behoort tot het talentvolle clubje Jong Oranje van Bouwfonds en is de enige die in 1995 na een aarzeling blijft en uitgebreid getraind wordt door Jan en Nico. Hij is een telg uit een bekende Amsterdamse makelaarsfamilie van vier generaties en kijkt op tegen Jan van Vlijmen. Stradmeijer is dankbaar voor de kansen die de 'geniale zakenman' Van Vlijmen hem geeft. Die gooit Stradmeijer al vroeg in het diepe. Van Vlijmen heeft vlak na zijn aantreden een belangrijke meeting waar hij Stradmeijer mee naartoe neemt. Als de handen zijn geschud, stapt de directeur naar buiten voor 'een telefoontje'. Jan keert niet terug in de vergaderruimte. Zo krijgt Stradmeijer zijn eerste zelfstandige vastgoedproject.

Stradmeijer is de jaren erna gekneed door Nico Vijsma. Vijsma herhaalt zijn centrale boodschap: geloof in je eigen kracht. Kin omhoog, borst vooruit. Op advies van Nico gaat Stradmeijer alleen naar een groep van een potentieel belangrijke Amerikaanse opdrachtgever. Concurrerende projectontwikkelaars vaardigen juist hele teams af. Nico adviseert Stradmeijer ook zich bij andere gelegenheden bescheiden te gedragen. Het lijkt te werken. Binnen Bouwfonds valt Stradmeijer op door zijn volkomen onverwacht spetterende speeches.

Vijsma is van 1997 tot in 2004 'coach' bij Bouwfonds. Dus ook ruim na het vertrek van Van Vlijmen. Wat Vijsma hiervoor betaald krijgt, is moeilijk vast te stellen. 'Dit was heel erg mistig,' zegt personeelsdirecteur Van den Brink tegen de FIOD-ECD. 'Hier had ik geen zicht op.' 'De heer Vijsma was er eigenlijk wel en eigenlijk niet bij Bouwfonds.' Na het afscheid van Van Vlijmen in 2001 stelt Van den Brink voor om de rol van Vijsma bij Bouwfonds te structureren met een vast contract. Vijsma moet de jonge garde systematischer trainen, hoopt de Bouwfondsdirecteur personeelszaken. Naast Diederik Stradmeijer zijn vooral Rob van den Broek en Dennis Lesmeister de rijzende sterren van commercieel vastgoed, die deze extra begeleiding van Vijsma krijgen.

Hoewel Vijsma's vaste contract niet doorgaat, voert de mental coach buiten de deur van Bouwfonds in hotels intensief gesprekken met sollicitanten, zakenpartners en werknemers van Bouwfonds. 'Ik heb precies een uur voor je,' is standaard zijn openingszin bij dit soort sessies, op kosten van Bouwfonds. Op de dag van zijn benoeming in 2001 reist Stradmeijer meteen af naar Den Haag voor een afspraak met Vijsma in het Bel Air Hotel. Zijn collega's Dennis Lesmeister en Eric Kemperman zijn daar ook bij.

Van Vlijmen is weg. Maar veel blijft hetzelfde. Zo blijft de bedrijfscultuur rond Van Vlijmen in stand, ook na de overname van Bouwfonds door ABN Amro en na het vertrek van Hakstege. Als nieuwe eigenaar ontdekt de Rabo Vastgoedgroep pas in 2008 dat Van Vlijmen zich via Nico Vijsma achter de schermen nog jaren bemoeit met Bouwfondsprojecten. Zo vraagt Lesmeister 12 november 2001 zijn secretaresse om Van Vlijmen een conceptbrief door te sturen over lopende Bouwfondsprojecten aan het Amsterdamse Rembrandtplein, de Luifelbaan en Paasheuvelweg. Van Vlijmen is dan al vier maanden weg bij Bouwfonds, maar krijgt wel voorinzage in belangrijke correspondentie die Bouwfonds nog moet versturen.

Het netwerk van Van Vlijmen blijft tot in 2006 in stand. Dat is in de ogen van justitie een crimineel netwerk, een criminele organisatie zelfs, met als leider Jan van Vlijmen. Via het bedrijfje Rooswyck krijgen Vijsma en Van Vlijmen niet alleen correspondentie van hun discipelen bij Bouwfonds over lopende projecten. Rooswyck heeft zelfs blanco briefpapier op voorraad liggen van Bouwfonds om eigen, en mogelijk valse, contracten te maken. Van Vlijmen zorgt ervoor dat er binnen Bouwfonds 'een zekere vorm van organisatie wordt behouden. Deze organisatie bestaat uit de juiste persoon op de juiste plaats,' aldus de FIOD-ECD in het proces-verbaal over de beweerde criminele organisatie. Gedoeld wordt op Lesmeister, Stradmeijer en Lambert. Zij kunnen bij Bouwfonds vermoedelijk valse overeenkomsten goedkeuren en valse facturen fiatteren en zo de fraude van Van Vlijmen continueren, meent de FIOD-ECD.

Het onderzoeksrapport voor de Rabo Vastgoedgroep stelt dat al vóór 1995 'de voorwaarden zijn geschapen om, naast het reguliere arbeidsinkomen uit dienstbetrekking, langs andere wegen bij te verdienen of voordelen te behalen. We vermoeden dat de heer Van Vlijmen dit haarfijn heeft aangevoeld en hier mogelijkheden zag.' De Sfinx en zijn oom voelen aan welke leidinggevende of jonge veelbelovende projectontwikkelaar vatbaar is, luidt de analyse. 'Hiermee werd intern een netwerk opgebouwd van getrouwen en zelfs bewonderaars die zeer loyaal en niet-kritisch, of tenminste onvoldoende kritisch, opereerden.' Door geld, beloftes of cadeaus aan te nemen zitten de vazallen naar verloop van tijd 'in een gouden kooi'.

De coachsessies van Nico Vijsma zijn een hulpmiddel om het hoger liggende doel te bereiken. 'De taak van Vijsma is vermoedelijk het committeren van mensen aan Van Vlijmen en het vormen van deze mensen naar het model-Van Vlijmen,' aldus de FIOD-ECD. Vijsma heeft volgens het proces-verbaal bijna duizend afspraken met Bouwfondspersoneel. Van deze gesprekken is 62 procent een-op-een. Voor justitie is het 'onduidelijk' waarom hij zulke intensieve contacten blijft houden. In de agenda's staan behalve individuele sessies ook brainstormsessies ingepland. Ondanks zijn vertrek in 2001 schuift Van Vlijmen ook aan. Geliefde locaties voor de geheimzinnige vergaderingen zijn hotels. Bel Air en Promenade in Den Haag, Crowne Plaza in Hoofddorp, Jan Tabak in Bussum en het Hilton in Amsterdam. Het zijn vergaderingen zonder agendapunten of bijbehorende schriftelijke stukken. Notulen worden niet gemaakt. Bijeenkomsten krijgen codenamen als de 'Tate-gesprekken'. De bijeenkomsten vinden eens per maand plaats met als vaste deelnemers Vijsma, Stradmeijer, Lambert, later ook Lesmeister en Harm Trimp van de firma Trimp & van Tartwijk, waarmee wordt samengewerkt op de Zuidas. De gesprekken gaan volgens Stradmeijer over 'de Europese expansie' van Bouwfonds. Maar bij Bouwfonds wordt hier geen documentatie over aangetroffen.

Stradmeijer heeft ook individuele gesprekken van een onduidelijk karakter met Vijsma. Hij heeft in de tweede helft van 2004 achttien gesprekken in zijn agenda onder de codenaam Liberty. Hij verklaart later dat dit persoonlijke coaching is. Wat werkelijk is besproken, blijft voor de Rabodochter een raadsel. Stradmeijer zou in die periode de spanning van de fusie van MAB en Bouwfonds van zich af hebben willen praten. Een veelgebruikte techniek van Vijsma is het opkrikken van het zelfvertrouwen van zijn klanten door hun opponenten te kleineren. De rest bij Bouwfonds kan niet in de schaduw van de Van Vlijmenkwekelingen staan, betoogt de Ted Troost van de vastgoedmarkt. De nieuwe lichting praat met minachting over de oude garde. Oud-Bouwfondsbestuurder Bart Bleker zou nul verstand van vastgoed hebben en louter geïnteresseerd zijn in leuke representatieve reisjes en een lintje van de koningin. Dat laatste krijgt hij. Maar dit is eigenlijk het geval met alle Bouwfondsveteranen, al beweren de leerlingen van Vijsma dat zijn hand en zijn netwerk erachter zitten. Wat in elk geval helpt, aldus een ex-directeur, is dat Bouwfonds in Zuid-Afrika huizen voor arme mensen gaat bouwen. Enkele maanden na Blekers koninklijke onderscheiding trekt Bouwfonds de stekker uit dit liefdadigheidsproject.

De Vijsmaschool is ook weinig lovend over de nieuwe topman Henk Rutgers. Een zwalkende bankier in hun ogen, die aan de tijd dat hij bij ABN Amro de probleemkredieten in de horeca verzorgt een compleet ingerichte Engelse pub overhoudt voor zijn zolderetage. Voor klusjes thuis laat hij de handige Karel Neukirchen opdraven, hoort de jonge garde op een feestje van Rutgers. Dat ligt nogal gevoelig want Neukirchen is door Rutgers aangesteld als risicomanager van

Bouwfonds nadat hij van Rijkman Groenink weg mag bij de bank. Dat Neukirchen slecht ligt bij de opvolgers van Van Vlijmen kan ook liggen aan het feit dat hij later degene is die een eerste intern Bouwfondsonderzoek naar mogelijke onregelmatigheden aanstuurt.

De invloed van Vijsma gaat veel verder dan de FIOD-ECD beschrijft in het strafdossier. De individuele gesprekken en de brainstormsessies zijn slechts een deel van zijn bemoeienis, blijkt uit gesprekken met ex-werknemers en hun adviseurs. De hand van Vijsma, herkenbaar aan zijn theatrale gedrag en voorliefde voor het bovennatuurlijke, komt terug in het orkestreren van een positieve beeldvorming rond Bouwfonds naar de buitenwereld. Van Vlijmen zei het al: commercie is theater. Vijsma's vriend en oud-collega René van Gameren van de Nederlandse Dagbladunie wordt overladen met opdrachten voor gelikte brochures. De directeur van Publi Design & Advertising is ballonvaarder, wat goed uitkomt als Bouwfonds een eigen luchtballon koopt. Voor evenementen voor zakelijke contacten worden kosten noch moeite gespaard. Bouwfondswerknemer Elsa Gorter heeft een dagtaak aan het organiseren van de vele feesten en partijen. Zij is de Elsa zonder wie het 'in het honderd' loopt en door wie het 'in de duizenden' loopt.

Bouwfonds moet concurreren met feestjes van andere vastgoedpartijen en wil met vlag en wimpel winnen. Voor de creatieve input wordt het bedrijfje Motivision ingehuurd. 'Je gaat werken voor een ongelooflijk verwend gezelschap,' legt Vijsma daar uit. 'Het soort mensen dat voor een weekendje met een Concorde naar New York vliegt, daar met de limousine naar Washington rijdt. Luncht met president Clinton, en met de Concorde terug naar Europa vliegt. En dan bij terugkomst op de vraag hoe het weekend was, antwoordt: "Mwah. Was wel aardig."'

Leo Schepman, creatief directeur van Motivision, bedenkt met Nico *Planet Paradox*, een peperduur eenmalig totaaltheater dat menig vastgoedbaron nog steeds in zijn geheugen gegrift staat. De elite van de Nederlandse vastgoedmarkt wordt thuis opgehaald door een limousine met chauffeur. De rit gaat naar het onherbergzame westelijk havengebied in Amsterdam. Onderweg verdwaalt de limousine. De chauffeur vraagt uit wanhoop de weg aan de enige levende ziel op het uitgestorven bedrijfsterrein, een zwerver lopend naast een fiets volgehangen met plastic tassen. Door het opengedraaide limousine-raampje serveert de zwerver de inzittende vastgoedbons een door-timmerd filosofisch antwoord: 'Ach, de weg? U vraagt mij de weg? Zijn we niet allen zoekende naar de juiste weg? U bent verdwaald, en denkt dat ik heb gevonden?' Licht gedesoriënteerd arriveren de gasten in een reusachtige havenloods. Ze worden ontvangen met goedkope koffie in plastic bekertjes. Tot hun verrassing is in een ruimte verderop een grootscheepse veiling van kunst en antiquiteiten aan de gang. Dat is de atmosfeer van materialistisch verlangen waarbij de vastgoedmannen zich weer behaaglijk beginnen te voelen.

Harry Mens begint als een van de eerste gasten enthousiast mee te bieden. Dan komt een topstuk van een constructivistische Russische schilder onder de hamer. De veilingmeester zegt: 'Eenmaal. Andermaal.' Met zijn hamer slaat hij af met een keiharde klap. Tegelijk met de knal gaan alle lichten uit. De gasten schrikken zich wezenloos en horen in de duisternis een prediker een verhaal starten. Iets over de snelheid van het licht, het concept tijd en de oneindigheid van het heelal. En dat ergens anders in het universum buitenaards leven hen hier beneden nu observeert. Aan het einde van de loods verlicht een spotje een man achter een kansel. Rookmachines vullen de vloer met mist.

Ademloos hangt de elite van de onroerende wereld aan de lippen van sterrenkundige en journalist Govert Schilling, want hij beschrijft daar de grenzen van de fysica. Schilling staat aan het begin van zijn carrière, maar een avond als deze heeft hij nooit meer meegemaakt. Bouwfonds betaalt hem waanzinnig goed. Voor een kwartiertje optreden 1750 gulden. Een avond die met zijn apocalyptische voorstelling nog lang niet is beëindigd. De ene wisseling volgt de andere paradox op. Vijsma, met zijn voorliefde voor planeten en het buitenaardse, geniet als de show in Amsterdam verspringt van Alice in Wonderland naar sciencefiction. Ruimtejournalist Piet Smolders vertelt over ruimtereizen. Tussendoor komt de hoogbouw in boomtown Chicago tijdens de roaring twenties even langs. Toch nog even een kleine reminiscentie aan onroerend goed.

Halverwege halen twee rondvaartboten de gasten van de kade aan het Houtveenkanaal om naar het Centraal Station te varen, en weer terug. In de tussentijd, een changement, is het interieur van de loods veranderd in een sneeuwlandschap. Een Engelse poolreiziger steekt een fantastisch verhaal af over gewenste en ongewenste sporen die de mens achterlaat. De avond eindigt in loungesfeer. Sterrenkok Cas Spijkers serveert het eten. Het exquise voorgerecht moeten de Bouwfondsgasten en gastheer Hakstege uit een automatiek aan de muur trekken.

Het is typisch iets voor Vijsma om dit soort theater te laten opvoeren. Uiterlijk vertoon met dubbele bodems. Een spiegelpaleis. De vastgoedsector als decor. Een knipoog naar de dunne scheidslijn tussen goed en kwaad in het leven van hem en zijn neef Jan? Zijn evenementen moeten ontregeld zijn, waarna een herprogrammering volgt.

Een ander evenement dat Motivision voor Vijsma moet verzorgen, is het afscheid van de Loyens & Loeff-fiscalist Bernard Bavinck. Hij vertrekt in de jaren negentig naar de Hoge Raad, waardoor hij zijn advieswerk voor Bouwfonds moet opgeven. De man is filmgek. Met Vijsma bedenkt Motivision een rondleiding voor Bavinck door de net geopende Filmacademie aan het Amsterdamse Waterlooplein. Tijdens de toer arriveert het gezelschap bij een studio. Het rode opnamelicht brandt. Geen probleem, zegt de gids, we kunnen wel even een kijkje nemen. Een acteur en een actrice spelen daar voor de camera's een scène, die plotseling over ene Bavinck blijkt te gaan, met persoonlijke details over diens privéleven. Aan het eind van de avond krijgt Bavinck een videoband aangereikt met een razendsnelle montage van alles wat hij eerder die avond heeft meemaakt. Zonder dat Bavinck het weet, is de hele toer met een verborgen camera opgenomen.

Het zijn slechts twee voorbeelden. Elke eerste paal wordt opgeluisterd met theater en grensverleggend vertier. Tijdens het Mindshareevenement delen Bouwfondsrelaties hun gedachten. Met supermarktconcern Schuitema lanceert Bouwfonds congressen over winkelpanden waarvoor de Bouwfondssprekers ook weer door Motivision en consorten worden getraind. Vijsma bezoekt Motivision met prinses Margarita en Bouwfondsadviseur Edwin de Roy van Zuydewijn om een theatrale invulling te bespreken voor hun huwelijk op 22 september 2001. De opdracht gaat echter niet door. Elke twee jaar heeft Bouwfonds in de Beurs van Berlage een netwerkevenement. Dat gaat meestal gewoon over vastgoed, totdat Vijsma zich ermee bemoeit. Op

25 maart 1999 is de beurs het toneel van een kermisachtige parade: La-byrint van de toekomst. Gastheren en vooral gastvrouwen zijn verkleed als wandelende schemerlampen. Een dag vol vastgoedslogans als 'De paleizen van vandaag zijn de krotten van morgen'. In 2002 is er *Planet Passion* op het landgoed Overveen met een spervuur aan positivistische inzichten en oneliners. 'De mens is zijn eigen bouillonblokje', en dat soort aforismen.

Vijsma geeft Motivision ook opdrachten om een speciale dag te ensceneren voor een zakenrelatie. Onderdirecteur Dennis Lesmeister mag vastgoedtycoon Lesley Bamberger van de Kroonenberggroep in de watten leggen. 'Ik ben al bevriend met Lesley maar ik wil nog meer met hem bevriend worden. Daar gaan jullie mij bij helpen,' verlangt Lesmeister, die al samenwerkt met de kleinzoon van de overleden Ja-pie Kroonenberg. Bamberger en Bouwfonds verbouwen samen een voormalig ABN Amro-kantoor aan het Rembrandtplein. Als Vijsma het idee om naar Parijs te vliegen als waardeloos heeft weggezet, be-denkt Motivision iets groters. De dag begint voor Lesmeister en auto-gek Bamberger op het racecircuit in Zandvoort met een cursus rally-rijden. Daarna vervoert een helikopter hen naar het REM-eiland in de Noordzee. Met twee ornithologen monitoren ze de vogeltrek over zee. Dan gaat het naar het Europese ruimtevaartcentrum ESTEC in Noordwijk, waar astronaut Wubbo Ockels hen rondleidt. Vervolgens naar Van der Arend Tropical Plant Center in Naaldwijk, met zijn reus-achtige kas met pagode, waar de kok van het Amsterdamse Okura Hotel een diner serveert. Een dagje uit voor twee personen, op kosten van Bouwfonds.

De vleierij van Lesmeister levert Bouwfonds een desastreus con-tract op, ontdekt een nieuw aangetreden topman, Isaäc Kalisvaart, la-ter tijdens een schoonmaak van oude Bouwfondsdeals. Bouwfonds blijkt in de fiftyfifty-joint venture met Kroonenberg een opbrengst-garantie boven op andere garanties aan Kroonenberg te hebben ge-stapeld. Bouwfonds dreigt er daardoor dertig tot 35 miljoen euro bij in te schieten. Bamberger weigert in te gaan op het verzoek van Kalis-vaart om de deal terug te draaien. Kalisvaart meent dan een nooduit-gang te ontdekken. In de samenwerkingsovereenkomst staat nergens wanneer het project aan het Rembrandtplein moet worden gereali-seerd. Vijf lastige bijeenkomsten verder besluiten Bouwfonds en

Kroonenberg om de deal in goede harmonie te saneren. Bouwfonds draagt zijn aandelen over aan Kroonenberg. De bouw is anno 2009 nog gaande.

Het Bouwfondsarsenaal aan relatiemarketing is onder Cees Hakstege en Jan van Vlijmen imposant uitgebreid. Elk jaar moet het kerstdiner voor de Bouwfondstop het kerstdiner van het jaar daarvoor overtreffen. Voor de relaties is er elk jaar de Hoevelaken Happening, met muziek, drank en hapjes. Met de bedrijfsballon doet Bouwfonds mee aan het internationale festival voor heteluchtballonnen in het Zwitserse Chateau d'Oex. Bij sommige ballonevenementen krijgen gasten tot hun stomme verbazing een pilotenjack cadeau. ABN Amro-bankier Hans ten Cate krijgt van zijn baas Rijkman Groenink, die wel wat gewend is, in eerste instantie geen toestemming om met zijn vrouw op uitnodiging op de hete lucht van Bouwfonds door Zwitserland te zweven. Ten Cate mag uiteindelijk toch gaan.

Naast de ballon introduceert Hakstege een bedrijfsboot. De *Marieke* is van Bouwfonds en Fortis samen om zakenrelaties op een vaartochtje te trakteren. Het afscheidsfeest van Hakstege in 2001 is ook een van tevoren geregisseerd en ingestudeerd schouwspel, zonder dat de sleutelfiguren dat van elkaar weten. Elsa Gorter houdt het angstvallig geheim voor Hakstege, terwijl die weer voor haar verzwijgt dat hij van het hele programma tot in detail vooraf op de hoogte wordt gehouden. Hakstege weet precies wat Wiegel in zijn lofrede op Hakstege in het Muziektheater gaat zeggen. Wiegel weet precies wat Hakstege gaat zeggen. Alle teksten, van Hakstege, van Wiegel, maar ook van acteur Gijs Scholten van Aschat, komen uit de duim van scenarist Leo Schepman. Hakstege is helemaal nooit geïnspireerd geweest door een oom die missionaris met een motor in Afrika was. Dat is een oom van Schepman.

In 2004 begint Bouwfonds het zat te worden. Bestuurder Henk van Zandvoort zegt theaterontwerper Vijsma de wacht aan. Vijsma bazuint rond dat Bouwfonds een 'incompetente club is' en Bleker een 'incompetent' bestuurder. Bleker krijgt ook genoeg van de opvolgers van Van Vlijmen. In een vertrouwelijke memo van 23 september 2004 schrijft Bleker aan collega-bestuurders Jaco Reijrink en Henk Rutgers: 'Met betrekking tot de bemensing wordt geadviseerd afscheid te nemen van degenen die de Van Vlijmencultuur belichamen.' Voor de directeur commercieel vastgoed Stradmeijer is geen plaats meer bij Bouwfonds, analyseert Bleker, vanwege diens 'beperkte bijdrage op professioneel gebied' en zijn 'te hiërarchische instelling'.

Het vertrek van Stradmeijer en zijn maten valt samen met de fusie van Bouwfonds met projectontwikkelaar MAB. Dit is in de ogen van de Van Vlijmengarde een verzameling lijken in de kast. MAB heeft daarentegen het idee dat de Bouwfondsmannen rond Stradmeijer hun best niet doen om te fuseren, omdat ze MAB als een bedreiging zien. Het due diligence-onderzoek naar MAB besteden bij Bouwfonds de Van Vlijmendiscipelen Dennes Lesmeister en Diederik Stradmeijer uit aan Trimp & van Tartwijk. Dat bureau, dat nu zelf een van de fraudeverdachten is, geeft een negatief advies. De grootste bodemloze put van MAB is volgens de Van Vlijmenschool het Frankfurter winkelcentrum HochVier. MAB trekt dat op zonder zicht op huurders en beleggers. In 2004 heeft MAB hier al 400 miljoen euro in gestoken. Dit in HochVier geïnvesteerde bedrag is in 2009 al opgelopen tot één miljard euro. Dit probleem van MAB is al ruim voor de fusie met Bouwfonds ook het probleem van Bouwfonds. De belangrijkste financier van MAB is namelijk Bouwfonds Property Finance. Het financiert honderd procent van HochVier. Directeur Bertus Pijper heeft zijn hand overspeeld met veel te ruime kredieten.

ABN Amro, dat in 1998 de eigen ontwikkelingsdochter bij Bouwfonds onderbrengt om het bloeden te stelpen, besluit nu van hogerhand Bouwfonds met MAB te laten fuseren. Ook hier moet via een fusie een probleem gladgestreken worden. Een andere belangrijke drijfveer achter deze bundeling is dat ABN Amro hiermee uitbreidt in het internationale commerciële vastgoed. Na de overname eind 2004 voert het MAB-management een eerste schoonmaak door bij de leiding van Bouwfonds Commercieel Vastgoed. Een reden is het opvallende gebrek aan transparantie. Stradmeijer, Lesmeister en Van den Broek vertrekken. Alleen de relatieve nieuweling Alexander Lubberhuizen blijft aan. Voorlopig althans.

Stradmeijer haalt nooit de statuur van Van Vlijmen. Niet binnen de vastgoedwereld, niet binnen Bouwfonds en ook niet bij justitie. Toch doet de Rabo Vastgoedgroep aangifte tegen de opvolger van Van Vlijmen als het bedrijf kennisneemt van de bevindingen van justitie. Opmerkelijk is dat de Rabo Vastgoedgroep geen snipper papier terug kan vinden van het archief van controlfreak Stradmeijer. Wel lijkt hij bereid mee te werken aan het interne onderzoek dat in 2008 wordt uitgevoerd. Toch houdt de FIOD-ECD in april dat jaar de vader van vijf kinderen aan voor vijf weken voorarrest. Justitie heeft twee verdenkingen. De eerste is dat het privébedrijf van zijn echtgenote, Anne Kortenoever, al tijdens zijn dienstverband betalingen krijgt van stromannen van Jan van Vlijmen. Het gaat in 1999 om een half miljoen gulden en in 2000 om 1.250.000 gulden. De vrouw zegt dat zij voor het laatste bedrag onder meer een vastgoedrapport heeft geleverd. Maar Kortenoever kan de FIOD-ECD geen namen geven van opdrachtgevers of contactpersonen van haar onderneming. 'Die kwamen via mijn man.' Degenen die de betalingen hebben verricht, kennen de vrouw en haar bedrijfje Rohide Investments & Consultancy niet.

Justitie vermoedt dat de betalingen voor Stradmeijer zelf bestemd zijn en dat zijn vrouw geen werk heeft gedaan en alleen nepfacturen verstuurt. Opsporingsambtenaren ontdekken dat het rapport van haar hand een kopie is van een oude postdoctoraal scriptie van Stradmeijer en een medestudent. Helemaal pikant is dat de kopie van de scriptie pas wordt gemaakt als de Belastingdienst eerste kritische vragen heeft gesteld. De naam van drs. A.V. Kortenoever prijkt opeens op de oude scriptie van haar man, 'Marketing van commercieel vastgoed, gevoel of structuur'. Als de FIOD-ECD vraagt waarom beide documenten nagenoeg identiek zijn, antwoordt Stradmeijer: 'Deze vraag zult u aan mijn vrouw moeten stellen.' Kortenoever beroept zich deels op haar zwijgrecht en zegt ook dat door alle zwangerschappen er 'fysiek iets met haar is gebeurd' waardoor ze 'dingen gewoon niet meer weet'.

Er zijn meer verdenkingen tegen Stradmeijer dan alleen de oude betalingen aan de vennootschap van zijn vrouw. In een getapt gesprek zegt Van Vlijmen tegen een zakenpartner, die hij vermoedelijk omkoopt, dat hij na zijn pensionering een eigen bv moet opzetten en dat hij daarna rustig moet gaan declareren op projecten van Van Vlijmen. Net als hij destijds heeft afgesproken met 'Diederik Stradmeijer'. In handgeschreven aantekeningen van Frische wordt Stradmeijer 'vazal van Jan' genoemd.

Na zijn vertrek bij Bouwfonds dient Stradmeijer via zijn privévennootschap Stradmeijer Property Excellence in 2006 voor 1,3 miljoen euro vijf facturen in bij Landquest en Rooswyck en andere bedrijven van Van Vlijmen. De FIOD-ECD meent uitgestelde betalingen van steekpenningen op het spoor te zijn. Opvallend is dat de verdachte betalingen aan Stradmeijer exact overeenkomen met bedragen die 'Died' jaren eerder zijn beloofd in een handgeschreven notitie van de voormalig directeur financiën van Bouwfonds Olivier Lambert. De notitie wordt aangetroffen bij een doorzoeking bij ontwikkelaar Rob Willemsen thuis.

Stradmeijer stelt zich op het standpunt dat de oude zaak een zaak van zijn vrouw is en de nieuwe niets voorstelt. Hij heeft gewoon gewerkt voor zijn facturen aan Landquest en zal dat zonder enig probleem kunnen onderbouwen, denken zijn advocaten. 'Projectontwikkeling is een creatief vak, zonder uurtarief. Kwestie van mensen bij elkaar brengen.'

Hij verklaart op 8 april 2008 tegen justitie 'geen idee' te hebben wie de Died is uit de aantekeningen. 'Ik ken het document niet. Ik wil er niet over speculeren. Ik heb geen enkele associatie met het woord Died.' Voor Jan van Vlijmen is het de bijnaam voor Stradmeijer. 'Died, Jan', zegt Van Vlijmen op 27 augustus 2007 als hij belt met Stradmeijer vanuit een hotel. 'Died, ik kan nu helemaal vrij praten,' om vervolgens een bankgarantie te bespreken. Ook opmerkelijk is dat Stradmeijer een mail aan zijn persoonlijke vriend René van Gameren ondertekent met... Died.

Ballonvaarder Van Gameren heeft weinig zin om terug te kijken op zijn vluchten voor Bouwfonds en zijn vriendschap met Vijsma en Stradmeijer. Zijn bedrijf maakt ook de cartoons van Bouwfondsdirecteuren die vertrekkend Bouwfondsbaas Hakstege bij zijn afscheid in 2001 uitdeelt. Onderzoekers van de Rabo Vastgoedgroep vinden later nog twee spotprenten van dezelfde artiest en verzonden vanaf de computer van Van Gameren. Van Gameren mailt ze op 8 januari 2005 aan de nieuwe ster bij de afdeling commercieel vastgoed van Bouwfonds, Alexander Lubberhuizen. 'Bijgaand de gewijzigde cartoons van de heren. Graag je reactie,' schrijft Van Gameren. Op die cartoons staan twee directeuren van Philips Pensioenfonds afgebeeld in achteraf bezien erg treffende omstandigheden, met onder meer een zak geld onder het bureau. De cartoons zijn opmerkelijk genoeg gemaakt ver voordat het onderzoek van justitie en de interne twijfels bij Bouwfonds en Philips bekend zijn. Het zijn de nieuwe fraudepartners van de oude Bouwfondsclan. Justitie ziet met deze twee mannen zelfs een nieuwe criminele organisatie ontstaan. Met een nieuw theater voor hun fraudefaçades, de Zuidas in Amsterdam, Nederlands duurste nieuwbouwlocatie.

Niet te serieus nemen, die cartoons van de mannen van Philips Pensioenfonds, stelt Van Gameren. Een spotprent is toch hoogstens een persiflage of een karikatuur en niet de werkelijkheid?

Deel 4

Meesnoepen uit de pensioenpot van Philips

15 Poort van de Zuidas

Het geheime genootschap van Jan en Nico dringt de Zuidas binnen. De gemeente Amsterdam ontvangt ze met open armen op Nederlands meest prestigieuze nieuwbouwlocatie. Bouwfonds, Philips Pensioenfonds en mogelijk ook de belastingbetaler worden benadeeld. 'Ik krijg nu achteraf de indruk dat ik gebruikt ben.'

Minister Sybilla Dekker van Volkshuisvesting betreedt op 18 mei 2004 over de rode loper een bouwterrein aan de rand van de Amsterdamse Zuidas, de duurste nieuwbouwlocatie van Nederland. De bewindsvrouwe geeft het startsein voor de bouw van een kantoor- en appartementenkolos die Bouwfonds naast NS-station Amsterdam Zuid optrekt voor belegger Philips Pensioenfonds. Minister Dekker steekt een kale zandvlakte met enkele verdwaalde onderdelen van een graafmachine over. Op de achtergrond staat een kanariegele bouwkeet. Om het terrein staat een hek van gaas. Aan het eind van de rode loper zitten op een tribune in de volle voorjaarszon een tachtigtal werknemers van betrokken bedrijven en een enkele ambtenaar. Het zijn veel mannen met zonnebrillen, pakken en stropdassen, onder wie Will Frencken van de belegger Philips Pensioenfonds en Diederik Stradmeijer van projectontwikkelaar Bouwfonds.

Bij het ceremoniële slaan van de eerste paal is een kant van het terrein met een groot spandoek afgeschermd. 'Dames en heren, wat zich hier achter dit doek bevindt, is nog een grote verrassing.' Een op zijn tenen wippende Bouwfondsprojectleider spreekt de aanwezigen toe. 'De onthulling daarvan zal de officiële start inluiden van de bouw van Eurocenter,' glundert de spreker.

Minister Dekker draait aan een lier. Het grote spandoek zakt naar beneden. Een compleet symfonieorkest zit klaar en laat onmiddellijk van zich horen met hoorngeschal en pauken, violen, cello's, bekkens en een prominente triangelspeler. Het 'Amsterdam Music Construction Consortium', met witte rubberlaarzen aan en witte bouwvakkershelmen op. Zij brengen een speciaal voor deze gelegenheid door componist Toon Viejera geschreven muziekstuk ten gehore, uitgevoerd door onder meer operazangeres Miranda van Kralingen en een dozijn muzikanten die, en dat is de echte gimmick, als instrument drilboren, kango's en slijptollen hanteren. Fraai vastgoedtheater georganiseerd door Leo Schepman Producties. Met een beetje inspiratie van Nico Vijsma. Het is een bijzonder schouwspel, dat vereeuwigd is op dvd.

De twee Eurocentertorens met kantoren en appartementen die hier verrijzen, vormen volgens Philips en Bouwfonds 'de poort' van het nieuwe financieel-juridische zakendistrict. De toeschouwers achter de ramen van de omringende gebouwen horen een ouverture voor drilboren. Maar de aanwezige vastgoednotabelen horen vandaag de kassa rinkelen. Eurocenter verandert voor 144 miljoen euro van eigenaar. Dat bedrag betaalt eindbelegger Philips Pensioenfonds aan projectontwikkelaar Bouwfonds. Bouwfonds rekent op een winst van 23 miljoen euro, onderontwikkelaar Trimp & van Tartwijk op een miljoen of zeven winst.

Het financiële vliegwiel van Eurocenter brengt ook een heleboel kleine kassa's in beweging, maar de eigenaren daarvan willen niet dat anderen het gerinkel horen. Dat zijn de kassaatjes van de leden van een tweede criminele organisatie die Jan van Vlijmen en Nico Vijsma volgens het OM hebben opgezet. Hun eerste criminele organisatie heeft volgens het OM zijn wortels in Bouwfonds. Voor hun tweede criminele organisatie rekruteren Jan en Nico medeplichtigen bij Philips en gedelegeerd projectontwikkelaar Trimp & van Tartwijk, aldus het OM. Primair jachtterrein van dit netwerk is de Zuidas. Eurocenter wordt de eerste geslaagde kraak van deze bende, vermoedt de opsporingsdienst.

Het OM traceert rond Eurocenter in totaal 29 verdachte betalingen aan in totaal twintig personen of bedrijven. Die zouden geen recht op die betalingen hebben. Daarmee is bij Eurocenter 18.722.547 euro ten onrechte 'onttrokken aan Bouwfonds en/of Philips', schrijft het OM in het 250 pagina's tellend projectproces-verbaal dat een overzicht geeft van het omvangrijke fraudeonderzoek rond Eurocenter.

Maar volgens advocaat Sidney Berendsen van de nieuwe eigenaar van Bouwfonds, Rabo Vastgoedgroep, is de buit nog groter. Tijdens inleidende juridische schermutselingen in 2009 met enkele fraude-verdachten rekent de advocaat voor dat tijdens het Eurocenterproject in totaal tenminste 35 miljoen euro is gestolen van Bouwfonds. De Rabo Vastgoedgroep meent dat deze schade niet alleen is ontstaan doordat er geld is weggesluisd. Op grond van eigen onderzoek meent de ontwikkelaar ook stelselmatig te hoge rekeningen te hebben gekregen.

Niet alleen de Rabo Vastgoedgroep, maar ook de koper van Euro-center, Philips, meent te zijn belazerd voor een onbekend bedrag. In 2009, drie jaar na de oplevering en twaalf jaar na de eerste bouwplannen, staat Eurocenter nog voor een groot deel leeg. Dat is voor een nieuwbouwproject een enorme tegenvaller waarmee het Philips Pensioenfonds geen rekening heeft gehouden. Het Openbaar Ministerie verdenkt in totaal 47 personen en bedrijven van fraude bij Eurocenter, inclusief de twaalf leden van de vermoedelijke criminele organisatie. In elk geval een van hen meent zelf niet het onderste uit de kan te hebben gehaald. Dat is hoofdverdachte Jan van Vlijmen. De Sfinx wordt afgeluisterd door de FIOD-ECD als hij op 13 juni 2007 zijn beklag doet bij medeverdachte Eric Frische over de concessies die hij doet om vragen van de fiscus rond Eurocenter te ontwijken.

Jan: 'Eric, bewust heb ik mezelf (…) overal uit Eurocenter uit-geknipt. Ik denk dat me dat in totaal een miljoen euro gekost heeft.'

Eric: 'Ja.'

Jan: 'Want toen ze dat zo gingen onderzoeken, ik denk, als ze dan een link vinden, van mij met Eurocenter, en dan straks met Symphony en die grote deal.'

De bemoeienissen van Van Vlijmen met Symphony en 'die grote deal' komen later inderdaad nog uitgebreid boven water. Maar de Sfinx komt in Eurocenter nergens rechtstreeks terug als begunstigde. Iemand kan zich uit een verdachte transactie knippen door het geld via tussenschakels weg te sluizen. Meer tussenschakels bemoeilijken het traceren van een begunstigde. De regisseur van de geldstromen kan er ook voor kiezen om het geld tijdelijk ergens te stallen en veel later, als de rust is weergekeerd, op te eisen via verzonnen werkzaamheden.

Wat de zaak rond Eurocenter extra interessant maakt, is dat hier mogelijk ook de gemeenschap tekort is gedaan. Het gaat om negen miljoen euro. Dit bedrag is de gemeente Amsterdam volgens verschillende betrokkenen door de neus geboord bij het afkopen van de erfpacht. Het lijkt er volgens verschillende onderzoekers en betrokkenen op dat de gemeente de Eurocenterbouwkavel te goedkoop heeft verkocht. Ondanks aanwijzingen van getuigen laat justitie dit zijspoor tot nu toe links liggen. Namens de gemeente ontkennen de hoge ambtenaren Klaas de Boer (bureau Zuidas) en Jan Hagendoren (Ontwikkelingsbedrijf) desgevraagd dat de gemeente hier slachtoffer is.

De vermoedens leggen bloot hoe kwetsbaar de gemeente is in de onderhandelingen met vastgoedmagnaten. De wijze waarop de gemeente Amsterdam bouwgrond uitgeeft, wijkt sterk af van de rest van Nederland. Het Amsterdamse erfpachtstelsel is een sociaal-democratische uitvinding van een eeuw geleden. Via de erfpacht deelt de lokale overheid bij nieuwbouw telkens weer mee met de waardeontwikkeling van de grond. De uitgifteprijs wordt berekend met een simpele vuistregel: de verkoopprijs van een project minus de bouwkosten van een project. Wat overblijft, heet de residuele grondwaarde. Dat bedrag wil de gemeente hebben als erfpacht. Het is tegenwoordig de gewoonte dat alle toekomstige erfpachtbetalingen aan het begin van de erfpachtperiode in één keer worden betaald. De Zuidas is een goudmijn voor de gemeente. De kavels voor het financiële hart van Nederland brengen tot nu toe het duizelingwekkende bedrag van 250 miljoen euro in het laatje. Maar in de Eurocenterdeal is de gemeente volgens sommige bronnen negen miljoen euro misgelopen.

Op 5 juni 2002 gebeurt er iets raars bij de onderhandelingen over de kavel, melden betrokkenen, onder wie leden van het onderhandelingsteam van de gemeente. De onderhandelingen zitten al maanden muurvast. Op basis van de prijs van de omliggende grond vraagt de gemeente 38,6 miljoen euro. Maar projectontwikkelaar Bouwfonds, gedelegeerd projectontwikkelaar Trimp & van Tartwijk en de uiteindelijke belegger Philips verlangen forse korting. Zij betogen dat het bestaande kantoorgebouw ook geld waard is. Dat gebouw is ook van Philips en moet eerst verdwijnen voordat de bouw kan beginnen. Ze willen dat de gemeente opdraait voor deze sloop en waardevernietiging. Het gaat om een verlopen kantoor. Het Philips Pensioenfonds verhult een deel van de leegstand door er zelf haar regiokantoor te vestigen.

Ontwikkelaars Bouwfonds en Trimp & van Tartwijk en belegger Philips verlangen op basis van de veronderstelde waarde van het oude gebouw een korting van twintig miljoen euro op de vraagprijs voor de grond. Een 'onoverkomelijk hoge' eis, vindt de gemeente. Als Philips iets nieuws wil bouwen, dan moet het ook de sloopkosten en de waardevernietiging van het oude gebouw zelf betalen, redeneert de gemeente. De ambtenaren vinden dat Philips en Bouwfonds de waarde van het oude gebouw absurd overdrijven.

Maar daags voor de onderhandelingen van 5 juni 2002 krijgt de onderhandelingsdelegatie een mondelinge oekaze van de leiding van het gemeentelijk projectbureau Zuidas. Er moet meer schot in komen. Rond de onderhandelingen af en geef die korting nu maar, is de boodschap. Dit soort transacties is geen exacte wetenschap. Dat een oud pand een korting genereert voor een nieuwbouwkavel gebeurt vaker. Maar een halvering van de uiteindelijke grondprijs verbijstert betrokkenen vandaag de dag nog steeds.

Hans van Tartwijk van gedelegeerd projectontwikkelaar Trimp & van Tartwijk en Dennis Lesmeister van Bouwfonds komen op 5 juni 2002 met de ambtenaren overeen dat de korting ook gebaseerd is op zogenaamde 'excessieve kosten' die voor het nieuwbouwproject nodig zouden zijn. Is dat een rechtvaardiging voor de miljoenenkorting? Rabo Vastgoedgroep, de nieuwe Bouwfondseigenaar, concludeert op basis van eigen onderzoek van niet. Het oude gebouw van Philips is volgens dit onderzoek 9,1 miljoen euro te duur ingebracht in de onderhandelingen over de grondprijs met de gemeente. Daardoor heeft de gemeente 9,1 miljoen euro te weinig gekregen voor de uitgifte van de nieuwbouwkavel van Eurocenter. In deze lastige herberekening stoppen de onderzoekers van de Rabo Vastgoedgroep veel energie. Maar voor de financiële verhouding tussen Bouwfonds en Philips maakt het uiteindelijk niets uit, constateren de onderzoekers gelaten. Want die verrekenen onderling de korting op de grondprijs die de overwaardering van het slooppand oplevert. Over de impliciete tegenvaller van 9,1 miljoen euro voor de gemeente laten de onderzoekers van de Rabo Vastgoedgroep zich verder niet uit.

Vastgoeddeskundige Sipke Gorter van Philips Pensioenfonds rept in zijn getuigenverhoor over dezelfde vermoedens. Gorter spreekt van 'een gat' van tien miljoen euro in de onderhandelingen over de grondprijs voor Eurocenter. Gorter suggereert tegenover de opsporingsdienst dat de gemeente is benadeeld bij de inbreng door Philips van het oude pand en perceel. Het is onduidelijk wat de FIOD-ECD met deze waarschuwingen van Gorter doet.

Gedoe over de grondprijs is er al langer. Al bij de eerste presentatie van de bouwplannen in oktober 1998 uit pensioenfondsdirecteur Will Frencken volgens getuigen zijn scepsis over de juistheid van de lage nettoprijs van de grond, die hem door Bouwfonds wordt voorgehouden. Ook zijn er geluiden die in een andere richting wijzen. Op 10 februari 1999 stelt Job Neyzen van Joseph Elburg Makelaars tijdens een breed overleg met alle betrokkenen dat het pand juist meer waard is. De jonge Dennis Lesmeister neemt het woord en zegt dat het allemaal niets uitmaakt. De prijs voor de oudbouw 'maakt deel uit van de communicerende vaten in het voorstel'. Merkwaardig, vinden aanwezigen op de vergadering. De projectontwikkelaar of de eindbelegger moet uiteindelijk opdraaien voor een onjuiste waardering. Behalve als de gemeente de verliezende partij is. Het onderwerp blijft terugkomen. Een maand later, op 4 maart 1999, maakt een financiële man van Philips Pensioenfonds weer kanttekeningen bij de juistheid van de aannames over de grondprijs.

In de voorfase van het strafrechtelijk onderzoek naar Eurocenter heeft ook de Belastingdienst argwaan. Zit er wellicht een kwetsbare schakel bij de gemeente? De Belastingdienst treft in de administratie van Bouwfonds een interne notitie aan van Dennis Lesmeister. Het is een overeenkomst van 5 oktober 1998 tussen Bouwfonds en Trimp & van Tartwijk. Ze komen overeen dat Hans van Tartwijk de 'constante factor' blijft naar de gemeente. 'Het zou kunnen,' stelt de accountant van de belastingdienst René van Selm in zijn proces-verbaal, 'dat een direct betrokkene bij deze transactie, bijvoorbeeld een ambtenaar van de gemeente Amsterdam, beloond is voor deze gunstige prijs.' Het is slechts een intuïtieve stelling van Van Selm. Toch wordt het risico van ambtelijke omkoping in de vastgoedfraudezaak wel serieus genomen. In 2008 start de gemeente Amsterdam een beperkt integriteitsonderzoek naar de ambtenaren rond het Zuidasvastgoed. Directeur Jan Stoutenbeek van het bureau Zuidas vraagt daar zelf om.

Het onderzoek is slechts gebaseerd op gesprekken met collega's van Stoutenbeek. Er worden geen aanwijzingen gevonden voor corruptie. Wel zijn er onwenselijk 'innige' banden tussen Stoutenbeek en Hans van Tartwijk. Uit de agenda van Van Tartwijk, die deel uit maakt van het strafdossier, blijkt dat ze niet zelden in het weekend afspreken. Ze bezoeken samen op zondag af en toe voetbalwedstrijden van PSV, de club van Brabander Van Tartwijk. De twee worden samen gezien op het vastgoedcongres Mipim in Cannes en ze eten om de zoveel maanden samen in de stad. In het Amstel Hotel als Van Tartwijk aan de beurt is en als Stoutenbeek mag kiezen bij de eenvoudige Griek of Italiaan aan de Weesperzijde. Maar van vergoedingen of beloftes van de ene sleutelfiguur op de Zuidas aan de ander is niets gebleken.

Het gemeentelijke bureau Zuidas heeft sinds het uitbreken van de fraudeaffaire de gang van zaken rond Eurocenter al honderd keer besproken met alle mogelijke onderzoekers. Het bureau wijt twijfels over de ontvangen grondprijs aan 'onbegrip'. Dat kan ook de onderzoekers van de Rabo Vastgoedgroep parten spelen, menen de Amsterdamse ambtenaren. De gemeente heeft bij Eurocenter bruto iets meer ontvangen per vierkante meter dan bij de uitgifte van de aanpalende grond, bijvoorbeeld aan Ernst & Young. Het bestaande gebouw van Philips Pensioenfonds op het Eurocenterterrein, dat gesloopt moest worden om plaats te maken voor de nieuwbouw, is getaxeerd op twintig miljoen euro. De gemeente heeft daarvan de helft vergoed aan de initiatiefnemers, omdat het gebouw helemaal verhuurd was.

De belangrijkste bron van alle twijfel is volgens de ambtenaren dat de gemeente nog eens negen miljoen euro aan de initiatiefnemers heeft toegezegd als vergoeding voor de 'excessieve bouwkosten' op deze locatie. Vanwege het naburige Holiday Inn-hotel moest er bijvoorbeeld stil worden geheid. Die exceptionele bouwbijdrage van negen miljoen euro, plus de vergoeding van tien miljoen euro voor het te slopen oude gebouw, heeft het netto door de gemeente ontvangen bedrag gehalveerd ten opzichte van de oorspronkelijke vraagprijs voor de grond. Philips heeft daarom feitelijk de korting gekregen die in het begin gevraagd werd. De gemeente heeft dit er voor overgehad, omdat zij vaart wilde maken met de ontwikkeling van de Zuidas. Het vergoeden van de excessieve bouwkosten is de oplossing die voor een doorbraak in de onderhandelingen heeft gezorgd. Dat is volgens de gemeente inherent aan de gevolgde onderhandelingtactiek.

Toch roept de constatering in het onderzoeksrapport van de Rabo Vastgoedgroep, dat er miljoenen te weinig aan gemeenschapsgeld binnen zijn gekomen voor de Eurocentergrond, opnieuw vragen op over de rol van de gemeente. Als inderdaad niets schort aan de integriteit van de gemeenteambtenaren, zoals de gemeente concludeert, kan het miljoenentekort mogelijk te wijten zijn aan een zwak onderhandelingsresultaat. Kennelijk is de gemeente kwetsbaar in het miljoenenspel met de grondtransacties in het financiële centrum van Nederland. De belangstelling van justitie voor deze rol van de lokale overheid is erg beperkt. Terwijl in de ogen van het Openbaar Ministerie in het hart van de Zuidas jarenlang een criminele organisatie actief is geweest, met de gemeente als een van de tegenspelers. Wel zegt wethouder Maarten van Poelgeest op 18 april 2008 in *Het Financieele Dagblad* dat de hoofdstad zijn gronduitgiftebeleid gaat wijzigen naar aanleiding van het uitbreken van de fraudeaffaire. 'We dachten met gegoede partijen als Philips Pensioenfonds zaken te doen. Die screen je niet. We kijken nu hoe we onze vastgoedpartners voortaan wel kunnen screenen. En ook naar wie zij ontwikkelingsprojecten doorplaatsen. Dat deden we tot nu toe niet.'

Dat het spel aan de Zuidas eind jaren negentig goed op de wagen is, blijkt ook uit de interesse van Bouwfonds. Bestuursvoorzitter Cees Hakstege en de directeur commercieel vastgoed Jan van Vlijmen willen dolgraag een positie verkrijgen aan de Zuidas. Eurocenter is het eerste grote project met een rol van Bouwfonds dat tot volle wasdom komt. Dat mag van Hakstege wel wat kosten. Des te opmerkelijker is het dat de topman rekeningen stuurt voor adviezen voor het project als hij al met pensioen is. Hij is volgens de FIOD-ECD een van de mensen die geld krijgen uit het fraudepotje van Eurocenter dat 18.722.547 euro bevat. Een potje dat onder regie van Van Vlijmen aangelegd zou zijn voor omgekochte oud-collega's en handlangers ten koste van Bouwfonds en de pensioengerechtigden van Philips.

Van Vlijmen bemoeit zich behalve met zijn boot en huis ook nauw met de oudedagsvoorziening van Hakstege. Allereerst richt hij de kantoorruimte van Cristel Vastgoed in. Dat is de vennootschap die

Hakstege op 18 juli 2001 start, anderhalve maand na zijn feestelijke vertrek. Formeel is Hakstege dan nog een half jaar in dienst van Bouwfonds. Acht dagen na de oprichting zet Hakstege de vennootschap op naam van zijn twee kinderen. Die weten nauwelijks ergens van, blijkt als de FIOD-ECD hen hoort. Cristel is iets van hun vader, zeggen ze. Van Vlijmen helpt zijn oude vriend op weg. Via zijn bedrijfje Rooswyck regelt hij de vloerbedekking, raamlamellen, de domeinnaam voor de website en de telefoonaansluiting van Cristel.

Van Vlijmen helpt Hakstege ook aan inkomsten. De oude topman van Bouwfonds gaat diensten verrichten voor Jack Del Castilho, al tientallen jaren een van de beste vrienden van Van Vlijmen. Cristel krijgt tussen 11 januari 2002 en 15 juni 2007 in totaal 55 keer facturen uitbetaald door Solid Brick, het bedrijfje van Del Castilho. In totaal ontvangt Hakstege zo 827.798,12 euro. Hakstege omschrijft zijn werkzaamheden in de boekhouding met het kenmerk 'Eurocenter'.

Dat kan grote gevolgen hebben, realiseert Hakstege zich als PricewaterhouseCoopers (PwC) eind 2006 in opdracht van Bouwfonds vragen begint te stellen aan alle ex-Bouwfondsdirecteuren. Hakstege belt zenuwachtig medeverdachten op. In taps blijken Van Vlijmen, Vijsma en Del Castilho weinig complimenteus over Hakstege. Hij heet voor hen 'de Hakkenbar'. Hakstege is nu echt aan het dementeren, zeggen zijn medeverdachten. Als de FIOD-ECD hem de tap laat horen, is Hakstege 'verbijsterd'. 'Ik krijg nu achteraf de indruk dat ik gebruikt ben.' Justitie meent dat Hakstege zijn oude werkgever misbruikt heeft. In elk geval in 2003, 2004 en 2006 heeft Hakstege 'geen prestatie' geleverd voor de aan hem overgemaakte gelden van Solid Brick, meent de FIOD-ECD.

Hakstege laat naar eigen zeggen zijn vrouw de oude facturen verscheuren als hij de vergissing probeert te herstellen. Hij laat haar met terugwerkende kracht nieuwe facturen maken. Zelf kan hij dat niet. 'Ik ben een absolute digibeet.' Op de nieuw gefabriceerde oude facturen laat Hakstege in plaats van 'Eurocenter' als kenmerk schrijven: 'Interim-management'. Haksteges vrouw, die in haar jonge jaren de secretaresseopleiding van Schoevers doet, heeft geen goed gevoel over deze operatie, verklaart ze later. Digitaal onderzoek toont volgens de FIOD-ECD aan dat de facturen inderdaad zijn geantedateerd.

Hakstege erkent nooit enig werk te hebben verricht voor Eurocenter. Omdat hij onder die vlag wel declareert bij Solid Brick, zijn zijn facturen 'niet conform de waarheid' opgesteld, bekent hij. Maar het zijn Del Castilho en Van Vlijmen geweest die hem ertoe zouden hebben aangespoord. De administratieve schoonmaak van Hakstege mislukt deels. Vier van zijn vijf laatste bonnen hebben nog steeds als werkomschrijving 'Eurocenter'. Ze belopen een totaal van 297.500,00 euro. 'Ik had er meer moeten aanpassen. Dat heb je als je alleen zit,' verzucht de pensionaris. Tegenover oud-collega Reijrink zegt Hakstege dat het allemaal komt door zijn administrateur. Reijrink: 'Ik zei toen tegen Hakstege: "Nu moet je niet je vrouw de schuld gaan geven."'

Een onderliggende overeenkomst tussen Cristel en Solid Brick is opgemaakt nadat het onderzoek van PwC en de fiscus is gestart. 'Antedateren van een brief mag natuurlijk niet,' beseft Hakstege. Het document is volgens Hakstege door Del Castilho opgemaakt. De oud-Bouwfondstopman beweert wel degelijk zijn acht euroton verdiend te hebben. 'Ik zou een soort vlag op zijn contacten naar Suriname zijn. Ik zou hem helpen voor iso-certificering. Ik zou hem helpen met een groot aantal andere dingen.'

Jack Del Castilho verklaart: 'Ik heb de bedragen aan Hakstege betaald om hem warm te houden voor mijn project in Suriname. Het was eigenlijk ook een beloning voor Hakstege voor dingen die hij in de toekomst moest gaan doen. (…) Ik durf het gewoon omkoping te noemen. Niet zozeer omkoping in de strafrechtelijke sfeer, maar legale omkoping.'

De FIOD-ECD en onderzoekers van de Rabo Vastgoedgroep menen nog een tweede girale stroom steekpenningen te traceren rond Eurocenter naar Hakstege. Die loopt via Durell Holding van oud-Fortisbankier Jan Steven Menke. Hij betaalt Cristel 127.500 euro, maar kan zich geen product of dienst van Hakstege herinneren waarvoor het geld is overgemaakt. Menke zegt dat hij Hakstege 'in opdracht van Jan van Vlijmen' betaalt.

Hakstege is de meest prominente naam in een lange rij van figuren die zouden hebben meegesnoept uit door Van Vlijmen opgewekte geldstromen rond Eurocenter. Terwijl Hakstege als ontvanger de aantijgingen verre van zich werpt, geeft aannemer Labes toe als doorgeefluik gefungeerd te hebben. Van Vlijmen poogt via een ketting van vennootschappen en vermoedelijk gefingeerde werkzaamheden een rookgordijn te leggen om de ontvangers in bescherming te nemen. Zo factureert Mark Labes in vijf porties 2,1 miljoen euro, voor onder meer 'sloopwerkzaamheden' bij Eurocenter. Die zouden beschreven zijn in zes verslagen die Labes heeft gemaakt van werkbesprekingen met Alexander Lubberhuizen van Bouwfonds.

Tegen de FIOD-ECD zegt Mark Labes: 'De inhoud van deze stukken is gedeeltelijk uit de duim gezogen. Ik heb deze stukken laten opmaken omdat het Bouwfonds, in de persoon van Jan van Vlijmen of een van zijn medewerkers, dit zo aan mij gevraagd heeft. Het doel van deze verslagen is dossiervorming. Het Bouwfonds wilde een dossier hebben.' Het terrein is ook niet bouwrijp gemaakt door Labes: 'Toen wij begonnen, was het gebouw al gesloopt.' Wel heeft Labes een schutting om het bouwterrein neergezet. Volgens de FIOD-ECD voor 205.000 euro werk en niet voor de gefactureerde 2,1 miljoen euro. Labes laat zich voor het karretje spannen omdat zijn bedrijf niet goed loopt. 'Op deze wijze kregen we een aardige manier om wat van de verliezen weg te werken. Voor het doorsluizen van geld hebben we volgens mij 200.000 euro ontvangen.' Ofwel de gebruikelijke tien procent.

De uiteindelijke ontvangers zijn deels de *usual suspects* uit de Bouwfondshoek. Twee bedrijven van Olivier Lambert, Rooswyck van Van Vlijmen en Vijsma en Solid Brick van Jack Del Castilho, de man die Hakstege betaalt. Labes zegt niet geweten te hebben dat Bouwfonds en Philips worden opgelicht met valse facturen. 'Ik heb er ook niet altijd bij stilgestaan. Ik heb het eigenlijk gedaan voor "het er bij horen". Ik was bang dat als ik de doorbetalingen niet zou doen ik niet in de kring rond Jan van Vlijmen zou blijven. Zo werkt het nou eenmaal.'

Ook het grote beursgenoteerde bouwbedrijf Heijmans wordt gebruikt om geld door te sluizen. Evenals het kleine Remmers Bouw uit Brabant. De mannen achter de firma Remmers zijn vrienden van Hans van Tartwijk. Zijn vader verkoopt zijn bouwbedrijf dat gevestigd is in Schijndel in 1999 aan Remmers. 'Ik kon volgens Hans van Tartwijk 600.000 euro verdienen door bemiddeling. Er moesten diverse gelden worden doorgesluisd,' zegt directeur en medeverdachte Alphons Remmers tegen de FIOD-ECD. Hij heeft gevolg gegeven aan het voorstel van Van Tartwijk, volgens justitie. De Eurocenterzaak maakt de directeur van Remmers en vier verschillende voormalig directeuren van Heijmans verdachte. De FIOD-ECD buigt zich over de vraag of ze zijn misbruikt. Of hebben ze het gezien en hadden ze het moeten zien? Trimp & van Tartwijk heeft ook nauwe contacten met Heijmans. Het bedrijf heeft het hoofdkantoor van de bouwer in Rosmalen ontwikkeld en de financiering geregeld.

De grootste verrassing in de verdachte transacties rond Eurocenter zit misschien wel verborgen achter Universum Vastgoed. Dat realiseert ook een medewerker van het bij Eurocenter betrokken architectenbureau AGS Schwencke Rosbach zich als hij op 11 maart 2002 een e-mail opent. De e-mail is van een medewerker van gedelegeerd ontwikkelaar Trimp & van Tartwijk en is negentien pagina's lang. Het is een aangepaste kosten-batenanalyse voor Eurocenter. Die is niet voor mij bestemd, denkt de medewerker van het architectenbureau als hij erdoor bladert. Dan ziet hij de 'verdeling projectresultaat'. Daarin staat dat vijftig procent van de winst van Eurocenter aan Bouwfonds toevalt en 25 procent aan Trimp & van Tartwijk. Maar wie is die derde partij die de resterende 25 procent van de winst op Eurocenter opstrijkt? Idioot, denkt de man die al vijf jaar bezig is met het project. Universum Vastgoed. Nooit van gehoord.

Hij laat Trimp & van Tartwijk weten dat er een e-mail per ongeluk verkeerd bezorgd is en dat die inmiddels is gewist. Toch kan hij het niet laten een kopietje te bewaren. Jaren verstrijken. Als hij in december 2007 in *Het Financieele Dagblad* leest over een geheime vennootschap waar een directeur van het Philips Pensioenfonds volgens justitie steekpenningen op ontvangt, komt de herinnering boven. Dat geheime bedrijf kent hij uit de verdwaalde mail van jaren geleden: Universum Vastgoed. Een beetje angstig laat hij de volgende dag zijn kennis over Universum Vastgoed in een notariële akte vastleggen, voor het geval hem opeens iets raars zou overkomen. De mail maakt deel uit van het strafdossier dat de FIOD-ECD aanlegt over Eurocenter. Hoe Philips Pensioenfondsdirecteur Will Frencken het voor elkaar heeft gekregen stiekem mee te snoepen van de Eurocenterdeal wordt de medewerker van het architectenbureau pas duidelijk als de opsporingsdienst hem als getuige hoort.

16 Universumuniversum

Niet alleen ontwikkelaar Bouwfonds, ook koper Philips Pensioenfonds wordt gepiepeld met het kantorencomplex Eurocenter. De directeur blijkt in het complot te zitten. Via zijn geheime bv sleept hij
zes miljoen euro binnen. 'Universum is lucht met wazige overeenkomsten.'

Will Frencken, de directeur van Philips Pensioenfonds, rijdt Hoevelaken tegemoet en kijkt op de klok in het dashboard van zijn donkere
Mercedes. Naast hem zit zijn onderdirecteur Rob Lagaunne. 'Verdo-
rie, flink te laat,' mompelt Frencken met Limburgse tongval. Het is
vijf kwartier rijden vanuit Eindhoven en ze zijn veel te laat op pad gegaan. Hij drukt zijn sigaartje uit in de asbak als hij de oprijlaan van
het landgoed van Bouwfonds opdraait. In het kasteel aan de rand van
het bos wachten Jan van Vlijmen en Dennis Lesmeister, directeur en
onderdirecteur van Bouwfonds Vastgoedontwikkeling, op het duo
uit Brabant. Als Frencken een afspraak heeft met Van Vlijmen, zoals
vandaag 11 juni 2001, wil hij graag op tijd zijn. Frencken heeft te maken met een zeldzaam strak georganiseerd en stipt persoon.

Frencken en Lagaunne zijn te laat, omdat het vastgoedteam van
Philips die ochtend op kantoor een felle discussie heeft gehad over de
voorwaarden van de deal. Dat zegt Lagaunne jaren later in een afgetapt gesprek. Het nieuwbouwkantorencomplex Eurocenter is een
cruciaal project voor Philips, Frencken is er vanaf 1997 mee bezig.
Binnen het pensioenfonds is men van mening dat het een mooie belegging voor de gepensioneerden van het elektronicaconcern kan
worden. Het hoogwaardige gebouw komt op een plek te staan waar
vooraanstaande huurders flink wat huurpenningen in het laatje zullen brengen. Daarom koop je vastgoed, als pensioenfonds. De firma
Trimp & van Tartwijk is al bij het project betrokken voordat Bouw-

fonds aan boord komt. Frencken van Philips heeft vanaf 1998 contact met Jan van Vlijmen bij Bouwfonds. De pensioenfondsdirecteur onderhandelt stevig met de bouwpartners en lijkt in 2000 tot een mooie deal te komen.

Zoals gebruikelijk eist Philips als belegger huurgaranties van de ontwikkelaar, in dit geval Bouwfonds. Stel dat er geen huurders te vinden zijn? De aankoop van het kantoorpand moet een veilige belegging blijven voor de oudedagsvoorzieningen. Het is een kwestie van onderhandelen. Frencken zet zwaar in op langjarige huurgaranties. Job Neyzen van Joseph Elburg Makelaars adviseert Philips in 1999 dat tien jaar huurgarantie een 'absolute voorwaarde' moet zijn. Als de ontwikkelaar Bouwfonds niet over de brug komt, kan grondeigenaar Philips net zo goed de ontwikkeling zelf ter hand nemen en de bouw door een aannemer laten doen. De onderhandelingen vorderen langzaam.

Frencken schrijft Van Vlijmen in 1999 nog brieven met stevige eisen. Maar in april 2000 verlaagt Frencken in een brief aan Bouwfonds de eis naar een huurgarantietermijn van drie jaar. Dat het tij daarmee in de onderhandelingen is gekeerd, dringt pas veel later tot het pensioenfonds door. Controller Jan van Berkel, portefeuillemanager Sipke Gorter en bedrijfsjurist Ruud Kleijngeld van Philips zien tot hun grote verbazing dat de afspraken met Bouwfonds en Trimp & van Tartwijk zijn uitgekleed ten nadele van Philips. Vooral met de huurgaranties gaat iets goed mis. Het trio ontdekt dat Frencken zijn harde eisen van de ene op de andere dag laat varen. Ze besluiten de noodklok te luiden. Kleijngeld schrijft in een vertrouwelijke notitie: 'Ik laat mijn irritatie over de gang van zaken blijken.' Hij is boos omdat 'nu Bouwfonds de huurgarantie voor leegstand wil terugbrengen naar een jaar, het risico dus bij Philips Pensioenfonds ligt'. Het trio probeert 'nog wat in te brengen,' aldus de notitie, maar Lagaunne en Frencken weigeren te praten 'over wat Will heeft besloten'.

In het investeringsvoorstel aan zijn baas Dick Snijders verzwijgt Frencken de uitgeklede afspraken over de huurgaranties. Snijders tekent op 6 april 2001 voor akkoord, een dag nadat Frencken hem het voorstel mailt. De huurgaranties worden van tien jaar naar slechts één jaar teruggebracht en uiteindelijk zelfs tot de helft van het eerste jaar. Daarmee neemt Philips een groot risico, dat zich ook zal manifesteren. Het gebouw krijgt na oplevering met flinke leegstand te maken, waarmee grote bedragen zijn gemoeid. Bouwfonds zal met de uitgeklede afspraken in 2006 zelf nog 3,4 miljoen aan huurgarantie over het eerste jaar moeten vergoeden. De appartementen zijn zo moeilijk te verhuren, dat Philips ze in 2008 besluit te verkopen. Omdat de kwaliteit erg tegenvalt, worden ze eerst nog verbouwd.

De notitie zorgt alsnog voor discussie in Eindhoven in de ochtend voor het tekenen van het contract. Maar Frencken weet de gemoederen te sussen. Hij zegt in het weekend weer alles doorgerekend te hebben. Het is een mooie investering, zegt hij. De loyale Lagaunne neemt het voor Frencken op. Hij vooral voert het woord als de tijd begint te dringen. 'Ga maar tekenen,' zegt Snijders uiteindelijk. 'Hup, naar Hoevelaken jullie.' Frencken is Lagaunne later nog heel dankbaar. 'Rob,' zegt hij volgens Lagaunne, 'ik heb zo'n geluk dat je dat gedaan hebt.' De opluchting is groot als de rit naar Hoevelaken aanvangt. Frencken is alleen niet blij dat hij Van Vlijmen laat wachten. Als ze zijn aangekomen, besluit hij de lucht op zijn geheel eigen wijze te klaren. Lagaunne herinnert zich nog levendig dat zijn baas een 'eindeloze hoeveelheid zoutloze moppen' tapt. Van Vlijmen hoort het beleefd aan. De zakelijke Dennis Lesmeister zit verstijfd aan tafel. Na de ondertekening van de Eurocenterdeal verbetert de sfeer. Er worden mooie pennen met inscripties uitgedeeld. Lagaunne meldt de gift naar eigen zeggen bij de afdeling *compliance*. Daarna nuttigt het viertal een royale lunch.

Van Berkel en Kleijngeld blijven die ochtend verbouwereerd in Eindhoven achter. Waarom neemt Frencken zo'n risico met het geld van de pensioengerechtigden? De vraag zal het tweetal nog jaren bezighouden. Justitie denkt het antwoord gevonden te hebben. Er is meer aan de hand. Iets wat zich aan het zicht van Philips en de klokkenluiders onttrekt. 'Opvallend dicht bij' het moment dat Frencken zijn harde eisen laat varen, sluit hij stiekem een andere zakelijke overeenkomst, aldus de FIOD-ECD in processen-verbaal.

Frencken blijkt twee privévennootschappen opgetuigd te hebben met de naam Universum. Bedrijfjes waar niet hij, maar zijn boekhouder Eric Frische directeur van wordt. Hij verzwijgt de nevenactiviteit voor zijn werkgever. Frencken en Frische bedenken een klassieke stromanconstructie om onzichtbaar te blijven. De bedrijfjes worden gevestigd op het adres van Frische in het Limburgse Haelen. Frencken wordt geen statutair directeur. Frische bestuurt Universum Holding en samen met de Roermondse vastgoedmagnaat Harry Muermans de andere bv, Universum Vastgoed. Zo blijft Frencken onzichtbaar. Alleen directeuren van vennootschappen en vestigingsadressen staan immers in de openbare registers van de Kamer van Koophandel. Ook een aandeelhouder moet zich kenbaar maken, behalve als het er meer dan één is. Dus wordt Frencken niet de enige aandeelhouder. In Universum Holding houdt hij 99 procent en Frische één procent. Deze holding verwerft in de loop van 2000 weer 69 procent in de tweede vennootschap Universum Vastgoed. In dit bedrijfje heeft Frencken een belang van 25 procent. Muermans is sinds jaar en dag vaste zakenpartner van Philips Pensioenfonds. Nu duikt hij via deze opmerkelijke weg op in een Philipsdeal.

Het juridische eigendom van de twee vennootschappen ligt in feite bij Frische, het economische eigendom grotendeels bij Frencken. Het werkelijke eigendom van Frencken en Muermans is alleen te zien via de belastingaangifte vpb, de vennootschapsbelasting. Hierin staat altijd wel een specificatie van aandeelhouders. Maar de Belastingdienst kan die informatie niet zomaar intern uitwisselen. Frische legt later aan Jan van Vlijmen uit, in een opgenomen gesprek in het Mövenpickhotel in Den Bosch, dat Frencken zo 'juridisch is afgeschermd'. Van Vlijmen zegt de constructie 'wel clean' te vinden. Bruikbaar dus voor een volgend opzetje, lijkt hij te zeggen.

Als Frencken op 13 november 2007 is gearresteerd en wordt gehoord, ontkent hij zijn betrokkenheid bij de twee Universum bv's. 'Ik heb ook nog wat aandelen in een andere bv,' erkent hij. 'Maar daar weet ik de naam niet eens van. Dat staat op mijn belastingformulier. Ik heb dat niet zo paraat.' Dat Frenckens bedrijfje en dat van hem en Muermans onopgemerkt zullen blijven, is een fatale misrekening van de registeraccountant, pensioenfondsdirecteur en vastgoedman. In 2005 stuit de Belastingdienst namelijk op een aantal opmerkelijke betalingen in de vastgoedwereld. Verspreid over Nederland worden door de Belastingdienst derdenonderzoeken verricht, ook bij Bouwfonds. Daar neemt de Belastingdienst kopietjes mee van vijftien cruciale stukken. Het zijn de ontwikkelingsovereenkomsten tussen Bouwfonds en Philips Pensioenfonds en facturen en brieven aan

Bouwfonds van een onbekend bedrijf, Universum. Van wie is die bv? En waarom zijn miljoenen toegezegd aan dit bedrijfje zonder dat duidelijk is wat voor werk daar tegenover staat?

Twee belastingambtenaren uit Roermond duiken in de boeken van de mysterieuze vennootschappen. Inspecteurs A.G. Verhesen en R. van der Biesen zien duizelingwekkende geldstromen uit een handvol bronnen. 'Het Universumuniversum is duidelijk geen "losse rafel"', rapporteren de inspecteurs. Wat vooral vragen oproept, is waarom de op het oog nietige Universumvennootschappen uit het Noord-Limburgse Haelen met zulke wereldse zaken bezig zijn op de Zuidas, die 250 kilometer verderop ligt? En wat te denken van de namen van drie vermogende vastgoedmagnaten in de boeken van de bedrijfjes: Harry Muermans, Jo Roelof Zeeman en Harry Hilders? De belangrijkste begunstigde van de Universumkerstboom blijkt echter 'de heer W.A.D. Frencken'. Wat de inspecteurs opvalt, is dat in het contract tussen partijen strikte geheimhouding is afgesproken. Ze lezen dat wie zijn mond voorbijpraat over de afspraken en de relaties, de ander een miljoen euro boete moet betalen.

Dat Muermans veel zaken doet met Philips en dus met Frencken, is in de vastgoedwereld bekend. Dat de twee Limburgers het goed met elkaar kunnen vinden, is ook geen geheim. Maar dat Frencken en Muermans samen Philips Pensioenfonds mogelijk oplichten via een slimme constructie met bv's, zou in de branche een grote verrassing zijn. Muermans, de grote vastgoedman uit de regio, levert Frische twee van de drie vennootschappen leeg aan. Frische doopt ze om in Universum Holding en Universum Vastgoed. In de laatste vennootschap houdt Muermans zelf een belang van 25 procent. Frencken krijgt in het geheim de bulk van de aandelen, Frische krijgt een paar procent.

De chronologie is opvallend. In april 2000 laat Frencken zijn eisen voor huurgaranties varen. Op 16 mei hebben Frencken, Van Vlijmen en Van Tartwijk contact. Twee dagen later krijgt Frencken een belang in een bedrijfje genaamd Universum Vastgoed. Later zal blijken dat Hans van Tartwijk al op 23 mei een conceptbrief aan Van Vlijmen van Bouwfonds maakt dat er 'overeenstemming' is bereikt met Philips Pensioenfonds. Zo ziet het trio Frencken, Van Vlijmen en Van Tartwijk het misschien op dat moment. Maar officieel is er nog lang geen groen licht.

De constructie is nog geen vijf dagen opgetuigd als een supercontract wordt afgesloten. Universum Vastgoed krijgt een kwart van de winst op Eurocenter toegezegd. Van Vlijmen en Muermans komen de afspraak ook op 23 mei 2000 schriftelijk overeen. Bouwfonds en Trimp & van Tartwijk geven de winst op hun prestigeproject weg aan het kleine, onbekende bedrijfje uit Haelen, lees Frencken (69 procent), Muermans (25 procent) en Frische. Hans van Tartwijk kan later tegenover de justitie niet goed verklaren waarom Universum opduikt. Hij ziet zelf ook geen bijdrage van Universum aan het project, terwijl hij eerder nog in zijn overeenkomst spreekt van bemiddeling. Van Tartwijk heeft het in een verhoor over 'een partner van Bouwfonds', alsof hij die niet zou moeten kennen. Zijn firma is er vanaf dag één bij.

De geste is opmerkelijk royaal, omdat de winst op een project van 144 miljoen euro flink kan oplopen. Uit een door justitie in beslag genomen notitieboek van een van de verdachten blijkt dat de winstprognose liefst zeventig miljoen gulden is. In dit boek staat dat 'H. in Universum' hiervan een kwart mag hebben. Als de FIOD-ECD Muermans vraagt naar dit winstrecht zegt hij: 'Zegt me helemaal niets. Ik kan niet zeggen wie H. is.' Als de FIOD-ECD Harry Muermans later vraagt of dit niet vreemd is, zegt hij veelbetekenend: 'Het zal wel, ik kan u geen antwoord geven.' Het bedrijfje gaat heel goed betaald werk verrichten aan de Zuidas. Maar wat eigenlijk? Daar wordt in de correspondentie wel iets over gezegd. Universum Vastgoed zal volgens het schrijven van Muermans aan Bouwfonds de 'herontwikkeling de Boelelaan' coördineren en zich met de verhuur gaan bezighouden. Maar in administraties is nergens een werkelijke activiteit te traceren.

De winstdelingsafspraken tussen Philips Pensioenfonds en Bouwfonds worden in 2003 ook weer gewijzigd. De overeenkomst die in 2001 met een lunch en een gesigneerde pen is bezegeld, gaat naar de prullenmand en wordt vervangen door een nieuwe, maar waarom is onduidelijk. Willen Frencken en Muermans niet wachten tot de oplevering van het project? Waarom laten ze de winstdeling lopen? Is de geldroute te riskant en te direct? Of is van tevoren al uitgedacht dat het winstrecht afgekocht gaat worden? Justitie zal later stuiten op een handgeschreven aantekening die wijst in deze richting. Er staat: 'Wil gedurende 2001 afkoop regelen.' Hier wordt vermoedelijk bedoeld dat

Frencken eerder uitgekeerd krijgt. Frencken laat zich als een van de weinigen in de vastgoedfraudezaak deels uitbetalen *tijdens* zijn dienstverband.

Het geld is nog niet binnen. Het winstdeel wordt uiteindelijk in 2003 afgekocht als de bouw nog niet is gestart. Dennis Lesmeister tekent namens Bouwfonds op 3 december 2003 de nieuwe ontwikkelovereenkomst van zestig pagina's. Van Vlijmen heeft inmiddels afscheid genomen van Bouwfonds. In brieven staat dat de nieuwe overeenkomst nodig is omdat Philips Pensioenfonds het huurrisico grotendeels op zich neemt. Dat risico heeft het pensioenfonds echter al in 2001 op zich genomen. Daarover hebben Van Berkel en Kleijngeld zonder succes alarm geslagen.

Nu de winst vervalt en wordt afgekocht, kan het geld rollen. Dat gebeurt in meerdere stappen. Bouwfonds belooft allereerst Universum Vastgoed twee miljoen euro te betalen onder de ongespecificeerde noemer 'aanbreng- en verkoopcourtage'. Dat staat in een brief van 30 oktober 2003 van Lesmeister aan Frische. Vals, zo vermoedt justitie. Ook hier is weer de vraag welk werk wordt verricht voor de twee miljoen. Dat is voor de opsporingsdienst niet te achterhalen. Universum Vastgoed doet niets traceerbaars aan makelaarsactiviteiten. Het project is ook helemaal niet 'aangebracht'. De grond is immers van Philips, dat al jaren contact over het project met ontwikkelaar Bouwfonds heeft. Toch stroomt het geld op 11 februari 2004 keurig binnen bij Universum Vastgoed. Eurocenter is op dat moment nog een diep gat in de grond naast treinstation Amsterdam RAI aan de Amsterdamse Boelelaan. Bij Bouwfonds slaat niemand alarm. Ook bij Philips Pensioenfonds, waar men veel minder zicht heeft op de betalingen, ebt de ongerustheid weg.

Het blijft echter niet bij de twee miljoen. Via een omweg stroomt er nog eens 2.586.547 euro binnen bij de vennootschap van Frencken, Muermans en Frische. Het geld komt binnen onder de noemer 'bouwclaim'. Ook dit wekt argwaan bij belastinginspecteurs. Ze komen deze titel vaker tegen. De fiscus vermoedt dat het een valse reden is om een betaling te rechtvaardigen. 'Ik kreeg nu de indruk dat de omschrijving "bouwclaim" werd gebruikt om iets anders door partij A te laten betalen en bij partij Z te laten uitkomen,' stelt een inspecteur in een van zijn rapportages. Het is in zijn ogen niet logisch om te praten over een bouwclaim als een vennootschap nooit economisch eigenaar is van de grond waarop een bouwproject betrekking heeft. Universum Vastgoed krijgt nog 136.134 euro binnen als 'bemiddelingsfee'.

Daarnaast gaan naar Universum Beheer nog twee betalingen via weer een andere omweg van respectievelijk 1.050.000 euro en 332.500 euro. Dat is wel heel veel geld voor niet te traceren activiteiten, meent de FIOD-ECD. 'Universum is lucht met wazige overeenkomsten.'

Als justitie de betrokkenen vraagt naar de miljoenenbetalingen via Universum Vastgoed, leggen ze tegenstrijdige verklaringen af. Muermans verklaart dat hij 'niet goed meer weet' hoeveel aandelen hij heeft in Universum. De oorspronkelijke winstdeling van een kwart zegt hem weinig. Dat zijn handtekening staat onder de betaling van de bouwclaim aan Universum Vastgoed betekent niet veel, zegt hij. Volgens Muermans heeft Frische hem heeft gevraagd hier 'even' voor te tekenen. Dat hij zonder nadenken tekent voor een bedrag van 2.586.547 euro kan de FIOD-ECD moeilijk geloven. 'Dit is niet ongebruikelijk in de bouw,' zegt Muermans. Volgens hem is een bouwclaim 'hoe dan ook geld waard'. Soms wordt zo'n tegoed niet eens op papier gezet. 'Zo gaat dat in de onroerendgoedwereld.' Je kunt zo'n claim op veel manieren verwerven. Het is een grondpositie of een soort tipgeld. 'Het is gewoon handel.'

Hoe het in 2000 opgerichte Universum aan die bouwclaim komt, legt hij niet uit. Muermans zegt dat Frische is gekomen met de opdrachten voor Universum op de Zuidas. Frische kaatst terug dat hij van vastgoed 'geen verstand' heeft. Muermans verklaart dat het helemaal niet gek is dat er geen werkzaamheden zijn getraceerd. 'Wij zouden dit weer uitbesteden.' Maar Universum liep volgens hem wel 'verhuurrisico'. Frencken ontkracht dit verhaal met zijn verklaring dat hij als directeur van Philips Pensioenfonds 'niets weet' van een bemiddelende rol van Universum voor Eurocenter. Over zijn betrokkenheid als privépersoon bij de vennootschap zegt hij in zijn eerste verhoor: 'Ik heb niets van doen met Universum Vastgoed. Dat moet u aan Eric Frische vragen of Muermans.'

Muermans zegt 1,3 miljoen euro verdiend te hebben aan zijn 'werk' voor het project Eurocenter via Universum Vastgoed. Volgens justitie door in feite niets te doen. Hijzelf zegt: 'Alles is netjes gegaan. Ik heb belasting betaald,' aldus het verweer van de vastgoedmagnaat. Frencken, die in 2006 de Universumvennootschappen liquideert, beweert in een verhoor nog nooit geld ontvangen te hebben uit de bv. Daarvan weet justitie allang dat het onzin is. De FIOD-ECD komt al ruim voor de arrestaties van 13 november 2007 uit in Zwitserland, waar Nederlanders graag zwart geld naartoe sluizen of contanten opnemen. Universum bankiert behalve bij de ING ook bij de Clariden Bank in het Alpenland. In 2006 worden grote bedragen overgeboekt naar een bankrekening van Universum Holding bv in Zwitserland. Een Limburger die hier werkzaam is, krijgt justitie op zijn dak vanwege de connectie.

Een vierde belanghebbende in de vennootschap met twee procent van de aandelen helpt hier een handje bij. Dat is ING-bankier Frits van Horne uit Weert. Hij draagt zorg voor een vlotte overmaking naar Zwitserland. Hij heeft naar eigen zeggen het belang genomen op verzoek van zijn vriend en dorpsgenoot Frische. Hij kent hem net als Muermans al 25 jaar uit Roermond. Als de vennootschappen geliquideerd worden, houdt Van Horne er 78.000 euro aan over na eerder al een voorschotje gehad te hebben. De uitkering loopt via zijn Fortis-rekening om hem uit het zicht van zijn werkgever en collega's te houden. 'Ik heb het nooit gemeld bij ING, ook al was Universum een klant van mij. Ik zag er geen kwaad in,' verklaart hij tegen justitie. Gevolg is dat justitie ook binnenvalt bij ING in Weert en Van Horne zijn baan kwijtraakt. Volgens Van Horne heeft de zaak tegen hem niet veel om het lijf. Nederland is volgens de bankier 'vervallen tot een politiestaat, waarin net zoals in de nazitijd vrijwel alles is toegestaan om mensen zonder proces te beschadigen.'

Pensioendirecteur Will Frencken laat zijn geld vermoedelijk niet verpieteren in Zwitserland. Hij koopt een tweedehands Ferrari en rijdt daarmee graag naar Zwitserland. Hij vraagt boekhouder Eric Frische ook mee. Die zit daar eigenlijk niet op te wachten. De hele dag dat geklets van moppentapper Frencken. En zo comfortabel is het nu ook weer niet in zo'n auto. Bovendien is het nogal riskant als je contanten over de grens mee terug wilt nemen. Frische vertelt Jan van Vlijmen over de autotrip die hem is aangeboden. Zegt Will tegen mij: 'Gaan we met mijn Ferrari naar Zwitserland. Maken we daar een leuke rit van. Ik zeg, daar doe je me geen plezier mee. Ik ga toch niet opgevouwen in dat ding zitten en daar als een varken uitkomen.' Jan: 'Ik zou dat ook verschrikkelijk vinden, hoor. Als je bij de grens komt met dat ding word je gegarandeerd...'

Het continue gesleep met contanten ziet Frencken zelf ook niet zitten. Later blijkt uit zogeheten flashberichten van Interpol dat Frencken economisch eigenaar is van Rustor Properties Ltd. Dat is een vennootschap uit Belize, die is opgericht in maart 2004. Directeur is de vennootschap Sodell International in Panama. Economisch rechthebbende is echter Frencken. Vanaf 2005 zijn de gebroeders Wilfried en Gerold Hoop directeur. Dit zijn advocaten in het Zwitserse Vaduz die voor het bedrijfje een bankrekening openen bij de Raiffeissen Bank Kleinwalsertal in Oostenrijk. Hier ontdekt justitie 3,2 miljoen euro.

Ook is Frencken vermoedelijk eigenaar van Leonie Invest Corp., dat een bankrekening heeft bij de Raiffeissen Bank in Liechtenstein. Ook heeft hij vermoedelijk rekeningen bij de LGT Bank in Luxemburg of bij de HSBC Guyerzeller Bank in Zürich of bij beide. Waarschijnlijk werd voor de betaling gebruikgemaakt van rekeningen in het buitenland. De FIOD-ECD heeft vooralsnog geen feitelijke betaling kunnen vaststellen. Momenteel loopt een aanvullend rechtshulpverzoek. In Liechtenstein neemt Frencken in 2005 en 2006 in drie tranches bijna 200.000 euro op.

Will Frencken wil als scholier uit Weert niets liever dan zichzelf losmaken uit zijn eenvoudige milieu. Dat is hem goed gelukt. Justitie meent dat aan de bedrijven, waarvan Frencken het economisch eigendom en de zeggenschap grotendeels heeft, ruim zes miljoen euro is betaald in het kader van het Zuidasproject. Dat gaat ten koste van de spaarcenten van de gepensioneerde Philipsmedewerkers en het kapitaal van Bouwfonds. Het is Van Vlijmen, zo concludeert althans de FIOD-ECD, die Frencken ertoe weet te bewegen de huurgarantie te verlagen van tien jaar naar één jaar, waarmee hij het pensioenfonds met een rampzalige belegging opzadelt.

Jan van Vlijmen heeft zich zelf uit de Eurocenterdeal 'geknipt'. Of hij zelf direct geld verdient aan Eurocenter heeft justitie in het najaar van 2009 niet kunnen vaststellen. Ook mogelijk is dat hij inderdaad met succes de directe link heeft weten weg te gummen. Mogelijk krijgt hij geld via het buitenland of hij houdt het te goed in een toekomstig potje. 'No sweat,' zegt Jan aan de lopende band. Toch maakt hij zich in oktober 2007 wel zorgen over hele constructie rond Eurocenter. Tegen Eric Frische zegt hij: 'Zolang het maar niet naar Will terug te voeren is, ja, is er niks loos, wat wij allemaal afspreken. Ik hoop dat je het stuk Eurocenter, dat dat nog even niet bij Will terechtkomt.'

Eric weet dat het waarschijnlijk al te laat is: 'Laat maar gaan.'

17 Born to be Will

Directeur Philips Pensioenfonds Will Frencken is de nieuwe partner in crime van Van Vlijmen. Hoe een middelmatige rockgitarist uit een eenvoudig milieu opklimt tot pensioendirecteur in pak. Oude idealen zijn gauw vergeten als de miljoenen lonken. 'Kom op, jongens, we gaan beginnen!'

De Bourgondische Limburger Will Frencken is overdag op kantoor in Eindhoven de droge en weinig spraakzame pensioenfondsdirecteur. Hij woont in een rijtjeshuis in een Philipswoonwijk in Nuenen, rijdt een logge Mercedes van de zaak en komt 's avonds ruim voor het avondeten thuis. Maar in zijn vrije tijd trekt de vijftiger zijn pak uit. Dan rijdt hij graag Ferrari en speelt hij in spijkerbroek en T-shirt gitaar in het rockbandje Under Act. Tien jaar voordat Frencken wordt opgepakt tijdens de actie van 13 november 2007 in de vastgoedfraudezaak, zegt hij tegen het *Eindhovens Dagblad*: 'De grootste invloed op mijn leven hebben de Beatles gehad.' Nu zal hij moeten erkennen dat vastgoedman Jan van Vlijmen een nog grotere invloed op zijn leven heeft.

Dat pensioendirecteur Frencken en Van Vlijmen privé nauwe contacten onderhouden, blijkt onder meer uit hun telefoonverkeer dat justitie onderschept. Will belt met Jan op belangrijke momenten. Zoals op woensdag 29 november 2006. Een bijzondere dag is in aantocht voor de pensioendirecteur van Philips. Na een jarenlang dienstverband vertrekt hij. Zonder groots afscheidsfeest. Will zegt over de afscheidsdag tegen Jan dat hij 'gemengde gevoelens' heeft. Hij vertrouwt Van Vlijmen toe dat zijn tante is overleden die dag. Maar wat hem vooral bezighoudt, is dat hij welgeteld nog één werkdag te gaan heeft na 21 jaar bij Philips Pensioenfonds. 'Spannend,' zegt Jan meelevend. Tegenover zijn zakenvriend houdt Frencken zich sterk. Voor hem wordt geen afscheidsspektakel à la Cees Hakstege georganiseerd. Het wordt meer een stille aftocht, zoals die van Jan van Vlijmen in 2001 bij Bouwfonds. 'Wordt een rustige dag,' zegt hij ook tegen Jan. 'Wat handjes schudden. Even naar de afdeling, een diner en dan klaar.' Of Frencken werkelijk zo kalm is onder de situatie waarin hij verkeert, is de vraag. Bekenden noemen Will 'een schaker die altijd drie, vier zetten vooruitdenkt'. Maar nu denkt hij vooral terug. Philips Pensioenfonds is zijn werkende leven. Dit is het bedrijf dat hem het aanzien heeft gegeven waarvoor hij jaren heeft geknokt.

Will Frencken wordt in 1951 geboren in een eenvoudig Noord-Limburgs gezin. Will, Wiel op zijn Weerts, is een nakomertje in een groot traditioneel gezin van zeven. Zijn vader werkt als arbeider in de meelfabriek van de gebroeders Van de Venne in Weert. Nadat zijn vader door rugklachten wordt geveld, moet hij in de fabriek andere klusjes opknappen, zoals het vegen van de vloeren. Voor de jonge Will, die de aandacht van zijn ouders moet delen met al zijn broers en zussen, voelt dat als een vernedering. Ondanks het moeizame arbeidersleven zegt Frencken senior dat Will het beste vanaf zijn zestiende in de fabriek kan gaan werken. Maar Will heeft veel grotere ambities dan de meelfabriek waar zo veel Weertenaren werken. Hij wil de wereld iets laten zien. Hij wil studeren. Dat maakt de relatie met zijn vader er niet beter op.

De familie Frencken woont in de Weertse volksbuurt Leuken. In Weert heerst in de jaren zestig een sterk ontwikkeld klassenbewustzijn. Mensen uit Leuken, daar word je als gegoede burgerij niet geacht mee om te gaan. Toch weet Will op zijn zestiende het mooiste meisje uit de klas aan de haak te slaan. 'Dat was een heel lief, fatsoenlijk meisje,' zegt een jeugdvriend. 'Een beetje deftig voor Will.' Klasgenoten van het Bisschoppelijk College in Weert zeggen dat Frencken is 'begaan met de wereld'. In zijn schooltijd laat hij niet merken erg geïnteresseerd te zijn in geld. Hij en zijn vrienden houden halverwege de jaren zestig rond kersttijd een hongerstaking om aandacht te vragen voor de hongersnood in Afrika. 'We zijn dan zestien of zeventien jaar oud,' zegt jeugdvriend Ton Hoovers. Will organiseert de actie. 'Hij is ook de enige die weet waar het over gaat,' lacht Hoovers. Geld speelt nauwelijks een rol, maar status en aanzien wel. Frencken is op de middelbare school al zeer gedreven, zegt Hoovers. 'Dat heeft toch wel met zijn milieu te maken. Hij wil zich bewijzen.' Van de groep uit Leuken is Will niet alleen de jongen met de leiderschapskwaliteiten. Hij is ook verreweg de slimste. 'Doet altijd zijn huiswerk en haalt goede cijfers. Hij is heel betrouwbaar en komt altijd perfect zijn afspraken na,' zegt Hoovers.

Will hoort in de jaren zestig bij de 'langharigen'. Een vriendenclub van tien of vijftien jongens die altijd sleutelen aan hun brommers. Puchs, Tomossen en Will een Zündapp. Het haar van Will komt tot op zijn schouders. Hij kan volgens klasgenoten 'heel ernstig kijken met zijn zwarte haardos'. Dat werkt op de lachspieren als hij een mop tapt, ook tegenwoordig nog een van zijn favoriete bezigheden. Frencken heeft een broos zelfbeeld maar denkt dat succes en roem binnen zijn bereik liggen. Hij speelt sinds zijn veertiende gitaar. Frencken werkt zich in de schijnwerpers als gitarist en tweede zanger in een populaire band. Als muzikant is Will autodidact. Altijd heeft hij een shagje in zijn mond en, tot op de dag van vandaag, moet hij elke dag wel even op zijn gitaar pingelen. Hij leert gitaarspelen door met de radio en met platen mee te spelen. *Still got the blues* van Gary Moore is volgens zijn medebandleden favoriet. De band haalt het tot het voorprogramma van The Small Faces en Shocking Blue.

De bandnaam Under Act is afgeleid van overacting: 'Te dik aanzetten, het te goed willen doen. Dat wilden we dus niet,' zegt Frencken in 1997 tegen het *Eindhovens Dagblad* als ze weer samenkomen voor een concert. De levensgeschiedenis van Frencken en zijn maten kan een heel andere kant op gaan als de Weertenaren een aanbod krijgen van Johnny Hoes. Hij zet Weert op de kaart als het Nederlandse epicentrum van het levenslied. Via Hoes en zijn platenlabel Telstar breken vanaf 1967 talloze Nederlandse artiesten door. Hoes leidt meer dan 1500 artiesten uit alle hoeken naar plaatopnamen. Telstar is door de jaren heen goed voor ruim driehonderd gouden en platina platen. Ook biedt hij Frencken en zijn maten van Under Act de kans professionele muzikanten te worden. Ze laten het aanbod van 'de koning van de smartlap' schieten. De natuurlijke leider van de band, die normaal gesproken het initiatief naar zich toetrekt en kansen niet laat lopen, kiest voor een studie. Under Act en de vriendengroep vallen na de middelbare school uit elkaar. Frencken kiest voor bouwkunde met als specialisatie constructief ontwerpen aan de Technische Hogeschool Eindhoven. 'Muziek maken en studeren waren op een gegeven moment niet meer te combineren. Drie optredens per week, dat was heel belastend,' zegt Frencken in een van de twee interviews die hij als muzikant geeft. Als directeur van Philips Pensioenfonds haalt hij voor november 2007 nooit de kranten.

Op de Technische Hogeschool Eindhoven valt Frencken op door zijn intelligentie en zijn talent. Maar hij heeft een handicap. Hij praat binnensmonds met een zwaar Limburgs accent. Hierdoor komt hij moeilijk uit de verf in groepsverband. Dat breekt hem op de Technische Hoge school al op. Hij heeft goede ideeën, maar hij krijgt ze niet goed over het voetlicht. Will vindt dat hij niet op zijn juiste waarde wordt geschat en dat hem onrecht wordt aangedaan. Hij bezweert altijd tegen schoolvrienden en studiegenoten dat 'ze nog van hem zullen horen'.

Als Frencken na zijn afstuderen in 1976 aan het werk gaat, heeft hij inderdaad al snel een interessante baan te pakken. Hij mag er alleen niet veel over vertellen tegen zijn vrienden. Bij constructiebureau D3BN krijgt de jonge ingenieur een gevoelige klus in handen. Het bedrijf dat eerder betrokken is bij de bouw van de Bijlmerbajes moet nu de agentschappen van De Nederlandsche Bank in de provincies vernieuwen. Een majeure en extreem gevoelige operatie, die in het grootste geheim plaatsvindt. Het gaat namelijk niet alleen om de gebouwen, maar ook om de ondergrondse kluizen waarin de centrale bank miljoenen aan contanten voor in de regio aanhoudt. Een speling van het lot: de man die begin jaren tachtig verantwoordelijk is voor het ontwerp en de bouw van de kluisconstructies van De Nederlandsche Bank, is later een van de verdachten van de kraak van de virtuele kluis van het Philips Pensioenfonds, waar DNB toezichthouder is. Van brandkastbouwer tot brandkastkraker.

Frencken is een snelle leerling. Hij laat bovendien zien het vermogen te hebben om leiding te geven. Hij werkt samen met Tom de Swaan, een DNB-directeur die later verder carrière maakt als lid van de raad van bestuur van ABN Amro. De kluizen en kantoren worden allemaal feestelijk geopend door niemand minder dan bankpresident Wim Duisenberg. Later is Frencken betrokken bij een minstens zo interessante klus: de bouw van de nieuwe gebouwen van de Tweede Kamer in Den Haag. In zijn cv schrijft Frencken zelf dat hij betrokken is 'bij het ontwerp en de bouw van enkele bekende (overheids-)gebouwen, waaronder de nieuwbouw van het Tweede Kamer-gebouw'.

Frencken is duidelijk bezig met carrièreplanning en zijn toekomst. Hij heeft al snel een eigen huis en krijgt twee kinderen. Hij wil verder klimmen op de maatschappelijke ladder. Hij laat zijn bazen na een jaar of zes weten elders ervaring op te willen doen bij een ingenieursbedrijf, een aannemer of bij een overheidsinstantie. Will is erg zeker van zichzelf. Het steekt als hij zijn huis in de omgeving van Amsterdam met zwaar verlies moet verkopen als hij naar Bergen op Zoom verhuist. Daar werkt hij een paar jaar als hoofd Bouw- en Woningtoezicht en Milieuzaken. In 1985 treedt hij in dienst van het Philips Pensioenfonds met als thuishaven het vertrouwde Eindhoven. Hij begint als hoofd projectvoorbereiding en technisch beheer. Enkele jaren later krijgt hij de verantwoordelijkheid voor acquisitie en het beheer van een vastgoedportefeuille van miljarden guldens.

Een collega van D3BN zoekt Frencken nog een aantal keer op. Hij merkt dat Frencken een grote baas is geworden en een opmerkelijk grote kamer heeft op zijn kantoor bij het Evoluon. 'Hij hoeft maar komt een knopje te drukken en de thee kwam binnen,' zegt Faas. 'Hij laat blijken dat hij het ontzettend leuk vindt dat hij die status heeft. Dat zag ik aan zijn gedrag, hij is heel trots,' aldus de oud-collega die na de thee zonder opdracht weer vertrekt. Faas is verbaasd dat Frencken het schopt tot directeur van Philips Pensioenfonds. Hij is immers eigenlijk een technische man.

Bij Philips is Frencken een opmerkelijke verschijning. Philips is een zeer hiërarchische organisatie waar tradities hoog in het vaandel staan. De jonge Frencken moet in zijn beginjaren altijd meneer zeggen tegen zijn bazen. Will is strikt en stipt. Hij is altijd op tijd. Hij houdt zich precies aan zijn afspraken. Een eigenschap die hij deelt met Van Vlijmen en ook hem veel waardering oplevert. Ook draagt hij als hij op het directeurspluche zit altijd een stropdas en een pak. Populair maakt Frencken zich niet. Hij komt arrogant, afstandelijk en bazig over. Will wordt niet alleen door ex-collega's omschreven als machtsbelust. 'Hij wil controle hebben, de opdrachten geven,' zeggen vrienden. 'Alles moest precies zo gaan als hij het wil.' Op het werk, thuis en in de band. 'Will wil altijd zelf de gitaarsolo spelen,' zegt een muzikant met wie hij speelt. 'Maar alles precies strak en netjes op de maat. Precies zoals het origineel. Dat wil hij per se.'

Frencken stijgt op de maatschappelijke ladder, maar houdt nauwelijks echte vrienden over. Twee mensen zijn belangrijk voor hem. Dat zijn Harry Muermans en Henny Meurs, beide succesvolle Limburgse ondernemers. Meurs is een van de brommervrienden uit Weert die Frencken altijd trouw is gebleven. Hij is kapper en staat in het zuiden beter bekend als 'Mr. Scissors'. Harry 'Har' Muermans is samen met zijn broer Jacques de bekendste vastgoedmagnaat uit het zuiden. Hij heeft zich uit een familie van kleermakers opgewerkt tot multimiljonair. Dat is iets waar Frencken veel respect voor heeft. Muermans doet regelmatig zaken met het Philips Pensioenfonds. Hij koopt en verkoopt voor tientallen miljoenen vastgoed. Ook Frenckens voorganger Van der Boor is bevriend met de vastgoedman. De relatie tussen Muermans en Frencken wordt steeds inniger. Met de feestdagen maakt de familie Frencken een helikoptervlucht vanaf Budel. Om indruk te maken op Muermans vliegt Frencken naar diens huis in het Belgische Maaseik, landt er op het gazon, drinkt een glas mee en laat zich door Muermans en zijn gasten uitzwaaien als ze weer opstijgen.

Frencken en zijn echtgenote zijn graag geziene gasten op Cirque d'Hiver in Roermond waar Muermans vandaan komt. De vastgoedmagnaat is al sinds de jaren tachtig hoofdsponsor van het wintercircus. Een typisch Limburgs relatie-evenement in Theater Hotel De Oranjerie. Hier worden zaken gedaan, maar niet zonder de carnavaleske gezelligheid. In 1999 zit Muermans met zijn rechterhand Piet van Pol tijdens het eindejaarsgala op een olifant tussen zijn gasten.

Voor collega's van Philips Pensioenfonds is de goede relatie met Muermans opvallend, maar geen reden tot grote zorgen. Wat ze wel opvalt, is dat Will niet de meest harde werker is. Verre van. Onderdirecteur Rob Lagaunne ergert zich aan de werkmentaliteit van zijn baas. Om de frustratie 'van hem af te schrijven' maakt hij tussen 1998 en 2000 aantekeningen. In 2007 liggen de aantekeningen nog altijd thuis in een koffer. Dat vertelt hij Jan van Vlijmen in detail in een afgeluisterd gesprek. Lagaunne leest de aantekeningen voor aan Van Vlijmen. Frencken komt pas om negen uur binnen, tot ergernis van zijn collega's. En hij steekt er ook nog zelf de draak mee. 'Komt Will 's ochtends binnen terwijl iedereen er al zit. Zegt hij: "Kom op, jongens, we gaan beginnen!"' Lagaunne noteert dat Frencken alweer om 'zestien uur vijf' is vertrokken.

De werksfeer onder Will is verre van ideaal, zeggen oud-collega's. Hij laat zich minachtend uit over zijn omgeving en de prestaties van anderen. Hij voelt zich superieur en wordt kwaad als mensen die hij als minderwaardig beschouwt hem tegenspreken. Collega Esther de Koning noemt Frencken in een verhoor door de FIOD-ECD 'een soort dictator' binnen de vastgoedclub van het Philips Pensioenfonds. 'Hij bepaalde alles in zijn eentje.' Volgens collega Sipke Gorter besluit Will niet op basis van argumenten 'maar op basis van macht'. Rob Lagaunne zegt het tegen Van Vlijmen nog wat krachtiger. 'Hij was god. Iedereen kon hem wel uitkotsen,' aldus de onderdirecteur in een afgeluisterd gesprek. Zo verbiedt Frencken Lagaunne eind jaren negentig om in de Verenigde Staten het vastgoed van Philips te bekijken. 'Ik wil het een keer zien. Ik ben nog nooit in Amerika geweest,' bedelt Lagaunne. 'Nee, dat kan niet,' antwoordt Frencken, die zich op een beslissing van hogerhand beroept. Lagaunne klaagt daarover bij Frenckens baas, Dick Snijders. Daar hoort hij dat Frencken heeft gelogen.

Frencken maakt zelf wel vaak zakenreisjes met de IVBN, de brancheverening voor institutionele beleggers waar Philips Pensioenfonds een belangrijk lid van is. Frencken zit zelf eerder in een IVBN-commissie. Ronald Smeets, directeur bij Fortis Vastgoed en belangrijke zakenpartner van Philips Pensioenfonds, is lange tijd de voorzitter van de IVBN. De twee zien elkaar op het Mipim, de jaarlijkse vastgoedbijeenkomst in Cannes. Daar is de chief real estate officer van het Philips Pensioenfonds een belangrijk man. Hij laat zich door helikopters vervoeren en geniet in de baai van de Cote d'Azur op miljoenenjachten van het goede leven.

Frencken wordt door bekenden omschreven als een narcistische persoonlijkheid. Iemand met een overdreven gevoel van eigenwaarde, een sterke behoefte aan bewondering en een laag inlevingsvermogen. Mensen die hij niet kan gebruiken, schuift hij op een zijspoor. Hij denkt in zwart-wit. 'Je bent voor of tegen hem.' Lagaunne zegt: 'Vroeger heb ik weleens gedacht en nou schop ik je tussen je ballen.' Hij maakt vervelende opmerkingen, is cynisch en heeft zo zijn streken om Lagaunne onder de duim te houden.

Als Lagaunne 53 jaar wordt, zegt Frencken dat er geen salarisverhoging meer mogelijk is. Zo gaat dat bij Philips, zegt Frencken met een stalen gezicht. Alleen een verhoging uit zijn CAO is nog mogelijk.

Lagaunne kan het niet geloven. Als Lagaunne het verhaal checkt bij Jan Snippe, de opvolger van Snijders, blijkt het onzin. Snippe zegt: 'Hoe kom je daar nou bij? Ik heb Will ook altijd verhoogd.' Lagaunne heeft vervolgens met terugwerkende kracht alsnog zijn verhogingen gehad. Frencken had de salarisregel uit zijn duim gezogen, aldus Lagaunne tegen Van Vlijmen. 'Hij zei dit tegen iedereen die 53 werd.'

Lagaunne laat niet gemakkelijk over zich heen lopen. Lagaunne pikt het niet dat Frencken een collega promotie wil laten maken over zijn rug. Hij stapt naar de grote baas Dick Snijders en krijgt hem aan zijn kant. Will is dat nooit vergeten. 'IJzersterk, briljant,' vindt Jan van Vlijmen als hij het verhaal te horen krijgt. 'Heb ik destijds ook gedaan met Berend Boks.' (…) 'Maar als ik zelf Will was geweest, had ik je eruit getrapt. Ik had je eruit geflikkerd. Dat vind ik toch een gat in zijn harnas, hoor. Een zwaktebod.' Van Vlijmen noemt Philips Pensioenfonds 'een achterlijk bedrijf' vanwege alle spelletjes. De Sfinx uit Heemstede en zijn medeverdachten uit de vastgoedfraudezaak hebben ook geen goede indruk van Frencken, al doen ze goede zaken. Het is een man met faalangst, zeggen boekhouder Eric Frische en zakenpartner Jack van der Looy als ze achter zijn rug om over hem praten. Jan van Vlijmen zegt: 'In zijn hart ook een heel klein mannetje.' Eric Frische: 'Een klein mannetje, zo bang als een wezel.' Hans van Tartwijk: 'Wij weten hoe Will mensen kan negeren. Het is een hond. Echt een hond.'

De bazige Will verandert na verloop van tijd, beweert Lagaunne, die hem dagelijks op zijn werk meemaakt. Hij durft sorry te zeggen tegen Lagaunne en probeert hem niet langer onder de duim te houden. 'Ik vind hem een aardige vent geworden,' zegt Lagaunne vergevingsgezind. In zijn persoonlijke omgeving vindt men hem juist minder prettig worden. Will zegt voortdurend dat hij normen en waarden hoog heeft zitten. Hij is in alle staten als zijn zoon een keer geblowd blijkt te hebben. Het leidt tot discussies onder zijn vrienden uit de vastgoedwereld, onder wie Van Vlijmen. Zij vinden dat Frencken zich aanstelt. Vanwege zijn rechtlijnigheid neemt hij daarin veel te hard stelling, is hun analyse.

Frencken woont met zijn gezin in een eenvoudig rijtjeshuis in een buurt met veel Philipswerknemers. Niettemin valt het leven van zijn vastgoedmaten steeds meer in de smaak. Volgens buurtgenoten worden met de kerstdagen op zijn huisadres tientallen dozen en kisten dure wijn bezorgd. Will meldt de geschenken niet aan, blijkt uit onderzoek van justitie. 'De garagedeur staat open,' is al jaren in de vastgoedwereld de code om in een gesprek aan te geven graag cadeaus te ontvangen met Kerst.

Net als zo veel anderen lezen Frencken en zijn vrienden in de jaren zestig de boeken van Erich Fromm. Aan de boeken van Fromm ontleent een vriend later de typering dat Will niet 'das Sein' belichaamt, maar aan 'das Haben' zijn identiteit ontleent. De hongerstaking uit zijn jeugd lijkt een korte oprisping van engagement te zijn. Tijdens zijn studie zegt Will ingenieur te willen worden omdat hij een Porsche wil rijden, zo herinnert een studiegenoot zich. Die koopt hij voor zover bekend niet. Wel leent hij auto's van Muermans. Hier maakt hij tripjes mee naar Duitsland, vertelt hij aan vrienden. Niet veel later heeft hij stiekem zelf een Ferrari. Op zijn woonerf laat hij die aanwinst niet zien. De man die zich omringt met multimiljonairs uit de vastgoedwereld verdient zelf in 2006 niet meer dan 188.941 euro per jaar. Daar houdt hij precies een ton netto aan over.

Frencken heeft geen gelukkig huwelijk. Toch laat hij zich van zijn goede kant zien als zijn vrouw vijftig jaar wordt. Ze krijgt een groot feest aangeboden in het zwembad in Nuenen. Daar is ook Harry Hilders, een vastgoedman die net als Muermans geregeld zaken doet met Frencken. Will speelt zelf uiteraard met zijn band nog wat stevige rock en krijgt de mensen als vanouds aan het dansen. Maar wat echt indruk maakt, is het zeer indrukwekkende vuurwerk dat Will geregeld heeft. 'Iedereen vroeg zich af hoe Will die vergunning voor dat vuurwerk had geregeld,' zegt een gast. 'Dat kan niet zomaar. Het is een bosrijk gebied.' Will vertelt later tegen zeer nabije vrienden dat Harry Hilders als verjaardagscadeau het grootse vuurwerk heeft bekostigd.

Zelf vindt Frencken zijn optreden het hoogtepunt. Zijn passie voor muziek laat hem nooit meer los. De gitaar staat nog steeds op een prominente plaats in zijn huiskamer, ziet de journalist die hem tien jaar geleden interviewt. Dat is daags voordat de formatie weer bij elkaar is voor een optreden in sociaal-cultureel centrum Het Klooster in Nuenen tijdens de thema-avond 'Born to be wild'. 'Er gaat geen dag voorbij of ik speel erop. Het is een verslaving, een passie.'

Na dertig jaar loopt Frenckens huwelijk met zijn jeugdliefde alsnog stuk. Erg gelukkig is het stel nooit geweest. Bekenden spreken van een omslag in Wills karakter. Hij eist dat de scheiding geheimgehouden wordt, wat tot nogal bizarre situaties leidt. Het stel is in gemeenschap van goederen getrouwd, zijn ex krijgt negen ton mee. Wills muzikantenvrienden merken dat na zijn scheiding zijn gitarencollectie zich sterk uitbreidt. Dat is de gitarencollectie die justitie op 13 november 2007 in beslag neemt. Als hij terugkomt van een reis, pocht hij tegen zijn bandleden dat hij een heel dure gitaar in de Verenigde Staten heeft gekocht. 'Hij heeft opeens de beste gitaren in tweevoud en de beste versterkers,' zegt een vriend, die bij hem thuis komt. 'Ik stond met mijn ogen te knipperen. De gitaren pontificaal in standaarden in de huiskamer.'

Frencken is in werkelijkheid een middelmatige muzikant, maar hij denkt volgens zijn bandgenoten dat hij heel goed is. Hij houdt het om die reden niet lang vol bij zijn nieuwe project, het in de regio bekende bandje Paddy's Heavy Circus. Het is ook een rare combinatie. 'Van die jonge jongens in een bandje en dan een pensioenfondsdirecteur op leeftijd die in zijn Mercedes komt voorrijden.' Na de scheiding wordt Will gesignaleerd bij gelegenheden waarbij hij, net als Muermans, de flappen bankbiljetten uit zijn achterzak heeft puilen. Hij gaat in zijn Ferrari rijden en begint een relatie met een jongere vrouw. Tegen de FIOD-ECD spreekt Frencken later van niet meer dan 'een oude Ferrari'.

Nadat hij eind 2006 stilletjes opstapt bij Philips, vestigt hij zich als zelfstandig ondernemer in Weert. Will Frencken Vastgoed Management B.V. heet zijn bedrijf en het is 'actief op het gebied van bouwkundige adviezen, aan- en verkoop begeleiding en het beheer van vastgoed'. Zijn collega's van Philips Pensioenfonds krijgen Rob Lagaunne als nieuwe baas. Frencken en Lagaunne houden contact en maken plannen om samen in een band te gaan spelen. Lagaunne op slagwerk en Will op gitaar. Op kantoor moeten ze het voortaan doen zonder die eigenaardige Will met zijn moppen. Ook missen ze zijn gevleugelde uitspraak. Will Frencken zegt jarenlang: 'Jongens, denk erom, we werken voor ons eigen pensioen.' Een motto dat achteraf een pijnlijke dubbele lading heeft.

18 Harry Hilders wint Monopoly

Harry Hilders, een van de grootste Nederlandse vastgoedhandelaren, runt naar eigen zeggen een 'duurzaam vastgoedbedrijf'. Een
plaatsje vooraan bij de uitverkoop van het Philips vastgoed mag van
de nummer 139 in de *Quote 500* best wat kosten. Wel vreemd dat het
geld naar een bv'tje in Noord-Limburg gaat. 'Wij opereren het liefst
low profile.'

De scheiding na dertig jaar huwelijk met zijn jeugdvriendinnetje
breekt Will Frencken lelijk op. De pijn zit hem vooral in de financiële
afwikkeling en de slapende honden die hij daarmee wakker maakt.
De lokale belastinginspecteurs uit Roermond, die in 2006 de Universumvennootschappen uitpluizen, stuiten bij het doorlopen van de
bankrekening van Universum Beheer op een betaling die ze niet kunnen thuisbrengen. Op 12 mei 2005 wordt in drie etappes 907.561 euro
gestort op een rekening van een zekere mevrouw Verspagen met daarbij de opmerking 'convenant W.A.D. Frencken'. De inspecteurs realiseren zich nog niet dat ze heel warm worden. Het duurt niet lang
voordat ze te weten komen dat de betaling is gedaan in verband met
de recente echtscheiding van de uiteindelijke begunstigde van Universum Beheer, pensioenfondsdirecteur Will Frencken. Het is een
deel van de miljoenen die justitie aanmerkt als smeergeld. De gelden
die hij buiten zijn werkgever Philips Pensioenfonds om krijgt uit
vastgoeddeals die zijn werkgever sluit.
    De aandelen van het bedrijfje Universum Beheer wegen mee bij de
bepaling van de alimentatie, omdat Frencken in gemeenschap van
goederen is getrouwd. Dit betekent dat hij zijn bijverdiensten moet
delen. Zo ontdekt de Belastingdienst dat de pensioenfondsdirecteur
zich door meer partijen onder tafel laat betalen dan de betrokkenen
bij Eurocenter op de Zuidas. Universum Beheer krijgt twaalf miljoen
gulden ofwel vijf miljoen euro betaald van Harry Hilders, een zeer

vermogende vastgoedmagnaat uit Den Haag, van wie bekend is dat hij al jaren veel zaken doet met Philips Pensioenfonds. Dit geld van Hilders moet deels naar de ex-vrouw van Frencken, die daar prompt in 2007 een beslag van justitie op vindt. Een ander deel wordt in 2006 doorgesluisd naar de rekening van Universum Holding in Zwitserland bij de Clariden Bank. Als de FIOD-ECD Frencken het rekensommetje van de alimentatie uit zijn vermoedelijke smeergeld voorhoudt, snibt Frencken in een van zijn schaarse verklaringen tegen de verhoorder: 'Je vindt jezelf dan wel een knappe jongen, hè?'

De betaling van Hilders is voor justitie reden om op 13 november 2007 ook bij hem op kantoor aan de Haagse Riviervismarkt langs te gaan voor een doorzoeking. Hilders blijft op vrije voeten. Maar hij weet dat de visite van een FIOD-ECD-team, een officier van justitie en een rechter-commissaris grote gevolgen heeft voor zijn relaties met financiers en gemeenten. Hilders legt vrijwel meteen na het bekend worden van de verdenkingen zijn statutaire functie neer in een poging zijn bedrijf niet verder te beschadigen. Twee weken ervoor is Hilders nog de gevierde man in de wereld van het onroerend goed. Zakenblad *Quote* lauwert hem omdat zijn vermogen in een jaar tijd het snelst is gegroeid. Hij stijgt in 2007 van de 312e naar de 139e plaats op de ranglijst van rijken, met een geschat vermogen van 203 miljoen euro. De waarde van zijn zwaar met leningen gefinancierde vastgoedportefeuille is veel groter. Hilders schat de waarde zelf op bijna twee miljard euro. Hij is daarmee een van de grootste particuliere vastgoedinvesteerders van Nederland.

Hilders is een zoon van een bekende vastgoedman uit de jaren zeventig en tachtig, die de bijnaam 'de krottenkoning van Den Haag' droeg. Harry Hilders senior is berucht als de grootste huisjesmelker van de hofstad. Een smet op de naam van zijn vader vormt ook de gewelddadige dood van Tinus Fens. In 1984 wordt deze Haagse onderwereld- en vastgoedfiguur vermoord in het kantoor waar Hilders ook is gehuisvest. Hilders senior overlijdt in 1992 als de inmiddels afgestudeerde junior een paar jaar bezig is in het vastgoed. Medewerkers onderstrepen dat Hilders zijn imperium zelf opbouwt. 'Dit bedrijf heeft niets te maken met Hilders senior,' zegt Remco Klomp in het *Dagblad van het Noorden*. 'Hij heeft nooit bij ons gewerkt, is geen aandeelhouder geweest, Harry is gewoon op eigen kracht begonnen. Zonder een euro van zijn vader, zonder een pand van zijn vader. Onze manier van opereren lijkt in de verste verte niet op die van Hilders senior.' Hilders zegt in een van zijn schaarse interviews, in vakblad *PropertyNL*: 'Wij opereren het liefst low profile. Hoewel we geen geheimzinnigheden te verbergen hebben, is dat onze attitude naar de markt toe.'

Het vastgoedvak leert de mediaschuwe ondernemer aan de Rijksuniversiteit Groningen. In die stad heeft het Philips Pensioenfonds tijdens zijn studietijd in de jaren tachtig nog grote vastgoedbelangen. Hilders neemt de huizenblokken en kantoren later achter elkaar over. 'Hij heeft jaren in de stad gewoond en kent de stad van haver tot gort,' zegt Klomp. 'Hij houdt van de stad, wij geloven ook echt in de stad.' Harry Hilders junior, die een broer heeft in de mode en de horeca, wordt omschreven als een innemende persoonlijkheid. 'Harry is een uitzondering in de geldbeluste wereld die Will Frencken om zich heen had,' zegt een kennis van beiden. Een zachtaardige figuur, zeggen ook de harde mannen uit de vastgoedwereld. Zijn contacten met het Philips Pensioenfonds en zijn directeuren zijn hecht. Hij komt op feesten en partijen met Frencken. Volgens dagblad *De Pers* zit Frencken aan de tafel van Hilders bij een van de Flying Doctors Gala's. Hilders regelt het vuurwerk op een feest van de familie Frencken. Een studerende dochter van de pensioenfondsdirecteur huurt een huisje van Hilders in de wijk Kanaleneiland in Utrecht. Als Frencken eind 2006 bij Philips Pensioenfonds is vertrokken, belt Hilders voor 'ieder wissewasje' met zijn opvolger Rob Lagaunne. Het gaat over zaken, maar ook informeert hij naar de gezondheid van de vrouw van Rob, die in 2007 ernstig ziek is. Dat vertelt Lagaunne in een van de afgetapte gesprekken die hij voert met Jan van Vlijmen. Van Vlijmen zegt Hilders niet persoonlijk te kennen, maar weet wel dat Hilders niet 'zoals Harry Muermans een ego heeft gekregen. Hij blijft met zijn pootjes op de grond'. Van Vlijmen ziet Hilders wel op netwerkevenementen. Ze zijn allebei begin september 2007 op Slot Zeist als SNS Property Finance haar jaarlijkse vastgoedborrel geeft. De vastgoedfinancieringstak van de bank, ruim een jaar daarvóór uit Bouwfonds overgenomen van ABN Amro, verzamelt zeshonderd gasten uit de vastgoedwereld in de tuinen van het kasteel onder pagodetenten.

Het imperium van Hilders bevindt zich op een hoogtepunt als justitie binnenvalt. In maart 2007 sluit Hilders nog de grootste woningtransactie ooit. Zijn bedrijf, dat na twintig jaar Hilders Groep geheten te hebben wordt omdoopt in Urban Interest, koopt voor 600 miljoen euro drieduizend woningen van BPF, het pensioenfonds voor de bouw. Hilders laat de deal voor negentig procent financieren bij zakenbank NIBC. Door het geleidelijk verkopen van de eengezinswoningen en appartementen deelt BPF Bouw mee in de verkoopwinst van de woningen. Bij BPF is Anne Bodzinga op dat moment nog de directeur. De megatransactie tussen Hilders en het pensioenfonds leidt tot speculatie onder de latere fraudeverdachten dat er iets mis is met de deal. Bodzinga is kort na de transactie plotseling vertrokken, zegt Jan van Vlijmen. 'Ik kan die man lezen. Ik heb hem acht gebouwen verkocht.' Jan kwam zelfs bij Bodzinga en zijn vrouw Boukje thuis. Van Vlijmen twijfelt over het een-tweetje van Hilders en BPF vanwege een telefoontje met Bodzinga. Jan belt hem in 2006. Dan zegt Bodzinga dat hij nog wel vier jaar blijft als directeur van BPF. En nu is hij weg, vlak na de deal met Hilders.

BPF stelt dat er voor het bedrijf geen reden is te twijfelen aan de deal. Het vertrek van Bodzinga heeft te maken met een koerswijziging van het fonds. Het strafrechtelijk onderzoek naar geldstromen tussen Hilders en Frencken is voor BPF geen reden om de samenwerking met Hilders te verbreken. Hangende het onderzoek doet BPF geen nieuwe zaken met hem. De oude transactie blijft wel gehandhaafd.

Zijn zakelijke succes heeft Hilders eerder te danken aan het Philips Pensioenfonds dan aan BPF. Sinds halverwege de jaren negentig staat Hilders vooraan bij de uitverkoop bij het pensioenfonds. Vooral vanaf 2001, als Philips Pensioenfonds besluit de miljardenportefeuille te saneren, slaat Hilders zijn slag. Hij krijgt voorrang. Want zo werken Philips Pensioenfonds en Frencken graag. Andere vastgoedhandelaren en makelaars komen er nauwelijks tussen. De pakketten worden in een-op-eenafspraken verkocht. Van begin 2000 tot eind 2003 brengt Philips de vastgoedportefeuille terug van 2,1 miljard euro naar 1,5 miljard euro. De verlaging van het percentage van het geld van de gepensioneerden dat belegd is in vastgoed komt tot stand door de verkoop van grote pakketten aan een handvol vastgoedmagnaten. Dat zijn de Limburger Harry Muermans, John Groenewoud uit Vught en vooral Harry Hilders. Ongeveer eenderde van de 1,3 miljard euro aan vastgoed dat Philips afstoot in een jaar of zes, gaat naar Hilders. Hilders ontwikkelt niet alleen, maar exploiteert ook vastgoed. Het bedrijf afficheert zichzelf als een 'duurzaam vastgoedbedrijf', omdat het in verpauperde gebieden winkelcentra overneemt die zijn verwaarloosd door Philips, zoals in Kanaleneiland in Utrecht en aan het Savornin Lohmanplein in Den Haag. Hilders heeft het meeste vastgoed dat hij van Philips koopt nog in handen. Bij het bedrijf overheerst naar eigen zeggen het 'de kosten gaan voor de baat uit denken'.

Zowel Kanaleneiland als het Savornin Lohmanplein wordt door justitie onderzocht vanwege mogelijke omkoping. Kanaleneiland speelt in 2002. Philips Pensioenfonds levert Hilders op 4 april via zijn vennootschap Ceylonstaete een enorm pakket vastgoed. Het pakket is volgens Hilders al in september 2001 verworven. Zijn financier is Bouwfonds Property Finance. Hij betaalt 190 miljoen euro volgens de afrekening van Van Agt en Dussel Notarissen. Michiel van Agt is de vaste notaris voor Hilders. Het is de notaris die Frencken later naar voren zal schuiven bij de aankoop van kantoortoren Symphony. Van Agt en Dussel Notarissen werkt ook veel met Trimp & van Tartwijk.

Hilders onderhandelt in 2001 voor de deal met Frencken en Lagaunne in hun hoedanigheid als pensioenfondsdirecteur. Nog voor de levering in april 2002 spreekt Hilders ook af om grote betalingen aan Universum Beheer te doen. Hilders blijkt sinds 2002 drie keer 1,8 miljoen euro over te maken aan Universum. In totaal gaat het om 5.445.363 euro. Het zou gaan om een voorschot op een winstdeling. Universum betaalt wel rente terug aan de vennootschappen van Hilders. Universum krijgt de helft van de winst op het uitponden van de woningen. Hilders stelt de winst voor Universum vast op minstens 10.890.726 euro in de eerste drie jaar door herontwikkeling en splitsing en verkopen van de gekochte huizen. De Haagse vastgoedman staat bovendien borg. De FIOD-ECD concludeert dat Universum Beheer, dat voor 96 procent van Frencken is en voor 4 procent van zijn boekhouder Frische, het bedrag al bij voorbaat gegarandeerd krijgt. Net als eerder bij de Eurocenterafrekeningen krijgt FIOD-ECD niet helder wat Universum Beheer doet voor dit geld. Als Philips Pensioenfonds delen van zijn vastgoed verkoopt uit naam van de 130.000 pensioengerechtigden, hoeft dat toch niet via dit onbekende bedrijfje in Haelen? Moet deze winstdeling of bemiddelingscommissie niet ten goede komen aan Philips? Weet Hilders dat dit geld bij Frencken uitkomt?

Frische verklaart van wel. Hij zegt tegen justitie dat Frencken bij hem is gekomen met de vraag hoe hij 'een en ander het beste kon construeren'. Volgens Frische wilden Hilders en Frencken samen een project exploiteren waarbij Universum Beheer een bepaald percentage zou krijgen. Frische tekent de overeenkomst waarin Hilders de elf miljoen gulden toezegt. 'Hierbij ligt het voor de hand dat het geld dat naar Universum Beheer zou gaan bestemd was voor Frencken,' verklaart Frische. 'Als Philips hier niet van op de hoogte zou zijn dan vind ik deze actie niet oké.'

Hilders erkent dat de betalingen zijn verricht aan Universum Beheer. Maar hij zegt de pensioenfondsdirecteur niet bewust gefêteerd te hebben. Hij zegt dat hij niet heeft geweten dat Universum Beheer van Frencken is. 'Daar heb ik ook navraag voor gedaan bij Frische. Ik zou de transacties nooit hebben gedaan als ik wist dat Frencken erachter zat,' aldus Hilders in zijn verhoor bij de FIOD-ECD. Dat Hilders heeft onderzocht wie er achter Universum zit, wordt bevestigd in heimelijk opgenomen gesprekken tussen Frische en Van Vlijmen. Frische zegt dat Hilders bij hem een paar keer checkt wie er achter Universum zit. 'Die liet het mij zien,' zegt Frische, 'je bent toch eigenaar? Ik zeg dat klopt. Ik zeg daar heb je helemaal gelijk in.' Tot 3 augustus 2001 heet Universum Beheer nog Carrosseriefabriek Mooren bv. Frische is dan directeur en enig aandeelhouder geworden. Volgens de FIOD-ECD verwerft Frencken op 6 september 2001 indirect de 96 procent in Universum Beheer bv.

De FIOD-ECD stelt na onderzoek dat Hilders inderdaad bij de Kamer van Koophandel navraag heeft gedaan naar de vennootschap Universum Beheer. Maar dat is op 14 maart 2002 geweest. Dat is nadat hij een contract aangaat met Universum Beheer op 4 februari 2002 waarin de vijf miljoen euro worden toegezegd. Hilders zegt dat Universum Beheer het geld niet cadeau krijgt. Het bedrijfje is 'tussenpersoon' bij de Ceylonstaetetransactie en volgens hem door Philips Pensioenfonds 'aangewezen'. Het fungeren als tussenpersoon is in de vastgoedwereld voldoende om zulke miljoenenbetalingen te rechtvaardigen, beweert Hilders. Hij voegt daaraan toe dat hij inderdaad het voorschot betaalt, maar dat de winst niet gegarandeerd is zoals de FIOD-ECD stelt. 'Er is een prognose gemaakt van de winst en die had anders kunnen uitvallen. De winst is pas in 2005 vastgesteld.' Als de prijzen in de eerste drie jaar kelderen of de kosten van renovatie hoog uitpakken, wordt de winstdeling ook lager, stelt Hilders in een aanvullende verklaring buiten het verhoor. Hilders loopt naar eigen zeggen ook risico, omdat er geen ontbindende voorwaarden zijn en omdat hij een waarborgsom stort. Bovendien loopt hij het risico op de splitsing van de 1200 woningen. Het winkelcentrum in Kanaleneiland is ook risicovol vanwege de 'aldaar heersende criminaliteit'. Het is de buurt waar Hilders een appartement verhuurt aan de dochter van Frencken.

Pensioenfondsdirecteur Rob Lagaunne, die veel onderhandelt met Hilders, moet lachen als de FIOD-ECD hem vraagt naar het werk van Frische als tussenpersoon in de Hilderstransactie. 'Ik ken die man niet. Al vraagt u mij het 25 of 26 keer. Ik ken die man gewoon niet.' Aanvankelijk richt het onderzoek van justitie naar Hilders zich op één transactie. Inmiddels zijn er meer transacties waarover twijfels zijn gerezen, blijkt uit het strafdossier. In 2004 koopt Hilders voor 167.800.000 euro vastgoed van Philips, inclusief het Savornin Lohmanplein in Den Haag. Deze winkels, woningen en kantoren zijn volgens de FIOD-ECD later pas toegevoegd aan de deal. Na afronding van deze transactie heeft Hilders door zijn chauffeur 400.000 euro laten betalen aan Lagaunne, verklaart Lagaunne aan justitie. Daarna heeft de broer van Hilders uit Oisterwijk ook nog eens drie ton in contanten aan hem gegeven, zegt Lagaunne. Als Hilders hier tijdens een verhoor ook nog mee wordt geconfronteerd, weigert hij te antwoorden. 'Ik wil me beperken tot de transactie met Ceylonstaete en niet-ambtelijke omkoping van de heer Frencken.' Hij zegt later dat de 700.000 cash, die in 2002 en 2003 betaald zou zijn, 'grote onzin' is.

Dat er meer speelt tussen Lagaunne en Hilders vindt steun in de eerder opgenomen taps van justitie. Hierin zegt Rob Lagaunne in 2007 dat hij 'te huiverig' is om nog zaken met Hilders te doen. 'Er is zoveel gebeurd.' Sporen heeft hij niet achtergelaten, bezweert hij tegenover Van Vlijmen. 'Dat is niet te vinden.' Lagaunne besluit in een van zijn eerste verhoren het zelf maar gewoon te vertellen tegen justitie. Hij zegt dat hij Hilders 'adviezen' heeft gegeven in ruil voor contanten. De zeven ton werd cash bezorgd door de chauffeur van Hilders en Hilders' broer. Lagaunne rekent buiten zijn werkgever Philips Pensioenfonds een half procent aan 'courtage' in contanten. Hilders krijgt daarvoor 'een plekje aan tafel'. Hij krijgt bovendien gegevens over de objecten, zoals huren, leegstand en onderhoudssituaties. Hiermee heeft Hilders volgens Lagaunne alle gegevens om een bod te doen. Lagaunne krijgt zijn beloning voor zijn adviezen en informatie achteraf, als de panden gegund zijn aan Hilders.

Lagaunne zegt Frencken niet verteld te hebben van zijn geldbedragen. 'Het is wel mijn baas, hè?' Het rekenen van courtages om de privérekening te spekken, is 'in de vastgoedwereld normaal,' aldus Lagaunne. 'Ik was van de inhoudelijke gegevens en Frencken van de prijs,' zegt hij over de taakverdeling tussen hem en Frencken. Of Frencken behalve de betaling aan Universum Beheer nog geld heeft ontvangen van Hilders, is niet duidelijk. Hij beroept zich tegenover justitie op zijn zwijgrecht. Lagaunne zegt niet veel af te weten van de bijverdiensten van Frencken.

Binnen Philips Pensioenfonds zijn er nog wel vragen over de aankoop van een kantoor van Hilders door Frencken. De pensioenfondsdirecteur is volgens ex-collega's in de jaren negentig best kritisch als het gaat om leegstand bij de aankoop van vastgoed. Philips koopt eigenlijk nooit een onverhuurd pand. Eén keer maakt hij een uitzondering. Dat is wanneer hij het kantoor Telespy (ook wel Teleport) in de regio Schiphol koopt. Het kantoor staat vrijwel leeg. De verkoper is Harry Hilders. Hij geeft Philips Pensioenfonds geen huurgaranties. Het is een van de drie oudere kantoren die Philips in die periode aankoopt tegen het beleid van afstoten in. Frencken zegt geen problemen te verwachten met de leegstand. Dick Snijders, op dat moment de baas van Frencken, keurt de transactie op 12 juni 2001 goed na een notitie van Frencken. Als Snijders in 2003 vertrekt, zijn er nog altijd geen huurders voor het overgrote deel van het kantoorpand. Sipke Gorter van het Philips Pensioenfonds is net als collega Andries Booy erg verbaasd over de risicovolle aankoop. 'Uiteindelijk is het met een flinke slok eraf, met negatief rendement dus, weer verkocht,' verklaart Gorter tegen justitie.

Voordat justitie in november 2007 de vastgoedwereld opschrikt met de doorzoekingen, hebben Hilders en Lagaunne nog plannen samen. Lagaunne beweert dat Hilders hem belt als hij hoort dat Philips stopt met vastgoed en de baan van Lagaunne zal verdwijnen. Lagaunne vertelt dit op 18 september 2007 aan Jan van Vlijmen. Hilders zegt:

'Rob, wil jij voor mij exclusief alle pensioenfondsen langsrijden? Je kent ze allemaal. (…) Een directiefunctie. Geef maar een gil als het zover is.' Volgens Van Vlijmen lijdt het geen twijfel dat hier de opportunistische Hilders aan het woord is en niet de gevoelsmens. Jan: 'Die is gewoon niet gek. Die denkt die Rob heeft goede ingangen, een goede naam.' Het zal er niet meer van komen. Het is snel gedaan met de goede naam en de ingangen.

19 De losse cultuur van het pensioenfonds

Vastgoedmagnaten Muermans en Hilders krijgen bij deals voorrang in ruil voor smeergeld voor pensioenfondsdirecteuren. Maar Frencken en Lagaunne hebben deze werkwijze niet uitgevonden. Een duik in de dubieuze historie van het Philips Pensioenfonds leert dat smeergeld de norm is. 'Maar steeds werd er gezegd, er is niets aan de hand.'

Als boekhouder Eric Frische met zijn vrouw op reis gaat naar Zuid-Amerika, kan hij het niet laten om zijn vastgoedmaten een teken van leven te geven. Een geintje vanaf zijn vakantieadres kan Jan van Vlijmen wel waarderen, denkt de zestiger uit het dorp Haelen. Frische besluit drie ansichtkaarten te sturen naar de vastgoedman uit Heemstede die hij de laatste jaren zoveel ziet. Eentje met de Incastad Machu Picchu in Peru erop. De volgende stuurt hij vanuit hoofdstad Lima met een verhaal over het verkeer en de ondergrondse die helemaal niet bestaat. De derde ansichtkaart heeft een plaatje van een eenzaam dier op een berg. Een lama, hoe kan het ook anders, het symbool van Peru. De foto doet er minder toe dan de begeleidende tekst. Frische is er zelf erg content over. 'Van grote hoogte zag ik een herder nogal paniekerig omgaan met zijn schapen. Hij deed mij denken aan de kleine man uit Roermond. Maar als de herder zelf een schaap is, is het knudde met de kudde.' Frische vertelt het verhaal lachend aan Van Vlijmen, want de ansichtkaarten blijken niet aangekomen. Van Vlijmen laat althans in het gesprek niet merken ze gezien te hebben. De kleine, dat hoeft Frische er niet bij te vertellen, dat is Harry Muermans, de grote vastgoedman uit Roermond. Hij wordt ook wel Napoleon genoemd door zijn voormalige boekhouder Frische.

Frische legt niet uit wie de schapen zijn en waarom 'herder' Muermans paniekerig is. Maar de boekhouder weet dat Van Vlijmen sinds 2005 opeens zeer goede zaken doet met het Philips Pensioenfonds.

Muermans grijpt net als Hilders sindsdien naast de deals van Philips. In 2005 lijkt de relatie tussen Frische en Frencken enerzijds en Muermans anderzijds aan verandering onderhevig. Na twintig jaar neemt Muermans afscheid van Frische als huisaccountant. Frencken liquideert zijn geheime vennootschap Universum Vastgoed die hij deelt met Muermans. Frencken verklaart daarover: 'Ik wilde niet meer samenwerken met hem.'

Het beëindigen van de vennootschap legt het gezelschap geen windeieren. Ze houden daar allebei als aandeelhouder van Universum Vastgoed miljoenen euro's aan over uit het project Eurocenter. Miljoenen die volgens justitie onder valse voorwendselen zijn onttrokken aan Bouwfonds en Philips. Muermans mag hier tevreden over zijn, maar het gaat al een tijdje minder. Muermans vangt bot bij Rob Lagaunne van het Philips Pensioenfonds als het in 2007 gaat over de woningen en kantoren die aan de hoogste bieder in een zogeheten tender verkocht gaan worden. In een afgetapt gesprek steekt hij niet onder stoelen of banken daarvan te balen. 'Ik denk, ik bel nog eens want ik hoor niets meer,' klaagt Muermans op 31 oktober 2007 tegen Lagaunne. Deze zegt dat hij Harry net de dag ervoor wil bellen. 'Maar toen dacht ik, die heeft het druk.' Muermans baalt als een stekker dat de onderhandse verkopen passé zijn. 'Wat is dat toch jammer, wat is dat toch jammer.' Rob: 'Ja jongen, vertel mij wat.' Harry: 'Noordwijk, mooie plaats waar ik al zoveel kom al zo lang en noem ze allemaal maar op.' Rob: 'Er is verder niks aan te doen.' Het is duidelijk. De laatste tijd heeft Harry bar weinig aan zijn vrienden bij Philips Pensioenfonds. Dat is weleens anders geweest.

Justitie laat de kleine vastgoedman lange tijd met rust, ook al valt zijn naam regelmatig in afgeluisterde gesprekken. De Limburgse vastgoedtycoon wordt in het zogenoemde aanvangsproces-verbaal van juni 2007 als verdachte aangemerkt. Later zegt een woordvoerder van het Openbaar Ministerie dat hij geen verdachte is. Eigenlijk wekt dat in de vastgoedwereld meer verbazing dan het bekend worden van zijn twijfelachtige handel met de directeur van het Philips Pensioenfonds. De heersende opvatting in de vastgoedwereld is dat de vastgoedafdeling van dit pensioenfonds al decennia de moraliteit niet hoog heeft zitten. Ook kijkt de markt met argusogen naar de opmerkelijk nauwe banden van Muermans met opeenvolgende directeuren van het pensioenfonds. Deels zal dat ook jaloezie zijn. Welke onroerendgoedhandelaar wil nu niet een warme band met een directeur met zo'n mooie fruitmand vol vastgoed?

'Har' Muermans weet als ex-kleermaker dat het uitstekend geld verdienen is in deze wereld met goede relaties. Hij stapt in 1979 in het vastgoedvak met broer Jacq of Sjaak. Als ze in Roermond een pand voor hun zwager verkopen, smaakt het naar meer. Ze boeken grote successen met de aankoop van onroerend goed van Zweedse beleggers, die na een aantal beroerde jaren Nederland verlaten. De broers Muermans weten de publiciteit van zich af te houden. Behalve als in de jaren negentig hun naam wordt genoemd in een Limburgse omkoopaffaire. Ze gaan vrijuit. De naam Muermans valt tegenwoordig vooral door zoon Dominick. Die wordt racecoureur na aansporingen van zijn vader. Eerst wordt Dominick opgeleid tot privéchauffeur voor welgestelden. Maar zijn vader ziet hem liever racen dan zijn vrienden vervoeren. Muermans sponsort toch al het Formule 1-raceteam van zijn buurman Jos Verstappen, die hij ook tot zijn goede vrienden rekent.

Muermans neemt Frencken regelmatig mee naar de Formule 1-races. Zakenrelaties kunnen zich nog goed herinneren dat Frencken na het weekend pocht over zijn tripjes. Muermans noemt dit 'het grote voordeel' van zijn sponsoringactiviteiten. 'Dat ik zakenrelaties kan meenemen naar de Formule 1. Daarbij gaat het om twee tot drie mensen per race en alleen bij de wedstrijden in Europa. Dat blijkt zakelijk gezien goed te werken,' aldus Muermans tegen RTL. De broers sponsoren ook golf. Ze hadden bijvoorbeeld een groot deel van de aandelen in het bedrijfje van golfer Maarten Lafeber dat makelaar en medeverdachte Michiel Floris ooit opzette.

Als Napoleon uiteindelijk aan de tand wordt gevoeld op 10 december 2008 in Helmond, hoort hij tot zijn ergernis dat hij verdacht wordt van omkoping van Frencken en Lagaunne en van valsheid in geschrifte. Muermans riposteert 'nooit Philipswerknemers betaald te hebben om zaken te doen'. Hij meldt dat hij juist bezig is om zijn kerstboom van bedrijfjes transparanter te maken voor de fiscus. Hij doet ook aan liefdadigheid. Het Ronald McDonald Huis en de stichting voor blinde kinderen in Tibet, waaraan acteur Huub Stapel verbonden is. Muermans wordt minder spraakzaam als de verhoorders hem nieuwe aanwijzingen voorhouden dat hij geld betaalt aan Frencken en Lagaunne in ruil voor deals en vertrouwelijke informatie over vastgoed van het fonds. De FIOD-ECD ondervraagt Muermans niet alleen over zijn rol bij Eurocenter, maar ook naar zijn aankoop van een pakket woningen in Zaandam, Zwolle en Lelystad voor 62.475.000 euro. Met vragen over deze deal houdt Muermans geen rekening. Hem wordt een brief voorgehouden waarin staat dat drie miljoen euro op een nader te bepalen rekening moet worden overgemaakt. De brief is bij Frische thuis in beslag genomen. Muermans wuift de aantijging weg en zegt dat het 'gewoon een aanbetaling is geweest van vijf procent. Dat is op een bankrekening van Philips gestort, niet van Frencken of Lagaunne.'

Justitie houdt hem een tweede handgeschreven aantekening voor uit het huis van Frische, die mogelijk belastend is. Hier schrijft Frische dat Universum recht heeft op betaling van 'een eerste tranche' van 1.272.500 euro. In dezelfde handgeschreven optelsom wordt gesproken van een tweede tranche van 1.561.875 euro. Vermeld wordt ook een percentage en een totaalbedrag. Het is 2,5 procent over een totaalbedrag van 62.475.000 euro. Dat is het bedrag dat Muermans heeft betaald voor het woningenpakket. Worden hier afspraken gemaakt over geheime courtages voor de directeur buiten de deal om?

De FIOD-ECD heeft de cijfers op het papiertje dieper op zich laten inwerken. De opsporingsambtenaren zijn gaan kijken of er met de eerste tranche ook een match is te maken. Wat blijkt? De eerste tranche van 1.272.500 euro is 2,5 procent van 50,9 miljoen euro. Een blik in het kadaster waarin vastgoedtransacties zijn opgenomen leert de FIOD-ECD dat dit precies het bedrag is waarvoor Muermans in juni 2003 een ander pakket onroerend goed geleverd krijgt. Het totaalbedrag van twee keer 2,5 procent is 2.834.375 euro. Onder aan de notitie staat: 'Al betaald. Har nog te betalen.' De conclusie van de FIOD-ECD is dat Muermans vijf procent geheime commissie moet betalen op de twee pakketten die hij overneemt. De helft daarvan heeft hij vermoedelijk al voldaan aan Universum Vastgoed. Dat gaat dus buiten het zicht en de boeken van Philips om. Muermans verklaart dat het niet meer dan aantekeningen zijn van Frische. 'Hij kan ze ook achteraf gemaakt hebben.' Muermans zegt dan: 'Ik heb behoefte aan frisse lucht.' Daarna beroept hij zich op zijn zwijgrecht.

Bij Universum Vastgoed komen gelden binnen die volgens de Belastingdienst in de boekhouding worden gekoppeld aan de aanschaf van gronden. Opmerkelijk is een betaling aan Universum voor gronden die vastgoedman Jo Roelof Zeeman verkocht heeft aan Muermans Vastgoed Roermond BV. Deze vennootschap beëindigt 'een samenwerkingsovereeenkomst met Universum Vastgoed' en stort bijna drie miljoen euro door. Zeeman is verbaasd. Hij zegt alleen zaken gedaan te hebben met Muermans. Van een betrokkenheid van Frencken of Universum als begunstigde zegt hij niets te weten. Deze inkomsten, waar Frencken van mee moet profiteren gezien zijn aandelenbelang, zijn vooralsnog niet in het strafrechtelijk onderzoek betrokken. Muermans weigert commentaar.

Het vermoeden dat er meer aan de hand is dan een incident bij Philips Pensioenfonds, wordt ondersteund door verklaringen van Rob Lagaunne. Hij praat op 3 augustus 2007 in het Haagse Golden Tulip weer eens over Frencken als Jan van Vlijmen zegt: 'Maar ik kan me voorstellen dat die met die uhh kleine dat wel in de afgelopen jaren bepaalde dingen hebben zitten flikflooien.' Lagaunne zegt: 'Ik denk dat er met de kleine wel wat geldstromen gedaan hebben die bekend kunnen zijn, dus echt overhevelen van via banktegoeden en zo. Zo heb ik dat trouwens nooit met Muermans gedaan. Meteen over de grens. Ik weet niet hoe zij… Daar kunnen ze nooit achter komen.'

Lagaunne is na 13 november nauwelijks binnen bij de FIOD-ECD, of hij zegt dat Muermans hem net als Hilders contanten heeft betaald. Een bevriende bankier bij Dexia zorgt dat het geld in Zwitserland terechtkomt, zegt Lagaunne. Uit voorzorg belt hij met een Belgische prepaid telefoonkaart. 'Van Muermans heb ik eind 2001 een tonnetje of vier ontvangen met betrekking tot aangebroken complexen. Dat zijn complexen die al deels zijn uitgepond. Muermans nam ze over en dan kreeg ik geld. In twee termijnen. Ik kreeg het van zijn zwager. Bij de afslag Valkenswaard, op een parkeerterrein waar nu Golden Tulip zit.'

Muermans zegt dat dit niet waar is. 'Ik kreeg altijd de uitnodiging van Philips als ze gingen verkopen. Ik kreeg veel info (huurlijsten, gegevens over de mutatiegraad, en bouwkundige staat) maar dat was van Philips. Niet van Lagaunne privé. Ik heb vier zwagers maar ik heb geen vier ton betaald.'

Ondanks ontkenningen van Hilders en Muermans stapelen de aanwijzingen zich op dat de pensioenfondsdirecteuren van Philips goed voor zichzelf zorgen. Gesprekken met oud-werknemers van Philips Pensioenfonds en het strafdossier leren dat er meer aan de hand is bij Philips Pensioenfonds dan een incident. De onderhandse vastgoedhandel met een kleine groepje vastgoedmagnaten is hier eerder regel dan uitzondering, zeggen oud-Philipsmedewerkers Dat daar commissies en cadeaus tegenover staan, is niet nieuw. 'Frencken heeft het niet uitgevonden,' zegt een insider. 'Hij heeft zijn voorganger zorgvuldig gekopieerd. Dit is een cultuur die erin is geslopen maar nooit de kop in is gedrukt.'

Het is zelfs al decennia niet in orde bij Philips Pensioenfonds. Mensen bij het Philips Pensioenfonds zorgen vooral goed voor zichzelf, valt over de volle breedte in de vastgoedwereld te horen. Controles zijn er nauwelijks. Missers in de portefeuille worden onder het tapijt geschoven. 'De markt heeft dit al jaren zien gebeuren,' zegt een kenner uit de Philipsgelederen. 'Het is een omgeving die uitnodigt om uit de band te springen.' Over vier generaties directeuren bestaan binnen het concern grote twijfels. Twijfels die ook zijn onderzocht maar onvoldoende hard gemaakt kunnen worden. Tips van klokkenluiders van binnen en buiten het concern worden op een zeker moment niet meer serieus genomen, zo blijkt uit het strafdossier en recent intern onderzoek van Philips. 'Ze konden er mee doorgaan, omdat ze zich heel erg veilig voelden,' zegt een ex-werknemer van het Philips Pensioenfonds.

Binnen en buiten Philips valt te horen dat de vastgoedportefeuille die door directeur J. W. Assink in tientallen jaren is opgebouwd, is verkwanseld door zijn opvolgers. Dat beeld wordt bevestigd door onderzoeken die Philips laat uitvoeren na november 2007. Het elektronicaconcern meldt in maart 2009 in een summier persbericht de uitkomsten van een 'diepgravend feitenonderzoek' naar vastgoedtransacties in de laatste tien jaar. Het is niet fraai. 'Nagenoeg alle onderzochte transacties kennen één of meer onzakelijke voorwaarden of elementen waardoor het fonds financieel of op een andere manier benadeeld zou kunnen zijn.' Het toezicht en interne controlesysteem vertoonden 'verschillende tekortkomingen'.

Een pijnlijke constatering over een pensioenfonds dat zo nobel begint in de wereld van het vastgoed. Philips is een van de weinige pensioenfondsen die durft te kiezen voor vastgoed als alternatief voor beleggingen in veilige staatsobligaties. Vlak voor de Tweede Wereldoorlog besluit het pensioenfonds in enkele wooncomplexen te beleggen vanwege de lage rente die op staatsleningen wordt uitbetaald. De woningen die Philips koopt, worden deels door bombardementen vernietigd. 'Ernstige financiële gevolgen heeft dit echter niet, omdat de waarde van de grond intact blijft,' staat te lezen in het boek *Een peertje voor de dorst. Geschiedenis van het Philips Pensioenfonds* uit 2002.

Na de oorlog en vooral in de jaren zestig en zeventig bouwt Philips gestaag aan een eigen portefeuille van huizenblokken, kantoren en winkelcentra op prominente plekken. 'Dit moet werken als een uithangbord dat de kapitaalkracht en de soliditeit van Philips Pensioenfonds bij het publiek bekendmaakt,' staat in het jaarverslag van 1956. Philips Pensioenfonds draagt daarmee net als woningontwikkelaar Bouwfonds in die periode bij aan de wederopbouw van Nederland. Terwijl Bouwfonds het voor de kleine man mogelijk maakt om een huis te kopen, biedt Philips Pensioenfonds huurhuizen en nabije winkelcentra aan. Directeur Assink werkt van 1958 tot 1980 aan beleggingen op A-locaties. Hij is nog tot de ridderorde verheven vanwege zijn bijdrage aan de sociale woningbouw in Nederland.

De opvolgers van Assink teren jarenlang op de huurpenningen zonder al te veel aan onderhoud te doen. Over hun deskundigheid, hun manier van leidinggeven en moraliteit wordt in minder vleiende woorden gesproken. De directie gedraagt zich steeds chiquer. Ze trekken de deur dicht en zetten er een secretaresse voor. C. Sulkers gaat over het vastgoed, maar is een techneut die volgens de overlevering door Philipsveteranen vooral bezig is met het laten opknappen door bevriende partijen van zijn eigen huis. Een zakenpartner uit die tijd vertelt hoe tijdens een kerstdiner bij de familie Philips bij het aansnijden van de ossenhaas opvalt dat de vrouw van Sulkers een wel heel grote en dure ring draagt. Philips neemt een ongebruikelijke stap en laat de interne accountantsdienst onderzoek doen, aldus een zakenrelatie van Sulkers. Philips legt zijn inkomsten naast zijn uitgaven en ziet dat er veel meer uitgaat dan er binnenkomt. Maar ze krijgen er de vinger niet achter. Sulkers gaat eind jaren zeventig met pensioen en krijgt gewoon een gouden handdruk.

Over zijn opvolger Wim van der Boor steken ook verhalen de kop op. Hij zou vaste zakenpartners voorrang geven in ruil voor vergoedingen. Hij is sinds 1972 adjunct-directeur en toont zich in de eerste jaren aanvankelijk onkreukbaar. Later geniet hij veel steun van zijn baas Dick van Riel. Van der Boor ontwikkelt een intiem netwerk van zakenvrienden. Hij heeft drie vaste zakenpartners: Harry Muermans uit Limburg, de familie Van der Meijden uit Amsterdam en de gebroeders Anne en Jelle Brouwer van Burginvest die in de Verenigde Staten actief zijn met hun bedrijf Savage Fogarty. Burginvest is ironisch genoeg het bedrijf dat Bouwfonds eind jaren tachtig overneemt om te groeien in de wereld van commerciële projectontwikkeling. Het bedrijf waar Bouwfonds zo weinig plezier aan beleeft dat uiteindelijk in 1995 als alternatief Van Vlijmen Vastgoed wordt overgenomen.

Jan van Vlijmen is overigens ook bekend met de reputatie van Philips Pensioenfonds in de vastgoedwereld. Hij praat met Lagaunne uitgebreid over de bedrijfscultuur en de vaste relaties die hem zijn voorgegaan. En passant vraagt Van Vlijmen of de baas van Frencken, 'die Dick Snijders', ook 'een beetje voor zichzelf aan het zorgen was'. 'Nee,' zegt Lagaunne. Jan reageert verbaasd want ook hij kent de dubieuze reputatie van Philips Pensioenfonds. 'Wie was dan ook weer de vriend van Anne Brouwer?' Lagaunne: 'Dat was Van der Boor.'

Ook Van der Boor is geen vastgoedspecialist, maar een techneut die nauwelijks Engels spreekt. Dat komt slecht uit, gezien de avonturen in de Verenigde Staten. Philips Pensioenfonds belegt sinds 1977 ook in het buitenland en vooral de Verenigde Staten vallen in de smaak. De buitenlandse portefeuille omvat op een zeker moment een kwart van het totale vastgoedbezit. Volgens oud-portefeuillemanager directeur Eildert Stijkel, die in 2009 is gehoord door onderzoekers van Philips, is er veel te duur en veel te omvangrijk ingekocht. Hij luidt eind jaren tachtig hierover al de noodklok binnen Philips. Hij stelt dat er minstens veertig miljoen dollar te veel is betaald voor twee kantoorprojecten in een winkelcentrum die worden gekocht van de gebroeders Brouwer. Een groot bedrag, zeker in die tijd. KPMG schrijft over de twee winkelcentra dat de eerste 19 à 21 miljoen dollar waard is en dat Philips het heeft gekocht voor 37 miljoen dollar. Het tweede is 27 miljoen dollar waard en is door Philips gekocht voor 47 miljoen dollar.

Op 25 september 1989 schrijft Stijkel intern een brandbrief aan Van Riel om de aankoop van het bewuste project Transpotomac in Alexandria in de staat Virginia af te blazen. Dat doet hij op grond van een taxatie van KPMG, Philips is juist voornemens is om honderden miljoenen dollars van pensioengerechtigden in de Verenigde Staten te investeren. Stijkel schrijft dat de aankopen bijzonder zwak worden onderbouwd. KPMG ondersteunt zijn zienswijze. Philip Pensioenfonds is een veel lagere leegstand voorgespiegeld. Maar als Stijkel in 1988 met kerstvakantie is, blijkt bij zijn terugkomst een van de twee gebouwen alsnog gekocht. Het probleem met de aankoop is dat een deel van de huurders niet blijkt te bestaan. Frencken, die net bij het pensioenfonds is begonnen, schaart zich eerst achter de kritiek, maar komt erop terug. Hij maakt niet lang daarna promotie tot directeur.

Er zijn meer probleempjes in de Verenigde Staten met winkelcentra waarvan de kwaliteit beroerd is. In Lufkin, Texas, koopt Philips een warenhuis met tachtig procent leegstand. De klanten die rondlopen in het warenhuis zijn geen klanten maar *mall walkers*. Dat zijn bejaarden die door een winkelcentrum rondlopen zonder iets te kopen. Ze zijn daar omdat er airconditioning is die ze zich thuis niet kunnen veroorloven. Bij een ander winkelcentrum groeien de bomen uit het dak. Philips laat zich in Amerika in de omgeving van Dallas vertegenwoordigen door Clifton Harrison van Harrison Freedman and Associates. Harrison is naar later blijkt een wegens financiële fraude veroordeelde crimineel, die op drie colleges heeft gezeten maar als student geen enkele studie afmaakt. Zijn diploma haalt hij in de gevangenis.

De waarde van de Amerikaanse winkelcentra moet Philips uiteindelijk flink afboeken. Dat kan in die tijd eenvoudig en onzichtbaar via een zelf gecreëerde pot van honderden miljoenen aan beleggingsreserve. Voor foute investeringsbeslissingen van het management hoeft nog geen verantwoording te worden afgelegd. Philips Pensioenfonds bouwt vanaf de jaren negentig de belangen in het buitenland weer af. In 1995 belegt de vastgoedtak nog slechts tien procent in Amerikaans vastgoed. Nederlandse pensioenfondsen stoten behoorlijk hun hoofd in die periode in de vs. 'Een beetje zoals de Zweden in Nederland,' zegt een kenner.

Harry Muermans is een van de opkopers van de Philipspanden in de Verenigde Staten. Sipke Gorter van het Philips Pensioenfonds kaart deze verkoop aan bij zijn getuigenverhoor bij de FIOD-ECD. Het meeste Amerikaanse vastgoed is volgens Gorter verkocht op tien procent boven de balanswaarde op dat moment. Het is hem opgevallen dat op één complex een verlies van acht procent wordt gehaald. Dat complex wordt aan Muermans gegund. De Limburger Muermans vindt zelf dat hij het pensioenfonds juist van een probleem verlost. Van het winkelcentrum in Chicago dat hij van Philips Pensioenfonds overneemt, heeft hij weinig plezier. Kort nadat hij het centrum koopt, zakt het dak in en zegt de grootste huurder, een supermarkt, van de ene op de andere dag op. Muermans doet vaker zaken met Philips. Hij verkoopt nieuwbouwwoningen en de grauwe kolos Hooghuis in het centrum van Eindhoven. Muermans koopt behalve in Amerika ook in België van Philips.

De altijd onberispelijk in blauwe pakken geklede Van der Boor kan het goed vinden met Muermans. Ze gaan graag samen op pad. Zijn grote passie is timmeren. Hele partijen hout laat Van der Boor bij zichzelf thuis in Waalre bezorgen door de aannemer die ook werk verricht voor Philips Pensioenfonds. Het blijft niet bij de partijen hout. Binnen Philips wordt eind jaren tachtig openlijk gesproken over wat redelijk is om als commissie voor een deal weg te schuiven. Vijf procent is redelijk, zo is de opvatting, maar van acht procent wordt schande gesproken. Van der Boor krijgt net als zijn voorganger een onderzoek aan zijn broek. 'Dat is een zwaar intern onderzoek,' zegt een van de vaste zakenpartners die destijds aan de tand is gevoeld over zijn nauwe contacten met Van der Boor.

Een van de zakenpartners durft anoniem toe te geven dat hij Van der Boor inderdaad jarenlang wat toestopt. 'Als ik het niet had gedaan, was hij naar een ander gestapt. Ik heb bedacht dat ik hem best contant wil betalen onder tafel, hij heeft ook studerende kinderen. Maar mijn betaling maak ik onafhankelijk van de koopsom. Het pensioenfonds is er niet slechter van geworden.' Het zou gaan om een half miljoen gulden in vijf giften. Volgens deze vastgoedfiguur is regel één bij dit soort stiekeme betalingen dat de ontvanger maar met één persoon in zee gaat en zich niet door verschillende mensen laat betalen. Directeuren Frencken en Lagaunne lijken zich daar niet aan gehouden te hebben. Van der Boor volgens deze bron ook niet. Als Van der

Boor eind jaren tachtig vertrekt, krijgt hij toch een groot feest. Ook het onderzoek van Philips naar Van der Boor zou namelijk weer niets opgeleverd hebben.

Philips Pensioenfonds maakt zich kwetsbaar door de vrijheid van de pensioenfondsdirecteuren en haar werkwijze om vastgoed onderhands te verhandelen. De indolente bedrijfscultuur blijft bestaan. Niet iedereen is daar ontevreden over. Werken bij het pensioenfonds is overigens verre van populair. Wie vanuit de onderneming Philips overstapt naar het pensioenfonds is in feite op een zijspoor gezet. Andersom ontlenen de mensen van het pensioenfonds wel hun autoriteit aan het instituut Philips. Dit is wat Frencken juist aantrekkelijk vindt aan de functie. Zijn wens is om Van der Boor op te volgen. Als Frencken halverwege de jaren tachtig net komt werken bij het Philips Pensioenfonds, kijkt hij nog op van de dure lunches van zijn baas Van der Boor. Volstrekt overbodig, vindt Frencken die zijn baas net als andere pensioenfondsmedewerkers wel keurig met meneer aanspreekt.

Als de opvolging van Van der Boor gaat spelen, ontstaat volgens verschillende ex-directeuren een gespannen situatie, die door sommigen zelf als bedreigend is ervaren. Van der Boor wordt door sommigen als een dictator omschreven, net als later directeur Will Frencken. Hij kleineert mensen door ze in zijn kantoor in een hoekje neer te zetten. Verrassend genoeg weet de jonge Frencken, net als Van der Boor een techneut, de positie te verwerven. De machtsstrijd tussen de mensen die willen professionaliseren en de oude garde wordt verloren door de schoonschipmakers. Frencken wordt de baas. 'Het spel leek ten einde maar Frencken pakt het gewoon weer op,' zegt een gesneuvelde directeur. Oud-collega's vragen zich nog steeds af hoe hem dat is gelukt. Frencken heeft in kleine kring weleens gezegd dat hij zijn voorganger en zijn baas onder druk heeft gezet.

Shagroker Frencken is sowieso een vreemde eend in de bijt. Maar hij past zich snel aan, merken Lagaunne en andere oudgedienden. Hij neemt de gewoonten en stijl van zijn voorganger over. Omdat Van der Boor sigaren rookt, gaat Will dat ook doen, zegt Lagaunne. Hij zweert de shag af, rookt nog even pijp, maar geeft uiteindelijk net als zijn voorganger aan de sigaar de voorkeur. Sindsdien berekent Frencken regelmatig zaken op een sigarendoosje. Niet zoals het gezegde wil op de achterkant, maar aan de binnenkant. Het kopieergedrag blijft niet bij de sigaren. Frencken begint zelf ook van royale lunches te houden. Hij laat mensen graag voor niets opdraven. Philips Pensioenfonds werkt zonder makelaars. Toch laat Frencken zich door makelaars op een lunch trakteren, bijvoorbeeld in de restaurant de Karpendonkse Hoeve, destijds het enige sterrenrestaurant in Eindhoven. Tijdens de lunch zegt hij nog even niet over zaken te willen praten. Bij de koffie zegt hij dat hij niet geïnteresseerd is in de diensten van de makelaar.

Frencken imiteert de directieve stijl van leidinggeven van zijn voorganger. Eenmaal op zijn positie komt hij in conflict met directeuren die afscheid nemen, worden weggestuurd of een andere functie krijgen toegewezen. Een medewerker, die de buitenlandse vastgoedbeleggingen onder handen zou nemen, kiest snel het hazenpad omdat de boel te veel stinkt naar zijn mening. Hij raadt collega Jan de Porto aan hetzelfde te doen. Deze blijft doorzetten, maar krijgt het aan de stok met Frencken. Die werkt De Porto weg. Op 24 april 1990 krijgen Cor van der Klugt en Jan Timmer, de hoogste bazen van het elektronicaconcern, een brief op hun bureau waarin een collega van De Porto vraagt onderzoek te doen naar de manier waarop personeel aan de kant wordt geschoven. Stijkel, de man die kritiek uit op de keuzes in de Verenigde Staten, neemt afscheid. Dick Snijders geeft Frencken vanaf 1991 vergelijkbaar vrij spel als eerder Van Riel geeft aan Van der Boor.

Volgens Lagaunne leidt de dubieuze reputatie van de cultuur bij Philips Pensioenfonds tot op het hoogste niveau tot discussie. Hij zegt dat zelfs bestuursvoorzitters Jan Timmer en later ook Cor Boonstra zich ermee bemoeid hebben. 'Er zijn onderzoeken geweest,' zegt pensioenfondsveteraan Peter Boost volgens Lagaunne. 'Maar steeds werd er gezegd: er is niets aan de hand.'

Als in 1992 het fonds van 'hotel' Cocagne in Eindhoven, een van de oude *landmarks*, verhuist naar de Beukenlaan in het Philipsdorp, is ongeveer twintig procent van de beleggingsportefeuille van het pensioenfonds onroerend goed. De investering in internationaal vastgoed is aan banden gelegd. Het fonds gaat zich meer richten op beheer en selectieve verkoop dan op uitbreiding. Ook het vastgoed in Nederland staat er niet best voor. De leegstand is in die tijd 25 procent, zegt een oud-directeur die vervolgens op zijn donder krijgt als hij het aan de orde stelt. Het kantoor Kanaalcentrum, dat in de jaren tachtig nieuw wordt aangekocht van Burginvest, kampt al meteen met leegstand terwijl gerekend wordt op voldoende huurders. Andere belangrijke locaties zijn Buitenveldert met huizen en winkels aan het Gelderlandplein, het Osdorpplein, en het Maupoleum aan de Jodenbreestraat in Amsterdam en het Savornin Lohmanplein in Den Haag. Maar ze raken verwaarloosd. Het Maupoleum geldt bijvoorbeeld als het lelijkste gebouw van Amsterdam. Kanaleneiland is op weg een no-go-area te worden. Het vastgoed van Philips kan moeilijk nog als het uithangbord worden gezien dat Philips in de jaren vijftig nastreeft. Het aanpakken van het Gelderlandplein duurt twaalf jaar.

De interne machtsspelletjes duren voort. Halverwege de jaren negentig maakt Lagaunne promotie. De eerste klus die hij krijgt van Frencken is het ontslaan van zijn voorganger. 'Als er iemand ontslagen moest worden, moest ik dat doen,' zegt Lagaunne later tegen Van Vlijmen. 'Dus ik kreeg al het kutwerk, zeg maar.'

Mensen die wel aan het Philips Pensioenfonds verbonden blijven, spreken intern hun verbazing uit over sommige transacties. De kritiek wordt regelmatig in de kiem gesmoord. De kritische accountant Jan van Berkel wordt overgeplaatst. Terwijl de afdeling aandelenbeleggingen in 1993 nieuwe regels krijgt, wordt vastgoed met rust gelaten. Zelfs als directeur Fred Hendriks van de afdeling aandelen en obligaties van het pensioenfonds in 1997 verstrikt raakt in de grote beursfraudezaak die justitie onderzoekt, wordt de afdeling vastgoed van hetzelfde pensioenfonds ontzien. De Limburgse kunstverzamelaar Hendriks heeft naast zijn werk voor Philips Pensioenfonds gerommeld met privébeleggingen via Zwitserland. Hij sluit een miljoenenschikking met justitie om strafvervolging af te kopen. 'Een pure privéaangelegenheid,' noemt Snijders de zaak later in het boek *Een peertje voor de dorst*. 'Maar in onze professie lopen zakelijke en persoonlijke integriteit hand in hand. Dus moesten de wegen scheiden.'

In reactie op de zaak laat Philips alle medewerkers van het pensioenfonds een verklaring ondertekenen. Ook Frencken doet dat, op 10 november 1997. Hij verklaart nimmer in strijd te hebben gehandeld met de gedragscode uit 1993. De code wordt zelfs naar zakenpartners verstuurd met het verzoek om er rekening mee te houden en dit te bevestigen. Philips heeft een gedragscode van april 1998 waarin staat dat steekpenningen in welke vorm dan ook onaanvaardbaar zijn. Persoonlijke geschenken of gunsten van enige materiële waarde mogen

werknemers niet aannemen. Toch loopt er ook al in 1998 een onderzoek van de interne accountantsdienst van Philips naar een vastgoedtransactie en de rol van Frencken na een tip van buiten het pensioenfonds. Dat zegt Jan Snippe, de latere baas van Frencken, tegen de
FIOD-ECD. Maar het is telkens dezelfde man die de 'geruchten ver-
spreidt' over Frencken, concludeert Philips. Het zijn valse geruchten,
uit de categorie kinnesinne, concludeert het pensioenfonds na weer
een onderzoek naar een eigen pensioenfondsdirecteur.

Deze conclusie lijkt Frencken steviger in het zadel te helpen. 'Mede
tegen die achtergrond heeft iedereen geconstateerd dat er geen wantrouwen was jegens Will Frencken, sterker nog bij latere geruchten uit
dezelfde hoek werd erop ingegaan en veeleer geoordeeld: het is weer
dezelfde meneer die klaagt over Frencken, dat hij weer geen zaken had
kunnen doen,' verklaart Snippe. De directeur twijfelt nu of die 'geruchten' niet toch waar zijn geweest. Transacties met Muermans en
Hilders zijn mogelijk besmet, evenals het prestigieuze Eurocenter.
Maar het grote klapstuk van Frencken moet nog komen. Daarvoor
slaat de pensioenfondsdirecteur de handen ineen met zijn nieuwe
vriend Jan van Vlijmen. Deze keer moet het een 'double whammy'
worden.

20 Symphony

Philips koopt van Bouwfonds een tweede torencomplex in het financiële hart van Nederland. Waarom krijgt gedelegeerd projectontwikkelaar Trimp & van Tartwijk zestig procent van de winst op Symphony? Het is vooral een goudmijn voor Jan van Vlijmen en zijn club. 'Ik ga proberen dat weg te smeren.'

Elders in het heelal slaat iemand op dit moment ook een eerste paal voor precies zo'n nieuwbouwproject, houdt ceremoniemeester en sterrenkundige Govert Schilling op 20 september 2006 zijn publiek op een braakliggend terrein aan de Amsterdamse Zuidas voor. Aan de hand van de coördinaten van hun woonplaats introduceert Schilling de andere sprekers, onder wie de Amsterdamse burgemeester Job Cohen. Noorderlengte- en zuiderbreedtegraden in decimalen achter de komma, want plaats en tijdstip in dit heelal bepalen alles, oreert Schilling. Hij vraagt ieders aandacht voor wat op dit moment boven hen in het universum gebeurt.

Nadat de eerste paal voor het gebouwencomplex Symphony zijn bestemming heeft bereikt, krijgt iedere gast als presentje een gps van gastheer Bouwfonds. Niet eens de nieuwste versie, maar een van vorig jaar, moppert een modebewuste enkeling bij het uitpakken. Het apparaat komt misschien toch goed van pas om de weg te vinden in het gecompliceerde parallelle universum dat bij Symphony is gecreëerd. Er zijn namelijk niet één, maar twee Symphonywerkelijkheden.

De zichtbare realiteit is dat de meest gewilde nieuwbouwkavel van Nederland eigendom is van projectontwikkelaar Bouwfonds. Die bouwt en financiert daar drie torens op de drempel van het NS-station Amsterdam Zuid, in het hart van de Zuidas, pal naast de snelweg A10 naast ABN Amro. De gedelegeerde projectontwikkelaar is het Amsterdamse bedrijf Trimp & van Tartwijk. Het gaat om een woontoren van 29 verdiepingen met 105 appartementen, een kantoortoren van 105 meter hoog met 35.000 vierkante meter vloeroppervlakte en een hotel met 217 kamers. Winkels en een parkeergarage completeren dit moderne stadskasteel. Al op de bouwtekeningen doen de hoge gevels van oranje baksteen denken aan de vroege art-decowolkenkrabbers in de Verenigde Staten. Het gebouw wordt opgeleverd in 2009.

Gebouwen zoals Symphony worden niet neergezet als er nog geen koper is. Een jaar voordat de eerste paal wordt geslagen, is het koopcontract getekend door Will Frencken, de directeur van Philips Pensioenfonds. Hij is aanwezig bij de feestelijke gebeurtenis die wordt geleid door spreekstalmeester Schilling, maar hij heeft bij het woord 'universum' een heel andere associatie. Frenckens geheime kerstboom met bv's draagt namelijk die naam. Jan van Vlijmen loopt er ook rond. Bouwfondsdirecteur Alexander Lubberhuizen zegt tegen justitie dat hij Van Vlijmen pas dan leert kennen, op de receptie van de start van de bouw.

De tweede Symphonyrealiteit is er een met heimelijke geldstromen, stiekeme winstdelingen en schimmige verhoudingen. In die andere verscholen wereld is niet de officiële grondeigenaar, risicodrager, financier en projectontwikkelaar Bouwfonds de baas, maar de ingehuurde gedelegeerd projectontwikkelaar Trimp & van Tartwijk. In dat parallelle universum geeft Bouwfonds vanwege een geheime regeling zestig procent van alle winst op het megaproject Symphony weg aan de kleine onderontwikkelaar Trimp & van Tartwijk.

Als een half jaar na het uitbreken van de vastgoedfraudeaffaire *Het Financieele Dagblad* deze winstdeling van Bouwfonds en Trimp & van Tartwijk meldt, is de bouw van Symphony in volle gang. Kenners van de markt noemen de winstafdracht 'waanzinnig' en 'ongehoord'. Normaliter krijgt een gedelegeerd projectontwikkelaar hooguit tien à twintig procent van de winst van de risicodrager, de echte projectontwikkelaar. 'Welke sukkel bij Bouwfonds geeft zestig procent van de winst op een van hun grootste projecten weg?' vragen ambtenaren van de gemeente Amsterdam zich ook verbijsterd af.

Verantwoordelijk bij Bouwfonds is de directeur commercieel vastgoed, Jan van Vlijmen. Met Hans van Tartwijk ondertekent hij namens Bouwfonds op 15 juni 2000 een brief, waarin een toezegging van 20 oktober 1999 wordt herhaald. Trimp & van Tartwijk krijgt 'de standaardvergoeding', plus zestig procent van de winst. Binnen Bouwfonds verkondigt Van Vlijmen dat Trimp & van Tartwijk recht heeft op zo'n royale beloning. Bouwfonds zou het aan de kleine gedelegeerd ontwikkelaar te danken hebben dat het bedrijf aan tafel zit. Trimp & van Tartwijk heeft namelijk de bouwclaim voor Symphony gekregen van de gemeente. Die is goud waard. Een bouwclaim is de toezegging dat iemand werk mag verrichten voor een nieuwbouwplan.

Bij Bouwfonds knoopt iedereen het verhaal van Jan van Vlijmen goed in zijn oren. Nog jaren nadat de Sfinx bij Bouwfonds de deur achter zich dichttrekt, veronderstelt Bouwfonds dat die handige mannen van Trimp & van Tartwijk het ontwikkelingsrecht voor Symphony hebben geritseld. Opvolgers van Jan van Vlijmen verspreiden binnen Bouwfonds het verhaal dat de gemeente Amsterdam niet rechtstreeks zaken met Bouwfonds wil doen. Bouwfonds zou het bij de gemeente hebben verbruid met een mislukt winkelcentrum aan de Nieuwezijds Kolk. De gemeente zou Trimp & van Tartwijk wel op handen dragen. Daarom heeft de hoofdstad de meest gewilde nieuwbouwlocatie van Nederland aan Trimp & van Tartwijk gegund.

Maar in 2007 vallen bij de nieuwe eigenaar van Bouwfonds, de Rabo Vastgoedgroep, de schellen van de ogen als de gemeente na onderzoek meldt dat de grond voor Symphony nooit aan Trimp & van Tartwijk is uitgegeven of beloofd. Wel aan Bouwfonds. 'Wij deden uitsluitend zaken met Bouwfonds,' zegt een ambtenaar van het bureau Zuidas. Als Bouwfonds zelf eigenaar is van de bouwkavel, heeft het winst weggegeven op basis van een valse bouwclaim. Raar, vindt de gemeente, dat nooit eerder iemand van Bouwfonds bij de gemeente heeft geïnformeerd of het wel klopt dat de hoofdprijs aan de Zuidas is gegund aan Trimp & van Tartwijk. De gemeenteambtenaren duiken in hun eigen archief om te reconstrueren wat er is gebeurd. De gemeente belooft de kavel voor het eerst op 18 mei 1999. Financieel directeur Robert Dijckmeester van het gemeentebureau Zuidas verstrekt dan 'een exclusieve optie' op de grond aan InterContinental Hotels Group Ltd., beter bekend als hotelketen Bass. In de correspondentie spreekt de gemeente steeds over Bouwfonds als financier en risicodragende projectontwikkelaar. Bouwfonds verwerft dan tijdelijk de grond totdat Symphony wordt opgeleverd aan Bass. Trimp & van

Tartwijk zit daar slechts als adviseur van Bouwfonds bij.

Met de kennis van nu ziet de gemeente wel iets raars in een ont-werp-intentieovereenkomst van 11 augustus 2000 voor Symphony. Daarin staat opeens dat de gemeente de grond belooft aan onge-noemde 'partijen'. Met balpen schrapt gemeenteambtenaar Robert Dijckmeester het meervoud 'partijen' en vervangt dit door het enkel-voud 'Bass'. De gemeente realiseert zich met terugwerkende kracht dat kennelijk al in 1999 pogingen zijn gedaan om mist te creëren rond de Symphonykavel.

Het gemeentebureau Zuidas schrijft door de jaren heen telkens over een hoofdrol voor Bouwfonds bij Symphony. Toch beweert di-recteur Hans van Tartwijk van de onderontwikkelaar op 20 oktober 1999 tegenover zijn opdrachtgever Bouwfonds: 'De gemeente Am-sterdam heeft met nadruk gesteld dat Bass en Trimp & van Tartwijk als initiatiefnemers gelden en dat zij niet de bedoeling heeft om ont-wikkelaars c.q. een grote derde belanghebbende aan tafel te krijgen. Daarom geven wij er de voorkeur aan om uw rol zo laat mogelijk be-kend te maken.'

Flagrante onzin, zeggen ambtenaren hierover. De gemeente had juist van de daken willen schreeuwen dat het gerenommeerde Bouw-fonds een groot project aan de Zuidas begint. De gemeente belooft de grond in een intentieovereenkomst van 5 juni 2001 aan Bouwfonds. Bass speelt daarin een ondergeschikte rol. Als hotelketen Bass later af-haakt, 'is Bouwfonds gerechtigd de ontwikkeling van het project voort te zetten, mits een door Bouwfonds voorgedragen "nieuwe" ho-telexploitant schriftelijk door de gemeente is goedgekeurd,' aldus de overeenkomst. Bouwfonds heeft dus als enige een bouwclaim op de Symphonykavel.

Namens Amsterdam ondertekent wethouder Paulien Krikke het contract van 5 juni 2001. Namens Bouwfonds tekent bestuurder Bart Bleker. In de vijftien pagina's tellende overeenkomst wordt Trimp & van Tartwijk slechts eenmaal zijdelings genoemd. Paragraaf na para-graaf benadrukt het contract de rechten die de gemeente aan Bouw-fonds geeft.

De gemeente Amsterdam en de Rabo Vastgoedgroep, dat Bouw-fonds in 2006 overneemt, concluderen dat iemand bij Bouwfonds op basis van een gefabuleerde grondpositie zestig procent van de winst op Symphony cadeau heeft gedaan aan Trimp & van Tartwijk. De winstdeling is toegezegd in de tijd dat Van Vlijmen nog directeur is. Bij Bouwfonds had in elk geval ondertekenaar Bart Bleker kunnen weten dat het zijn grondpositie is en niet van Trimp & van Tartwijk. Bleker betoogt later tegenover onderzoekers van de Rabo Vastgoedgroep en de FIOD-ECD op grote afstand van de dagelijkse gang van zaken te opereren. Als Bouwfondsbestuurder zet hij handtekeningen onder contracten van ondergeschikten. Er kan niet worden verlangd dat hij alles leest wat ter ondertekening aan hem wordt voorgelegd. Curieus is dat Bleker op 7 juni 2001 'een samenvatting' krijgt van wat hij twee dagen eerder al ondertekende. Het resumé is opgesteld door Bouwfondsprojectontwikkelaar Diederik Stradmeijer, die enkele weken later Jan van Vlijmen zal opvolgen als directeur commercieel vastgoed. Is het niet handiger om iemand vooraf een samenvatting te geven van wat hij tekent, vragen de onderzoekers van de Rabo Vastgoedgroep. Ach, dat 'kwam vaker voor,' antwoordt Stradmeijer. Met wat er in die samenvatting staat, kan Bleker zijn bestuur voldoende informatie over de deal verschaffen.

Die collega-bestuurders herinneren zich nog goed dat zij mordicus tegen de exceptionele winstafdracht van Bouwfonds aan Trimp & van Tartwijk zijn. Maar Diederik Stradmeijer en Bart Bleker verdedigen de deal tegenover hen. Stradmeijer bezweert dat de zestig procent winstafdracht nou eenmaal door Jan van Vlijmen is afgesproken. Bleker verkondigt dat Bouwfonds hiermee omzet koopt. 'De turbo erop zetten,' noemt hij dat.

Justitie onderzoekt de exorbitante winstdeling rond Symphony aanvankelijk niet. Het Openbaar Ministerie beperkt zich in 2007 tot mogelijk gesjoemel met meer- en minderwerk door Trimp & van Tartwijk. Dit zijn boekhoudposten waarmee de bouwwereld aanpassingen van een oorspronkelijk plan opvangt. Het gaat om 1,4 miljoen euro aan vermoedelijk deels verzonnen meerwerk. Trimp & van Tartwijk zal dit meerwerk factureren bij Philips Pensioenfonds. Voor herberekeningen van begrotingen aan Zuidasprojecten maken Bouwfonds en Trimp & van Tartwijk vaak gebruik van het rekenbureau Bouwconsulting, dat aan Jan van Vlijmen gelieerd is.

Pensioenfondsdirecteur Robert Lagaunne van Philips belooft Jan van Vlijmen de meerwerkrekeningen voor Symphony van Hans van

Tartwijk te voldoen nadat hij in een hotelkamer horloges en contanten krijgt van Jan. In een door de FIOD-ECD afgeluisterd gesprek bespreken Lagaunne en Van Vlijmen dat Hans van Tartwijk werkt aan een lijst 'met allerlei items'. Van Tartwijk zou nog geld te goed hebben uit het andere Zuidasproject van Bouwfonds en Philips, Eurocenter. Lagaunne belooft Van Vlijmen zijn best te doen om dit op te lossen: 'Ik ga proberen dat weg te smeren.' Als Van Vlijmen en Lagaunne zorgen hebben over het verzonnen meerwerk bij Symphony, zegt Jan bemoedigend: 'In de grote mêlee komen straks nog wel mogelijkheden.'

In de loop van 2008 beseft de Rabo Vastgoedgroep dat justitie alleen het vermoedelijk vervalste meerwerk bij Symphony onderzoekt. Maar omdat de winstdeling van veertig procent-zestig procent van dochter Bouwfonds met Trimp & van Tartwijk kennelijk is gebaseerd op een leugen over een bouwclaim van Trimp & van Tartwijk, slaat de Rabo Vastgoedgroep alarm. De verdachten staan op het punt veel meer geld te stelen bij Symphony. Als Symphony in de loop van 2009 wordt opgeleverd, kan Trimp & van Tartwijk zestig procent van de winst eisen, beseft de Rabodochter. Het meerwerkprobleem is peanuts.

Dat vindt het Philips Pensioenfonds ook. De kopende partij meent ook opgelicht te worden. De winst die Bouwfonds weggeeft, is uiteindelijk afkomstig uit de pensioenpot. Het pensioenfonds meent achteraf dat de aanschafprijs van 328,6 miljoen euro te hoog is geweest. Van pensioenfondsdirecteur Will Frencken zijn inmiddels aantekeningen gevonden, die erop wijzen dat hij ervan uitgaat dat Symphony honderd miljoen euro minder waard is. De onderzoekers van de Rabo Vastgoedgroep schatten dat Philips tussen de 29 en 44 miljoen euro meer heeft betaald dan kopers in vergelijkbare vastgoeddeals. Philips koopt namelijk een grotendeels onverhuurd complex met appartementen en kantoorruimten tegen de hoofdprijs van een verhuurd complex. Golden Tulip, met als directeur Hans Kennedie, zou het hotel huren, maar is inmiddels over de kop. De kantoren moeten 81 procent van de huur van Symphony opbrengen, maar voor de kantoren heeft Philips geen huurgarantie van Bouwfonds geëist. Juist om die huurinkomsten beleggen pensioenfondsen in onroerend goed. Hoogleraar bouweconomie Aart Hordijk, die ook getuigt in de zaak, rekent de FIOD-ECD voor dat een huurgarantie van bijvoorbeeld drie jaar in plaats van tien jaar al geleid zou hebben tot een daling van vijftien tot achttien procent van de koopprijs van Symphony.

Deloitte concludeert in een vertrouwelijk rapport dat eind 2007 aan Philips is uitgebracht: 'Het kantoorgedeelte [van Symphony] is op speculatieve basis gekocht in een markt die een leegstandcijfer van twintig procent kende.' Deloitte concludeert dat de transactie deels 'niet marktconform' is. Het risico ligt helemaal bij de pensioengerechtigden van Philips. Dat maakt het project voor ontwikkelaar Bouwfonds en gedelegeerd ontwikkelaar Trimp & van Tartwijk grotendeels risicoloos. Voor hen ligt de winst voor het oprapen. De realisering van het project zou Bouwfonds als ontwikkelaar 48,6 miljoen euro winst op kunnen leveren, berekenen de Rabodochter en de FIOD-ECD. Als de omstreden veertig/zestig-winstverdeling doorgaat, valt de jackpot voor Trimp & van Tartwijk en de drie van fraude verdachte directeuren-aandeelhouders. Trimp & van Tartwijk krijgt dan 29,2 miljoen euro van de opbrengst van Bouwfonds. Dat is boven op de gepeperde rekening van 34,8 miljoen euro die Bouwfonds al betaalt aan de onderontwikkelaar voor zijn 'total engineering' van Symphony. Trimp & van Tartwijk rekent zelfs op een nog hoger projectresultaat. Het bedrijf gaat in een kosten-batenanalyse van 9 december 2008 uit van 55,8 miljoen totaalwinst. Zestig procent daarvan zou Trimp & van Tartwijk een winstaandeel van maar liefst 33,5 miljoen euro opleveren.

Een horrorscenario doemt daarmee in 2009 op voor de Rabodochter. Er is een meesterkraak met een buit van rond de dertig miljoen euro in uitvoering. Het gebeurt voor de neus van machteloze bankiers en justitieambtenaren, die vooral oog hebben voor valse bonnetjes voor meerwerk van anderhalf miljoen. Elke steen die de bouwvakkers metselen aan Symphony, brengt de rovers dichter bij hun buit. Stoppen is een dramatische kapitaalvernietiging. Vertragen is geen optie, want in 2009 treedt een forse boeteclausule in werking als Bouwfonds te laat oplevert.

Tot opluchting van de Rabodochter blijkt dan in het voorjaar van 2009 dat het Openbaar Ministerie een *smoking gun* heeft gevonden en alsnog het grote geldspoor volgt. Justitie vermoedt een opzetje tussen (ex-)directeuren van Bouwfonds, Philips en Trimp & van Tartwijk. De smoking gun komt uit boekhoudingen die in beslag zijn genomen. Het is een document waaruit blijkt dat Jan van Vlijmen dubbel-spel speelt bij Symphony. Als Bouwfondsdirecteur belooft hij het leeuwendeel van de winst aan de onderontwikkelaar van Bouwfonds. Het nieuwe document verklaart waarom. Van Vlijmen blijkt namelijk aan het eind van de rit de monsterwinst van Trimp & van Tartwijk voor tachtig procent weer voor zichzelf op te eisen. De hoofdverdachte van de vastgoedfraude bij Bouwfonds ontpopt zich daarmee als belangrijkste rechthebbende op het winstdeel van Trimp & van Tartwijk. Die winst valt hoog uit omdat Philips Pensioenfonds geen huurgaranties heeft bedongen en daarmee een te duur gebouw inkoopt.

Het document van deze winstdeling-achter-de-winstdeling telt elf pagina's en is van 13 juli 2006. Het is een 'overeenkomst van samenwerking en winstdeling' bij Symphony tussen Van Vlijmens privébedrijf Landquest en Trimp & van Tartwijk. De afspraken worden met terugwerkende kracht van toepassing verklaard vanaf 'medio 2002'. Voor dit contract waren de afspraken op 'wederzijds vertrouwen' gebaseerd, aldus de overeenkomst. De onderlinge financiële relaties 'waren slechts fragmentarisch vastgelegd', meldt de regeling. Directeur Harm Trimp tekent namens de onderontwikkelaar en Jan van Vlijmen namens Landquest. Die laatste verricht volgens de overeenkomst 'essentiële inspanningen' als 'exclusieve adviseur' met betrekking tot de 'commercialisering van het project en de financiële architectuur'. Maar Trimp & van Tartwijk moet dit wel geheimhouden. 'Landquest opereert op de achtergrond. Landquest treedt slechts op de voorgrond, indien Trimp & van Tartwijk daarom verzoekt en alsdan uitsluitend indien Landquest met een dergelijk verzoek kan instemmen.'

Stiekem stuurt Hans van Tartwijk wel steeds alle belangrijke documentatie over Symphony door aan Jan van Vlijmen en Nico Vijsma. Zo blijven zij tot in detail op de hoogte van de mogelijkheden die zich bij Symphony aandienen. Van die voordelige informatiepositie van Jan en Nico mag niemand weet hebben, en vooral Bouwfonds niet. In een e-mail aan zijn secretaresses geeft Hans van Tartwijk op zondagochtend 20 februari 2005 een dienstbevel. 'Even een belangrijke. Wil je er Goed Rekenschap van nemen dat de namen van Vijsma en V Vlijmen nooit aan Bouwfonds/MAB genoemd mogen worden. Ook niet in telefoontjes met Rob en de anderen. Dus: Mocht je contact hebben met Bouwfonds MAB dan bestaan die lui niet. Zelfs niet als ze er naar vragen. Het zijn uitsluitend onze adviseurs. Gr. Hans.'

Bouwfondsonderzoekers vragen Van Vlijmen in 2006 wat hij nog met Symphony te maken heeft. Helemaal niets, laat hij zijn secretaresse antwoorden. In januari 2009 weigert Trimp & van Tartwijk nog altijd openheid te verschaffen aan de Rabo Vastgoedgroep over hun relaties met voormalige bestuurders en werknemers van Bouwfonds. Oom Nico laat zich niet alleen zien als coach bij Trimp & van Tartwijk. Uit interne mails blijkt dat hij een veto heeft bij belangrijke besluiten van Trimp & van Tartwijk, terwijl hij evenals Van Vlijmen voor zover bekend van het bedrijf geen aandeelhouder is.

Op grond van de geheime winstdeling kan Van Vlijmen tachtig procent tegemoetzien van de eerste vijftien miljoen euro die Trimp & van Tartwijk als winst uit Symphony ontvangt. Van het winstdeel boven de vijftien miljoen euro moet Trimp & van Tartwijk de helft doorschuiven naar de man achter de schermen. Volgens het OM ontfutselt oud-Bouwfondsdirecteur Jan van Vlijmen zo negentien miljoen euro aan een project met financiële afspraken die hij eerder zelf bij Bouwfonds heeft gearrangeerd.

Het is niet zo dat Van Vlijmen alleen maar zijn hand ophoudt. Op 24 en 25 maart 2006 reist een groep naar Manchester af om te kijken naar een Golden Tuliphotel. Zo een moet er ook naast de kantoortoren Symphony in Amsterdam komen. Mee op reis zijn Jan Stoutenbeek met een collega van bureau Zuidas, Douglas Grobbe van ABN Amro, Alexander Lubberhuizen van Bouwfonds, makelaar Michiel Floris en een team van Golden Tulip. Ze krijgen een spetterende presentatie in een Brits landhuis. Maar het hotel waar wordt proefgeslapen, valt niet in de smaak bij de gemeenteambtenaren, die zelf de vliegtickets betalen. Wat de meesten niet weten is dat Van Vlijmen het bureau Motivision heeft ingehuurd voor de organisatie van de trip. Landquest betaalt het bureau volgens het strafdossier 40.000 euro.

In de ogen van de FIOD-ECD is de zaak-Symphony er een uit het boekje van Van Vlijmen. Hij laat zich niet zien, maar zit wel aan de knoppen. Als regisseur werkt hij met tussenpersonen die als rookgordijn en doorgeefluik fungeren. Er zijn simpele doorgeefluiken en creatief meedenkende doorvoerhuizen. Trimp & van Tartwijk hoort bij die laatste categorie, meent de FIOD-ECD. Het planologenkantoor be-

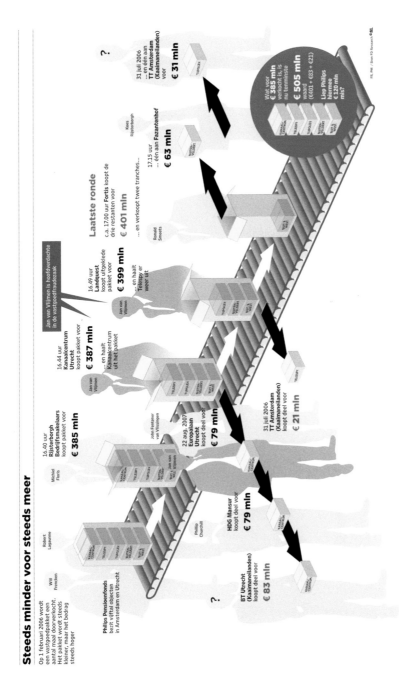

↑ Steeds minder voor steeds meer. Afbeelding uit *Het Financieele Dagblad* van 8 maart 2008 van de megacarrousel die de Philipsgepensioneerden honderden euro's per persoon kost.

↑ De nieuwe lichting projectontwikkelaars Rob van den Broek, Diederik Stradmeijer en Dennis Lesmeister (v.l.n.r.) bij het Bouwfondsevenement Planet Passion op 30 mei 2002.

↓ Bankier Hans ten Cate bij de Koninklijke Zeilvereniging De Maas in Rotterdam.

↑ Ontwikkelaar Hans van Tartwijk met zijn echtgenote in de draaideur van de Amsterdamse rechtbank, op weg naar een van de vele inleidende juridische schermutselingen die aan het strafproces voorafgaan.

↑ De eerste actiefoto ooit gemaakt in Nederland van de feitelijke handeling van vermoedelijke omkoping. Na een reeks misverstanden treft de met muts vermomde Rob Lagaunne (l) de zoon van Jack Del Castilho op 21 december 2006 voor de overdracht aan Rob van een pakketje met drie dure horloges. De foto is gemaakt door verdekt opgestelde fotografen van de FIOD-ECD.

↓ Nog een mogelijk heterdaadje: het boodschappenlijstje dat Rob Lagaunne bijhoudt tijdens een van zijn besprekingen met Jan van Vlijmen, met onder meer: 'Afkoop Symphony etc – wat zit er voor mij in?' Gefotografeerd op 9 augustus 2007 door FIOD-ECD-camera nummer 1, vanaf het plafond boven de vergadertafel van Rob en Jan.

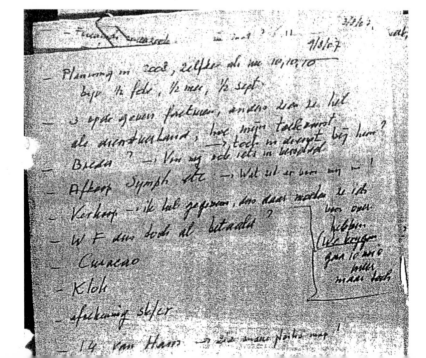

↑ Vastgoedmagnaat Harry Muermans bekijkt de kwalificatie van de Champ Car
   World Series voor de Toyota Grand Prix of Long Beach.

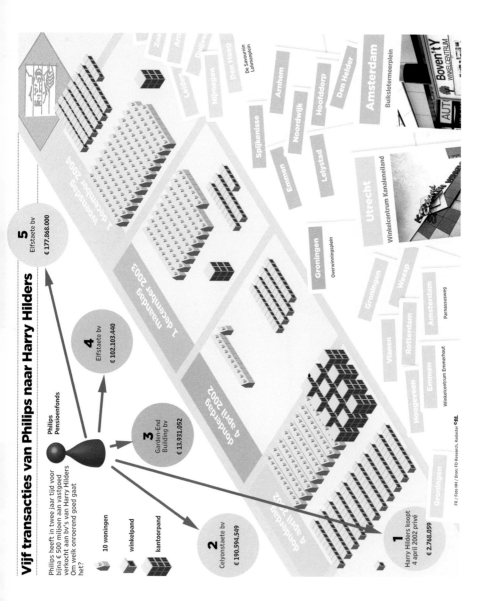

↑ Vijf transacties van Philips naar Harry Hilders uit *Het Financieele Dagblad* van 11 januari 2008.

↑ Joop van den Ende en Hans van Tartwijk proosten op 16 november 2005 op de
feestelijke lancering van hun gezamenlijke theatervastgoedbedrijf Living City. Joop
is de geldschieter, Hans kent de vastgoedmarkt.

↓ Joop van den Ende verschijnt vergezeld door zijn vrouw en advocaten op 5 juni
2008 voor de ondernemingskamer van het Amsterdamse gerechtshof.

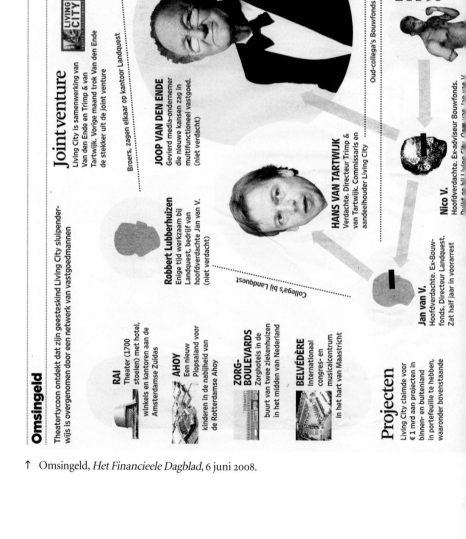

Omsingeld

Theatertycoon ontdekt dat zijn geesteskind Living City sluipender-wijs is overgenomen door een netwerk van vastgoedmannen

Alexander Lubberhuizen
Ex-Bouwfonds. Directeur Living City, had geheime vergaderingen bij Landquest. (niet verdacht)

Michiel F.
Verdachte. Makelaar van AFR Vastgoed (voorheen Rijster-borgh Bedrijfsmakelaars)

Dennis L.
Verdachte. Ex-Bouwfonds. Directeur Trimp & van Tartwijk, commissaris Living City

Oud-collega's Bouwfonds

Collega's

Joint venture

Living City is samenwerking van Van den Ende en Trimp & van Tartwijk. Vorige maand trok Van den Ende de stekker uit de joint venture

Broers, zagen elkaar op kantoor Landquest

JOOP VAN DEN ENDE
Gevierd media-ondernemer die nieuwe kansen zag in multifunctioneel vastgoed. (niet verdacht)

Franklin Beuk
Kickbokser, gecoacht door Nico V. Privéchauffeur voor A. Lubberhuizen. (niet verdacht)

Robbert Lubberhuizen
Enige tijd werkzaam bij Landquest, bedrijf van hoofdverdachte Jan van V. (niet verdacht)

HANS VAN TARTWIJK
Verdachte. Directeur Trimp & van Tartwijk. Commissaris en aandeelhouder Living City

Oud-collega's Bouwfonds

Nico V.
Hoofdverdachte. Ex-adviseur Bouwfonds.

Collega's bij Landquest

Jan van V.
Hoofdverdachte. Ex-Bouw-fonds. Directeur Landquest. Zat half jaar in voorarrest

Projecten

Living City claimde voor €1 mrd aan projecten in binnen- en buitenland in portefeuille te hebben, waaronder bovenstaande

RAI
Theater (1700 stoelen) met hotel, winkels en kantoren aan de Amsterdamse Zuidas

AHOY
Een nieuw Plopsaland voor kinderen in de nabijheid van de Rotterdamse Ahoy

ZORG-BOULEVARDS
Zorghotels in de buurt van twee ziekenhuizen in het midden van Nederland

BELVÉDÈRE
Internationaal congres- en musicalcentrum in het hart van Maastricht

↑ Omsingeld, *Het Financieele Dagblad*, 6 juni 2008.

↑ John Fentener van Vlissingen, voorzitter van de raad van bestuur van BCD Holding. Hij is zakenpartner van Jan van Vlijmen bij onder meer de aankoop van Zuidasgrond.

↓ Oud-Philipstopman Roel Pieper is op Jans verjaardagfeest als hij vijftig wordt. Jan biedt hem bodyguards aan nadat hij overvallen is. Pieper en Van Vlijmen investeren samen in een Duitse fabrikant van navigatieapparatuur en volgens Van Vlijmen in een plan voor een vliegveld op Curaçao.

↑ Dik Wessels, nummer zes op de *Quote* 500-lijst van rijke Nederlanders, en
zakenpartner van Van Vlijmen in Duits vastgoed.

↓ Living City-directeur Alexander Lubberhuizen (r), Golden Tulip-directeur Hans
Kennedie (l) en makelaar Michiel Floris.

Project : Eurocenter, Amsterdam

Locatie	: De Boelelaan, Zuidas
Omvang	: 40.000 m²
Architect	: PPKS Architects Ltd., Chicago, USA
Belegger	: PPF
Bijzonderheden	: Kantoren, winkels, woningen en openbare ruimte

LANDQUEST.
PROPERTY DEVELOPERS

↑ Jan van Vlijmens bedrijf Landquest noemt het Amsterdamse Zuidasproject
   Eurocenter in bedrijfsbrochures trots een Landquestproject.

OVEREENKOMST VAN SAMENWERKING EN WINSTDELING
Project Amsterdam Symphony

Ondergetekenden:

1. De naamloze vennootschap **LANDQUEST N.V.** gevestigd te Amsterdam, kantoorhoudende te (2131 JE) Hoofddorp, Antaresland 45, te dezer zake rechtsgeldig vertegenwoordigd door haar directeur, de heer J.F.M. VAN VLIJMEN, hierna te noemen "Landquest",

en

2. De naamloze vennootschap **TRIMP & VAN TARTWIJK PROPERTY PERFORMANCE N.V.**, statutair gevestigd te Utrecht, kantoorhoudende te (1077 XV) Amsterdam, Zuidplein 140, te dezer zake rechtsgeldig vertegenwoordigd door haar directeur, de besloten vennootschap RECOLTE B.V., statutair gevestigd te Houten, kantoorhoudende te (3994 VX) Houten, Smalspoor 1, welke besloten vennootschap op haar beurt wordt vertegenwoordigd door haar directeur, de heer Harmen TRIMP, hierna te noemen "T&vT",

↑↓ De aanhef en ondertekening van de geheime winstdeling die Jan van Vlijmen (Landquest) en Harmen Trimp (Trimp & van Tartwijk) overeen zijn gekomen, gedateerd 13 juli 2006 en met terugwerkende kracht geldig voor de Symphonytorens.

Artikel 19 - Bijlagen

19.1
Tot deze Overeenkomst behoren de navolgende bijlagen:

Bijlage 1: TEO.
Bijlage 2: Koopovereenkomst Bouwfonds MAB Ontwikkeling B.V./Stichting Philips Pensioenfonds.
Bijlage 3: Projectinformatie.

Aldus overeengekomen en in tweevoud getekend te Amsterdam op 13 juli 2006,

Landquest N.V.

J.F.M. van Vlijmen

Trimp & Van Tartwijk
Property Performance N.V.

Harmen Trimp

↑ Een stukje Amsterdamse Zuidas in 2009 met links van het ABN Amro-hoofdkwartier de bouwkavels Oor van Ravel grenzend aan Vivaldi, waar Jan van Vlijmen een oogje op heeft. In het midden de twee Symphonytorens, waar Jan de meeste winst uit claimt.

↑ Camiel Eurlings (l), de minister van Verkeer en Waterstaat met Geert Frische, de
CDA-fractievoorzitter van de Provinciale Staten van Limburg. Jan van Vlijmen ziet
voor de minister een rol weggelegd bij een groot recreatieproject in Curaçao.

↓ Willy Maal, grootgrondbezitter op Curacao, gaat in 2007 in zee met Van Vlijmen
om een megaproject op te zetten. Hier kan Van Vlijmen zijn dubieus verdiende
miljoenen investeren en beloftes aan zijn handlangers inlossen.

↑ In de bedrijfsbrochures van Landquest is Van Vlijmens plan voor de oostpunt van Curaçao al prominent ingetekend. Met jachthaven, renbaan, dierentuin en appartementencomplexen

**Over budget
or
below?**

LANDQUEST.
PROPERTY DEVELOPERS

Het verschil.

www.landquest.nl

Landquest NV is de nieuwe onderneming van Drs. J.F.M. van Vlijmen.

↑ Een folder van Jan van Vlijmens nieuwe vastgoedonderneming Landquest, met een slogan die nu dubbelzinnig klinkt.

moeit zich inhoudelijk met de opzet en de uitvoering van het bouw-proces, maar ook met de fraude bij Symphony, en eerder bij Eurocenter, aldus het strafdossier. Trimp & van Tartwijk speelt geen bijrol maar 'een belangrijke rol in de fraude', aldus een proces-verbaal. Binnen de beweerde criminele organisatie van Van Vlijmen verdeelt Van Tartwijk gecreëerde overwinsten uit niet-bestaande winstrechten, gefantaseerde bouwclaims en nepcontracten. Deze stelling vindt volgens justitie steun in gevonden aantekeningen en presentaties.

Op 13 november 2007 wordt op de werkkamer van Hans van Tartwijk een notitie gevonden met handgeschreven winstverdelingen. Het bewijsstuk heet de snijvleesnotitie, naar een woord in de zijlijn van de velletjes papier. Het is het handschrift van Hans van Tartwijk, stelt het Nederlands Forensisch Instituut vast. Onder het kopje 'cash totaal TvT' meldt de notitie onder meer 3,5 miljoen euro voor de privébv's van zowel Harm Trimp als Hans van Tartwijk. Die bedragen zijn volgens de projectadministratie van Trimp & van Tartwijk ook daadwerkelijk na de notitie uitgekeerd. In juli 2009 heeft justitie beslag gelegd op deze bedragen.

In de notitie deelt Van Tartwijk bedragen toe aan 'JON'. Die code staat voor Jan van Vlijmen, Olivier Lambert en Nico Vijsma, verklaren secretaresses. Ook komen Solid Brick, Tanco Trend en Durell terug in de notitie. Solid Brick en Tanco Trend zijn bedrijven van de kassier van Jan van Vlijmen. Durell is van Jan Steven Menke, die volgens het OM een ander verdeelstation beheert voor Van Vlijmen. De snijvleesnotities zijn opgemaakt op 20 augustus 2003 en 19 januari 2004. Volgens de agenda van Hans van Tartwijk heeft hij op deze dagen een afspraak met Jan van Vlijmen. Daaropvolgende geldbewegingen tussen de fraudeverdachten passen naadloos op de notitie.

Bij Van Tartwijk thuis is ook een powerpointpresentatie gevonden met winstverdelingen tussen Trimp & van Tartwijk en Jan van Vlijmen. De titel is 'Acquisitie Projecten. Posities en verdeling'. De presentatie is op 10 juli 2006 gemaakt. Dat is drie dagen voordat Landquest de winst op Symphony verdeelt met Trimp & van Tartwijk. De powerpointpresentatie spreekt over een oude en een nieuwe regeling. De oude verdeelt de winst fiftyfifty. Jan van Vlijmen deelt de winst op Bouwfondsprojecten met Dennis Lesmeister, Nico Vijsma, Olivier Lambert en Alexander Lubberhuizen. Het zijn opmerkelijk genoeg allemaal voormalig Bouwfondsleidinggevenden die kennelijk privé-aanspraken maken op een deel van de winst op lopende Bouwfonds-projecten. In de nieuwe regeling krijgt Trimp & van Tartwijk zeventig procent van de winst. Jan hoeft dan niet meer te delen met Dennis en Alexander. Lubberhuizen krijgt een aparte regeling en Dennis stapt over van Bouwfonds naar het concern Trimp & van Tartwijk.

Daarnaast ontdekt het OM op een computer een stuk met de titel 'Afspraken Projecten Zuidasoverleg', gedateerd 14 februari 2007. Hier komt een winstverdeling terug van fiftyfifty voor het nieuwe Vivaldi Park en Rand dat aan de Zuidas moet verrijzen. Jan van Vlijmen deelt dan met Dennis Lesmeister, die bij Trimp & van Tartwijk aanschuift, en Alexander Lubberhuizen van Bouwfonds. In de Zuidasprojecten Oor van Ravel, British School en station RAI is de winstverdeling vier keer een kwart, voor Jan van Vlijmen, Trimp & van Tartwijk Property Performance, Dennis Lesmeister en Alexander Lubberhuizen. Rabo Vastgoedgroep heeft zich in 2009 uit het project met de British School teruggetrokken.

Uit deze verdeelsleutels blijkt dat Van Vlijmen en zijn maten een fors deel van de winst van het bureau Trimp & van Tartwijk opeisen. Ook op andere projecten dan Symphony. Alleen van Symphony wordt een officiële winstdelingsregeling aangetroffen. Meer dus dan alleen handge-schreven aantekeningen, memo's en presentaties uit door justitie nage-plozen computers. Duidelijk is wel dat Van Vlijmen een flinke vinger in de pap heeft bij Trimp & van Tartwijk. Gewone werknemers van Trimp & van Tartwijk werken in feite grotendeels voor Van Vlijmen en zijn vrienden, vermoedelijk vaak zonder dat ze het weten.

Dat Jan van Vlijmen en Hans van Tartwijk onderling de winsten verdelen, blijkt ook uit een afgetapt gesprek dat zij op 8 juni 2007 voeren.

Jan: 'Nou, dat heeft-ie goed gedaan, goeie intuïtie. En dat gaan we 50/50 verdelen?'

Hans: 'Ik versta je niet, Jan, maar als je zei, dat gaan we 50/50 verdelen, ja. Wat we altijd doen, zeg maar.'

Waarom, zo vraagt het Openbaar Ministerie zich af, geeft Hans van Tartwijk 'altijd' de helft van zijn winst aan Jan van Vlijmen? Formeel hebben alleen de drie aandeelhouders van de onderneming Trimp & van Tartwijk recht op winst. Van Vlijmen is geen aandeelhouder. Wie daarentegen in de loop van 2006 wel aandeelhouder wordt van Trimp & van Tartwijk Property Performance, is Dennis Lesmeister. Hij verwerft voor een koopje een belang van 22,5 procent. Opmerkelijk, omdat Lesmeister tot april 2005 jarenlang bij Bouwfonds een van de drijvende krachten achter het Symphony- en Eurocenterproject is. Door zijn aandeelhouderschap bij Trimp & van Tartwijk is Lesmeister nu feitelijk winstgerechtigde op het bouwproject dat hij voor zijn vorige werkgever leidde. Justitie vermoedt dat dit een beloning is voor Lesmeister als lid van de criminele organisatie van Jan van Vlijmen. Justitie wantrouwt in dit opzicht ook de 1,8 miljoen euro die Lesmeisters privébv Building Cities van Trimp & van Tartwijk Property Performance ontvangt vlak voordat hij aandeelhouder wordt. De Belastingdienst is tegen facturen aangelopen waarin de betaling wordt verantwoord als 'aanbrengfee' bij Zuidasgrond. Het gaat om Vivaldi en Ravel waarvoor Lesmeisters werkgever Bouwfonds de ontwikkelopties heeft verworven.

Bij Lesmeister thuis wordt een hangmap gevonden met het opschrift 'projectoverleg jvv'. De hangmap bevat bijna honderd pagina's aantekeningen waaruit de contacten tussen Lesmeister en Jan van Vlijmen (jvv) zouden blijken. De aantekeningen spreken van 'echte KBA's' en 'Bouwfonds KBA's'. Ofwel kosten-batenanalyses. Op de computer van Lesmeister is een Excelsheet uit 2005 gevonden, waarin hij bijhoudt hoeveel hij te goed heeft. Hierin staat ook een lening van Solid Brick, een bedrijf van een vriend van Van Vlijmen, tegen ongebruikelijke voorwaarden. In het overzicht staan verder de woorden 'Restant cash', die Lesmeister lijkt in te willen brengen in zijn nieuw opgerichte vennootschappen Aarde, Zon en Maan Invest. Of de betalingen daadwerkelijk hebben plaatsgevonden, zal justitie nog moeten aantonen.

De bouw van Symphony is ondertussen gewoon doorgegaan. De Rabo Vastgoedgroep levert halverwege 2009 het laatste deel van het complex op aan Philips. De kwaliteit van het gebouw laat te wensen over, klaagt Philips enkele maanden voor de oplevering. De Rabodochter ziet dat als de gebruikelijke discussie met een afnemer en trekt enkele miljoenen euro extra uit om Philips tevreden te stellen. De Rabodochter weigert wel uitvoering te geven aan de omstreden winstafdracht aan Trimp & van Tartwijk, dat prompt naar de rechter stapt. Daar wordt de achterliggende winstdeling met Jan van Vlijmen bekend. Volgens de advocaten van Trimp & van Tartwijk heeft de Sfinx recht op zo'n fors deel van de winst, omdat hij Philips als koper voor Symphony heeft geregeld. 'Een wereldprestatie.' Dat de winstafdracht buitensporig is, geeft Trimp & van Tartwijk impliciet toe: 'Ook ná de vergoeding aan Landquest/Jan van Vlijmen hielden wij nog genoeg over, ongeveer het bedrag dat wij oorspronkelijk voor ogen hadden.' Dat is omdat Philips de hoofdprijs betaalt voor een gebouw zonder huurcontracten en zonder huurgaranties van de ontwikkelaars.

Philips legt voor 150 miljoen euro beslag bij alle hoofdverdachten, maar houdt zich verder juridisch koest. In de rechtszaak die Trimp & van Tartwijk tegen de Rabodochter heeft aangespannen, bevriest de rechter hun winstdeling bij Symphony. Ter terechtzitting blijft 'onduidelijk', aldus het vonnis, wat de grondslag is voor de succesvergoeding die Trimp & van Tartwijk aan Landquest wil doorbetalen. De rechter vernietigt in afwachting van een bodemprocedure de werkovereenkomst tussen Bouwfonds en Trimp & van Tartwijk. De jackpot keert niet uit. Nog niet althans.

Misschien heeft Jan van Vlijmen wel een voorgevoel. Hij toont zich niet tevreden over Hans van Tartwijk, die jaren eerder zijn vastgoedcarrière bij Fortis Vastgoed begint. Van Tartwijk blijft in gebreke in het project Symphony, zegt Van Vlijmen in een afgetapt gesprek tegen Rob Lagaunne van het Philips Pensioenfonds. 'Hij wordt slordig. Een goed Engels woord. Sloppy. In zijn hele doen en laten. Onvoorbereid. Lange haren. Heel grijs was hij opeens, viel me op. Dat ben ik ook, maar…'

Jan vindt ondertussen dat hij zelf hard en langdurig werkt voor de buit. Over Symphony verzucht hij tegen zijn zakenrelatie en oud-KPN-topman Joop Drechsel op 7 mei 2007: 'Toen ik aan Symphony begon, heb ik op een bord alle streepjes gezet en dan kom je misschien aan 250 streepjes voordat je je geld in je zak hebt.' Het is sindsdien nog iets ingewikkelder geworden voor Jan om te cashen op Symphony. Hij heeft er nog een paar streepjes bij moeten zetten. Maar Van Vlijmen zou Van Vlijmen niet zijn als hij niet op meerdere borden zou schaken. Elders in zijn vastgoeduniversum, in weer een andere geheime deal die nauw samenhangt met Symphony, sleept Jan de poet wel degelijk succesvol binnen. Zijn buit is daar nog veel groter dan waar hij bij Symphony op mikt.

21 De monsterdeal van 1-2-6

Will Frencken verpatst tegen een dumpprijs een hele reeks woningen en kantoren via een stroman aan onder meer Fortis. Achter de
schermen blijkt Jan van Vlijmen na een paar ingenieuze goochel-
trucs de grote winstmaker van de ABCDEF-carrousel. 'We doen het
voor 380,5 miljoen.'

Will Frencken wandelt op zondag 22 mei 2005 door de pitstraat van
het racecircuit van Monte Carlo en voelt zich een koning. De geur van
rubber. Het oorverdovende geluid van de Formule 1-wagens. Zo
dichtbij is hij nog niet eerder geweest. Hij ziet hoe monteurs, coureurs
en teammanagers bezig zijn met de voorbereidingen. De Limburgse
directeur van Philips Pensioenfonds is een groot liefhebber van snelle auto's en is niet voor de eerste keer bij de Grand Prix Formule 1-
races in Monaco. De Limburgse vastgoedmagnaat Harry Muermans
neemt hem ook weleens mee. In 2004 is hij met Van Vlijmen en consorten ook naar Monaco. Maar dit weekend is het echt goed geregeld.
De avond ervoor mag hij nog de trainingen in de Minardi-paddock
bezoeken. Nu loopt hij een van zijn drie *pit walks*. Zo'n wandeling
achter de schermen is alleen weggelegd voor de groten der aarde en de
mensen met veel geld.

Frencken is sinds vrijdag in Monaco, samen met zijn vriendin Monique, Jan van Vlijmen en Jack Del Castilho. Frencken moet 'in stijl' gefêteerd worden, verklaart Del Castilho later. Zijn bedrijfje Solid Brick betaalt de kosten en belast ze door naar de bedrijven van Jan. Vliegen, slapen en races kijken kost het viertal al gauw 50.000 euro. Dat is de helft
van het netto jaarsalaris van de pensioendirecteur. Gelukkig hoeft
Frencken zijn Philipssalaris niet aan te spreken voor het tripje. Hij geniet
met volle teugen van alle luxe, constateren Jan en Jack. Net als twee
maanden eerder trouwens op het vastgoedcongres Mipim in Cannes.

De vlucht in het privévliegtuig, dat via Aero Dynamics is geboekt, pakt ook top uit. De Cessna Citation vertrekt op vrijdag met Van Vlijmen en Del Castilho aan boord uit Amsterdam. Ze vliegen naar Nice, maar pikken eerst Frencken en zijn vriendin op. Erg efficiënt voor de drukbezette Frencken, die vanaf zijn kantoor niet meer dan tien minuten onderweg is naar vliegveld Eindhoven. De pensioendirecteur vertelt voor zijn vertrek echter niet aan zijn collega's waar hij naartoe gaat en met wie.

Nadat ze geland zijn, checken ze in bij het Vista Palace in Roquebrune-Cap-Martin. Het zeer luxueuze hotel ligt even buiten Monaco aan de kust, op 300 meter boven de rotsen. Het biedt een adembenemend uitzicht over de Middellandse Zee en Monte Carlo. Frencken kan zijn creditcard in zijn zak houden. De hotelkamers, die in totaal 14.700 euro kosten, zijn gelukkig allang vooruitbetaald door Jack. Fantastisch is deze keer de Nederlandse inbreng bij de races. Christian Albers BV, het bedrijfje van de Nederlandse coureur, heeft de vier Paddock Club kaarten voor de Grand Prix geleverd voor 3500 euro per stuk. Albers rijdt in 2005 nog bij Minardi voordat hij voor Spyker gaat rijden. Frencken en zijn vrienden hebben de beste plekken geregeld.

Dat Frencken zich lekker voelt, komt ook door alle reuring op zijn werk. Hij speelt voorjaar 2005 volwaardig mee in de champions league van het vastgoed en dat bevalt hem uitstekend. Een jaar eerder maakt hij binnen Philips Pensioenfonds de gelederen warm om meer in nieuwbouw te beleggen. Philips koopt na Eurocenter een tweede gebouw op het duurste plekje van Nederland, de nog te bouwen kantoorkolos Symphony. Philips Pensioenfonds kan zich de Zuidastoren alleen niet veroorloven als niet eerst verouderd onroerend goed wordt gedumpt. En niet zo'n klein beetje vastgoed ook. Frencken wil 1500 woningen en een handvol oude kantoren her en der in Nederland op de markt gooien. Frencken is van plan dat op zijn manier te doen, in een onderhandse verkoop die met veel geheimzinnigheid is omgeven.

Will Frencken zegt tegen zijn team in Eindhoven dat de usual suspects Harry Hilders, Harry Muermans en John Groenewoud deze keer niet mogen meedoen bij de monsterverkoop. Hij heeft een ander ijzer in het vuur: zijn Formule 1-vriend Jan van Vlijmen. Maar dat moet geheim blijven. Net zoals de bemoeienis van Van Vlijmen bij Symphony het best bewaarde geheim van de Zuidas is. Later zal blijken dat het duo anderen bewust buiten de verkoop van het oudere vastgoed van Philips houdt. 'Je moet dan weten hoeveel interesse er misschien wel was, maar dat is tussen ons,' zegt Frencken lachend tegen Van Vlijmen in november 2006 vlak voor zijn laatste werkdag bij Philips. Jan lacht met zijn maat mee, zo valt te horen op een telefoontap, en zegt: 'Anders hadden ze hun vingers wel afgelikt.'

Gedurende de onderhandelingen over Symphony in 2004 meldt Frencken een mogelijke koper te hebben voor het oude pakket vastgoed. Hij houdt zijn baas Jan Snippe voor dat hun partner in Symphony, projectontwikkelaar Bouwfonds, interesse heeft in een *swap*. Dat is een gecombineerde ontwikkel- en beleggingsdeal. De dochter van ABN Amro stampt de toren Symphony uit de grond voor Philips Pensioenfonds. De pensioenfondsdirecteur zegt zijn bazen dat het bedrijf daarnaast ook interesse heeft in de oudere huizenblokken en kantoren als belegging. Dat is opmerkelijk, omdat Bouwfonds niet bekendstaat als een grote belegger in onroerend goed, maar vooral als ontwikkelaar en als financier.

Op 27 juli 2004 vraagt Frencken zijn baas Snippe in een eerste notitie 'toestemming om verder te onderhandelen met Bouwfonds met als uitdrukkelijke voorwaarde dat ouder vastgoed uit de portefeuille zou worden ingebracht in de onderhandelingen opdat aan volumetargets van Philips Pensioenfonds wordt voldaan en anderzijds een oplossing wordt gevonden voor de structureel hoge onderhouds-/exploitatiekosten van de oudere delen van de portefeuille'. Eind januari 2005 volgt een nieuwe memo waarin een principeakkoord met Bouwfonds inzake Symphony en de verkoop van delen uit de bestaande portefeuille wordt gemeld. Het verbaast Bouwfonds als ze hier later van horen. Onderzoek door forensisch accountants, in opdracht van de nieuwe Bouwfondseigenaar Rabo Vastgoedgroep, toont achteraf aan dat mogelijk weleens is gesproken over het overnemen van de oude portefeuille. Maar er is geen relatie te leggen tussen de bouwprijs van Symphony en het pakket verouderd onroerend goed.

Frencken spreekt ook stiekem met een andere kandidaat, blijkt later uit onderschepte correspondentie. Op 15 november 2004 praat hij met de relatief onbekende makelaar Michiel Floris over hetzelfde pakket. Floris is getrouwd met een dochter van vastgoedmagnaat Kees Rijsterborgh. Hij is in dienst van de vastgoedfirma van zijn schoonvader en diens zoon Edwin. Rijsterborgh senior kent Van Vlijmen uit zijn tijd als Bouwfondsdirecteur. Tijdens een ballonevenement in Gstaad sluit Rijsterborgh in 1999 een overeenkomst om een project van Bouwfonds in Amstelveen over te nemen. Van Vlijmen en Floris kennen elkaar al veel langer. Als tieners hockeyen ze samen in Bloemendaal.

Dat de chief real estate officer van Philips een andere richting kiest, blijkt ook uit een volgend memo van 31 maart 2005. Bouwfonds raakt uit beeld. Hij schrijft: 'Bouwfonds heeft, mede op ons verzoek, de Rijsterborgh Groep voorgesteld om met betrekking tot de verkoop als intermediair op te treden. Wellicht kunnen zij ook een rol spelen als (gedeeltelijke) eindbelegger van het pakket. Ter informatie zij vermeld dat deze organisatie in de afgelopen twintig jaren een eigen portefeuille van ca. 700 miljoen euro heeft opgebouwd.' Bouwfonds dringt hierop aan, zegt Frencken. Sterker, zo meldt hij zijn bazen, als Philips niet in zee gaat met Rijsterborgh, verhoogt Bouwfonds de prijs van het Symphonyproject. Hij stelt in de vertrouwelijke memo ook al een verkoopprijs van 378,5 miljoen voor. Die is gebaseerd op de balanswaarde van het vastgoed.

De familie Rijsterborgh is een verrassende nieuwe naam aan het front. Rijsterborgh zegt in december 2007 in een getuigenverklaring dat zijn schoonzoon Michiel Floris hem in mei 2005 het hele pakket aanbiedt. Rijsterborgh mag de portefeuille hebben voor 456 miljoen euro, zegt zijn schoonzoon. Dat is een verschil van 75 miljoen euro met de prijs die Frencken in gedachten heeft. Maar dat weet Rijsterborgh niet. Het is een extreem prijsverschil, circa 560 euro per pensioengerechtigde. Later zal blijken dat de directeur van het pensioenfonds dat verschil niet aan de oudedagsvoorzieningen van zijn collega's ten goede wil laten komen.

Rijsterborgh neemt het voorstel serieus. Op de PROVADA, een vastgoedbeurs in Amsterdam, bespreekt hij het met directeur Peter Keur van financier FGH, onderdeel van de Rabobank. Maar twee weken later besluit hij het niet te doen. Hij is alleen geïnteresseerd in woningen, in de kantoren is te veel leegstand. Michiel Floris zegt hier later geërgerd over in een tap: 'De ouwe heeft op het laatste moment zijn keutel ingetrokken.' Rijsterborgh doet niet mee, maar Frencken blijft wel praten met zijn schoonzoon. Van een rol voor Bouwfonds wordt niets meer vernomen. Frencken doet iedereen bij Philips Pensioenfonds geloven dat de bekende en machtige Rijsterborgh nog altijd de exclusieve gesprekspartner is. In werkelijkheid opereert Floris op eigen houtje met zijn eigen bedrijfje Rijsterborgh Bedrijfsmakelaars. Het bedrijf draagt de naam van zijn schoonvader, zoon Edwin is even mededirecteur, maar Floris is de enige aandeelhouder.

Tijdens de onderhandelingen lopen twee parallelle trajecten, zegt onderdirecteur Rob Lagaunne van het Philips Pensioenfonds achteraf in een verhoor. Een 'formeel' traject met Michiel Floris aan de ene kant en Will Frencken en Rob Lagaunne aan de andere kant. Dat zijn 'schijnonderhandelingen', concluderen de FIOD-ECD en Philips Pensioenfonds achteraf. Daarnaast zijn er in een parallel universum onzichtbare onderhandelingen met Jan van Vlijmen. In dit 'informele' traject worden de werkelijke afspraken gemaakt. In het informele traject maakt de Sfinx niet alleen snoepreisjes met Frencken, maar belt hij ook vaak met Lagaunne. 'Hij probeert de prijs te sturen,' verklaart Lagaunne tegen justitie. 'Uiteindelijk denk ik dat Van Vlijmen op de achtergrond de touwtjes in handen heeft gehad.'

De intelligente vastgoedman moet ervan genoten hebben om als grootmeester op meerdere borden tegelijk te schaken. Zonder dat iemand het doorheeft houdt Van Vlijmen in 2005 aan alle kanten een vinger in de pap bij de grote Philipsdeals. Via de ontwikkelaars, kopers en verkopers. Symphony stuurt hij stiekem aan via onderontwikkelaar Trimp & van Tartwijk en zijn opvolgers bij Bouwfonds. Floris maakt hij makelaar van een deal die al compleet is voorgekookt. Met pensioendirecteur Frencken heeft hij ook de koper van de nieuwbouw op de Zuidas in zijn zak. Rupsje Nooitgenoeg weet dat er meer in het vat zit. Gelijktijdig met de nieuwbouwtransactie verovert hij in het geheim een positie bij de verkoop van de oude Philipsportefeuille. Hij stuurt Frencken en Lagaunne aan als verkopende partij. Met alle beoogde kopers onderhoudt hij nauwe contacten. Makelaar Floris zet hij in als stroman en vooruitgeschoven post in de formele onderhandelingen.

Dat Floris zich laat sturen door Van Vlijmen, blijkt volgens justitie uit een fax die bij een doorzoeking bij Floris thuis gevonden is. De fax heeft als aanhef 'Michiel' en als afsluiting 'Groet, Jan'. 'Ik kan me voorstellen,' schrijft Van Vlijmen, 'dat de vier blaadjes met getallen die we gemaakt hebben op jullie briefpapier komen en worden uitgebreid met offertes voor onderdelen. (…) Uit de brief zal moeten blijken dat de verkoopprijzen uit jullie koker komen en dat jullie dat ook aandurven (i.v.m. de winst van 25 % boven de genoemde verkoopprijzen).' Floris verklaart achteraf tegen justitie niet te weten wie de fax heeft gestuurd, maar hij herkent wel het handschrift van Van Vlijmen. Hij zegt niet te weten wie wordt bedoeld met 'we'. De woorden 'jullie briefpapier' zegt hij niet thuis te kunnen brengen. De FIOD-ECD vermoedt dat het duo naar Philips de schijn ophoudt dat het pensioenfonds van het electronicaconcern met de grote firma Rijsterborgh zaken doet.

Terwijl Philips Pensioenfonds in het ongewisse moet blijven over de betrokkenheid van Van Vlijmen, is hij dé contactpersoon met de belangrijkste beoogde koper. Van Vlijmen heeft goed contact met Ronald Smeets, de directeur vastgoedbeleggingen van Fortis. Fortis is in onroerendgoedland een reus met diepe zakken. Smeets is verantwoordelijk voor de aan- en verkoop van vastgoed uit de portefeuille van vijf miljard euro. Dat is circa tien procent van het totale belegde vermogen van het levensverzekeringsbedrijf. De in rechten afgestudeerde Smeets maakt carrière bij de raad voor onroerende zaken (ROZ). Van 1991 tot 2007 werkt hij bij Fortis. Hij combineert dat werk later met het voorzitterschap van de Nederlandse Vereniging voor Institutionele beleggers (IVBN), de branchevereniging waarbij Frencken een bestuursfunctie heeft voor Smeets.

De rekenmeesters van Fortis vinden het een 'haalbare deal' omdat het rendement zou uitkomen 'op minimaal twee procent boven de tienjarige staatslening'. Het plan voor de aankoop van de portefeuille door Fortis komt vooral uit de hoek van Leon Hulsebosch van de afdeling acquisitie, verklaart Smeets later. 'Je moet als directeur geen acquisitie plegen,' zegt hij tegen de FIOD-ECD. 'Het komt natuurlijk nog weleens voor dat ik rechtstreeks word benaderd, maar dat geef ik gelijk door aan de afdeling acquisitie.' Toch rijdt Smeets samen met Hulsebosch en Van Vlijmen in 2004 en 2005 zelf door Nederland om met eigen ogen te kijken naar alle vette kluiven die Van Vlijmen hun voorhoudt.

Het ironische is dat Van Vlijmen in 2004 Fortis nog aan het porren is om de hele vastgoedportefeuille van Rijsterborgh te kopen. Dat doet hij in samenspraak met Floris. Rijsterborgh overweegt op het toppunt van de markt uit te stappen via een megadeal met als tussenpersoon Van Vlijmen. Maar de verkoop gaat niet door. Een jaar later biedt Floris zijn schoonvader weer voor bijna een half miljard euro aan vastgoed aan uit de portefeuille van Philips Pensioenfonds.

Dat Van Vlijmen de boer opgaat met pakketten vastgoed van derden, eerst die van Rijsterborgh en nu die van Philips, verbaast Fortismanagers Smeets en Hulsebosch niet. 'Het is gebruikelijk in de vastgoedwereld dat gewerkt wordt met intermediairs,' zegt Hulsebosch in een getuigenverhoor. Hoe zo'n intermediair als Van Vlijmen aan zijn informatie komt over de verkoopprijs en waarom hem die positie wordt gegund, is minder van belang voor Fortis. Ze watertanden bij het idee de portefeuille van Philips over te nemen.

Hulsebosch krijgt op zijn donder van Van Vlijmen als hij vraagt of hij direct zaken mag doen met Philips. 'Hij verbood ons dat.' Voordat Fortis überhaupt informatie krijgt, moet eerst getekend worden voor geheimhouding. Smeets zegt dat Fortis zonder Van Vlijmen de deal nooit kan krijgen. 'Positieve smeerolie,' noemt hij dat als hem wordt gevraagd waarom hij niet rechtstreeks met Philips zaken doet. Smeets: 'Van Vlijmen creëert een positie. Door geheimhouding van ons te vragen kan hij zich een positie verwerven. Dit is een gebruikelijke procedure.'

De bedoeling is dat Fortis het hele pakket afneemt. 'Alles of niets,' zegt Van Vlijmen. Maar Smeets en Hulsebosch zijn alleen geïnteresseerd in de woningen. Die kunnen ze elk afzonderlijk uitponden, want dat levert aantrekkelijke rendementen op, verwachten ze. De afdeling van Smeets heeft onlangs de opdracht gekregen over een paar jaar een bepaalde winst te laten zien. De kantoren die Philips wil verkopen, verkeren in belabberde staat, constateren Smeets en Hulsebosch tijdens een van hun autoritjes. In Utrecht ziet Hulsebosch op Kanaleneiland een 'vies' jarenzeventigkantoorpand 'vol asbest' met zestig procent leegstand. 'De kantorenmarkt was ziek, er was veel leegstand en de huurprijzen waren te ver doorgeslagen.'

Dan belt Van Vlijmen opeens met het voorstel het pand in Utrecht eruit te halen en het zelf te kopen. Op 13 mei 2005 stuurt Van Vlijmen een brief aan Hulsebosch, waarin hij het pakket van Philips aanbiedt. Op 28 juni 2005 komt een tweede brief en een vraagprijs voor het deel dat Fortis wil hebben. Het vastgoed is voor Fortis veel meer waard dan voor Frencken. Ze zijn bereid diep in de buidel te tasten. Van Vlijmen en Fortis steggelen de maanden erna nog over de prijs, de huurgaranties en de overname van toch nog een paar kantoren, maar in grote lijnen zijn ze het snel eens. Het gaat nog allemaal buiten Philips Pensioenfonds om.

Als de winter aanbreekt in 2005 is Van Vlijmen nog maar een paar stappen verwijderd van zijn meesterzet. Met Fortis is op sinterklaasavond overeenstemming. De deal met codenaam xyz is vanwege de omvang voorgelegd aan de voltallige hoofddirectie. In de wandelgangen heet de transactie wel 'de Philipsdeal'. Eerst wordt Philips Pensioenfonds in de correspondentie genoemd als verkoper. Maar dat wordt later veranderd in Landquest, het bedrijf van Van Vlijmen. Daar doen ze immers zaken mee. Hulsebosch schrijft op 5 december dat hij groen licht heeft voor de aankoop van woningen en kantoren voor respectievelijk 334 miljoen euro en 85 miljoen euro. Fortis neemt het leeuwendeel van de portefeuille over.

Philips Pensioenfonds wordt een heel andere werkelijkheid voorgespiegeld. De betrokkenheid van Fortis, Van Vlijmen of welke vervolgtransactie dan ook is daar niet bekend. De meerderen en de ondergeschikten van Frencken denken nog altijd zaken te doen met Rijsterborgh senior. Zelfs dat moet voor de buitenwereld onbekend blijven. Frencken eist volstrekte geheimhouding over de verkoop, verklaart collega Esther de Koning later. Floris wil merkwaardig genoeg post over de transactie op zijn huisadres ontvangen, zegt De Koning, en niet op het kantoor in Amstelveen, dat hij deelt met zijn schoonvader. Toch heeft niemand door dat Floris op eigen houtje handelt. De besprekingen met Floris vinden wel weer gewoon plaats op het kantoor van Rijsterborgh senior. De medewerkers van Frencken spreken voor hun gevoel met het bedrijf van de man die goed is voor honderden miljoenen. 'Voor ons was Floris gewoon het Rijsterborghconcern,' zegt De Koning.

Het verloop van de onderhandelingen en het solistische optreden van Frencken zorgen nog wel voor gemor binnen Philips Pensioenfonds. Lagaunne zegt nog tegengesputterd te hebben over de prijs.

'Op een gegeven moment lag er een telefoonnotitie van Will op mijn bureau dat de prijs richting 380 miljoen ging. In de volgende bespreking stak Michiel Floris zijn hand over tafel richting Will en zei: "We doen het voor 380,5 miljoen". Will heeft de uitgestoken hand aangenomen en zo is de deal beklonken. Ik vond dat een relatief lage prijs.'

Lagaunne zegt dat Floris en Frencken over de prijs van het totale pakket in feite niet hebben onderhandeld. De deal is allang voorgekookt. Portefeuillehouder Sipke Gorter verklaart tegen de FIOD-ECD dat in de wandelgangen wordt geklaagd dat de verkoop weer onderhands gaat. Het 'rumoer' leidt vooralsnog tot niets. Medewerkers van Philips Pensioenfonds verklaren afgeleerd te hebben om hun meerdere af te vallen. Frencken weet de deal intern gemakkelijk te verkopen. De beleggingscommissie van Philips Pensioenfonds gaat zonder enig weerwoord akkoord. In november 2005 krijgt hij groen licht. Rijsterborgh Bedrijfsmakelaars wordt de koper. Een 'grote naam', denken ze nog altijd intern bij Philips.

1 februari 2006 is de grote dag. Nu kan er echt niets meer misgaan. De verkoper staat klaar. De kopers staan klaar. Het eindspel kan beginnen. Niet veel mensen weten het, maar de heer Van Vlijmen uit Heemstede wordt die dag voor de tweede keer in zijn leven multimiljonair. De eerste keer is Van Vlijmen 38 en verkoopt hij zijn bedrijf aan Bouwfonds. Nu ziet hij op zijn 49e tientallen miljoenen euro's in zijn richting komen door net als in zijn studententijd in de autohandel als oliemannetje te fungeren. Zonder een cent te investeren en ook maar iets te bezitten, brengt hij koper en verkoper samen. Het gapende gat tussen de dumpprijs van Frencken en het royale bedrag dat Fortis overheeft voor het pakket, lacht hem toe.

Philips Pensioenfonds verkoopt een pakket van 1525 woningen plus zeven kantoorflats aan Rijsterborgh Bedrijfsmakelaars. Een ongekende vastgoedcarrousel volgt. Floris schuift het pakket vier minuten later met twee miljoen euro winst in zijn geheel weer door naar een vennootschap van Van Vlijmen. Die verkoopt het deels weer door aan Fortis, maar ook aan een vennootschap op de Kaaimaneilanden van de Britse vastgoedbelegger HDG Mansur. Een deel van de woningen gaat minuten later nog eens van de hand, alsnog naar vastgoedmagnaat Kees Rijsterborgh, de zesde eigenaar in 35 minuten. De deal gaat gepaard met extreme waardesprongen. Zogenaamde ABC-transacties gelden in de vastgoedwereld al als waarschuwingssignaal, maar dit is een ABCDEF-carrousel. Alleen ziet niemand van Philips de achterkant van de transactie.

Op 2 februari gaat Van Vlijmen met de mensen van Fortis en makelaar Floris de woningen van binnen bekijken. De vastgoedreuzen Fortis en Philips Pensioenfonds leunen achterover en denken een mooie deal gesloten te hebben en gaan over tot de orde van de dag. Frencken heeft een mooi woningenpakket van de hand gedaan, maar hij is ook verlost van een aantal verouderde en verwaarloosde kantoren. Hij verheugt zich na het vastgoedspektakel van 1 februari meer dan nooit op de Mipim van volgende maand aan de Cote d'Azur.

22 Gevonden geld

Jan van Vlijmen wordt voor de tweede keer multimiljonair met de grote Philipsdeal, zonder dat het elektronicaconcern het doorheeft. Tot een huurder van een appartement uit de monstertransactie de noodklok luidt. Van Vlijmen wordt kwetsbaar. 'Er is niets aan de hand, nul!'

Onder de duizenden bewoners en gebruikers van de woningen en kantoren die in de vastgoedcarrousel van hand tot hand gaan, zitten huurders van allerlei soorten en maten. Appartementen van Japanse werknemers van Japanse multinationals in Nederland en een appartement op de Amsterdamse Nachtwachtlaan waar onderwereldfiguren Willem Holleeder en Mink Kok een reusachtige wapenopslagplaats hadden. Maar er wonen vooral gewone huurders in de huizen. Zij slaan alarm. Niet Fortis, Philips, betrokken notarissen of financiers.

Ruim voor de grote FIOD-ECD-actie van november 2007 zingt het in de huurkazernes van Philips Pensioenfonds al rond. Huisbaas Philips wil van zijn panden af. Voorzitter Cisca Griffioen van de Huurdersvereniging Flats Europaboulevard eist helderheid van Philips. De woningbeheerder van Philips Pensioenfonds, Poelwijck Sweers, schrijft haar op 10 februari 2006 'namens eigenaresse' dat Fortis sinds tien dagen eigenaar is van de huizen. Huh? Fortis? Al tien dagen de nieuwe eigenaar? Dat kan zo maar niet, weet Griffioen. De wet verplicht een verhuurder zijn huurders te informeren over 'zijn voornemens' tot verkoop. Dat voorschrift schendt Philips, stelt Griffioen. Op 24 maart 2006, tien dagen nadat Fortis zich bij alle huurders heeft gepresenteerd als de nieuwe eigenaar, ontvangt de vereniging ook een brief van de advocaten van Philips. Volgens hen klopt het dat Philips het complex heeft verkocht. 'Dat is echter niet aan Fortis geweest, doch aan Rijsterborgh Bedrijfsmakelaars.' Bij Philips 'was niet bekend' dat de koper de appartementen doorschuift naar Fortis.

De voorzitter van de huurdersvereniging is perplex. 'Wie is hier nou mijn huisbaas?' vraagt Griffioen zich af. Fortis? Philips? Rijsterborgh? Door de vragen van Griffioen komt de boodschap ook bij Fortis binnen. Leon Hulsebosch van de afdeling acquisitie van Fortis laat de kwestie uitzoeken door notaris Annerie Ploumen. Zij weet van niets, maar had wel moeten weten dat Fortis koopt via een complexe ABC-transactie. 'Ik weet dat zij daar goed pissig over was,' verklaart Smeets achteraf tegen justitie. Ploumen beweert collega-notaris Jan Carel Kloeck, die Van Vlijmen sinds jaar en dag bijstaat, verschillende keren gevraagd te hebben of het pakket via andere kopers is gegaan voordat Fortis het verwerft. De gedragsregels van notarissen schrijven voor dat dergelijke informatie wordt opgenomen in de akte. Kloeck verzwijgt dit, aldus zijn collega Ploumen. Het leidt tot verhitte telefoontjes over en weer en uiteindelijk komt er een spoedvergadering. Van Vlijmen geeft Hulsebosch eerst nog 'onder uit de zak' omdat hij kritiek heeft op zijn vaste notaris Kloeck. De notaris zegt dat hij Ploumen wel degelijk heeft ingelicht. Dan wordt het gesprek zelfs grimmig, herinnert Hulsebosch zich. Ploumen besluit een klacht in te dienen tegen Kloeck.

De notaris is een van de weinigen die weet aan wie welk vastgoed wordt verkocht. Hij is de enige die huuropbrengsten onder de nieuwe eigenaren kan verdelen. Vrijwel direct na het sluiten van de deal wordt voortaan alle correspondentie naar Kloeck gestuurd en niet naar Floris. Kloeck fungeert volgens justitie als een postadres voor Van Vlijmen. Hierdoor zal het niemand bij Philips meer opvallen dat Floris niet de echte koper is. Als Kloeck later door een collega-notaris wordt gevraagd naar de opmerkelijke waardesprongen zegt hij: 'Ik ben niet gekwalificeerd dit te verklaren.'

Smeets en Hulsebosch zeggen niet geweten te hebben dat Rijsterborgh Bedrijfsmakelaars de partij is die van Philips koopt en niet Landquest. Waarom Landquest het bedrijfje van zijn hockeyvriend ertussen heeft gezet, weet Smeets nog steeds niet, verklaart hij tegen de FIOD-ECD. Dat Fortis vijftig miljoen euro meer betaalt dan Philips Pensioenfonds voor hetzelfde vastgoed krijgt, noemt Hulsebosch achteraf 'wel een enorm groot verschil'.

Eén telefoontje tussen de hoofddirecties van Fortis en Philips en de deal had veel goedkoper kunnen zijn voor Fortis. Niet alleen vinden enkele alerte huurders het opmerkelijk dat eersteklasbedrijven als Philips en Fortis onbekende partijen als Rijsterborgh Bedrijfsmakelaars en Landquest als tussenstation tolereren. Ook de Belastingdienst valt het op. Het is mei 2006 als accountant René van Selm zich afvraagt of Will Frencken naast zijn salaris misschien meer vergoedingen heeft gekregen, zoals eerder bij de transacties rond Eurocenter en Ceylonstaete. Op internet bekijkt Van Selm de jaarrekening van Philips Pensioenfonds over 2005. Hij leest: 'In februari 2006 zal een gedeelte van de onroerendgoedportefeuille in de regio Amsterdam, Schiphol-Rijk en Utrecht voor in totaal euro 384,3 miljoen worden verkocht.' Op 21 juni 2006 neemt Van Selm contact op met het kadaster. Hij belt eerst de afdeling Amsterdam, in verband met de gevoeligheid. Op dit kantoor blijkt een grote stapel notariële akten te liggen die betrekking hebben op de verkoop. Ze liggen er omdat het kadaster ze opnieuw wil controleren.

Het kadaster geeft Van Selm en collega Joost Engelmoer inzicht in een deel van de monstertransactie. De tussenliggende partijen zijn nog niet helder. Ook de transactiewinsten kunnen nog niet uit het gefragmenteerde dossier worden opgemaakt. Via de betaalde overdrachtsbelasting kunnen Van Selm en Engelmoer de winst terugrekenen. Het duizelt ze. Op één dag gaat het pakket door de handen van zes partijen. Wat echt indruk maakt, is de winst van vijftig miljoen euro. Dat eindigt grotendeels in de zakken van vennootschappen die toebehoren aan Jan van Vlijmen. Laat hij nu net al twee jaar het belangrijkste doelwit van hun onderzoek naar vastgoedfraude zijn.

Nauwelijks bekomen van de opwinding stellen ze de vervolgvraag. Heeft Van Vlijmen al die kantoren, winkels en huizen nog in bezit? Het antwoord is nee. Ook na 1 februari blijft de carrousel draaien. Smeets geeft op 31 juli 2006 om kwart voor twaalf 's avonds groen licht om een kantoorpand binnen een kwartier te verkopen en de akte te transporteren. Fortis verkoopt het Unisyshoofdkantoor aan de Tupolevlaan op Schiphol-Rijk voor 30,5 miljoen euro aan een brievenbusbedrijfje op de Kaaimaneilanden, TT Amsterdam Funding Company, dat later blijkt toe te behoren aan de Arabisch-Britse belegger HDG Mansur. Schiphol moet instemmen met deze verkoop, omdat hier alleen luchthavengebonden bedrijvigheid mag plaatsvinden, maar dat is 'slechts een formaliteit,' zegt Schiphol later.

HDG Mansur is een zakenpartner van Jan en zijn broer Simon van Vlijmen. Jan is behulpzaam bij deze deal. Hij lost daarmee zijn belofte van een half jaar eerder aan Smeets in om dit gebouw voor Fortis door te verkopen dan wel te verhuren. In feite financiert Fortis daarmee deze kantooraankoop voor Van Vlijmen. Van Vlijmen verkoopt het kantoor inderdaad alweer door. De bank-verzekeraar moet het doen met een winstje van 250.000 euro. 'Opvallend,' is het nuchtere commentaar van registeraccountant Van Selm.

Precies op hetzelfde moment verkoopt Landquest het kantoorpand Telespy in Amsterdam Sloterdijk bij dezelfde notaris aan dezelfde investeringsmaatschappij op de Kaaimaneilanden. Van Vlijmen pakt 3.570.000 euro winst op het kantoor dat hij zes maanden eerder voor 20,5 miljoen euro met Landquest koopt.

Als het overzicht compleet is, leert een eenvoudig sommetje dat Philips Pensioenfonds 385 miljoen euro ontvangt voor een pakket, dat daarna opgesplitst over tien transacties in anderhalf jaar voor minstens 504 miljoen euro bij kopers terechtkomt. Vennootschappen waar Van Vlijmen een relatie mee onderhoudt en aan hem gelieerde vennootschappen boeken een resultaat van honderd miljoen euro. Dat is een misgelopen winst van ruim 900 euro per pensioengerechtigde Philipsmedewerker. De prijs van het pakket stijgt binnen een half uur explosief, terwijl het aantal objecten dat wordt verkocht afneemt. Van Vlijmen zegt tegen zijn verbaasde fiscalist Cornelissen dat Philips niet de expertise heeft om het pakket zelf in losse delen te verkopen.

Jan van Vlijmen verdient via Kanaalcentrum Utrecht en Landquest bruto 66.614.000 euro aan de deal. Europalaan Utrecht bv, een joint venture die indirect van Van Vlijmen (vijftig procent) en John Fentener Van Vlissingen (vijftig procent) is, of althans was, verdient met de doorverkopen bruto 46.785.000 euro.

Of deze opbrengsten netto in zijn geheel ten goede komen aan Van Vlijmen, is de vraag. Kale bedragen uit het kadaster zeggen niets over eventuele tussentijdse en mogelijk goed verklaarbare waardevermeerderingen. Het is niet bekend of de firma's van Van Vlijmen in de tussenliggende periode waarde hebben toegevoegd in de vorm van investeringen. Mogelijk hebben renovaties plaatsgevonden die met huurverhogingen gepaard gaan. Voor een deel van de panden is dat onmogelijk, gezien de korte tijdsspanne tussen aan- en verkoop. Mogelijk zijn de huurcontracten aangepast. Het kan ook zijn dat Van Vlijmen vergaande huurgaranties heeft gegeven aan kopers van lege kantoorpanden. Een stelling die zijn advocaten zonder twijfel zullen innemen als de zaak voor de rechter komt.

Voor het kantoorpand bij Kanaleneiland in Utrecht zal hij vermoedelijk Fentener van Vlissingen een deel moeten geven. Bij dit pand zijn de extreme waardesprongen deels verklaarbaar. Hier speelt mee dat reisdochterbedrijf BCD van Fentener van Vlissingen huurder is geworden van het lege Philipspand. Daarmee pompt Van Vlijmen de waarde van het pand op. Vervolgens wordt het pand verkocht aan HDG Mansur tegen een veel hogere prijs. Toch kunnen de nieuwe partijen tevreden zijn. BCD kan uit de beleggingswinst jarenlang huur betalen en dus goedkoop gehuisvest zijn. HDG Mansur betaalt misschien veel, maar is ook verzekerd van een veilige belegging, omdat de huurder top is en de stroom aan huurpenningen van BCD gegarandeerd is zolang het bedrijf niet failliet gaat.

Toch is de deal voor Philips Pensioenfonds weinig zaligmakend. Justitie en Philips zelf concluderen dat het pensioenfonds het hele pakket, inclusief Kanaleneiland, veel te goedkoop heeft verkocht. In opdracht van Philips onderzoekt Deloitte de deal. Na een analyse van de specifieke kenmerken van het vastgoed, zoals de staat van de woningen en kantoren en wie de huurders zijn, komt Deloitte tot de conclusie dat zowel de kantoren Kanaalcentrum en Unisys als de appartementen in Buitenveldert veel te goedkoop zijn verkocht. Het zijn 'inferieure opbrengsten als gevolg van de gekozen verkoopprocedure,' luidt de vernietigende conclusie in het vertrouwelijke rapport. In feite krijgt Philips zelfs maar 380 miljoen euro voor het pakket in plaats van de gepubliceerde 385 miljoen euro uit het kadaster. Vlak voor de transactie betaalt Frencken namelijk nog 3,8 miljoen euro als *huurincentive* aan de huurder van het verwaarloosde kantoorpand Telespy.

Een kanttekening bij de kritiek van Deloitte is dat het objectief vaststellen van de prijs van vastgoed, vooral kantoren, lastig is omdat het unieke objecten zijn. Marges van tien procent zijn niet uitzonderlijk. Maar de waarde van het Philipspakket stijgt in korte tijd met liefst 30 procent. Het gaat bovendien grotendeels om woningen waarvan de waarde eenvoudiger is vast te stellen en in de regel minder grote prijssprongen laat zien. De prijs is wat betreft het woningendeel nog geen twintig keer de jaarhuur. De latere kopers, zoals Rijsterborgh senior, betalen vijfentwintig keer de jaarhuur.

Frencken omschrijft het onderhandelingsresultaat zelf intern als 'zeer aanvaardbaar'. Maar hoogleraar Aart Hordijk, die ook onderzoek doet bij Philips Pensioenfonds, zegt het in een getuigenverhoor 'absurd' te vinden dat binnen zo'n korte tijd met zo'n prijsverschil is doorverkocht. Hij is zeer kritisch over het feit dat Fortis ermee akkoord gaat niet direct te kopen van Philips Pensioenfonds. 'Onbegrijpelijk dat ze geaccepteerd hebben dat er een derde partij tussenzat.' Zeker omdat Fortis al geruime tijd in onderhandeling is. 'Te gek voor woorden,' zegt de hoogleraar bouweconomie als hem wordt verteld dat Floris en Van Vlijmen het vastgoed al hebben doorverkocht voordat ze het zelf hebben. Fortis onderhandelt rechtstreeks met Landquest en gebruikt geen makelaar. Informatie over het pakket wordt doorgespeeld, ondanks het feit dat Floris voor geheimhouding heeft getekend.

Justitie, die de transactie '126' noemt naar de datum van de bewuste dag, beschouwt Fortis in het begin van het onderzoek nog als slachtoffer. Dat staat bijvoorbeeld ook met zoveel woorden in de eerste dagvaarding van Jan van Vlijmen van begin 2008. Philips krijgt niet alleen te weinig voor het vastgoed, maar Fortis betaalt vermoedelijk ook te veel aan Van Vlijmen, stelt het Openbaar Ministerie. Direct na de invallen op 13 november 2007 benadrukt Fortis zelf dat zij geen verdachte is, maar slachtoffer. Binnen enkele dagen slaat dit beeld volledig om. Fortis heeft binnenshuis kort onderzoek verricht. De bank-verzekeraar concludeert een week na de invallen dat zij tevreden is met het aangeschafte vastgoedpakket en de betaalde prijs. Fortis is geen slachtoffer en derhalve is er geen enkele reden meer om nader intern onderzoek te verrichten rond de fraudeaffaire, verkondigt Fortis sinds eind november 2007.

Eerder dat jaar heeft Fortis afscheid genomen van betrokkenen als Smeets en Hulsebosch. Dat zou te maken hebben met een reorganisatie en niet met de dubieuze transacties. De nauwe contacten tussen

Van Vlijmen en Smeets blijven niet onopgemerkt bij de FIOD-ECD. Ook na zijn plotselinge vertrek bij Fortis voeren Smeets en Van Vlijmen op hoge toon telefoongesprekken. Het valt justitie op dat er veelvuldig contact is. Smeets zegt 'als het nodig is met zijn vingertjes omhoog te staan' om 'een positie' van Van Vlijmen in Breda te verdedigen. Hij is dan al maanden uit dienst bij Fortis, maar toont zich erg loyaal naar Van Vlijmen toe. Ook is een telefoongesprek afgetapt dat vragen oproept over de rol van de man met de kenmerkende snor. Jan van Vlijmen en Eric Frische zijn bezorgd over de sporen die ze achterlaten en de connectie die te leggen valt, als bedragen worden betaald en opdrachten worden verleend aan betrokkenen.

Jan: '…dat ik het met die snor, die jij nooit hebt gezien, die Smeets, op een heel andere manier heb opgelost. Dat was dodelijk geweest, want die is eruit bij die Fortis.'

Eric: 'Wacht daar nog ook een paar jaar mee.'

Jan: 'Nou, dat heb ik op mijn manier opgelost. Eric, dat wil je niet weten.'

Smeets richt in juni 2007 zijn eigen vennootschap op en een van de eersten die hij belt om mee samen te werken is Van Vlijmen. Die samenwerking ketst af. De twee zijn niet tot zaken gekomen als justitie in november 2007 ingrijpt. Justitie heeft Smeets slechts gehoord als getuige. Het onderzoek richt zich op het begin van de carrousel: Philips Pensioenfonds. Justitie heeft aanwijzingen dat Van Vlijmen de man met de beslissende stem bij Philips niet alleen verwent met snoepreisjes. Frencken worden miljoenen van de monstertransactie als *kickback*, ofwel steekpenningen, beloofd, vermoedt justitie.

Justitie noemt het verdacht dat de hoofdpersonen in de cruciale maanden van het voorjaar van 2005 zo veel contact hebben. Ze vergaderen in hotels zonder dat Philips Pensioenfonds hier weet van heeft. Een maandje voor de enerverende races in Monaco zit Van Vlijmen samen met Frencken en boekhouder Frische in hotel Le Crillon in Parijs. Dit verblijf is nog luxueuzer dan het hotel in Monte Carlo. De eenvoudigste eenpersoonskamer in het hotel aan de Place de la Concorde kost 770 euro, de meest luxueuze ruim achtduizend euro. Alles in het honderd jaar oude hotel is ingericht in de stijl van de tijd van Lodewijk v. Le Crillon pronkt met ontvangen gasten als Madonna, Bill Clinton, Richard Nixon en keizer Hirohito van Japan. Het sterrenrestaurant bij het hotel ontvangt naar eigen zeggen de hele week de jetset en de politieke elite van Parijs.

De heer uit Heemstede en zijn twee Limburgse vrienden checken donderdag 7 april in. Het voor zaterdag geplande uitstapje naar de Moulin Rouge is nogal ordinair vergeleken met het smaakvolle verblijf. Ze zijn er in de eerste plaats toch voor zaken. Alhoewel justitie geen notulen heeft gevonden of geluidsopnames heeft uit Parijs, wordt aangenomen dat in Le Crillon cruciale afspraken over de monsterdeal worden gemaakt.

Van Vlijmens fiscalist John Cornelissen heeft net als Rob Lagaunne van Philips Pensioenfonds onomwonden verklaard dat Van Vlijmen de monsterdeal heeft uitgedacht en Rijsterborgh er als rookgordijn tussen heeft gehangen. Van Vlijmen zou in Parijs en Monaco miljoenen euro's winst beloofd hebben aan Frencken uit de deal die pas driekwart jaar later afgerond zal worden. Een week na het weekendje Parijs zit het drietal in minder luxueuze omstandigheden zaken te bespreken in het Mövenpickhotel in Den Bosch, blijkt uit hun agenda's. Na hun verblijf wordt een aanzet gemaakt tot de oprichting van de vennootschap Le Crillon Investments, vermoedelijk om de aanstaande winst uit de monstertransactie te verdelen.

De veronderstelling dat hier cruciale besprekingen plaatsvinden, wordt gesteund door documenten en handgeschreven aantekeningen die in beslag zijn genomen bij doorzoekingen. Leon Janssen, een fiscaal jurist die boekhouder Frische adviseert, heeft de onderliggende overeenkomsten op zijn computer staan als justitie bij hem binnenvalt op 13 november 2007. Uit de documenten van deze oude vriend van Frische blijkt dat de monstertransactie van Philips in grove lijnen al op 24 april 2005 is vormgegeven. Het document is twee weken na het verblijf in Le Crillon opgemaakt. Janssen werkt het document in de maanden die volgen nog een paar keer bij. Ook is bij Janssen een conceptovereenkomst aangetroffen tussen Landquest en Universum, de bedrijven van Van Vlijmen en Frencken. Uit de bij doorzoekingen aangetroffen aantekeningen en computerbestanden komt een verdeling van de winst op de monstertransactie naar voren. Ongeveer tweederde van de totale winst van om en nabij de honderd miljoen euro gaat naar Van Vlijmen of naar aan hem gelieerde vennootschappen. Hij heeft twee potjes van in totaal 45 miljoen euro winst voor zijn handlangers, concludeert de FIOD-ECD na uitgebreid onderzoek. Voor Frencken ligt een bedrag van 22.672.000 euro uit de pensioenpot van Philips klaar bij Van Vlijmen, stelt de FIOD-ECD in een proces-verbaal van najaar 2009. Dat is tweehonderd keer zijn netto jaarsalaris bij het elektronicaconcern.

De conclusie van de opsporingsdienst is dat de monstertransactie zo is voorgekookt, dat de winstpercentages al een jaar van tevoren bekend zijn. Vermoedelijk weten Van Vlijmen en Frencken al vanaf dag één dat Fortis de koper wordt tegen de hoofdprijs. Vermoedelijk zijn de beweerde kandidaat-kopers Bouwfonds en Rijsterborgh senior niet meer dan een afdelingsmanoeuvre om Philips te misleiden. Uit aantekeningen die gevonden zijn bij Jan Steven Menke van juni 2005 blijkt dat het beoogde eindbedrag dan al is vastgesteld op 430.000.000 euro.

Van Vlijmen hanteert een verdeelsleutel waarin hijzelf ook een deel krijgt. Frencken wordt een zevenvijftiende deel beloofd van de pot van 45 miljoen euro, net als Van Vlijmen zelf. Boekhouder Frische krijgt voor zijn dienst eenvijftiende deel van de winst. Ook op de geluidsopnames van hotelvergaderingen in Nederland in 2007 valt te horen dat het drietal spreekt over deze verdeelsleutel. Justitie ziet twee tranches klaarstaan van elk 22,5 miljoen euro's. Hiervan wordt slechts een klein deel vermoedelijk daadwerkelijk uitgekeerd. Als justitie op 13 november 2007 in actie komt, zijn de heren nog volop bezig om een afbetalingsroute op te tuigen via lopende vastgoedprojecten van Van Vlijmen. Door beslag te leggen bij Van Vlijmen en zijn vennootschappen voor 64 miljoen euro, doorkruist justitie naar eigen zeggen waarschijnlijk het plan voor de betaling van tientallen miljoenen aan steekpenningen.

Van de aan Frencken toegezegde gelden is behalve een voorschot van 400.000 euro nog geen betaling gevonden. Mogelijk is hij betaald via zijn voor de fiscus verzwegen buitenlandse vennootschappen, stelt de FIOD-ECD. Het meest waarschijnlijk is dat de afrekening vooralsnog even is gestaakt door alle aandacht van de Belastingdienst. Jan van Vlijmen zegt op 3 augustus 2007 in een hotel tegen Frenckens opvolger Lagaunne: 'Rob, en wat ik dus met hem heb gedaan, dat is precies zoals ik jou gezegd heb, toen hij helemaal lang en breed weg was, ben ik heel langzaam wat bedragen gaan betalen, op andere dingen.'

Dan kan niemand zeggen: daar is een causaal verband.'

Frencken krijgt de eerste vier ton na zijn dienstverband via projectontwikkelaar Van der Looy. De zakenpartner en buurman van Frencken uit Weert heeft toegegeven als doorgeefluik gefungeerd te hebben. De rekening wordt betaald onder de noemer 'Bemiddeling verkochte kantoorpanden Altera Vastgoed bv'. Altera is een vastgoedbedrijf dat na tussenkomst van Van Vlijmen panden overneemt van Janivo. Uit handgeschreven aantekeningen van Frische blijkt dat de factuur niet reëel is, maar betrekking heeft op zijn winstaandeel. De firma van Jack van der Looy en zijn zoons is ertussen gemonteerd om geen directe link tussen Van Vlijmen en Frencken te laten ontstaan. Jan is 'zo blij met die Jack. Dat we die bypass gemaakt hebben'. Will beaamt dat: 'Is goud waard,' aldus de ex-pensioenfondsdirecteur in een afgetapt gesprek.

De afrekeningen zijn nog niet eenvoudig te regelen voor het gezelschap. Ze moeten zoeken naar betaalroutes via lopende projecten, maar ook de getallen goed onthouden omdat ze liever niet te veel aan het papier toevertrouwen. Eric Frische klaagt over Will Frencken tegen Van Vlijmen: 'Hij vergeet veel. Onverschillig.' Van Vlijmen antwoordt: 'Die sommetjes, als dat maar goed op zijn netvlies staat. Dat hebben wij goed afgedicht, hè?'

Eric: 'Dat heb ik ook opgeschreven, al is het maar twee regels.'

Jan: 'Perfect.'

De summiere handgeschreven aantekeningen van Frische maken deel uit van het strafdossier.

Onderdirecteur Rob Lagaunne heeft eveneens 'serieuze bedragen' te goed voor zijn 'loyale medewerking' in de projecten Symphony en de monstertransactie, valt te horen op een tap. Rob Lagaunne krijgt zes miljoen euro toegezegd, aldus justitie. Vier miljoen bruto via een bvconstructie en fictieve werkzaamheden en een miljoen netto contant die aan Rob 'moeten worden gelapt'. Lagaunne heeft tegenover justitie bekend een gecombineerde beloning toegezegd gekregen te hebben van Van Vlijmen voor Symphony en de monstertransactie. Lagaunne zegt alleen dat de beloning 3,5 miljoen euro is en niet zes miljoen. Frische ontvangt wel een flink deel van zijn beloofde 2,6 miljoen euro. Op 1 november 2006 krijgt hij 1,5 miljoen euro. Hij betaalt bijna een half miljoen aan zijn fiscalist Leon Janssen omdat die hem 'altijd met raad en daad bijstond,' verklaart Janssen later tegen justitie. 'Gewoon gevonden geld,' noemt de fiscalist het later tegen opsporingsambtenaren. 'Genoeg centjes om nooit meer honger te lijden,' zegt hij tegen Frische. De boekhouder pocht tegen Van Vlijmen over deze beloning dat hij hiervoor 'eeuwige loyaliteit' verwacht. Jan reageert content op de spontane doorbetaling van Frische, blijkt uit de tap van hun gesprek. 'Dat vind ik ontzettend leuk. Dat is veel geld.'

Naast de beloofde grote porties uit de pot met geld van Philips wordt ook weer geld afgeroomd met kleine transacties. Dat gaat net zoals destijds met Willemsen Minderman via facturen waarin twijfelachtige werkzaamheden worden opgevoerd. Landquest betaalt dochterbedrijf Rooswyck 500.000 euro. Idlewild van Nico Vijsma keert ook weer terug als ontvanger van 1,8 miljoen euro. Daarnaast zijn er verdachte kleinere betalingen voor vennootschappen van Menke, zoals bijvoorbeeld 400.000 euro voor Koblok dat Menke samen met Eric Frische heeft. Ook de al enkele jaren van het toneel verdwenen Olivier Lambert declareert via zijn bedrijf Olivarius 250.000 euro.

Makelaar Michiel Floris verdient als stroman twee miljoen euro. Daarnaast stroomt er achtereenvolgens nog 1.250.000, 450.000 en 80.000 euro naar aan hem gelieerde vennootschappen. In totaal strijkt Floris rond vijf miljoen euro op. De FIOD-ECD twijfelt aan de rechtmatigheid van de betalingen. Dit bedrag komt weer aardig in de buurt van een handgeschreven aantekening uit het notitieblok van Menke. Daarin staat dat Floris vijf miljoen euro te goed heeft uit de grote Philipsdeal.

'Ik wilde hier twee miljoen aan verdienen,' verklaart Floris later tegen justitie over zijn rol als eerste tussenschakel. Hij krijgt het geld mondeling toegezegd 'in een gesprek met Jan van Vlijmen en Ronald Smeets'. Hiermee suggereert Floris dat de vertrokken Fortisdirecteur Smeets wel weet dat zijn bedrijf de partij is die het vastgoed van Philips zal kopen. Als Floris zijn twee miljoen euro binnenkrijgt via notaris Jan Carel Kloeck, is de zaak voor hem 'klaar'. Althans, dat hoopt Floris. Hij vangt de miljoenen naar eigen zeggen voor de 'mogelijke reputatieschade' wegens zijn rol als stroman als het bekend wordt. Van Vlijmen belooft Floris het niet te gortig te maken met het verschil tussen aan- en verkoopprijs. 'Ik wist natuurlijk dat Fortis de koper zou worden. Dat was een zekerheidje voor mij.'

Behalve Floris is een tweede makelaar bij de deal betrokken. Simon van Vlijmen werkt in 2006 niet meer voor Bouwfonds, maar voor zijn broer Jan en voor zichzelf. Het Britse HDG Mansur is een van hun nieuwe afzetkanalen. Ze kennen directeur Philip Churchill via Floris. In 2003, als Churchill nog directeur is van Citigroup, worden twee aftastende gesprekken gevoerd over een rol als financier van Symphony. Als de Amerikaanse bank afhaakt, komt Philips Pensioenfonds in beeld. Van Vlijmen heeft contact gehouden met Churchill na zijn overstap naar HDG Mansur. Simon van Vlijmen wordt zijn vaste makelaar in Nederland.

Voor het aanbrengen van de panden uit de Philipsportefeuille bij HDG Mansur verdient Simon miljoenen euro's. Voor zijn rol bij de transactie van Kanaalcentrum krijgt hij 'enkele miljoenen' provisie van Landquest, zegt fiscalist Cornelissen. Ook bij de deals met Fortis komt Simon van Vlijmen zijn courtage innen. Fortis heeft als verkopende partij nauwelijks met hem te maken. Bij de doorzoeking van Fortis wordt wel de afrekening met Simon van Vlijmen aangetroffen over het Tupolevkantoor op Schiphol. Dat is gek, want Hulsebosch zegt 'een keer tien minuten' met Simon gesproken te hebben in een 'heel onbeduidend gesprekje'. Hulsebosch verklaart dat Fortis nooit een courtage over de monsterdeal aan derden heeft betaald. Ook niet aan Jan van Vlijmen die er als transactiepartij tussen is gaan zitten.

Als Philips naar verloop van tijd twijfels krijgt over de monstertransactie en onderzoek laat doen, wanen Rob Lagaunne en Jan van Vlijmen zich nog altijd onaantastbaar. Ze denken geen sporen achtergelaten te hebben. 'Er is niets aan de hand, nul!' zegt Van Vlijmen in een afgetapt gesprek. 'We hebben het goed dichtgespijkerd,' zegt Rob. Een 'cleane' deal noemen ze het. 'Zo legitiem,' zegt Jan. 'Zo solide,' zegt Rob Lagaunne. Van Vlijmen heeft een verrassing voor de pensioenfondsdirecteur, die Frencken in 2007 heeft opgevolgd. Hij krijgt alvast een deel van zijn beloofde gift in contanten uitbetaald in de vergaderzaal van het motel. Op de tap is geritsel te horen. Van Vlijmen betaalt Lagaunne een deel van zijn contante toezegging van 170.000 euro. Lagaunne vindt het jammer dat het vooral briefjes van vijfhonderd euro zijn. Die zijn zo moeilijk uit te geven.

Jan van Vlijmen zegt in de loop van 2008 tegen justitie een verklaring opgesteld te hebben met een uitleg over de monstertransactie.

'Maar die bevat te veel hiaten om te verstrekken.' Vervolgens beroept hij zich weer op zijn zwijgrecht. Drie maanden geïsoleerde detentie hebben hem zo in de war gebracht 'dat ik zelfs op de vraag is de paus een meisje ja had geantwoord'. Hij mag uitzonderlijk lang in voorarrest gezeten hebben, zijn megawinsten mogen door justitie bevroren zijn, zijn gevoel voor humor heeft Van Vlijmen nog niet verloren.

23 Van je familie moet je het hebben

Jan van Vlijmen en zijn vrienden lopen in de gaten na een tip van vastgoedmagnaat Kees Rijsterborgh, ook wel Kassa Kees genoemd. De zaak leidt tot een breuk in de vermogende familie. 'Michiel heeft mijn naam misbruikt.'

'Wilt u misschien een zakdoekje?' Bouwfondsbestuurder Isaäc Kalisvaart weet niets beter te zeggen als vastgoedmagnaat Gerard 'Kees' Rijsterborgh in tranen uitbarst. De pater familias van een vermogende vastgoedfamilie uit Aerdenhout heeft zijn schoonzoon, makelaar Michiel Floris, verstoten. Wat Rijsterborgh (Amsterdam, 1938) het meest pijn doet, is de relatie met zijn dochter Patricia en zijn familie. De familiebrouille heeft een zakelijke oorzaak, vandaar dat Rijsterborgh zijn tranen laat lopen in een gesprek met Bouwfonds. Rijsterborgh is bang dat de financiering van zijn beleggingsportefeuille in gevaar komt. Zijn hypotheken lopen bij Bouwfonds en bedragen honderd miljoen euro.

Rijsterborgh vertelt aan Kalisvaart dat zijn boekhouder dubieuze geldstromen heeft ontdekt. Schoonzoon Floris blijkt via Rijsterborgh Bedrijfsmakelaars betrokken bij Symphony, de kantoortoren die Bouwfonds en Trimp & van Tartwijk gaan bouwen voor Philips Pensioenfonds. Rijsterborgh weet niets van een rol van Floris. De ervaren vastgoedman, die in de jaren zeventig zonder een cent is opgeklommen tot multimiljonair, dacht perfect te weten wat er speelt in de ondernemingen die zijn naam dragen. Maar dat blijkt niet het geval. Zijn schoonzoon is zelfs betrokken bij twee transacties, waar hij geen weet van heeft. Floris is makelaar in de Symphonydeal én hij is tussenpersoon in de monstertransactie van februari 2006.

Rijsterborgh komt hier achter als er dubieuze rekeningen binnenkomen in Amstelveen op kantoor bij Rijsterborgh Bedrijfsmakelaars. Als Rijsterborgh in maart met zoon Edwin op de vastgoedbeurs Mipim in Cannes staat, belt zijn boekhouder met de vraag of hij weet dat er miljoenen euro's over de rekeningen lopen. Ze hebben te maken met activiteiten van Floris. De boekhouder vindt het nodig om zijn baas hiermee te storen. Vader en zoon Rijsterborgh zijn in maart helemaal niet van plan om naar Cannes te gaan. Maar dan zien ze op kantoor een lijstje met namen liggen die schoonzoon Floris in Cannes uitnodigt voor een diner. 'Dat is gek,' denkt Rijsterborgh senior, 'ik zie namen staan van mensen die ik niet ken.' Hij ziet als genodigden vaste afnemers van Philips Pensioenfonds, onder wie Harry Hilders en John Groenewoud. Hij besluit toch met zijn zoon een kijkje te nemen op het diner op zijn eigen boot, in de haven van Cannes. De Rijsterborghs vliegen naar Cannes en treffen op het diner ook Ronald Smeets en Leon Hulsebosch van Fortis, aldus het strafdossier.

Het versterkt zijn gevoel dat zijn schoonzoon een dubbelrol speelt bij de grote uitverkoop van vastgoed van Philips Pensioenfonds op 1 februari 2006. Floris heeft hem in 2005 als tussenpersoon van Van Vlijmen het hele pakket van Philips Pensioenfonds aangeboden. Maar Rijsterborgh vindt het dan te veel risico. In 2006 verkeert Rijsterborgh naar eigen zeggen in de veronderstelling dat Floris niets meer te maken heeft met de Fortisdeal of het hele voortraject. Net zoals Rijsterborgh niet weet wat Floris voor rol heeft bij Symphony.

Rijsterborgh is een serieus man die niet graag met zich laat dollen. Hij confronteert Floris eerst met de vreemde betalingen. Floris zegt dat het gaat om courtage op Symphony die hij moet delen met anderen. Hij houdt zelf slechts 500.000 euro over. Rijsterborgh vindt dat vreemd, omdat hij van niets weet, maar ook omdat de courtage al wordt betaald ruim voordat de eerste paal wordt geslagen. Dat is ongebruikelijk. Volgens Floris is afgesproken dat betaald wordt bij het verkrijgen van de bouwvergunning. 1,7 procent courtage over het aankoopbedrag van 336,8 miljoen is 5,7 miljoen euro, een flink bedrag voor nauwelijks te traceren werkzaamheden. Helemaal opmerkelijk vindt Rijsterborgh dat Floris geld doorsluist aan Hans van Tartwijk, van onderontwikkelaar Trimp & van Tartwijk. Die eist via zijn privé-vennootschap 900.000 euro op. Rijsterborgh spreekt Van Tartwijk hierover aan. Hij stort het geld onmiddellijk terug en zegt dat het 'een vergissing' is. Rijsterborgh wantrouwt Van Tartwijk. 'Ik had een slecht gevoel bij deze transactie en heb gezegd tegen Michiel dat mijn bedrijf geen doorgeefluik is,' verklaart Rijsterborgh later als getuige tegen justitie.

Een maand later ontdekt Rijsterborgh dat Floris inderdaad ook nog een rol speelt bij de massale doorverkoop van Philips Pensioenfonds aan Landquest en Fortis. Rijsterborgh ontdekt dat Floris in die deal fungeert als eerste koper tegen een soort makelaarscourtage. In werkelijkheid leent hij zich hiermee weer als stroman voor Van Vlijmen via zijn eigen vennootschap die wel de naam Rijsterborgh Bedrijfsmakelaars draagt.

Floris is de enige aandeelhouder, maar senior en zoon Edwin werken ook voor Rijsterborgh Bedrijfsmakelaars, zegt hij. Rijsterborgh ziet de firma van Floris als een onderdeel van zijn imperium. Edwin, sinds 1 mei 2004 medebestuurder, zou niets hebben gemerkt van de vreemde activiteiten van Floris. Rijsterborgh senior zegt dat Floris hem nooit heeft verteld dat Rijsterborgh Bedrijfsmakelaars tussenschakel in de deal is. Floris zegt echter dat zijn schoonvader van de hoed en de rand weet en dat hij hem 'voortdurend' op de hoogte houdt van de onderhandelingen met Philips. Rijsterborgh senior en Floris staan hier lijnrecht tegenover elkaar.

De slotsom is dat Van Vlijmen en niet Floris of de Rijsterborghs tientallen miljoenen euro winst bijschrijft op de deal. Dat is mogelijk ten koste gegaan van Philips, maar in de ogen van de oude Rijsterborgh ook ten koste van hem. De Amsterdammer speelt op 1 februari 2006 namelijk toch een beetje mee. Rijsterborgh senior koopt een deel van de gedumpte Philipsportefeuille via Fortis Vastgoed voor ruim 63 miljoen euro. Fortis koopt weer een winkelcentrum in Breda van Rijsterborgh terug. Achter deze deal zit weer een deal. Van Vlijmen mag dit winkelcentrum voor zijn vrienden van Fortis herontwikkelen. Dat is allemaal al in 2005 afgesproken met Van Vlijmen. Smeets noemt Van Vlijmen in een verhoor onomwonden de initiatiefnemer en regisseur van de grote ABCDEF-transactie.

De oude Rijsterborgh is woedend als hij ontdekt dat hij een woningenpakket van Fortis koopt dat eerst door de handen van achtereenvolgens Floris en Van Vlijmen is gegaan tegen een beduidend lagere prijs. Terwijl het duo als tussenschakel twintig keer de huur betaalt, moet Rijsterborgh voor zijn pakket woningen 25 keer de huur afrekenen bij Fortis. Op 23 maart 2006 roept hij Floris bij zich op kantoor. 'Je hebt me belazerd. Je hebt voor zestig miljoen van me gestolen!' schreeuwt de oude Rijsterborgh emotioneel. Floris kan zijn spullen pakken. Hoewel Rijsterborgh net zo veel betaalt als Fortis, snijdt hij alle banden met zijn schoonzoon door. Hij accepteert niet dat Floris als stroman stiekem in een deal zit met een vennootschap die de naam van Rijsterborgh draagt.

De uit de golfwereld en papierhandel bekende Floris is al jaren getrouwd met dochter Patricia en heeft kinderen met haar. Rijsterborgh zegt gebroken te hebben met de familie Floris en daarmee dus ook met zijn dochter en kleinkinderen. 'Michiel heeft mijn naam misbruikt,' zegt Rijsterborgh in NRC Handelsblad een week na de actiedag van justitie in november 2007. 'Ik heb zowel zakelijk als privé met hem gebroken. Ik zie mijn dochter alleen nog met verjaardagen.'

Rijsterborgh heeft het idee dat Floris zijn bedrijven gebruikt als doorgeefluik. Hij eist dat Floris de naam van de bv wijzigt. De secretaresse mag Floris meenemen. Zij keert later terug als secretaresse bij een ander problematisch vastgoedproject, Living City van Joop van den Ende. 'Ik heb al zijn kasten leeggehaald en in dozen gedaan. Dat is allemaal naar zijn eigen kantoor gebracht,' aldus een verklaring van Rijsterborgh in het strafdossier. Edwin laat zich op 30 maart 2006 uitschrijven als mededirecteur van de vennootschap bij de Kamer van Koophandel. In april 2006 verandert Floris de naam van zijn vastgoedbedrijf van Rijsterborgh Bedrijfsmakelaars in AFR Vastgoed. Opvallend is overigens dat Floris al driekwart jaar eerder, op 24 augustus 2005, als directeur bij Rijsterborgh Holding wordt uitgeschreven. Op 14 november 2007 verklaart Rijsterborgh tegen de FIOD-ECD: 'Uiteindelijk gaat het om veertien miljoen euro. Floris heeft een factor twintig betaald aan Philips terwijl ik uiteindelijk factor 25 moest betalen. Normaal gesproken kijk je als koopman niet naar de voorgaande verkrijger en de winst die hij behaalt, maar in dit geval gaat het via mijn naam.'

Rijsterborgh ontkent tegenover de media dat hij door de handelwijze van zijn schoonzoon financieel is benadeeld. 'Ik ben geen geld kwijtgeraakt. Het ging mij om de manier waarop hij dingen aankocht.' Later erkent Rijsterborgh tegenover justitie alsnog dat hij zich

ook financieel gepiepeld voelt met het woningenpakket. Dat Rijsterborgh vooral daar een bloedhekel aan heeft, is in de vastgoedwereld
genoegzaam bekend. 'Je moet elk dubbeltje omdraaien,' is een van de
wijze lessen die hij zijn zoon Edwin al vroeg leert. Zakenblad *Quote*
noemt hem in de jaren negentig Kassa Kees vanwege zijn succesvolle
zaken. Het vermogen van de rijkste burger van de regio Haarlem en
liefhebber van oud-Hollandse schilderkunst wordt door het zakenblad geschat op ruim 200 miljoen euro.

De selfmade man wordt in 1977 vermogend met de aan- en verkoop van de totale onroerendgoedportefeuille van de voormalige
Rijkspostspaarbank. In 1995 gevolgd door het complete onroerend-
goedpakket van Zwitserleven in een een-op-eenverkoop waar con-
currenten stinkend jaloers op zijn. Het voedt de geruchten dat Rijsterborgh een suite op zijn boot heeft ingericht voor de directeur van
Zwitserleven.

Rijsterborgh is een echte handelsman en ondanks zijn hoge leeftijd en zijn kwakkelende gezondheid volop actief vanuit Amstelveen
als makelaar en belegger in kantoorpanden en woonblokken, inmiddels al jaren samen met zijn zoon Edwin. Beiden zijn liefhebber van
zeewaardige jachten en rijden klassieke autorally's in een Jaguar xk 8
Cabrio. Het jaren zeventig-kantoor in Amstelveen van vader en zoon
staat vol met modelboten. Edwin laat zich graag zien op Les Voiles de
Saint-Tropez, de jaarlijkse zeilwedstrijden waar de jetset vanuit alle
hoeken en gaten van de wereld hun boten showt. Edwin neemt aan de
race deel met de *Maria Cattiva* ('Wilde Maria'), een fors jacht van
veertig meter, gebouwd bij Royal Huisman. Tweedehands weliswaar,
maar toch nog twaalf miljoen euro in aanschaf. Edwin zegt later in
Het Financieele Dagblad liever de Super Yacht Cup bij Palma de Mal-
lorca te doen. In 1999 laat senior volgens zakenblad *Quote* een 44 meter lang motorjacht bouwen voor een wereldreis. Trots meldt Rijsterborgh in 2004 aan *De Telegraaf*: 'Met acht bemanningsleden! Leuk
voor de kinderen en kleinkinderen.' Des te pijnlijker is het dat hij zijn
dochter en kleinkinderen zo weinig ziet sinds de affaire.

Twee maanden lang na zijn ontdekkingen blijft de zaak vreten aan
Rijsterborgh. De breuk in de familie, maar ook de financiële kant, liggen hem zwaar op de maag. Hij zoekt een kans om een goedmakertje
van Van Vlijmen te eisen. Rijsterborgh kent de heer uit Heemstede

sinds 1999. Dan koopt Rijsterborgh Commerce Parc van Bouwfonds. De deal wordt in Gstaad, Zwitserland uitonderhandeld. Daar is ook Hans ten Cate bij, de man die toeziet op de afdeling van Van Vlijmen. De traditionele ballonvaart, die deze keer in de Alpen plaatsvindt, is een belangrijk Bouwfondsevenement. Meer dan met Van Vlijmen heeft Rijsterborgh een relatie met Bouwfonds. In 2004 viert hij nog samen met Bouwfonds en veel champagne en hapjes de opening van het langs de A9 gelegen kantorenpark Commerce Parc in Amstelveen. Die relatie wil hij niet verstoren. Wat gebeurt er als de handelwijze van zijn schoonzoon naar buiten komt? Weet Bouwfonds wel van de rol van Floris? Weet de ontwikkelaar dat hun zakenpartner Van Tartwijk privégeld wordt toebedeeld van de ongebruikelijke courtage? En wat gebeurt er met de financieringsrelatie als Bouwfonds hem iets kwalijk neemt?

Na twee maanden wikken en wegen en her en der advies inwinnen, pakt hij toch maar de telefoon. Met lood in zijn schoenen gaat Rijsterborgh naar Bouwfonds en spreekt achtereenvolgens met Kalisvaart en diens baas Henk Rutgers. Bij Bouwfonds is dat het startschot voor het instellen van een nieuw forensisch onderzoek naar Symphony en de rol van initiators Van Vlijmen en Van Tartwijk. Pricewater-houseCoopers (PwC) onderzoekt eerder zonder succes in opdracht van Bouwfonds de peperdure, niet-gerealiseerde Rotterdamse Coolsingeltoren en de rol van de oud-directeur. Kalisvaart komt net van ontwikkelaar MAB, de fusiepartner van Bouwfonds, die ten koste van de Van Vlijmendiscipelen de macht krijgt bij de ontwikkelingstak van MAB/Bouwfonds. Kalisvaart maakt snel korte metten met de Bouwfondsprojectontwikkelaars. Hij wantrouwt hen door hun geheimzinnige manier van opereren. De oude garde heeft nog wel de omstreden courtageafspraken gemaakt met Philips en Floris. Bouwfonds stelt al op 13 oktober 2004 voor om Floris in te schakelen voor de verkoop en verhuur van Symphony. Philips wordt de koper.

Opmerkelijk aan de courtage is dat koper Philips Pensioenfonds en ontwikkelaar Bouwfonds de beloning voor de makelaar samen op-hoesten. Normaal adviseert een makelaar of de koper of de verkoper. Het is in feite strijdig met de beroepsregels voor makelaars. Zo denkt de accountant van Philips Pensioenfonds er ook over. Hij doet na-vraag bij Frencken, maar wordt met een kluitje in het riet gestuurd.

Het is een 'flutdetail', zegt Frencken hem.

De dubbele courtage is ook Bouwfondsbestuursvoorzitter Henk Rutgers opgevallen vlak voordat hij op 16 juni 2005 de koopovereenkomst voor Symphony moet tekenen. Rutgers roept Rob van der Broek bij zich, die met vuurrood hoofd niet goed kan uitleggen hoe het zit met die vijf miljoen euro en de verdeling met Philips. Rutgers besluit toch zijn handtekening te zetten. Later realiseert Rutgers zich dat hij toen had moeten doorvragen. Bij Philips merkt pensioenfondsmedewerker Sipke Gorter op dat het wel raar is dat zijn directeur Will Frencken tegen zijn principes in nu opeens wel een makelaar heeft ingeschakeld en wil betalen. Frencken beweert dat zonder Floris de deal er niet was gekomen.

Als de transactie al een maand later op 22 juni 2005 rond is, declareert Floris zijn courtage van 5,7 miljoen euro. Kassa voor Floris. Zijn commissie staat ook in de koopakte bij de notaris.

Maar Floris mag de miljoenen niet allemaal zelf houden. Sterker, het lijkt erop dat hij zich ook hier als stroman laat gebruiken. Niet alleen Van Tartwijk eist 900.000 euro op. Wat Bouwfonds pas in de loop van 2006 hoort, is dat ook oom Nico en neef Jan een deel opeisen. Jan eist 2,925 miljoen euro, Nico 1,4 miljoen euro. De mannen zijn allebei weg bij Bouwfonds, maar bemoeien zich opmerkelijk genoeg wel met de deal.

De factuur van Landquest aan Rijsterborgh is boven water gekomen in een onderzoek van de fiscus. Op alle drie de facturen aan Rijsterborgh staat als omschrijving 'Amsterdam Symphony, courtage'. De datum is 28 februari 2006. Het duo adviseert Michiel Floris, luidt de verklaring later tegen de PwC-onderzoekers van Bouwfonds. Floris kent Van Vlijmen al sinds zijn tiende van het hockeyveld en werkt volgens Nico Vijsma al tien jaar nauw samen met de hoofdverdachte. Van Vlijmen begeleidt hem nu ook bij Symphony, is het verhaal.

Het onderzoek van PwC boezemt weinig angst in bij de club rond Van Vlijmen. Hij weigert mee te werken. Anderen leggen tegenstrijdige verklaringen af. Van Tartwijk zegt tegen PwC dat niet zijn privébedrijf Justified & Ancient maar Trimp & van Tartwijk had moeten factureren inzake werkzaamheden voor Symphony. Floris zegt dat de facturen niets te maken hebben met een courtage op Symphony, ook al staat dat er wel op. Nico zegt dat hij een rol had 'als klankbord op de achtergrond' voor Floris. De factuur had inderdaad te maken met Symphony, zegt hij, en wel vanwege de bemoeienis 'op de achtergrond'. Van den Broek zegt dat Floris 'veel' werk heeft gedaan waarvoor een royale beloning op zijn plaats is, ook bij het binnenhengelen van een ander bedrijf dat eerder geïnteresseerd was, namelijk Citigroup. Waarom de uiteindelijke koper Philips hier dan aan moet meebetalen, wordt niet helder. Van enige betrokkenheid van Landquest of Vijsma weet hij niets. Ook Frencken zegt tegen PwC niets te weten van makelaarsactiviteiten van Jan en Nico.

Wat Floris precies heeft gedaan voor zijn miljoenen, begrijpt Philips net zo min als Bouwfonds. Floris is niet bij besprekingen en er staat niets op papier. De 1,7 procent is sowieso twee keer meer dan gebruikelijk bij erkende makelaarskantoren, is de conclusie van onderzoekers van Deloitte, die door Philips aan het werk zijn gezet. Floris is nooit aanwezig geweest bij vergaderingen. Hij is betaald voor onduidelijke en volgens Rabo Vastgoedgroep en Philips vermoedelijk niet-geleverde prestaties. Mocht Floris stellen dat hij de partijen bij elkaar heeft gebracht en de miljoenen als een 'aanbrengfee' gezien moeten worden, is dat onzin. Philips en Bouwfonds hebben namelijk al sinds Eurocenter een relatie. 'Deze onderlinge relatie sluit uit dat Rijsterborgh (Bedrijfsmakelaars) een initiërende rol heeft vervuld ten behoeve van de transactiepartijen,' stelt Deloitte. 'Zijn toegevoegde waarde komt nergens tot uiting.'

Dat de heren verschillende verklaringen afleggen, wekt gezien de afstemming vooraf verbazing. Nico Vijsma traint Bouwfondsdirecteur Rob van den Broek telefonisch op 27 november 2006. Nico instrueert Rob om de forensisch onderzoeker een tegenvraag te stellen: 'Heeft u wel het volledige dossier?'

Nico: 'Is het wat als ik zo brutaal mag zijn om de mededeling die jij uh doet dat je dat even voor jezelf op een kladje noteert?'

Rob: 'Ja dat ga ik ook doen.'

Nico: 'Dat je absoluut niet afwijkt van wat je van plan bent te zeggen.'

Rob belooft het te doen, maar wil vooraf ook nog even een keer afstemmen met Nico. 'Bij voorkeur in de ochtend.'

Nico: 'Bel me mijn fucking nest uit.'

De volgende dag nemen ze het gesprek door. Nico doet aan de telefoon alsof hij Karel Neukirchen van Bouwfonds is. 'IJzersterk,' is de enthousiaste reactie van Nico op het verhaal van Rob.

Ook Dennis Lesmeister belt Vijsma op 27 november 2006. Hij zegt dat zijn collega Hans van Tartwijk 'lijkwit' wordt als het PwC-onderzoek zich aandient. 'Ja, potverdomme, dit vreet zo aan mijn bestaansrecht in deze maatschappij,' zegt Van Tartwijk volgens Lesmeister.

Lesmeister zegt: 'Als je met vuur speelt kan je je vingers verbranden en jij wil dat niet accepteren... Bij mij brandt het net zo hard.'

Nico: 'Laat het hem maar zwaar hebben met zijn grote toeter. (...) Gaat hij als een hoogleraar lullen.'

Dennis: 'Ik vind het ook genieten, Niek. (...) Hij trekt het niet, je had hem moeten zien. Tien jaar ouder weer.'

Dennis Lesmeister zegt tegen Nico Vijsma dat Van Tartwijk enorm baalt van Rijsterborgh en het onderzoek. 'Ik zeg Hans, het is een aap met een scheermes maar jij hebt het scheermes gegeven.' Lesmeister meent dat zijn collega met zijn rekening aan Floris zelf mede de aanzet heeft gegeven tot de actie van de Rijsterborghs en de onderzoeken. Hans moet zich niet zo druk maken. Nico en Dennis verwachten niet veel van het onderzoek.

Dennis: 'Ik denk toch dat het de papierbak in gaat.'

Nico: 'Gewoon een papierbak, moet je die klootzakken zien hoe ze gejat hebben. (...) Maar niet heus, maar wel heus.'

Vooral Cees Hakstege raakt verontrust, terwijl hij niet eens iets te maken heeft met Symphony. Jan van Vlijmen stelt zijn vriend Jack Del Castilho voor om samen met Nico 'een beleid te vormen voor hem', om Hakstege erdoorheen te helpen.

Jan: 'Hij is zo'n malloot die denkt...'

Jack: '...dat je met de billen bloot moet.'

Jan: 'Hij wordt te oud. Wegwezen. (...) Hij is zo dom. Hij doet net alsof hij in Venezuela bij Chavez woont. Maar je hebt gewoon rechten in dit land. Wie is nou helemaal PricewaterhouseCoopers? Opzouten met die lui.'

Nico zegt dat een brief van PwC 'zo'n vent' bang maakt. 'We lezen die brief, en we doen hem in snippers en kauwen hem op en slikken hem weg.'

Toch zitten ook bij Michiel Floris en Van Vlijmen de zaken rond de courtage en de monstertransactie niet lekker. Ze bellen elkaar in december. Ze maken zich zorgen of behalve Bouwfonds ook Ronald Smeets van Fortis als koper van het grote pakket misschien in de problemen komt als 'iemand straks iets gaat zeggen'. Van Vlijmen is er achter gekomen, dat de onderzoekers weten dat de courtage niet alleen naar Hans, maar ook naar hem en zijn oom is doorgestort. Floris kan het niet geweest zijn. Die 'zwijgt als het graf', is de overtuiging van Van Vlijmen. 'Het komt van die vader en zoon. Hebben die toch zitten te lullen. Die zijn onbetrouwbaar.'

Rijsterborgh heeft het onderzoek in beweging gezet bij Bouwfonds, maar zint maanden erna ook nog steeds op financiële genoegdoening van Van Vlijmen. Dat lijkt te lukken. Landquest verkoopt in oktober aan Rijsterborgh een pakket woningen in het chique Amsterdam Zuid. Die komen ook van Philips. Van Vlijmen kan ze afnemen en op dezelfde dag zonder winst doorschuiven naar Rijsterborgh. Terwijl Van Vlijmen in de monstertransactie onzichtbaar wil blijven voor Philips, doet hij in deze kleinere transactie wel direct zaken met Frencken.

Vader en zoon Rijsterborgh vertellen in *Het Financieele Dagblad* dat er geen mogelijkheid is de panden direct van Philips te kopen. 'We moesten wel zakendoen met die meneer Van Vlijmen. Dat was het verzoek van Philips,' zegt senior. Edwin Rijsterborgh denkt dat oud-Bouwfondschef Van Vlijmen werkt voor Philips Pensioenfonds. 'Hij was een brug naar Philips.' Zijn vader spreekt achteraf van een 'toneelstukje van de twee heren'. De suggestie dat er een rekening is vereffend met de transactie, wat kan verklaren waarom Landquest er zonder verdiensten tussen zit, wijzen vader en zoon krachtig van de hand.

Tegenover justitie verklaart Rijsterborgh iets anders. Rijsterborgh senior ziet het pakket wel als een 'zoethoudertje van Floris en Van Vlijmen voor de transactie van 1 februari'. Hij krijgt het 'met hangen en wurgen'. Hij betaalt net als Van Vlijmen bijna dertig miljoen euro. Maar hij doet het pakket vervolgens toch kort erna weer van de hand aan een privébedrijf van Hans van Veggel, oud-baas van AM en Multi Vastgoed. 'Mijn vrouw hoorde van de deal,' zegt Rijsterborgh tegen de FIOD-ECD, 'en wilde niet hebben dat ik een cadeautje zou krijgen van Floris. Ik heb het dus weer verkocht, met pijn in mijn hart.' Rijsterborgh maakt 1,45 miljoen euro winst op de woningen om de hoek van het plein waar hij als kind nog heeft gevoetbald. Rijsterborgh viel als nieuwe huisbaas toch al slecht bij de bewoners en vice versa ook.

Wat hij tegen journalisten er niet bij vertelt is dat er achter deze deal ook weer een andere zit. Van Veggel mag de woningen overnemen voor een prijs die niet sterk afwijkt van de prijs die hij betaald heeft. Maar Rijsterborgh zou Rijsterborgh niet zijn als hij er niet toch een hele lucratieve deal van weet te maken. Hij dwingt Van Veggel om een kantoorpand in Amsterdam Zuidoost erbij te nemen. Hier betaalt Van Veggel de forse prijs van 18,6 miljoen euro voor. Zo weet Rijsterborgh toch nog een mooie winst te maken terwijl het voor de buitenwereld lijkt alsof hij met tegenzin een mooi woningenpakket opgeeft.

Het forensisch onderzoek krijgt eind november 2006 vaart. Michiel Floris en Jan bellen elkaar op 30 november 2006. De hele zaak komt volgens Floris voort uit 'rancune van die ouwe'. 'Uiteindelijk hebben senior en junior geen verhaal,' zegt Jan. Hij zegt met senior bij de notaris gezeten te hebben voor de Minervapleintransactie. 'Ik heb alle aktes met die ouwe doorgespit. Het is een legitieme zaak. Als er toch iets niet zou kloppen dan zou deze ouwe man met al zijn geld toch mij of Michiel of wie dan ook een dag later juridisch in de hoogste boom hebben gehangen en meteen een proces hebben aangedaan. Het is de wrok, de ellende van de familie.'

Floris ziet zichzelf als slachtoffer. Hij voelt zich nog 'comfortabel met hetgeen we afgesproken hebben'. Jan en Michiel denken het prima te kunnen uitleggen met het verhaal dat ze al eerder hebben afgestemd. Zo lang 'die gek' niet ook nog eens de fiscus informeert. Michiel denkt van niet. Dat zou hypocriet zijn. Senior is volgens Floris een 'jaloerse man die mij niets gunde maar wel alles aan zijn zoon gunde'.

De familierelatie zal er niet beter op worden. Een van de eerste dingen die Floris verklaart bij justitie is dat zijn schoonvader 'een zaak heeft gedaan' met de later vermoorde onderwereldbankier Willem Endstra. 'Hij is jaren op vakantie gegaan van zijn zwarte geld dat hij met deze transactie heeft verdiend. Dat is een zaak uit het jaar 1991,' aldus Floris die vijf jaar directeur is geweest van het bedrijf van zijn schoonvader. Zwager Edwin 'doet al jaren dingen op kosten van de zaak,' zegt Floris tegen de FIOD-ECD. Floris vindt het 'ironisch' dat hij als verdachte bij de FIOD-ECD zit en zijn schoonvader niet. 'Die hele familie,' zegt hij, 'die heeft genoeg valsheid in geschrift gedaan.' Rijsterborgh senior heeft najaar 2009 niet alleen zijn buik vol van zijn schoonzoon maar ook van de affaire. Hij wil niet reageren.

Jan van Vlijmen en Michiel Floris stemmen hun verklaringen voor PwC op elkaar af. Jan benadrukt dat duidelijk moet zijn naar de onderzoekers dat Michiel pas betrokken raakt als de 'geestelijk vader' van Symphony, Jan zelf dus, al weg is bij Bouwfonds. Dat hij al tien jaar met Nico werkt, kan Floris wel zeggen volgens Jan. 'Jij hebt Nico voor mental coaching in je kielzog en bent gaan tanken voor knowhow voor Symphony. Iedereen zou jaloers moeten zijn dat je die vent hebt weten te strikken.'

Over de doorbetaling aan Jan hebben ze ook een verhaal klaar.

Jan: 'Ik zal gewoon zeggen dat jij bepaalde kennis over de projectgrond bij mij hebt ingekocht.'

Michiel: 'Natuurlijk. Wij hebben van tevoren afgesproken wat de betaling zou zijn en klaar! Dat het achteraf een beetje veel is, ja dat is hartstikke fijn, maar dat is niet mijn probleem.'

Michiel: ' Ik ken je al veertig jaar. Dan leg je niet alles op papier vast.'

Jan: 'Misschien moeten we in het voorjaar een paar brieven naar elkaar schrijven, ook voor de Belasting, als we die facturen moeten verklaren. (…) Ik heb het idee dat we die man genoeg hebben gegeven om zijn rapport af te ronden.'

De Rabo Vastgoedgroep draagt een kopie van het PwC-onderzoek op 11 december 2006 over aan de Belastingdienst. Dat is vlak na de overname van Bouwfonds door de Rabobank. Het onderzoek lijkt bij de projectontwikkelaar inderdaad in de prullenmand te belanden, zoals op een top voorspeld door Vijsma en Lesmeister. Rabobank gaat door met de overname van Bouwfonds en ziet geen gevaar in de aanwijzingen die PwC heeft voor onregelmatigheden.

Maar dan steken in de eerste maanden van 2007 de geruchten weer de kop op. De kersverse Bouwfondsdirecteur Tjalling Halbertsma staat in café Wildschut in Amsterdam, zo verklaart hij tegen justitie. Hij hoort daar een aantal jongeren praten over een boot die Hakstege cadeau gekregen zou hebben van Van Vlijmen in Monaco. Het is voor hem aanleiding om de Rabobankier Hans ten Cate op 13 april 2007 een brief te schrijven. 'De zaak stinkt,' aldus Halbertsma. 'Lees zelf het PwC-rapport maar, dat leest als een detective. En de verhalen blijven rondzingen.'

De Rabobank blaast het door ABN Amro afgeronde PwC-onderzoek weer nieuw leven in. Het brengt Rabobankier Hans ten Cate, die door Halbertsma is gevraagd om zeer vertrouwelijk om te gaan met zijn verhaal omdat hij zijn aantijgingen niet kan bewijzen, tot een opmerkelijke stap. De oud-commissaris van Bouwfonds Vastgoedontwikkeling, die in zijn lange Bouwfondstijd alle fraudesignalen heeft gemist, belt op 4 juli 2007 zelf naar Jan van Vlijmen. De Rabo-baas verklapt dat Jan prominent voorkomt in een onderzoek dat versneld is afgerond door de verkoop van Bouwfonds aan Rabo door ABN Amro. Het onderzoek is opnieuw opgestart. Hans wil dat Jan daar een keer uitleg over komt geven.

Op dezelfde dag zegt Jan van Vlijmen tegen Michiel Floris dat hij Ten Cate net aan de lijn heeft gehad. 'Ging weer over dat verhaal van Kerstmis dat die lieve zwager van je die facturen rondgestuurd had. Dat hadden we omwille van de verkoop afgeraffeld. Dat ligt weer gewoon open op tafel.'

Michiel: 'Oh gezellig.'

Volgens Jan zegt Hans ten Cate hem dat ze gewoon even bij elkaar moeten gaan zitten. Het stelt Jan enigszins gerust. 'Dat vond ik positief. Hij zag dat easy in. Daar wordt zo snel mogelijk een afspraak over gemaakt.'

Michiel: 'Dan kan je uitleggen hoe dat zit en dan is dat van tafel.'

Maar Jan verwacht niet dat Ten Cate intern bij de Rabobank de zaak van tafel veegt, ook al zou hij zelf overtuigd zijn door Jan. 'Ik vrees een hele nasleep.'

Jan van Vlijmen kan niet bevroeden hoe terecht zijn vrees is. In de nasleep is onder meer de positie van Hans ten Cate als de nieuwe president-commissaris van Bouwfonds in 2008 onmogelijk geworden. Ten Cate beklaagt zich in *Het Financieele Dagblad* over de lange duur van het voorarrest van Jan van Vlijmen. Hij is 'ontsteld' over de maandenlange isolatie. 'Dat kan kennelijk in Nederland zonder een proces,' zegt hij. Hoofdredacteuren Wabe van Enk van *PropertyNL* en Ruud de Wit van *Vastgoedmarkt* kapittelen Ten Cate in de zomer van 2008 over deze steunbetuiging aan Van Vlijmen. 'Als er iemand is die Bouwfonds – en dus ook de Rabobank – in een moeilijk parket heeft gebracht, is dat Van Vlijmen wel,' stelt De Wit. Hij vindt het daarom 'ongepast' dat Rabobankier Ten Cate Van Vlijmen in bescherming neemt. 'Het wordt tijd dat deze arrogante bankier volledig met pensioen gaat en het oplossen van het Bouwfondsprobleem aan echte bestuurders met kennis van de markt overlaat.'

In hun verwondering over die opmerking van Ten Cate wijzen de vastgoedjournalisten erop dat Ten Cate Bouwfonds tweemaal heeft gekocht, eerst bij abn Amro en later bij Rabo, en dus wel enig falen kan worden verweten. In het najaar stapt Ten Cate op. Formeel omdat zijn werk bij Bouwfonds er op zit. In werkelijkheid omdat zijn positie onhoudbaar is.

Ten Cate heeft een derde kans gemist om eventuele fraudesignalen rond Jan van Vlijmen op te pikken. Ten Cate is sinds juni 2005 commissaris bij beleggingsmaatschappij Janivo Vastgoed van de familie De Pont, en vanaf februari 2009 commissaris bij Janivo Holding. Dat is een oude vaste zakenpartner van Jan van Vlijmen. Vastgoedtransacties tussen Van Vlijmen en Janivo lopen via de Janivo-directeur vastgoed, Ben Hordijk. Die doen sinds eind jaren tachtig al zaken met elkaar. Na het uitbreken van de vastgoedfraude geeft Ten Cate opdracht Janivo intern te onderzoeken op onregelmatigheden. De conclusie is dat Janivo schoon is, meent Ten Cate.

Uit het strafdossier blijkt dat het Openbaar Ministerie afgelopen jaren aanwijzingen heeft onderzocht dat rond vastgoedtransacties bedrijfsgevoelige informatie van Janivo is weggelekt naar Van Vlijmen. Het gaat om een abc-transactie met kantoren van bijna twintig miljoen euro in 2007. Janivo verkoopt een kantorencomplex op de Claudius Prinsenlaan in Breda en het kantoorgebouw Pegasus in Utrecht, waarin ironisch genoeg de fiod-ecd zelf is gevestigd. De transacties zijn gepasseerd in Heemstede bij notaris Jan Carel Kloeck, de vaste notaris van Van Vlijmen. Opvallend is dat de panden op één dag, 30 maart 2007, twee keer van eigenaar verwisselen met Landquest als tussenpersoon. Landquest boekt 2,7 miljoen euro winst, nadat Van Vlijmen een stukje grond voor zichzelf houdt. Hierbij moet aangetekend worden dat Landquest volgens ingewijden huurgaranties heeft verstrekt die de helft van deze winst zouden kunnen opslokken.

Uit financieel onderzoek van het OM zou blijken dat de familie De Pont hierbij benadeeld is en dat Hordijk betalingen in het vooruitzicht zijn gesteld. Een onderbouwing van deze stelling ontbreekt. Hordijk werkt sinds 1972 voor Janivo en richt in de jaren negentig buiten zijn werkgever om het bedrijfje Emeraude op. Hordijk heeft tegen justitie verklaard dat hij zijn zwager directeur heeft gemaakt om te voorkomen dat zijn werkgever erachter zou komen dat hij voor zichzelf wilde beginnen. Zijn vrouw heeft één aandeel en hijzelf 99, zodat hij zich niet kenbaar hoeft te maken bij de Kamer van Koophandel. Hij is altijd in dienst gebleven van Janivo. Emeraude heeft volgens de FIOD-ECD een twijfelachtige factuur gestuurd op een project van Bouwfonds. Hordijks advocaat ontkent de aantijgingen en zegt dat hij niet zal worden vervolgd. De accountant die namens Janivo de zaak heeft onderzocht, vind ook geen onregelmatigheden of benadeling. Als Hordijk najaar 2009 met pensioen gaat, nemen Janivo en de raad van commissarissen, met Ten Cate, feestelijk afscheid van hem.

Ten Cate ziet als bankier bij Rabo en ABN Amro en ook als commissaris bij Janivo niet wat Jan van Vlijmen onder zijn ogen uitspookt. Dat Van Vlijmen niet zonder zonden is, heeft de hoofdverdachte persoonlijk bij Ten Cate laten doorschemeren. Vlak voor Ten Cate zijn omstreden uitlatingen over Van Vlijmens gevangenisregime doet, bezoekt hij op 16 mei 2008 een verjaardagsfeestje van verzekeringsman Lex Fontein op het terrein van de Rotterdamse zeilvereniging De Maas. Ten Cate wordt op zijn schouder getikt. Het is Jan van Vlijmen. Hij is na een half jaar voorarrest sinds Koninginnedag weer vrij. Het is een van de eerste keren dat Van Vlijmen zich weer in het openbaar waagt. Achter hem staat zijn vrouw. Van Vlijmen vraagt of Hans hem nog wel een hand wil geven. Ten Cate is stomverbaasd. Hij vraagt of hij eerst nog even zijn andere gesprek kan afmaken. Het echtpaar Van Vlijmen wacht lange tijd op decente afstand. Het is alsof Ten Cate de tijd neemt om te bedenken wat hij met de pijnlijke situatie aan moet. Uiteindelijk stapt Ten Cate, voor iedere feestganger zichtbaar, op het wachtende echtpaar af. Nicolette doet vooral het woord. Ze vertelt hoe erg de inval was. Jan vertelt over de cel. Op omstanders maakt Ten Cate een zenuwachtige indruk. Ten Cate lijkt bang gefotografeerd te worden in een geanimeerd gesprek met de hoofdverdachte van de vastgoedfraude.

De man die zich bij Rabo impopulair maakte door te klagen over het lange voorarrest van Jan van Vlijmen, houdt hem nu voor, dat als het allemaal waar is wat er over hem wordt beweerd, hij nog veel langer zal moeten zitten. 'Ja,' antwoordt Jan naar verluidt, 'maar ik niet alleen.'

24 Belastingnazi's bijten zich vast

Ongestoord gaan de directeuren van Bouwfonds en het Philips Pensioenfonds, de vastgoedmagnaten en hun tientallen hulpjes hun gang. Tot een oplettende belastinginspecteur vragen stelt bij hun werkwijze. 'Het is een soort Gestapo.'

Kort nadat twee belastinginspecteurs op 12 december 2005 op de bel drukken van de lage, witte vrijstaande villa aan de rand van het Noord-Limburgse dorp Haelen, zwaait de deur gastvrij open. Allervriendelijkst worden ze welkom geheten door de heer des huizes, Eric Frische, een zestiger met achterovergekamd grijs brillantinehaar. Een kapsel dat een halve eeuw onveranderd zal zijn gebleven, ondanks de veranderingen die de drager heeft meegemaakt. De ex-eigenaar van een middelgroot accountantskantoor in Roermond werkt sinds een paar jaar vanuit zijn huis als zelfstandig adviseur. Vanuit zijn woonkamer kijkt Frische uit over glooiende akkers die overgaan in het Leubeekdal.

De belastinginspecteurs zijn hier omdat ze opdracht hebben gekregen geldstromen te onderzoeken die te maken hebben met de Zuidas. Dat lijkt allemaal erg ver weg van Haelen, waar normaliter niet veel meer gebeurt dan de markt op donderdag en de wekelijkse viskraam en een kebabkraam op het dorpsplein. Haelen heeft met haar 4370 inwoners en glooiende Noord-Limburgse landschappen een aantal succesvolle wielrenners, mountainbikers en een door racefanaat en vastgoedman Harry Muermans gesponsorde coureur voortgebracht. Maar dat is het wel zo'n beetje. Frische zegt dat hij een administratie van dit soort kleine bedrijfjes bijhoudt met pen en papier. 'Een stukje hobby uit nostalgie.' Als er getypt en geprint moet worden laat hij het zijn vrouw doen, zegt Frische tegen de inspecteurs. Mevrouw Frische zorgt voor koffie en koekjes, rapporteren de belastinginspecteurs. Het echtpaar vertrekt naar boven om het onderzoek niet te verstoren.

Frische (Schimmert, 1945) geldt in het dorp als een heer van stand met goede contacten. Bij zijn afstuderen als registeraccountant is Frische geholpen door oud-Fortisbankier Jan Steven Menke, ook een registeraccountant. Menke en Frische hebben elkaar ontmoet bij de grote Limburgse vastgoedmagnaat Harry Muermans. Vanaf circa 2000 is hij als accountant in parttime dienst van Muermans. De twintig jaar ervoor doet hij het werk voor Muermans gewoon vanuit zijn kantoor. Na 2005 werkt hij vooral vanuit zijn huis, voor Van Vlijmen bijvoorbeeld.

Frische heeft goede contacten in het Limburgse en binnen het CDA. Eric is peetoom van Geert Frische, een jonge, prominente lokale politicus. Geert Frische is fractievoorzitter van het CDA in de Provinciale Staten van Limburg. Eric zegt zijn neefje aangespoord te hebben om na zijn school in Maaseik en de hotelschool alsnog Nijenrode te gaan doen. Oom Eric financiert de opleidingen van Geert en zijn broer aan de businessuniversiteit. 'Zonder rente of wat dan ook. Dus dat kan niet meer kapot,' zegt hij tegen Jan van Vlijmen op een tap. Van Vlijmen gelooft, net als zijn oom Nico Vijsma, heilig in langetermijninvesteringen om mensen voor zich te winnen. Van Vlijmen noemt Frische 'briljant'. Het allermooiste is dat de beste vriend van Frisches neefje Camiel Eurlings is. De minister van Verkeer en Waterstaat en een kroonprins van premier Balkenende. Eurlings zegt lovende woorden over Geert Frische op diens weblog. Schitterend, vindt oom Eric dat. Hij zegt zijn neef te trainen en te instrueren voor debatten. In een reactie zegt Geert Frische dat hij zijn opleiding zelf heeft betaald en dat zijn oom bluft. 'Ik sta absoluut niet open voor die dingen'.

Frische heeft minister Camiel Eurlings uitgebreid op de koffie gehad in 2007. Hij neemt plaats op dezelfde bank waar de belastinginspecteurs anderhalf jaar eerder hun koffie hebben genuttigd. Jan gelooft zijn oren niet: 'Met die Eurlings? Bij jou aan tafel?' Jazeker, zegt Eric: 'En die heeft een schitterend vrouwtje nu. Een Hongaarse die zeven talen spreekt enzo. En die wou om half twee, twee uur gaan, maar hij was heel gezellig aan het praten. Over zijn rol in het Europarlement. Alles besproken, hè. Enne ja, om drie uur zat hij er nog. Dus ik moet weg, hè. Om half vier waren ze dan toch weggegaan. Heeft hij van twaalf uur tot half vier bij ons gezeten afgelopen zondag. Moet je dat voorstellen. Ja, waar gaat het om. Dat neefje heeft samen met hem… een project in Roemenië. En ja ja. Ik moest dat een beetje begeleiden dus daar kwam het eigenlijk op neer.'

Jan: 'Wat een winner. Ga je dat ook doen?'

Eric: 'Ja, dat neefje zweert bij mij. Met Camiel, die ken ik ook al van eerder. Daar moet ik rustig mee blijven. De jongen is onervaren op dat gebied.' Eric denkt dat Eurlings 'vrij onschuldig is' en 'absoluut geen weet heeft hoe je iets moet construeren'. 'Een goede vakman en welbespraakt.' Maar naïef, vinden Jan en Eric. Frische noemt zijn neefje 'veel en veel handiger'. Eurlings wil samen met zijn boezemvriend Geert deelnemen in een vastgoedproject in Roemenië, zo is het relaas van Frische. Het duo vraagt financieel advies aan de oom en registeraccountant uit Haelen, niet wetende dat ondertussen in het diepste geheim een strafrechtelijk onderzoek tegen hem loopt. Het gaat volgens Eric Frische slechts om een investering van zevenduizend euro, maar de oude Frische en Van Vlijmen ruiken kansen. 'Ik ben daar heel voorzichtig mee.' Jan: 'Uiteraard.' Van Vlijmen zegt dat 'die minister' wel valt te 'paaien'. Eric: 'Ik dacht, dat komt nog wel een keer van pas bij beiden. Die dwepen gewoon met mij.'

Frische kent de Limburgse traditie van vriendjespolitiek in de bouwwereld en ambtenarij als geen ander. Eric heeft tegen de Limburgse projectontwikkelaar Sjaak 'Sjékske' van der Looy gezegd dat zijn neefje ook CDA-burgemeester Fons Jacobs van Helmond goed kent. 'Hij is enthousiast. Waar te snoepen is, dat zijn van die jonge honden. Dat willen die allemaal.' (…) 'En zeker als je in Limburg verder moet. Dat weet-ie allemaal.' (…) 'Dat neefje is links en rechts goed bezig voor mij.' Zo zegt Frische in contact te zijn gekomen met Dela, waar de broer van Geert werkt. De begrafenisverzekeraar die circa een miljard euro in vastgoed heeft zitten. Frische zegt ervan overtuigd te zijn dat zijn neefje ooit in Den Haag terechtkomt. Via Camiel Eurlings.

Eurlings blijft zo lang plakken die zondagmiddag, dat Frische een half uur later arriveert bij zijn zieke moeder, de oma van Geert, die hij plichtsgetrouw dagelijks om drie uur bezoekt en verzorgt.

De belastinginspecteurs vinden Frische een vriendelijke en innemende man, maar ze wantrouwen zijn activiteiten. Frische is de statutair directeur van de verdachte vennootschappen die de belastingambtenaren moeten doorlichten. Registeraccountant is een beschermd beroep, dat gebonden is aan strenge wettelijke eisen en beroepsregels. Frische en Menke hebben al veel jaren een wettelijke bevoegdheid om een verklaring af te leggen over de getrouwheid van een jaarrekening van een bedrijf.

Als de fiscus in de jaren na het bezoek blijft doorvragen naar de activiteiten van Menke en Frische, spreken ze aan de telefoon af sporen te 'wissen', hoort opsporingsdienst FIOD-ECD op een tap. Het duo heeft een dagtaak aan het wegpoetsen van bedenkelijke transacties en het overleg hierover. Overeenkomsten overleggen ze niet zomaar aan belastinginspecteurs. Besprekingsverslagen of notulen maken ze sowieso nauwelijks op. Dat is 'iets voor ambtenaren'. 'Wij maken herenakkoorden,' zeggen ze lachend tegen elkaar. Frische zegt met Jan niet meer dan een mondelinge afspraak te hebben. 'Een man een man, een woord een woord.' Eric stelt Jan Steven gerust als de laatste in zijn tuin in Aerdenhout op zijn grasmaaier zijn gazon verzorgt en zich zorgen maakt over de financiële consequenties van de schoonmaak door de fiscus. 'Mocht het niet goed aflopen met de fiscus en er nabetaald moet worden, dan doet Van Vlijmen dat. Als het erop aan komt, betaalt hij,' zegt Frische.

Frische laat zich in 2005 niet weerhouden door de toegenomen aandacht van de fiscus voor zijn activiteiten en die van Van Vlijmen. Ze zijn maar weinig gecharmeerd van de Belastingdienst die rond 2005 steeds dieper het Wilde Westen van de vastgoedwereld binnendringt. Al die aandacht van de Belastingdienst komt volgens Frische omdat er 700 man nieuw personeel is aangenomen voor de vastgoedsector. 'Nu kun je wel raden wat voor kwaliteit dat allemaal is… maar oké, ze doen het. (…) Gewoon een sectorgewijze doorlichting.' Eerst de tandartsen, uitzendbedrijven en later horecabedrijven. 'Zoals Operatie Bierkraag,' zegt Van Vlijmen, die klaagt dat hij alles moet opgeven aan de fiscus. 'Hoeveel winst ik maak, welke projecten ik doe, wie ik betaal. Gewoon heel brutaal. Ik heb me laten vertellen, Eric, door de belastingmensen, dat iedereen onder vuur ligt van de belasting.' 'De onroerendgoedmarkt zit in de verdrukking,' verzucht Frische.

Terwijl Frische in 2005 zijn woonkamer nog royaal ter beschikking stelt aan de bezoekende belastinginspecteurs, zegt hij twee jaar later tegen zijn maten: 'Die gaan natuurlijk als een Hitler, '40-'45, zo'n Gestapoman, tekeer. Moet je gewoon flegmatiek onder blijven. (…) Zo weinig mogelijk opschrijven. En in de agenda afspraken opschrijven met potlood.' Jan van Vlijmen heeft om die reden alleen een gewone papieren agenda en geen elektronische. Jan vermijdt helemaal om met computers te werken. Het zit bij hem allemaal in zijn hoofd. Will Frencken zegt zijn agenda's van de laatste jaren 'allemaal weggepleurd te hebben'.

De heren hebben zorgen over de fiscale kanten van het web van vennootschappen en geldstromen dat ze hebben gesponnen. Maar ook de fiscale gevolgen van de reisjes naar Mipim in Cannes zijn onderwerp van gesprek. Will moet alsnog maar een paar mille uit eigen zak betalen. Zodat ze een 'pleitbaar standpunt' hebben voor de fiscus. De vriendin van Will moet ook maar wat werkzaamheden opvoeren. 'Performanceachtige manifestaties' ofzo. Eric zegt dat natuurlijk wel weer op 'een of andere wijze terug te spelen'. Jan belooft de paar mille weer in cash terug te geven aan Will, tot grote hilariteit van Frische. Hij zegt wel dat ze 'extra voorzichtig' moeten zijn.

Frische zegt dat ze zich allemaal niet gek moeten laten maken: 'Ik ben daar heel koel in.' Van Vlijmen reageert met zalvende woorden op zijn financiële rechterhand. 'Eric, jij bent de beste man daar, want je bent groot, je bent flegmatiek, je hebt de ervaring, de autoriteit…' Maar Van Vlijmen maakt zich al langer zorgen over de fiscus. Hij heeft ze zelfs al een keer te woord gestaan. Dat is op 5 september 2005 op het onderkomen van zijn belastingadvieskantoor Tol Vork Groeneveld in Edam. Belastinginspecteur Bert Klein Ebbink heeft op die dag eindelijk een afspraak met John Cornelissen en Jan van Vlijmen. Cornelissen is een fiscalist die het vak heeft geleerd bij het Amsterdamse Loyens & Loeff. Van Vlijmen houdt als prominente figuur uit de vastgoedwereld de gemoederen binnen de Belastingdienst al ruim een half jaar bezig. 'Wat is het doel van uw komst?' vraagt Van Vlijmen. Klein Ebbink merkt dat zijn onderzoeksdoelwit niet gediend is van smalltalk. De stoïcijnse heer uit Heemstede schuift voor zijn doen ongemakkelijk op zijn stoel. Klein Ebbink: 'De Belastingdienst onderzoekt vastgoed projectmatig. We hebben bedrijven uitgekozen vanwege signalen binnen de Belastingdienst.'

Van Vlijmen is op dat moment honderd procent eigenaar en directeur van Landquest, een relatief onbekend projectontwikkelingsbedrijf. Ook is hij de man achter vastgoedbeheerbedrijf Rooswyck Property Services. De Belastingdienst wil Van Vlijmen vooral spreken over de periode dat hij directeur is van Bouwfonds Vastgoedontwikkeling. Hij is op dat moment daar alweer vier jaar weg. Aanleiding van het boekenonderzoek is een vraag over een aangifte vennootschapsbelasting van Rooswyck. Van Vlijmen heeft Bouwfonds nooit verteld dat hij schuilgaat achter dat bedrijf, dat ook panden van Bouwfonds beheert. In de laatste jaren van zijn directeurschap draagt hij de aandelen over aan zijn oom Nico Vijsma om aan de regels tegemoet te komen. Ook zijn er vragen over zijn privévennootschap Bloemenoord. Als de Belastingdienst in januari 2005 voor het eerst om stukken vraagt, stuurt fiscalist Cornelissen slechts één ordner op. Dat verbaast de fiscus, omdat er miljoenen euro's omgaan binnen de bedrijven. Bloemenoord boekt hoge omzetten zonder duidelijke tegenprestaties. Ze blijken gebaseerd op 'winstdelingsovereenkomsten'.

De fiscus wil alles weten over de kerstboom van vennootschappen waarbij Van Vlijmen betrokken is als aandeelhouder of als bestuurder. De fiscus loopt verdachte geldstromen na en vermoedt dat Van Vlijmen privé en zakelijk niet goed heeft gescheiden. Dat kan fiscale consequenties hebben. Winst uit arbeid wordt zwaarder belast dan winst uit onderneming. Als winsten van Van Vlijmens privébedrijven eigenlijk inkomsten zijn uit Van Vlijmens arbeid als Bouwfondsdirecteur, dan heeft Van Vlijmen te weinig belasting betaald. Als het vermoeden van de belastinginspecteurs juist is, kunnen zelfs strafrechtelijke stappen volgen. Maar dat lijken Van Vlijmen en zijn adviseur zich nog niet te realiseren.

'Ik merkte dat Van Vlijmen zich niet heel erg op zijn gemak voelde,' verklaart Klein Ebbink later in een proces-verbaal van zijn werkzaamheden. Van Vlijmen komt stug en wantrouwend over op de inspecteurs. 'Hij wilde graag de precieze aanleiding van het onderzoek weten, maar hier zijn we niet specifiek op ingegaan.' Het is een zeldzame ontmoeting met de vastgoedman in Edam. Na het gesprek heeft de Belastingdienst nooit meer mondeling contact met Van Vlijmen. Maar met hem en zijn adviseur Cornelissen is de Belastingdienst nog lang niet klaar. In september zitten ze weer bij Cornelissen in Edam en in februari 2006 nog eens twee dagen voor de privébescheiden van Van Vlijmen. Wat opvalt, zijn de contante bedragen die hij opneemt. Elke week duizenden euro's naast zijn reguliere creditcardbetalingen.

Ook de Rabobank valt op dat Van Vlijmen vreemd gedrag vertoont. In november 2003 halen Van Vlijmen en zijn vriend Jack Del Castilho bij de bank zestig coupures van 500 euro op. De bankrekening is van Van Vlijmen, maar Jack heeft een volmacht. In 2004 komt Jack nog eens 50.000 euro contant halen. 'Om een auto te kopen,' zegt hij tegen de bankbediende. In 2006 meldt hij zich weer omdat hij een auto wil kopen 'om in de bergen mee te rijden'. De Rabo meent dat Jack vaag doet over hoe en wat en meldt de transacties aan als ongebruikelijk bij de justitiedienst die hier over gaat. Ook autobedrijf Snellers in Deurningen meldt een transactie aan omdat Van Vlijmen in juni 2003 in contanten een Mercedes Cabrio CLK320 uit 1999 van 22.500 euro afrekent. De meldingen komen als bijvangst boven water nadat justitie Van Vlijmen onderzoekt. Ook Vijsma komt hierin voor. Zijn zaakwaarnemer Willem van Meerkerk doet in 2001 een poging om een flink pakket fysieke obligaties in te leveren bij de Rabobank in Bussum. Uit het meldingsformulier dat onderdeel uitmaakt van het strafdossier blijkt dat hij zonder omwegen vraagt of dat kan bij de bank zonder dat er een melding ongebruikelijke transacties wordt gedaan. Als Van Meerkerk wordt verteld dat ze zich aan de regels houden, levert hij ze in porties in. De melding wordt vanwege het vermoeden van witwassen alsnog gedaan.

Het is vooral de fiscus die blijft doorvragen. Volgens FIOD-ECD puilt de administratie uit van 'kriskrastransacties', van en naar dezelfde bankrekening heen en weer boeken, doorboekingen op dezelfde dag kort na elkaar en 'het maken van rondjes'. Van Vlijmen heeft niet alleen een voorliefde voor contanten. Cornelissen: 'Van Vlijmen was een bankrekeningenfreak. Hij wilde telkens zo veel bankrekeningen, ik heb nooit begrepen wat hij daarmee voor ogen had.'

Van Vlijmen vergeet zijn ontmoetingen met de fiscus niet snel. Hij praat er op 13 juni 2007 over met zijn maten als hij wordt afgetapt door collega's van de belastinginspecteurs bij de FIOD-ECD. Ze hebben vijf weken bij mij op kantoor gezeten, zegt Van Vlijmen. 'Mannen die zelf 1500 euro netto verdienen.' Al tijdens zijn directeurschap bij

Bouwfonds heeft hij een vervelende discussie met een belastinginspecteur, vertelt hij op een tap. 'Ik had een dispuut bij Bouwfonds omdat ik voor de raad van bestuur een vliegtuig had gehuurd.' Maar als Van Vlijmen kan aantonen dat het voor een vastgoedproject is, verlost de belastinginspecteur hem al uit zijn lijden. 'Ik hoefde dus niet te verantwoorden dat ik het vliegtuig gehuurd had, dat was vijftigduizend gulden. Hij zei nee, het gaat er alleen om of het an sich zakelijk is. Of je nou een vliegtuig koopt, dat is uw zaak. Dat het niet zo is dat het bestuur daar een weekend heeft zitten vissen in Noorwegen.'

Een ander akkefietje in zijn Bouwfondstijd, vertelt Van Vlijmen, gaat over reistickets. Jan werkt halverwege de jaren negentig net bij Bouwfonds als de fiscus binnenvalt met lastige vragen over reisjes. 'Daar hebben we behoorlijk zitten zweten. We zijn er goed mee weggekomen.'

Anno 2005 zijn de Belastingdienst, de FIOD-ECD en het Openbaar Ministerie niet van plan de vastgoedwereld te laten wegkomen met dubieuze praktijken. Vanuit de politiek wordt de druk opgevoerd om een schoonmaak in te zetten. Zwart geld vanuit de onderwereld vindt zijn weg in stenen, blijkt uit de strafzaken rond Willem Endstra en Willem Holleeder. Maar ook de bovenwereld is niet schoon. De weinig transparante ons-kent-onscultuur maakt vastgoedhandelaren in opvallend korte tijd multimiljonair. Transacties van honderden miljoenen euro's zijn geen uitzondering als de vastgoedmarkt zijn hoogtepunt nadert. Pensioenfondsen en woningcorporaties lijken kwetsbaar voor fraude. Kort op elkaar volgende onverklaarbare waardesprongen zijn eerder regel dan uitzondering. Dat kan allemaal onder de ogen van makelaars, accountants, advocaten en notarissen. De vastgoedwereld blijkt te draaien om het gunnen. Soms doen bedrijven enorme betalingen, waar ze weinig tot niets voor terugkrijgen. De fiscus stuit op talloze betalingen waar geen werk tegenover lijkt te staan.

Het grootscheepse onderzoek van justitie naar vastgoedfraude rond Bouwfonds en Philips komt voort uit de argwaan van een enkele belastinginspecteur. In Maarssen stuit inspecteur Sonja de Lange tijdens een regulier onderzoek in 2004 op een verdachte geldstroom, die ze later aan Van Vlijmen en Vijsma koppelt. Het draait om een bedrijf dat in het strafdossier weinig aandacht krijgt, terwijl de verdiensten omvangrijk zijn en de zaak opvallende parallellen heeft met de werkwijze bij Willemsen Minderman en Trimp & van Tartwijk. De Lange ontdekt dat vastgoedbedrijf Maapron samen met Bouwfonds betrokken is geweest bij de ontwikkeling van het ABN Amro-kantoor aan de Paasheuvelweg in Amsterdam Zuidoost. Opvallend is dat Maapron miljoenen euro's van Bouwfonds doorstort aan Idlewild bv, een bedrijfje van de oom van Van Vlijmen. Vijsma staat op dat moment onder contract bij Bouwfonds voor 'acquisitieactiviteiten, training en begeleiding' van medewerkers. Zijn bedrijfje krijgt in 2000 van Maapron 7.329.306,40 euro betaald.

Opvallender is nog dat Bouwfondsdirecteur Van Vlijmen hier weer een deel van opeist. Oom Nico belooft driekwart aan Bloemenoord bv, een vennootschap van Jan van Vlijmen, te betalen en doet dat ook zodra Van Vlijmen uit dienst is in 2002. De Lange vraagt zich af of Van Vlijmen en zijn oom hier op illegale wijze van twee walletjes eten. De vennootschappen Maapron en rechtsopvolger Beverspoor worden in 2007 verdacht van omkoping, valsheid in geschrifte, oplichting en witwassen. Directeuren Klaas Pentinga en Cees Groeneveld worden in maart 2008 door de FIOD-ECD tijdens een verhoor aangemerkt als de feitelijk leidinggevenden. Het bedrijf is sinds 2005 in handen van een dochterbedrijf van bouwer Dik Wessels. Justitie heeft het project Paasheuvelweg laten vallen, mogelijk vanwege verjaring.

In maart 2004 zit De Lange op kantoor bij Maapron om de administratie in te zien. Aan directeur Klaas Pentinga vraagt ze waarom Vijsma zomaar geld krijgt. Hij zegt: 'Vijsma is een kaper op de kust' bij de start van het vastgoedproject in Amsterdam Zuidoost. Hij claimt ogenschijnlijk uit het niets een 'positie'. Maapron heeft de optie op de grond, maar heeft hem nog niet geleverd gekregen. Van dit vacuüm maakt Vijsma volgens Pentinga gebruik. Hij besluit Vijsma te betalen, zegt hij achteraf, uit vrees dat hij zijn grondpositie en zijn rol in het veelbelovende project verspeelt. 'Hiermee hadden we geregeld dat Vijsma achterover ging zitten.' Pentinga beweert zich van geen kwaad bewust te zijn. Hij zegt pas in 2007 via de krant de familierelatie tussen oom Nico en neef Jan te ontdekken.

De andere directeur Cees Groeneveld is ook aangemerkt als leidinggevende van de verdachte transacties. Hij wijst vooral naar Pentinga. Hij zegt slechts zijdelings betrokken te zijn geweest bij de afspraken met Vijsma. Hij zegt over de deal met Vijsma: 'Gewoon een resultaatverdelingsovereenkomst. Niet ongebruikelijk in de branche.' De bedragen zijn volgens hem 'marktconform'.

Groeneveld is afkomstig van het toonaangevende internationale makelaarskantoor Jones Lang LaSalle. Hij wil al in 1998 in dienst treden bij Maapron, maar stapt niet over omdat JonesLangWootton fuseert met LaSalle en er voor hem een flinke bonus in het verschiet ligt. Achter de schermen blijkt Groeneveld al sinds 1996 aandeelhouder bij Maapron. Een opvallende nevenactiviteit, temeer daar Jones Lang huurders zoekt voor het door Maapron te bouwen pand op de Paasheuvelweg. Ook verricht het kantoor een studie voor Maapron in het kader van hetzelfde project.

De Lange gaat te rade bij collega's die expert zijn op het terrein van vastgoed. Is het normaal dat mensen posities claimen terwijl ze er ogenschijnlijk zo weinig voor doen? Zijn al die nevenactiviteiten zo gebruikelijk in het onroerend goed als het lijkt?

Maapron heeft eind jaren negentig in Amsterdam Zuidoost een reep grond in ontwikkeling en Bouwfonds heeft een optie op de aankoop van het recht op erfpacht van een stuk grond ernaast. Jan van Vlijmen wil met Bouwfonds voor ABN Amro 100.000 vierkante meter kantoorruimte ontwikkelen op die locatie. Op 29 september 1999 biedt Maapron het kavel te koop aan voor 26.459.000 gulden aan Bouwfonds via directeur Van Vlijmen. Hij gaat niet akkoord. Zijn financiële rechterhand Olivier Lambert zegt tegen inspecteur De Lange de kosten-batenanalyse gemaakt te hebben. Hij zegt dat het aanbod te duur wordt gevonden.

Maar de onderhandelingen lopen door. In februari 2000 tekenen Bouwfonds en Maapron voor het gezamenlijk ontwikkelen van het kantoor. Maapron doet dit voor een ontwikkelfee van 2,5 miljoen euro en vijftig procent van de winst. De winst wordt op 65 miljoen euro geraamd. Er ligt zo 34 miljoen euro in het verschiet binnen vier jaar voor het tweemansbedrijf Maapron, dat een echtgenote als enige werknemer heeft. Bouwfonds beschouwt het als een belangrijk project. Op 12 april 2000 schrijft Van Vlijmen aan Hakstege dat de Paasheuvelweg moet worden gezien als 'pilotproject'. De disciplines van Bouwfonds en ABN Amro moeten worden geïntegreerd vanwege de overname van Bouwfonds door de bank. Ontwikkelaar en huurder die samen optrekken. Het Paasheuvelproject kan daar een mooie aanloop naartoe zijn.

Vijsma dringt alleen een jaar eerder voor. De man die al betaald wordt door Bouwfonds doet alsof hij het project zélf samen met Maapron wil ontwikkelen, dan wel de erfpacht op de grond wil overnemen. Als ze samen ontwikkelen, wil Vijsma in ruil hiervoor eenderde van de winst. Zover komt het niet. Uiteindelijk koopt Bouwfonds in mei 2000 het 'winstrecht' van Maapron af voor twintig miljoen euro. Het geld voor Vijsma (eenderde ofwel ruim zeven miljoen euro) stort Maapron op een derdenrekening van notaris Kloeck en Einarson. Later volgt nog eens bijna anderhalf miljoen euro. In maart 2000 wordt door Kroon Vastgoed Ontwikkeling nog eens ruim een halve ton in euro's opgeëist. Vanwege 'bemiddeling'. Maapron krijgt zelf nog een commissie van Bouwfonds voor het binnenhalen van Bankhaus Wölbern als belegger voor het kantoorpand voor huurder ABN Amro. Van de 1,6 miljoen euro wordt ruim 1,3 miljoen euro weer doorbetaald aan Rooswyck, het voor Bouwfonds verzwegen bedrijf van Jan en Nico.

Als De Lange onderzoek bij Vijsma's bedrijfje wil verrichten, blijkt het telefoonnummer onvindbaar. Ze komt na lang zoeken terecht bij Vijsma's belastingadviseur Willem van Meerkerk. Hij laat twee vouwkratten zien met administratie. Een krat gaat over 1999, de ander over 2000. Ze kopieert meer dan alleen de stukken over de Paasheuvelweg om niet te verklappen dat ze vooral hierin is geïnteresseerd. Dat besluit pakt goed uit. Ze treft niet één maar zes verdachte winstdelingsovereenkomsten aan. Behalve die met Maapron zitten in de kratten ook nog winstdelingen met Willemsen Minderman, De Rijswijkse Olifant BV, Trimp & van Tartwijk Property Performance en een met Bloemenoord. Die bv van Jan van Vlijmen is het eindstation van een groot deel van de betalingen.

Ook treft ze een factuur aan van Justified & Ancient bv. Dat is de privévennootschap van Hans van Tartwijk. Hij dient een rekening van vier euroton in bij Idlewild voor 'research, advies en acquisitie project 100.000 m² Paarlbergweg Amsterdam'. De Lange herkent in de factuur tot haar stomme verbazing de naam van de omstreden vastgoedhandelaar Jan Dirk Paarlberg. Maar in een proces-verbaal merkt ze droogjes op dat Van Tartwijk hiermee waarschijnlijk gewoon het project aan de Paasheuvelweg bedoelt. Het bedrag is op 21 januari 2001 betaald. Inmiddels vermoedt justitie dat dit een vooruitbetaling is aan Van Tartwijk voor de nog te leveren diensten in Eurocenter. Zomer 2009 is op dit bedrag beslag gelegd.

De Lange komt via Idlewild uit bij Van Vlijmen en Cornelissen. Deze fiscalist wekt in 2005 al geen goed gevoel bij de fiscus. Hij werkt niet graag mee met het onderzoek naar zijn cliënt. Hij wil alle vragen van de Belastingdienst schriftelijk aangeleverd hebben. Verder legt hij uit hoe hij de bescheiden gekopieerd wil hebben. 'Plakt u een post-it sticker op de stukken die u wilt hebben? Het is niet de bedoeling dat u zelf gaat kopiëren,' laat hij weten. De inspecteurs weten wat voor vlees ze in de kuip hebben. 'Hij wil een schaduwadministratie bijhouden van alles wat we via hem hadden gekregen,' stelt de inspecteur later in het verslag. 'Deze gang van zaken is bij een boekenonderzoek zeer zeker geen usance.'

De eerste indruk blijkt juist te zijn. Na november 2007 besluit Cornelissen tegen het advies van zijn advocaat in openheid van zaken te geven over een eigen privévennootschap. Hij erkent meegesleept te zijn door de bonanza van Van Vlijmen. Hij blijkt buiten medeweten van zijn werkgever Loyens & Loeff een bedrijfje te hebben, Valun, voor het incasseren van bonussen van Van Vlijmen. Dit bedrijf wordt bestuurd door zijn moeder, omdat hij het onzichtbaar wil houden voor Loyens & Loeff. Zijn vriend en latere partner in zijn nieuwe kantoor krijgt één procent in de vennootschap om onzichtbaar te maken dat hij aandeelhouder is. Van Vlijmen wil dat Cornelissen ook in het weekend en 's avonds bereikbaar is en voor hem werkt. Van Vlijmen geeft aan wat Valun mag declareren. Ook zegt hij wat de omschrijving moet zijn op de factuur. Die komt vaak niet overeen met het geleverde werk, erkent Cornelissen. Hij beunt tussen 2001 en 2005 ongeveer voor 300.000 euro bij. De betalingen komen van het cirkeltje oude vrienden van Van Vlijmen. Cornelissen vindt de betalingen destijds zelf 'redelijk' aangezien hij ziet hoeveel geld Van Vlijmen aan anderen betaalt.

Van Loyens & Loeff neemt hij begin 2006 afscheid. Cornelissen meent dat het advocatenkantoor niet is benadeeld door zijn bijklussen. De FIOD-ECD neemt de administratie van Valun in november

2007 in beslag. Cornelissen verklaart 'nimmer belangenverstrengeling gevoeld te hebben'. Ook met alle kennis van nu ervaart hij dat niet
zo.

Valun is slechts een verre vertakking in het netwerk Van Vlijmen.
Toch zijn er zorgen over Cornelissen. Jan Steven Menke zegt in een
tap dat de fiscalist 'een heel groot gevaar is voor de totale onderneming in de toekomst. Deze jongen schijt aan alle kanten in zijn broek
en is strontjaloers.'

Op hoofdlijnen heeft de jonge belastinginspecteur Sonja de Lange
de werkwijze van de kring van Van Vlijmen al snel op haar netvlies. Al
op 30 maart 2005 mailt zij een eerste memo met haar bevindingen
over een mogelijk geval van niet-ambtelijke corruptie aan René van
Selm, bouwaccountant van de regio Utrecht/Gooi van de Belastingdienst. Hij schakelt al in mei de FIOD-ECD in Eindhoven in omdat de
zaak zich over verschillende regio's uitstrekt. Het netwerk dat de Belastingdienst in het vizier krijgt, wordt stapje voor stapje groter. De
projecten steeds prominenter. In de loop van 2006 landt de zaak op
het bureau van fraudeofficier Robert Hein Broekhuijsen en zijn
teamleider Hendrik Jan Biemond. Op 20 april 2006 wordt besloten
een strafrechtelijk onderzoek te starten. Van Selm, die de Belastingdienst inmiddels heeft verruild voor de forensische accountants van
Deloitte, wordt vooral gezien als luis in de pels door Van Vlijmen en
consorten. Dat leidt tot grote irritatie bij de mannen die zich onaantastbaar wanen. Van Vlijmen noemt hem in een afgetapt gesprek 'een
soort nazi'. 'Die heeft een aantal lui zo de stuipen op het lijf gejaagd.
Ik schat hem in als een soort rechterhand van Himmler, zeg maar.'

De onflatteuze karakteriseringen nemen de Belastinginspecteurs
voor lief. Het is duidelijk. Ze hebben de heren bij de ballen. Dit is de
zaak waar de Belastingdienst en het Openbaar Ministerie al jaren
naar op zoek zijn om een in hun ogen bedorven cultuur te doorbreken. Nog even en het is gedaan met de geldmachine en het gevoel van
onaantastbaarheid van Van Vlijmen, zijn oom en hun hooggeleerde
adviseurs.

Frische blijkt behalve op zijn woonadres in Haelen een geheime
vennootschap in Belize te hebben met de naam Chrysmus Holding
en bankrekeningen in Zwitserland en Liechtenstein. Van de bravoure
van Frische is weinig meer over als hij wordt gehoord na zijn arresta-

tie. Hij raakt 'de film kwijt' en stort in elkaar op weg naar het toilet. Bij een ander verhoor gaat hij op de grond liggen en zegt hij 'te proberen te slapen', staat in het proces-verbaal van het negende verhoor. Later draait Frische zijn stoel om en gaat hij met zijn rug zitten naar de opsporingsambtenaren. 'Ik voel mij zo het lekkerste.' Frische zit dan al dagenlang ineengedoken op een stoel. Hij heeft de kraag van zijn jas overeind staan. Zijn gezicht is nauwelijks zichtbaar. Hij spreekt onduidelijk en heeft regelmatig zijn ogen dicht. 'Ik hoor alleen maar knarsende sleutels en gegil van gevangenisbewaarders.' Keer op keer komt er een arts, maar die kan niets vinden. De verhoren mogen doorgaan.

Dat de autoriteiten niet zijn vergeten dat Frische en Van Vlijmen ze met nazi's hebben vergeleken, blijkt bij het eerste verhoor van Van Vlijmen in november 2007. De Sfinx wordt in algemene termen gevraagd naar zijn mensbeeld. 'Ieder mens is van dezelfde statuur. Ik geloof heilig in ieder mens,' zegt hij dan. Of die ruimhartige zienswijze van Van Vlijmen ook voor belastingambtenaren geldt, vragen de FIOD-ECD'ers dan fijntjes.

25 De sufferds van Philips

Als de onbetrouwbare Will Frencken is opgestapt, gaat bij Philips
een beerput open. Vastgoed is consequent te goedkoop verkocht.
Controles en toezicht deugen niet, blijkt uit onderzoeken van Philips en justitie. 'Philips is een gesloten organisatie.'

'Sufferds, daar bij Philips Pensioenfonds.' Jasper Kemme, de hoogste
baas van het pensioenfonds, legt zijn pen neer nadat hij deze vijf
woorden opschrijft. Kemme zakt door de grond van schaamte, terwijl
hij aantekeningen maakt in zijn blocnote. Kemme zit tegenover top-
makelaar Marco Hekman. De directeur van de internationale make-
laarsorganisatie CBRE vertelt Kemme in de zomer van 2007 weinig
fraais over de reputatie van de vastgoedtak van Philips Pensioenfonds. Hekman en Kemme hebben een bespreking omdat CBRE het
verkoopproces van het commercieel vastgoed in het najaar van 2007
mag begeleiden. Nog niet eerder werkte het pensioenfonds met makelaars om onroerend goed te verkopen. Will Frencken deed dat liever een-op-een, zonder makelaars. Hekman waarschuwt Kemme dat
Frencken daar zijn redenen voor heeft. Het is niet de eerste keer dat
een pensioenfondsdirecteur misbruik maakt van zijn machtige positie. In handgeschreven aantekeningen, die Kemme maakt van zijn gesprek, staat: 'Bij pensioenfonds metaalnijverheid heeft zich iets soort-
gelijks voorgedaan. Daar heeft men echter alle juridische procedures
tegen de betrokkene verloren. Dus: heel zorgvuldig opereren als er
een vervolg mocht komen.' De aantekeningen zijn in beslag genomen
na de doorzoeking op zijn werkkamer.

Najaar 2007 stromen de waarschuwingen binnen bij Philips. Vastgoedmagnaat Kees Rijsterborgh vertelt het verhaal van zijn schoonzoon Floris ook aan Philips. Rijsterborgh wil meebieden op de Phi-

lipsportefeuille en onderstreept dat Floris buiten zijn medeweten de naam Rijsterborgh misbruikt om als stroman de monstertransactie met Philips te doen. Justitie legt ook op deze aantekeningen beslag. In oktober waarschuwt directeur Martin Verwoert van vastgoedbedrijf IPMMC Kemme met de woorden: 'Will Frencken doet niets voor niets.'

Rijsterborgh, Hekman en Verwoert vertellen najaar 2007 iets wat de top van Philips al weet. Het elektronicaconcern onderzoekt de zaak al. De buitenwereld en pensioengerechtigden worden in het ongewisse gehouden om het onderzoek niet te verstoren. Het is zelfs al het vierde onderzoek sinds 2006. Het eerste is van hoogleraar bouweconomie Aart Hordijk, vervolgens rondt accountantsorganisatie Deloitte twee onderzoeken af in opdracht van Philips. Die onderzoeken worden overgenomen door de forensisch accountants van de organisatie. Deloitte is opnieuw aan het werk gezet na een tip van een andere vastgoedmagnaat. Cor van Zadelhoff, sinds begin 2007 commissaris bij de nieuwe eigenaar van Bouwfonds, Rabo Vastgoedgroep. De bekendste vastgoedman van Nederland twijfelt al jaren over Frencken. Hij meldt dat op eigen initiatief aan Gerard Kleisterlee, de hoogste baas van Philips, en Peter Warmerdam van het college van beheer. Dat verklaart Kemme in een getuigenverhoor. 'Van Zadelhoff zei in het overleg met Kleisterlee dat Frencken mogelijk iets stoms of fouts heeft gedaan en dat Frencken niet dom is. Daarom is er een forensisch onderzoek gekomen.'

Van Zadelhoff praat volgens het strafdossier over de voorlopige onderzoeksconclusies van PwC bij Bouwfonds en de rol van Frencken met betrekking tot Symphony, die niet zou deugen. Kleisterlee zegt vervolgens dat zij ook al een onderzoek hebben lopen. In juli 2007 is er zelfs in het diepste geheim voorzichtig overleg tussen Deloitte, Philips, PwC en de Rabodochter. Tot een hechte samenwerking tussen hen zal het nooit komen vanwege de conflicterende belangen van de ontwikkelaar en de koper van Symphony.

Dat al die vastgoedmannen alarm slaan, brengt Jan van Vlijmen en zijn maten in rep en roer. Mensen als Van Zadelhoff en Rijsterborgh hebben boter op hun hoofd, vinden ze. Zijn zij niet ook rijk geworden in de vastgoedhandel met hun goede relaties en hun bevoorrechte posities? Van Zadelhoff heeft volgens Jan altijd al iets tegen Frencken gehad. Hij is degene geweest die 'heeft lopen griepen bij Kleisterlee,' zeggen ze. De Philipsbaas woont in Amsterdam in een appartement van Van Zadelhoff, vertellen ze elkaar. De fraudeverdachten noemen Van Zadelhoff net als de belastinginspecteurs een 'nazi'. Rob Lagaunne: 'Echt een lul, die gunt niemand iets. Ik zal mijn uiterste best doen om de lucht te zuiveren.' Hij draait de zaken om: 'Van Zadelhoff heeft nou zo veel kwaad bij ons aangericht. Iedere keer met onderzoeken. Wordt het niet eens tijd dat de Philipstop wordt doorgelicht?'

Op de dag van zijn vertrek eind november 2006 voelen Deloitte en PwC (namens Bouwfonds) Frencken aan de tand. De FIOD-ECD, die in het geheim ook onderzoek doet, onderschept een telefoongesprek van Will Frencken en Jan van Vlijmen op 29 november 2006.

'Klojo's,' noemt Jan de onderzoekers van Deloitte en PwC.

Will: 'Je moet niet zweten voor die mannen.'

Jan: 'Ik ben helemaal je man. Oprotten met die lui.'

Tussendoor babbelen Will en Jan over minder urgente zaken. Het toont hoe hun vriendschap zich ontwikkelt voor Frenckens afscheid bij Philips. Ze praten over zijn laatste werkdag, over overleden naasten en over autoracen. Will vertelt Jan hoe fijn de gitaar om zijn nek hangt.

Frencken vertelt dat de onderzoekers hem voorbereiden op een 'vervelende vraag': 'Bent u er zelf beter van geworden?'

Jan: 'Dat vind ik een impertinente vraag.'

Will: 'Het antwoord was neen. En de volgende vraag: kent u Jan van Vlijmen? (…) Het gaat hun geen zak aan met wie ik na 1 december zaken doe. Schop onder je kloten. Als ik dat met Jan van Vlijmen doe, moet ik dat zelf weten.'

Jan: 'Ik ben zeer, in mijn hart, in mijn nopjes, dat jij zegt: laat ze de vinkentering krijgen, die lui. Je hebt het ferm en goed afgepingeld.'

Van Vlijmen citeert wat Ronald Smeets van Fortis hem zei: 'Forensic accountants vertellen je altijd achteraf hoe je het had moeten doen.' Will verwacht dat na zijn vertrek de forensische interesse 'tot nul is gedaald'. Wat een werk, dat forensic accounting, vindt het tweetal. 'Word je toch doodongelukkig van als je dit allemaal moet uitvissen? Weekdieren zonder ruggegraat.'

Maar Philips laat de zaak deze keer niet rusten. De aanwijzingen zijn te serieus. Pensioenfondsbaas Jasper Kemme bemoeit zich eind 2006 persoonlijk met het onderzoek. Hij mailt Frenckens opvolger Rob Lagaunne met het verzoek de mailbox van de vertrokken Frencken leeg te halen voor nader onderzoek. Lagaunne weigert, vertelt hij Van Vlijmen. Jan: 'Ik vind het ijzersterk van je. Het heeft iets achterbaks. Will lijkt me trouwens niet zo stom dat hij daar dingen in heeft zitten.'

Of Frencken privé voordeel heeft genoten van de mogelijk onzakelijke transacties, kan Philips, evenals bij twee eerdere directeuren, niet vaststellen. Wat zorgen baart, is dat het pensioenfonds zelf de gelegenheid heeft geboden. Makelaar Marco Hekman heeft groot gelijk, weet Kemme als hij aantekeningen maakt van hun gesprek. Ze hebben lopen suffen bij het pensioenfonds. En niet zo'n klein beetje ook. Dat blijkt uit intern onderzoek en uit het strafdossier. De FIOD-ECD is verontrust over de zwakke controles op bedrijfsfraude. Ondanks eerdere vergelijkbare affaires binnen het Philips Pensioenfonds blijkt het een rommeltje. Alle organen en personen die toezicht hadden kunnen en moeten houden, schuiven de zwartepiet naar Will Frencken. De Limburgse pensioenfondsdirecteur en zijn team zijn de deskundigen bij uitstek en genieten al jaren het volste vertrouwen. Tegen moedwillige fraude is geen kruid gewassen, luidt het verweer van de toezichthouders.

Uit het strafdossier blijkt dat de zwakke prestaties van Frencken worden veronachtzaamd en dat signalen in de wind worden geslagen. En dat terwijl in zijn tijdperk van ruim vijftien jaar Philipstoppers met een financiële achtergrond in het College van Beheer zitten: Dudley Eustace (ex-KPN), Jan Hommen (nu ING) en vanaf 2005 Harry Hendriks (Philips Nederland). Het college van beheer en de beleggingscommissie letten vooral op het totale resultaat op beleggingen in aandelen, obligaties en vastgoed. In het college zitten vier mensen van de werkgever, zes van de werknemers en ook twee gepensioneerden die geen onraad ruiken. Naast dit college zijn er vier commissies. De beleggingscommissie adviseert over beleggingsbeslissingen. Jasper Kemme is lid en heeft de dagelijkse leiding bij het directiebureau. Hij zegt dat ook deze beleggingscommissie niet kijkt naar individuele transacties. 'Zij hield zich bezig met de totale performance van de beleggingsportefeuille.' De beleggingscommissie doet in 2004 aanbevelingen voor transparantere criteria voor de aan- en verkoop van vastgoed. Daar is niets mee gedaan, constateert Kemme. Het aanwezige businessplan blijft ongebruikt.

Er zit ook een weeffout in de organisatie. Het vermogensbeheer van effecten is sinds 2005 uitbesteed aan de zakenbank Merrill Lynch. De holdingstructuur wordt opgeheven. Maar de vastgoedafdeling wordt met rust gelaten. Voor vermogensbeheer gelden richtlijnen en procedures. Een bank staat onder toezicht van De Nederlandsche Bank. Pensioenfondsen staan ook onder dat toezicht, maar voor vastgoedbeleggingen van pensioenfondsen heeft DNB een capaciteit van slechts een enkele fte. Bronnen melden dat DNB de afgelopen vijf jaar nooit gebruik heeft gemaakt van de bevoegdheid een pensioenfonds op te dragen voor zijn vastgoedbeleggingen een tweede taxateur in te schakelen of een second opinion te vragen. Nooit gaan de fluwelen handschoenen van het vertrouwelijke toezicht uit en wordt de vuist van een strafrechtelijk traject getoond. Financiële instellingen worden geacht bij DNB melding te maken van integriteitsincidenten. Ondanks de serie interne onderzoeken naar aanleiding van fraudesignalen heeft het Philips Pensioenfonds nooit een melding gedaan bij DNB, tot de FIOD-ECD op 13 november 2007 binnenstapt.

Het toezichtsvacuüm bij Philips wordt vergroot doordat het directiebureau de vastgoedafdeling van Frencken 'inhuurt' als deskundige. Het opereert al jaren autonoom. Rob Schreur van de beleggingscommissie spreekt 'onthutst' van 'een eenmansbedrijf met een aantal horigen daaromheen'. Philips Pensioenfonds financiert vastgoed met honderd procent eigen vermogen. Er zijn geen banken bij het werk betrokken die de transacties toetsen. De alarmsignalen ten spijt laat Philips Pensioenfonds de teugels zelfs vieren. De vastgoedafdeling krijgt in 2002 een nieuw verruimd mandaat. Het mag naar eigen inzicht en goeddunken doen wat nodig is om de miljardenportefeuille te beheren, getuigt Peter Boost, een financiële man en pensioenfondsveteraan van Philips.

Frencken zegt dat het anders gaat. 'Ik moest besluiten aan mijn baas voorleggen en hele grote transacties aan de Stichting Philips Pensioenfonds. Tot 250.000 euro mocht ik het zelf. Bij grote transacties rapporteerde ik aan de beleggingscommissie.' Tot 2006 heeft het pensioenfonds geen beleid voor de verkoop van vastgoed, verklaart Kemme. 'De enige beperking die ze hebben, is dat de vastgoedportefeuille van een bepaalde omvang blijft ten opzichte van de totale beleggingsportefeuille.' Niet meer dan tien procent van het gespaarde

pensioengeld mag in vastgoed. Zolang die grens niet wordt over-
schreden, heeft Frencken de vrije hand. 'Ik geef als voorbeeld de verkoop van het Rijsterborghpakket, dat een gevolg was van de aankoop
van Symphony,' zegt Kemme over deze aankoop en verkoop ten be-
drage van elk 300 à 400 miljoen euro. Frencken mag het zelfstandig
vormgeven, als zijn vastgoed maar maximaal tien procent van het
pensioenfonds waard is. 'De verantwoording naar Philips Pensioenfonds vond altijd achteraf plaats,' aldus Kemme.

Frenckens onderdeel heet Schootse Poort Onroerendgoed BV en
vanaf 1 juni 2004 PREIM (Philips Real Estate Investment Management). Frenckens baas is vanaf 1991 Dick Snijders en vanaf 2003 Jan
Snippe. Zij doen de grote strategie en krijgen transactievoorstellen
van Frencken voorgelegd. Ze zeggen achteraf vertrouwd te hebben op
de kennis en kunde van de vastgoedafdeling. Ze tekenen directienoti-
ties vrij gemakkelijk mee. Snijders kent de heroriëntatie van 2001,
naar aanleiding waarvan wordt besloten minder in vastgoed te investeren en een deel van de portefeuille te verkopen. Frencken kiest als
kopers Hilders, Muermans en Groenewoud. 'Daar had hij de vrije
hand in.'

Maart 2004 bespreekt het managementteam van het pensioenfonds een notitie van Frencken over de verkoop aan de drie bevriende partijen. Kemme waarschuwt voor een voorkeursbehandeling en
het aanzienlijke verschil tussen de boekwaarde van 320 miljoen euro
en de voorgestelde minimale verkoopprijs van 290 miljoen euro. 'Er is
met de waarschuwing niets gebeurd,' verklaart Kemme. 'Het was al
uitzonderlijk dat de notitie überhaupt werd besproken in het managementteam. Bovendien was hij al getekend door Snippe.' Er is
geen weg meer terug. Muermans, Hilders en Groenewoud doen goede zaken.

Frencken communiceert soepel met Snippe in korte memo's en in
vertrouwelijk vooroverleg. Frenckens notitie over de monsterdeal van
1 februari 2006 beslaat één A4'tje. 'Voor een transactie van 380 miljoen euro vind ik dat redelijk summier,' verklaart Kemme later. Er was
geen objectomschrijving en geen aansprakelijkheidsclausule. Snippe
vraagt niet door, Frencken geeft oppervlakkige antwoorden. 'Op de
zijn bekende wijze,' zegt Sipke Gorter, een van de pensioenfondsmedewerkers die continu overhoopligt met Frencken. 'Er staan geen on-

waarheden in, maar hij geeft niet meer informatie dan puur noodzakelijk is.'

Will is blij met de vrijheid, blijkt uit een mail van juli 2006 na een voorgesprek met Snippe over een deal, onder vier ogen op diens kamer. 'Jouw en mijn standpunt in deze waren, zoals gebruikelijk, weer eens in lijn met elkaar.' Pas na dit vooroverleg schrijft Frencken een nota over de deal die zijn baas moet goedkeuren. De baas van Frencken is tegelijk mededirecteur van PREIM, lid van het college van beheer en lid van de beleggingscommissie. Snippe draagt zijn al vertrokken directeur Frencken in 2007 nog voor als toezichthouder bij vastgoedfonds Zeuven Meeren. Dan loopt het interne Philipsonderzoek naar Frencken al op volle toeren. Toch doet Snippe nog een goed woordje voor Frencken bij toezichthouder Autoriteit Financiële Markten (AFM). De beurswaakhond toetst Frencken voor de Zeuven Meeren op betrouwbaarheid en deskundigheid. Hij slaagt.

Frencken is de compliance officer van de vastgoedtak. Snippe kan de FIOD-ECD niet zeggen bij wie Frencken zelf integriteitskwesties of cadeaus als luxetripjes naar de Grand Prix in Monaco moet melden. 'Weet ik niet, ik weet niet of dit formeel geregeld was.' Het blijkt bij Snippe zelf te zijn, maar Philips vindt daar geen verslaglegging van terug. Als Frencken vertrekt, verzuimt Philips een nieuwe compliance officer te benoemen. Dat ontdekt directeur Peter Boost als De Nederlandsche Bank daar een jaar later naar vraagt. Ook is zijn uitschrijving in de Kamer van Koophandel nagelaten. Frencken vertrekt op 1 december 2006, maar Philips houdt hem ingeschreven tot 1 februari 2007. Dossiers blijken niet op orde. De verlofadministratie van Frencken is onvindbaar, evenals zijn arbeidsovereenkomst. De declaratielijst van directeur Frencken is verrassend beknopt, terwijl intern toch bekend is dat hij jaarlijks naar Mipim in Cannes gaat en Formule 1-races bezoekt.

Philips Pensioenfonds is in 2005 en 2006 vooral bezorgd over de beleggingsrendementen. Ondanks openbare publicaties valt het het college van beheer aanvankelijk niet op dat de resultaten van Frencken sinds 2001 sterk te wensen overlaten. De onderrentabiliteit wijst erop dat onroerend goed te goedkoop is verkocht of te duur is ingekocht. De doelstelling om de zogeheten ROZ/IPD-index te verslaan, mislukt altijd. Aart Hordijk, hoogleraar taxatieleer en verbonden aan

ROZ/IPD, presenteert jaarlijks de benchmark en de resultaten van Philips. In maart 2006 wordt bij de presentatie van de cijfers van 2005 bekend dat het weer niet in orde is. De index behaalt een rendement van 10,2 procent en Philips scoort 8,2 procent. De reacties binnen de vastgoedafdeling zijn volgens Hordijk al jaren 'gelaten'.

Na vijf jaar onderpresteren volgt een ingreep. Philips schakelt Hordijk in mei 2006 in voor een onderzoek. Een maand eerder, op 20 april 2006, betoogt Frencken in de beleggingscommissie met droge ogen dat Philips haar vastgoed op de balans hoger waardeert dan anderen. Daarom vallen de resultaten tegen, beweert Frencken. Hij onderbouwt het niet, maar het wordt geslikt. Hordijk weet niets van deze bewering, totdat de FIOD-ECD hem dit maart 2008 vertelt. Hordijk meent dat het Philipsvastgoed juist laag op de balans staat en te goedkoop wordt verkocht.

Hordijk spreekt op 30 juni 2006 de beleggingscommissie toe. Hij heeft geen hoge pet op van het orgaan. 'Binnen de beleggingscommissie waren ze te weinig inhoudelijk op de hoogte van vastgoed.' Hordijk is verbaasd dat Snippe twee petten op heeft, als directeur van de vastgoedafdeling en als lid van de beleggingscommissie. In het gesprek dat Hordijk heeft met Frencken, is het eerste wat hij zegt, dat hij zijn ontslag heeft ingediend. Opmerkelijk, omdat hij daarmee een uitkering laat lopen. Of hij nu weg moet of op eigen initiatief opstapt, zegt zijn opvolger Lagaunne later niet te weten. 'Philips is een gesloten organisatie.' Hordijk merkt in het gesprek dat hij met hem voert dat Frencken zich probeert te verantwoorden. Frencken zegt goedkeuring te hebben voor zijn beleid. De rendementsverschillen wijt hij aan één grote deal. 'Een kwestie van geven en nemen,' zegt Frencken. Hordijk noemt Frencken later tegenover de FIOD-ECD 'laconiek' over risicovolle transacties zoals die van Symphony.

Wat er volgens Hordijk niet deugt bij Philips zijn de verkoopmethodiek en de prijzen waarvoor Frencken verkoopt. Met de exploitatieresultaten bij Philips is niet veel mis, het probleem zit in de aan- en verkopen. De verkoopprijzen zijn structureel te laag. Frencken verkoopt bijna niets boven de interne taxatiewaarde of de balanswaarde, het bedrag waarvoor het vastgoed in de boeken staat. Gangbaar bij andere vastgoedpartijen is dat er wordt verkocht voor de commerciële waarde. Dat is snel twintig procent boven de taxatiewaarde. Niet bij

Philips Pensioenfonds. Frencken negeert tussentijdse waardestijgingen en de inschatting van de waarde door een koper. Kemme erkent achteraf dat de balanswaarde niet de juiste maatstaf is. Het is geen beleid, maar wel een patroon om het voor deze waarde te verkopen, zegt hij. Uit onderzoek blijkt dat Philips vanaf 2000 diverse pakketten verkoopt voor deze bodemprijzen. De beleggingscommissie is telkens akkoord gegaan.

Hordijk is kritisch: 'In 2005 was het helemaal bizar. Dan verkoopt hij niets meer boven de taxatiewaarde.' Erger nog, Frencken verkoopt vaak voor de verouderde taxatiewaarde, omdat onderhandelingen lang duren. Hij houdt de oude prijs aan, terwijl de markt verder aantrekt. 'Heel erg vreemd.' Hij heeft daarmee volgens de hoogleraar 'commercieel niet goed gehandeld'. 'Iemand bij Philips heeft zitten slapen, is ondeskundig of er is opzet in het spel.'

Hordijk vraagt zich af wie de interne taxaties controleert. Taxateurs van de externe vastgoedbeheerders van Philips stellen jaarlijks de balanswaarde vast. Die taxateur is makelaarskantoor Poelwijck Sweers uit Amsterdam, waarmee Frencken jaren nauw samenwerkt. Experts menen dat Poelwijck Sweers laag waardeert. Intern wordt nauwelijks getaxeerd. Opmerkelijk is dat Frencken kantoren voorafgaand aan de verkoopcarrousel van 1 februari 2006 zelf fors afwaardeert. Het aan Van Vlijmen verkochte kantoor Kanaalcentrum in Utrecht waardeert Frencken af van 44 naar 30 miljoen euro. Volgens Sipke Gorter van het pensioenfonds veroorzaakt alleen een crash of een faillissement van een huurder zulke afwaarderingen. In totaal is negentien miljoen euro afgewaardeerd op de toch al lage balanswaarde. De tegenvallende huurinkomsten kunnen zulke afwaarderingen nooit rechtvaardigen, zeggen Gorter en zijn collega Esther de Koning tegen de FIOD-ECD.

Justitie denkt dat de afwaardering in elkaar is geknutseld om de verkoop te verantwoorden als een fantastische deal. 'Achteraf had ik dit nooit moeten goedkeuren,' zegt Lagaunne nu. In de balanswaarde van eind 2005 zijn niet de afgewaardeerde bedragen opgenomen, maar de oude waarden. Kemme beaamt: 'De afwaardering is kennelijk alleen gebruikt om de verkoopbeslissing te onderbouwen.' Snippe heeft het achteraf over 'misleiding' door Frencken.

Om de aankoop van Symphony mogelijk te maken, gebruikt

Frencken ook trucjes. Philips is aanvankelijk tegen dit grote avontuur en wil meer informatie. Gorter: 'Voor mij kwam ook de aankoop van Symphony uit de lucht vallen.' Frencken blokkeert een taxatie door een onafhankelijke makelaar. 'Het is niet gebeurd omdat Will geen ruchtbaarheid wilde geven in de markt,' verklaart Snippe tegen justitie. Frencken omzeilt de interne regels bij Symphony. Hij rommelt met de toegestane percentages vastgoedbeleggingen. Individuele complexen mogen niet meer dan zes procent van de hele onroerendgoedportefeuille uitmaken. Deze beperking geldt alleen voor nieuw onroerend goed. Als een nieuw complex wordt ingekocht, dan mag het niet duurder zijn dan ongeveer negentig miljoen euro, zes procent van de totale portefeuille van 1,5 miljard euro. Het toonaangevende Zuidasproject Symphony is met 330 miljoen euro veel duurder. Frencken knipt het complex in drieën. Zo blijven de afzonderlijke investeringen inderdaad in de buurt van de zes procentnorm. De beleggingscommissie is tevreden, maar Hordijk berekent dat het pensioenfonds in de toekomst eenzijdig voor zestig procent van het resultaat op de vastgoedbeleggingen leunt op dat ene complex.

Gorter vindt het 'ongelooflijk' dat Snippe zich hier om de tuin laat leiden. 'Hij was financieel onderlegd en had om goede argumenten moeten vragen. Hij had moeten zien dat wat Frencken stelde niet juist was.' De grote baas Kemme geeft toe dat de 'ongebruikelijke constructie' niet is zoals het behoort te gaan. Snippe zegt: 'Met de wijsheid van nu kan ik vermoeden dat ik misleid ben.' De ervaren baas van Frencken heeft niettemin zijn handtekening onder het Symphonycontract gezet.

De pensioengerechtigden van Philips lopen ook grote risico's met Symphony, omdat er geen huurders zijn. Hordijk is hierover 'verbijsterd'. Vastgoed wordt gekocht voor de huurinkomsten. 'Normaliter zou je geen toestemming krijgen om onroerend goed te kopen zonder huurders.' Een huurgarantie dekt dat risico af. Maar die laat Frencken grotendeels varen bij Symphony, zoals hij eerder bij Eurocenter ook doet. Dat gebouw staat nu inderdaad deels leeg. Kemme bevestigt dat Philips zich benadeeld voelt bij Symphony. Voor welk bedrag wordt voer voor juristen.

Uiteindelijk wordt toch een taxatie gemaakt van Symphony na de aankoop. De beleggingscommissie wil Symphony meenemen op de balans en laat het daarom in 2006 alsnog met Eurocenter taxeren. De taxatie komt erg dicht uit bij de aankoopprijs van 330 miljoen euro. DTZ Zadelhoff komt in december 2006 op 316,6 miljoen euro. De taxatie ligt vijftien miljoen euro onder de aankoopprijs, maar biedt Philips Pensioenfonds geen sterk houvast voor een forse claim wegens een te dure aankoop.

De onderzoekers van de Rabo Vastgoedgroep menen inmiddels dat Philips voor Symphony tien tot vijftien procent meer heeft betaald dan bij vergelijkbare vastgoedtransacties. Philips en Rabo hebben op dit punt tegengestelde belangen. Pikant zijn de handgeschreven berekeningen uitzoekt die bij Frencken en Lagaunne zijn aangetroffen. Frencken zet onder het kopje 'globale bepaling investering Symphony 2-6-04' de sommetjes op een rijtje. Hij becijfert Symphony op 237.706.248. Ofwel negentig miljoen euro lager dan de aankoopprijs. Frencken maakt in dezelfde maand een tweede berekening. Die staat op een gevonden fax van 21 juni 2004. Deze berekening komt vrijwel overeen met de uiteindelijke aankoopprijs. Dat terwijl de aankoop pas een jaar later volgt.

Bij de eerste berekening gaat hij uit van een huur van 290 euro per vierkante meter voor de kantoren. Bij de tweede maakt hij daar 350 van. Het ophogen van de vierkantemeterprijs is van grote invloed op de waardering. Maar Philips Pensioenfonds krijgt nooit de 350 euro per vierkante meter. Zeker niet nu de kredietcrisis er ook nog doorheen loopt. Ook bij Frenckens rechterhand Lagaunne vindt justitie berekeningen. Op een handgeschreven ongedateerde notitie komt hij nog lager uit, op 195.690.550 euro. Daarnaast heeft hij een berekening in dezelfde notitie waarin hij uitkomt op 332.783.768 euro. Onder deze berekening staat de zinsnede: Winst 332.783.768-195.690.550 = 137.093.218. De FIOD-ECD vermoedt dat het duo al in 2004 weet dat ze de kantoorkolos voor tussen de 80 en de 137 miljoen euro te duur gaan aankopen.

De werkelijke totale schade bij Philips Pensioenfonds ligt vermoedelijk hoger. Niet alleen bij Eurocenter en Symphony, maar ook bij de oudere transacties is onvoordelig gehandeld. De hoofdreden waarom de vastgoedrendementen van het Philips Pensioenfonds al jaren tegenvallen, is behalve de lage prijs ook de verkoopprocedure. Sipke Gorter, hoofd beleggingen en beleid, zegt dat Frencken steeds onderhands verkoopt. Na 2001 stelt Frencken vier pakketten samen voor de bevoorrechte kopers Muermans, Hilders en Groenewoud, volgens Gorter. 'Hij bepaalde dit met zogenaamde valide argumenten, maar hoe valide waren die? Niemand kon hem daar vanaf brengen. Ik heb vijf jaar mijn best gedaan, maar het is mij niet gelukt.'

Jan van Berkel, een accountant die net als Gorter vaak in conflict is met Frencken, zegt in zijn getuigenverhoor: 'Het vreemde was dat hij altijd een-op-eengesprekken voerde met Muermans en Hilders waar niemand bij mocht zijn.' Van Berkel meldt bij compliance een dubieuze transactie, de aankoop van een leeg pand van Harry Hilders op Schiphol. De afdeling controles en regelgeving vindt Van Berkel 'te weinig concreet'. Als de interne accountantsdienst van Philips eind 2006 'vage geruchten' over fraude moet onderzoeken, krijgt Van Berkel die opdracht. Hij wordt er weer afgehaald als Lagaunne erop wijst dat Van Berkel zelf van de vastgoedafdeling afkomstig is. De Philips-accountants hebben geen tijd voor het onderzoek.

Gorter, een ex-werknemer van de Rijksgebouwendienst die sinds 1995 werkt bij Philips Pensioenfonds, meent dat het fonds 'vele tientallen miljoenen euro's' misloopt door het onderhands verkopen door Frencken. 'Dat is de reden dat Philips zo achterblijft bij de index. En iedereen weet dat binnen PREIM.' Gorter schrijft op 18 oktober 2004 een memo aan Frencken. Hierin constateert Gorter 'met verbazing' dat 'er weer onderhands zaken wordt gedaan met de ons bekende handelaren'. Frencken zoekt niet vanuit een professionele benadering naar de beste opbrengst. De 'groezelige sfeer' van zakendoen met 'vaste vriendjes' is hem een doorn in het oog. 'Mijn grootste verbazing is en blijft het primaire feit dat jezelf/intern deze transactie wil doen in plaats van die uit te besteden aan makelaars of anderszins. (…) Is er een verborgen agenda? Dat zou veel van je huidige houding en optreden kunnen verklaren.' Gorter noemt zijn notitie 'een noodkreet van mij en de organisatie'.

Gorter zegt achteraf: 'Ik heb de nodige herrie gemaakt maar hier gebeurde niets mee.' Over het verkopen aan de hoogste bieder via zogenoemde tenders of het zelf uitponden, het gesplitst verkopen, van woningcomplexen valt met Will niet te praten, zeggen collega's. Zelf uitponden levert meer geld op, maar ook het risico dat moeilijk verkoopbare woningen achterblijven. Philips heeft maar één keer zelf een complex uitgepond. Tenderen van vastgoedportefeuilles leidt alleen maar tot rumoer in de markt, houdt Frencken collega's voor.

Lagaunne zegt hier kritiek op geleverd te hebben, maar zijn oud-collega's zeggen dat hij Frencken altijd heeft verdedigd. Jan van Berkel: 'Lagaunne en Frencken waren gewoon twee handen op één buik. (…) Hij zag dat we gelijk hadden over de hogere opbrengst bij de verkoop als we zelf gingen uitponden.'

'Discussies over de verkoop van pakketten en tenderen werden nooit afgerond,' zegt De Koning. Maar alarm slaan op een hoger niveau durven de medewerkers nauwelijks. Of ze krijgen, zoals Van Berkel eerder, nul op het rekest. Bovendien laat Frencken critici weten dat ze hun baan op het spel zetten. Van Berkel wordt na kritiek overgeplaatst. Snippe is ook niet blij met de kritiek. 'In de zomer van 2006 kwam een boodschap van Jan Snippe gericht aan Frencken en Lagaunne waarin hij vroeg het rumoer te laten stoppen,' verklaart Gorter. Dit is 'geen goede zaak' voor de afdeling vastgoed van het pensioenfonds. Snippe geeft de opdracht tot een gezamenlijke notitie. In het najaar zit Gorter bij Frencken en Lagaunne om de discussie aan te gaan. Het levert niets op.

Op 20 december 2006, als Frencken drie weken is vertrokken, kaart Gorter het verkwanselen van het vastgoed opnieuw aan. Hij klaagt nu bij Snippe en Rob Schreur van het directiebureau van Philips Pensioenfonds. Gorter meent dat Philips het pakket vastgoed op 1 februari 2006 voor twintig procent te goedkoop verkocht heeft. Symphony is volgens hem te duur ingekocht. 'In eerste instantie gebeurde er niets,' verklaart Gorter. Maar na enige tijd, als Snippe de notitie van Gorter krijgt, ontstaat er discussie. Lagaunne schrijft een begeleidende notitie. Hij krijgt hiervoor in januari 2007 weer input van zijn ondergeschikten Esther de Koning en Ruud van Zon. Kern van hun verhaal, punt één van de notitie, is dat de verkopen voortaan via een tenderproces moeten gaan om de beste prijs te krijgen. Ze volgen daarmee de lijn van Gorter.

Lagaunne stuurt vervolgens de notitie naar Snippe, alsof hij van zijn eigen hand is. Maar dan gebeurt er iets opmerkelijks. In de cruciale passage over de verkoopwijze van Philips wordt iets gewijzigd. 'Het is ons inziens aannemelijk dat er door middel van het kiezen van een andere verkoopstrategie, bijvoorbeeld door tenderen, een veel hogere verkoopopbrengst gerealiseerd had kunnen worden. In onze zienswijze heeft S. Gorter hierin dan ook zeker punt,' is de formulering van de collega's van Gorter. Maar dan wordt in de nieuwe versie van Lagaunne het woord 'niet' toegevoegd in de eerste zin, en 'geen' in de tweede. Hierdoor krijgt de notitie de omgekeerde betekenis.

Lagaunne zegt dat Snippe hem hiertoe de opdracht heeft gegeven. 'Snippe legde daar een behoorlijke druk op. Ik wist ook wel dat Jan Snippe iets uit te leggen had in de beleggingscommissie over de verkoop 126. (…) Ik wist ook wel dat hij boter op zijn hoofd had. Ik zeg hiermee niet dat hij deel uitmaakte van de club van Jan van Vlijmen.' Getuige Ruud van Zon bevestigt dat Snippe zich inhoudelijk sterk bemoeit met de notitie die aan hemzelf is gericht. Hij is 'op zoek naar tegenargumenten'. Snippe zegt niet uit te sluiten dat hij de wijziging heeft aangebracht in de notitie. 'Maar,' zo verklaart hij, 'de notitie zou anders niet consistent zijn.'

Op 21 maart 2007 grijpt Philips in. In tegenstelling tot wat is afgesproken in de beheerovereenkomst van 2002 moeten transacties van boven de dertig miljoen euro voortaan overlegd worden met het directiebureau van Philips Pensioenfonds. Geen handjeklap meer met één partij, voortaan moet er een tender georganiseerd worden. Zonder toestemming van het directiebureau mag er niet van worden afgeweken. In het voorjaar van 2008, een half jaar na de invallen van de FIOD-ECD, treedt Snippe terug. Zijn positie is onhoudbaar. Onder alle twijfelachtige deals sinds 2003 staat zijn handtekening. Peter Boost volgt Snippe op.

Achteraf zegt Snippe: 'Alles wijst erop dat Philips Pensioenfonds een oor is aangenaaid. Ik geloof echter niet dat ik dat destijds op basis van de informatie die ik toen had vast kon stellen. Ik vind de hele gang van zaken misselijkmakend. Niet alleen Philips Pensioenfonds is getroffen maar ook het hele personeel en eigenlijk de hele maatschappij is op velerlei wijzen benadeeld.'

Deel 5

Het eindspel

26 Alle spullen in de verkoop

Met het onderzoek naar de transacties van Will Frencken gaat een beerput open bij het Philips Pensioenfonds, dat besluit al het vastgoed in de ramsj te gooien. Frenckens opvolger Rob Lagaunne schroomt niet om die kans aan te grijpen zich flink te laten omkopen. De telefoontaps spreken duidelijke taal. 'Het is een mooi spel, hè?'

Als Jan van Vlijmen bijna anderhalf jaar multimiljonair is, weet hij dat Philips Pensioenfonds al het vastgoed de deur uit gaat doen. Dit moet de kroon op zijn werk worden. Het gaat nu niet over een enkele nieuwbouwtoren op de Zuidas of een portefeuille van woonflats, winkels en kantoren. Dat is peanuts bij de kans die hij nu heeft. Draag gewoon de hele vastgoedtak van Philips Pensioenfonds over aan mij, zegt hij tegen de opvolger van Will Frencken. Alles? Ja alles! Ruim anderhalf miljard euro aan huizenblokken, kantoren en winkelcentra. Kom maar op. *No sweat*, zegt Van Vlijmen tegen pensioenfondsdirecteur Rob Lagaunne (Djakarta, 1950). De *attack force* staat al klaar, concurrentie vagen we weg. 'Op het niveau hard.'

Van Vlijmen wil het vastgoed, 'spullen' in zijn jargon, niet zelf houden. Hij wil weer het oliemannetje worden, zoals op 1 februari 2006 bij de deal die hem schatrijk maakte. De Sfinx gaat net als een jaar eerder op zoek naar kopers die de hoofdprijs willen betalen. Hij wil weer de onzichtbare man zijn, die een berg geld opstrijkt na een ingenieuze vastgoedcarrousel.

Lagaunne moet ervoor zorgen dat Van Vlijmen alle gevoelige bedrijfsinformatie van het pensioenfonds krijgt en een flinke korting als hij een bod doet. Zoals dat in het tijdperk van Will Frencken ook altijd gegaan is. Eigenlijk is dat in lijn met de traditie van het pensioenfonds. Dat geldt ook voor de beloning die Lagaunne tegemoet kan zien als hij de operatie succesvol voltooit. De man die bij Philips Pensioenfonds opklimt van hoofd onderhoud vastgoed tot directeur, is in 2006 al miljoenen beloofd als Philips van koers verandert en in grootschalige nieuwbouw stapt. Nu zit er meer in het vat. De heren hebben het over een bedrag van tien miljoen euro.

Lagaunne luistert ademloos naar de instructies van de directeur van Landquest, het bedrijf met de reclameslogan: 'Powerplay or brainpower?' Rob zegt 'zeker de laatste twee jaar' met Van Vlijmen 'leuk' samengewerkt te hebben. Nu zijn pensionering in zicht is, wil hij graag een band houden. Jan voorspelt een nog prettiger toekomst voor Lagaunne na zijn tijd bij Philips Pensioenfonds. 'Je zal nog blij zijn, *mark my words*, dat je van het juk af bent.' Rob zegt later: 'Jan, ik vaar op jou… en op niemand anders, hoor.' Van Vlijmen stelt hem gerust. 'Ik ben daar echt in getraind, geen zorgen.'

Van Vlijmen wordt steeds inventiever en behoedzamer in zijn betalingsroutes. Regel één: niets betalen aan iemand die nog in loondienst is. Hooguit wat cadeaus, reisjes en contanten als voorschot. Regel twee: laat geen dubieus geldspoor achter. De heer uit Heemstede houdt niet van zwart geld en opereert zo veel mogelijk in het zicht van de fiscus, op hier en daar een handvol cash na. Regel drie: als de betaling eenmaal geschiedt, verzin werkzaamheden of een andere rechtvaardiging. Regel vier: betaal wat te verantwoorden is. Voor oude tegoeden laat je facturen indienen op een ander lopend project. Als het project niet groot genoeg is, worden alleen kleine bedragen betaald. Regel vijf: geduld. Projectontwikkeling blijft iets van de lange adem. Ook als het spel wordt gespeeld volgens de regels van de Sfinx.

Van Vlijmen geeft Rob Lagaunne precieze instructies in een vergaderzaal van een motel. Hij geeft een van zijn modi operandi prijs. Deze komt rechtstreeks uit het theorieboek van Van Vlijmen. Het blijft letterlijk theorie, want de miljardentransactie wordt niet in de praktijk gebracht. Het gaat niet door, omdat Philips Pensioenfonds ingrijpt in de onderhandse verkoopmethode en justitie op 13 november 2007 verijdelt dat de vastgoedfraude voortduurt.

Het gesprek tussen Van Vlijmen en Lagaunne op de hotelkamer gaat aldus.

Jan: 'Rob, het werkt dus zo. Het is maart.'
Rob: 'Ja.'

Jan: 'Dan zeg jij tegen Philips: zo stel ik het me voor.'

Rob: 'Dan ben ik gestopt.'

Jan: 'Dan vraag jij aan Philips een zak geld.'

Rob: 'Ja.'

Jan: 'Dan zeg je: jongens, ik stop dat in een stamrechtbv.'

Rob: 'Ja.'

Jan: 'Rob, en wat die lui doen die weggaan, dus dat gold ook voor… uh… ik noem maar wat, een Diederik Stradmeijer toen die bij Bouwfonds wegging. Die hebben dan een bv, richten tegelijk twee andere bv's op, Rob, en die zeggen ook: helemaal niet geheimzinnig. Ze zeggen gewoon: nou, dan ga ik er nu mee aan het werk.'

Rob: 'Ja logisch, dat ga ik ook zeggen.'

Jan: 'Dan is het april. Wij zien mekaar gewoon om de zoveel tijd.'

Rob: 'Ja.'

Jan: 'In februari hebben we onze laatste ontmoeting. Dan zeg jij: Jan, op 1 april heb ik mijn bv geregeld.'

Rob: 'Ja.'

Jan: 'Rob, jij kan met geen mogelijkheid op 2 april mij een rekening van een miljoen sturen.'

Rob: 'Nee, dat gaat niet. Dat begrijp ik.'

Jan: 'Maar jij kan wel met mij… Dan heb ik een project. Ik noem eens wat. Nu ben ik in de race, Rob, voor upc, drie kantoren in Hoofddorp, Leeuwarden en Nijmegen.'

Rob: 'Ja.'

Jan: 'Stel nou dat we dat hier winnen. Rob, dan moet dat, om een goed project te worden wat misschien pas hier gebouwd wordt, moet eerst nog heel goed onderzoek gedaan worden of die aanbieding wel goed in mekaar zit.'

Rob: 'Ja.'

Jan: 'Dus ik ga hier een brief schrijven, Rob, of jij in die periode april tot augustus, in vier maanden voor een totaalbedrag van, Rob, en dan kom ik weer op 7,5 ton.'

Rob: 'Ja.'

Jan: 'Dit is een kantoor van dertig miljoen. Dan kan ik jou geen anderhalf miljoen betalen.'

Rob: 'Ja.'

Jan: 'Dan weeg je dus wat voor project is het.'

Rob: 'Oh, dat begrijp ik, de grootte van het project spreekt mee… natuurlijk.'

Jan: 'Rob, en daarom durf ik niks te zeggen, want het kan best zijn dat er in één keer een groot ding van honderd miljoen langskomt.'

Rob: 'Ja, en dan ben je zo klaar.'

Jan: 'Rob, en dan zijn we zo klaar en dat ben ik ook liever… gelijk klaar. Want ik heb hetzelfde belang als jij. Dat het hele zorgvuldig past aan het project. Rob, dat je altijd een verhaal hebt waarom jij in die deal meeloopt.'

Rob: 'Nee, maar het kan niet zijn dat ik in enig jaar geen opbrengsten heb nadat ik me… dat bedoel ik…'

Jan: 'Rob, dat is ondenkbaar.'

Rob: 'Want dan heb ik geen geld. Ik zal toch salaris moeten hebben.'

Jan: 'Stel nou dat ik helemaal geen projecten heb. Dan neem ik gewoon een project uit de kast. Bijvoorbeeld Curaçao. Wat misschien helemaal niet een project wordt. Rob, dan kan ik me niet permitteren op een project wat nog in aanvang is, ik betaal daar een miljoen. Maar ik kan wel zeggen: ik doe vier kwartalen een ton.'

Rob: 'Ja.'

Jan: 'Heb je per kwartaal een ton. Dat is honderd procent gegarandeerd, maar dat is misschien wel helemaal fake. (…) Ik zorg dat jij, die garantie heb je, als wij geen project vinden…'

Rob: 'Dat ik toch wat krijg.'

Als de FIOD-ECD en de officieren van justitie Robert Hein Broekhuijsen en Daniëlle Goudriaan van het Functioneel Parket dit gesprek horen, denken ze voldoende bewijs te hebben voor een succesvolle zaak. Ook al is deze fraude verijdeld, toch zullen ze de tap naar verwachting presenteren als een cruciaal bewijsstuk.

Ondanks alle affaires uit het verleden en de vorderingen in het onderzoek naar Frencken, bevroedt Philips Pensioenfonds niet dat ook directeur Lagaunne mogelijk corrupt is. Dat de vierde directeur vastgoed op rij vooral goed voor zichzelf zorgt, kunnen ze achteraf niet geloven. Zijn baas Peter Boost is onthutst als hem delen van de tap en van de verklaringen van Lagaunne worden voorgehouden. 'Lagaunne heeft binnen goed toneel kunnen spelen. Vooral omdat het doorging tijdens het onderzoek van Deloitte dat er intern al liep. Uiteindelijk heeft hij niet alleen van de baas gestolen maar vooral van 130.000 collega-gepensioneerden van Philips.'

De rechterhand van Frencken werkt sinds 1989 bij Philips en is van onbesproken gedrag. Lagaunne is een zachtaardige figuur van Indische afkomst en heeft niet de dictatoriale trekjes van Frencken. Hij is een loyale en ijverige man. 'Dat zijn indo's trouwens vaak,' zegt hijzelf. Op 31 mei 2006 krijgt Lagaunne persoonlijk een mailtje van de voorzitter van het college van beheer, Harry Hendriks, de opvolger van Jan Hommen. Lagaunne moet zijn elektronische cursus Ethiek en Zakelijk gedrag nog doen. Lagaunne maakt er meteen werk van. Hij krijgt nog dezelfde dag een mailtje van de afdeling compliance, waarin hij wordt gefeliciteerd met het succesvol voltooien van de cursus. Hij heeft een score van honderd procent en krijgt een certificaat.

In de tussentijd houdt Lagaunne her en der zijn hand op voor 'courtage' en 'adviesgelden' bij de deals die hij samen met Frencken doet. 'Je moet dan denken aan percentages van de koopprijs van een half procent of bijvoorbeeld viertiende procent,' bekent Lagaunne bij justitie. 'In principe waren vrijwel alle potentiële kopers bereid om iets te betalen om onroerend goed van Philips te kunnen kopen.' Lagaunne meent dat hij Philips Pensioenfonds niet benadeelt. 'Als Philips een makelaar inschakelt, zijn ze ook courtage kwijt,' is zijn redenering. 'Maar ik probeerde wel altijd tegen de beste prijs te verkopen. Want dan had ik ook hogere courtage.' Lagaunne geeft informatie zodat partijen scherper kunnen onderhandelen en hij doet 'een goed woordje' voor de potentiële koper zodat ze 'aan tafel' komen. 'Will Frencken besliste of het wel of niet doorging. Ik was niet beslissingsbevoegd.'

Hij ontvangt naar eigen zeggen cash op parkeerplaatsen afkomstig van zakenlui als Harry Muermans en Harry Hilders en brengt dat naar een bankier in België, die het weer doorstort naar een coderekening in Zwitserland. In 1995, 1996 en in 2001 is daar geld op gestort. Ook bewaart Lagaunne geld thuis in een kluis. Bij een doorzoeking vindt justitie 171.500 euro in contanten. Die zijn grotendeels afkomstig van Jan van Vlijmen en betaald in hotels.

Lagaunne ontmoet Van Vlijmen naar eigen zeggen voor het eerst bij de ondertekening van het contract voor Eurocenter. Dat is in 2001 in Hoevelaken met Frencken en Lubberhuizen. Na het vertrek van Van Vlijmen bij Bouwfonds ligt het contact tussen de twee volgens Lagaunne stil. Maar 'eind 2004, begin 2005', als Frenckens afscheid nadert, neemt Van Vlijmen weer contact met hem op. 'Hij zei dat hij een soort sabbatical had genomen en dat hij nu een mooi project had. Toen kwam hij met brochures van Symphony. Ik vond het vreemd dat Van Vlijmen rechtstreeks contact met mij zocht en toen heb ik hem doorverwezen naar Will. Van Vlijmen zei toen dat hij daar nog heen moest. Een opvallend detail vond ik wel dat Van Vlijmen wist dat als wij Symphony zouden kopen, wij ander onroerend goed zouden moeten verkopen. Dit is informatie waarover Van Vlijmen eigenlijk niet zou mogen beschikken.'

De Sfinx betrekt Lagaunne bij zijn project Symphony en de monsterverkoop en belooft hem na afloop 3,5 miljoen euro. 'Met het oog op de toekomst en die van mijn kinderen leek het mij wel fijn om een appeltje voor de dorst op te bouwen,' zegt Lagaunne later tegen justitie. 'In eerste instantie kwam Van Vlijmen met een bod van vier miljoen waarop ik om 4,5 miljoen heb gevraagd. Na een hoop heen en weer waarbij het bod is gedaald naar 2,5 miljoen en later drie miljoen zijn wij uiteindelijk uitgekomen op 3,5 miljoen. Dat bedrag bestond uit 2,5 miljoen voor het grote pakket en een miljoen voor Symphony.'

Lagaunne noemt dit 'een soort zwijggeld'. Zijn opdracht is om 'niet te moeilijk' te doen over extra meerwerk en andere kosten voor Philips in het Symphonyproject. Van Vlijmen betaalt alvast 135.000 euro contant. Dat is volgens Lagaunne zijn 'netto vergoeding'. De FIOD-ECD vermoedt op basis van uitlatingen van Van Vlijmen in taps dat Lagaunne alleen al in deze twee deals veel meer is beloofd.

Lagaunne vraagt het contante voorschot 'om nog iets leuks met zijn vrouw te doen'. Zijn vrouw is al tijden ernstig ziek. Kort na de monstertransactie gaan Lagaunne en zijn vrouw in maart 2006, tussen de chemokuren door, een weekend naar Zwitserland. Lagaunne heeft ook andere zorgen. 'Op een gegeven moment kwam ik in Basel en vroeg ik mij af wat ik met het geld van 3,5 miljoen euro zou gaan doen zodra ik hierover kon beschikken.' Hij laat zich informeren over de oprichting van een Zwitserse vennootschap en een bankrekening. Uit zijn correspondentie met de financiële instelling Experta AG blijkt dat hij de maanden erna zijn mogelijke vermogensbeheerder voorbereidt op een tegoed van vijf miljoen euro.

Het contact met Van Vlijmen wordt steeds intensiever naarmate het einde van de vastgoedactiviteiten van Philips Pensioenfonds en het opheffen van de functie van Lagaunne naderen. In maart neemt Lagaunne zijn vrouw mee naar Cannes voor Mipim. Van Vlijmens chauffeur en oud-kickboxer Franklin Beuk rijdt het echtpaar Lagaunne op 15 maart 2007 naar het vliegveld. Beuk kent het echtpaar al van eerdere ritjes, blijkt uit de mails van de reserveringen. Samen met Alexander Lubberhuizen, voorheen Bouwfonds en nu Living City, nemen ze een helikopter en logeren ze in het smaakvolle La Reserve de Beaulieu, een paar kilometer buiten Monaco en Nice. Alleen het logeren kost al 2800 euro.

Als ze weer zaken bespreken, pronkt Jan van Vlijmen met twee grote beleggers uit zijn netwerk. De eerste is het Britse HDG Mansur. Jan kent directeur Philip Churchill via Michiel Floris, die hem weer zegt te kennen via zijn buurman, de advocaat Jouke Brada. Nog voordat Philips in beeld is, is Churchill als directeur van zijn vorige werkgever Citigroup geïnteresseerd in Symphony. Later stapt hij over naar HDG Mansur, een in Londen en Dubai gevestigd bedrijf dat gespecialiseerd is in islamitisch bankieren. Het is ook een van de beleggers die een jaar eerder delen van de Philipsportefeuille koopt uit de monstertransactie. Van Vlijmen laat Lagaunne twee boeken zien over deze belegger en hij krijgt 'de schematiek' uitgelegd. Philips staat aan de ene kant als verkoper met Lagaunne aan het roer. HDG Mansur staat aan de andere kant met 'vele billions of dollars' aan vermogen.

Aan de kopersonant staat ook de tweede 'tycoon' waar Van Vlijmen mee schermt. Dat is John Fentener van Vlissingen, de oudste van drie broers uit een van de meest vermogende families van Nederland. Met zijn broers heeft hij SHV. 'De Steenkolen Handels Vereeniging,' vult Lagaunne aan. Van Vlijmen zegt dat deze investeringsmaatschappij een waarde heeft van 'tien miljard'. Dat Van Vlijmen close is met de Fentener van Vlissingens, is correct. De familie heeft sinds 2006 zakelijke banden met Jan. Gezamenlijk zitten ze in twee bedrijven, Winshield Holding en Europalaan Utrecht. Ze doen miljoenentransacties in Utrecht, Hengelo en Haarlem, waar ze samen een kantoor van ABN Amro op de Zijlstraat overnemen. Fentener van Vlissingen investeert met Van Vlijmen in het verwaarloosde kantoor in Kanaleneiland uit de Philipsportefeuille. Ze sluiten zelf een huurcontract af, waarna de waarde explodeert. Het pand wordt vervolgens tegen de hoofdprijs verkocht aan HDG Mansur.

Dat Van Vlijmen later wordt opgepakt, komt volgens een woordvoerder van Fentener van Vlissingen als een grote verrassing. De miljardair heeft zelf nooit commentaar willen geven. Aanvankelijk ontkent de woordvoerder van de firma dat Van Vlijmen en Fentener van Vlissingen samen een bedrijf hebben. Maar *Het Financieele Dagblad* ontdekt dat in een koopakte van het pand in Haarlem de eigendomsverhoudingen van hun vennootschap Winshield staan beschreven.

'Dat is één,' legt Van Vlijmen uit over SHV en het vermogen van de familie. Er is meer. 'Die John heeft ook nog BCD, de op één na grootste reisorganisatie ter wereld. Is ook circa drie miljard euro waard.' Aan het roer van dit bedrijf staat ex-KPN-topman Joop Drechsel, een oude studievriend van Jan. De man 'van 1.52' runt 'achttien kantoren worldwide'. Heeft 'een net pak aan, een auto met een chauffeur en geeft leiding aan 18.000 man. Hij spreekt naar het bestuur precies de juiste taal.' Aldus instrueert Van Vlijmen Lagaunne over de strategie naar zijn meerderen. De bedoeling is dat Jan eind juli een ontmoeting plant met Drechsel en de baas van HDG Mansur. Jan schetst de club als de perfecte kandidaat voor Lagaunne om de hele portefeuille aan te verpatsen. Rob is in staat om 'die twee tycoons' op een gegeven moment 'aan tafel te brengen'. Ze zullen zeggen: 'Joh, hoeveel is het, twee, drie miljard, we het kopen het ding.' Jan zegt dat Rob bij Philips grote indruk kan maken als hij met Fentener van Vlissingen op de proppen komt.

Van Vlijmen doet een andere versie van zijn plan uit de doeken, waarin ook een mooie en cleane exit voor Lagaunne is ingebouwd. Van Vlijmen stelt voor om Lagaunne te betalen via een onzichtbare rol in een vennootschap in een ABC-transactie. 'Rob, en dan spelen we gewoon een brutaal spel. Voor de verkoop lijnen we een bv op. Dan kan je op papier alles klaar hebben. Rob, een bv waarin jij participeert en die er straks uit jumpt als we alles getekend hebben.' Van Vlijmen pakt de informatie over de portefeuille erbij en zegt: 'Dit stuk gaat naar hen en hier gaan we mee toveren. Zij betalen de hoofdprijs en dit zijn Osdorp, Gelderlandplein en wat woningen, die gaan voor een leuke prijs, Rob, en drie maanden later gaat het doorverkocht en de bv die dat doet heb jij, noem eens wat…' Rob: 'Een deel in.' Jan: 'Een kwart in en jij weet dan hierop als dit getekend wordt, tekenen we dit ook.'

Tussen de regels door waarschuwt Van Vlijmen dat de Belastingdienst de deal zal onderzoeken, aangezien ze nu alle grote deals sowieso onderzoeken. Jan: 'Maar goed, als het legitiem is. (…) En brutaal zijn: ik doe zaken met een functionaris van Philips die al weg is. (…) Rob, ik ben jouw verzekering. (…)'

Lagaunne vreest dat zijn steekpenningen slechts gebaseerd zijn op een mondelinge afspraak. Hij zegt ook rustig aan te willen doen om niet 'in de gaten te lopen'. Jan stelt hem gerust: 'Als ik geld moet betalen, dan betaal ik graag.' Tussen de gesprekken over vastgoed door geeft Van Vlijmen Lagaunne allerhande adviezen, bijvoorbeeld dat hij moet 'dealen' over zijn vertrekregeling bij Philips.

Lagaunne heeft haast. Hij wil een bv oprichten, zegt boekhouder Eric Frische in een tap, om alvast wat 'munten over te hevelen'. Stom, zegt Jan, die achter de rug van Lagaunne een heel andere toon aanslaat. De Belastingdienst zit de hele onroerendgoedwereld op de hielen. Hij begint er voor geen prijs aan. Lagaunne is 'zo onzorgvuldig in zijn denken. Als het aan hem had gelegen had hij al een bv opgericht en was hij al aan het factureren. Over my dead body. (…) Hij krijgt geen cent tot die weg is.'

Tegen Rob doet Jan alsof Will een luie hond is waar je niets aan hebt. Maar tegen Will en Eric zegt Jan weer te twijfelen aan Rob. 'Bijna een soort onkunde, hoor. Die heeft natuurlijk nog nooit wat Will zeventien jaar gedaan heeft daar… Hij heeft het onder jouw regie voorbereid maar nooit zelf gedaan.' Jan noemt Lagaunne 'geen frisse man'. Will is grillig maar wel recht in de leer. 'Je kan lachen om zijn autisme.' Eric en Jan vinden Rob 'een slaaf'. De mannen zeggen dat Lagaunne onder Frencken nog 'redelijk sterk' is. 'Hij wordt minder krachtig. Hij verschuilt zich steeds achter zijn zieke vrouw, hij is de hele tijd maar op vakantie, gaat nu weer.'

Lagaunne heeft volgens de heren 'tweespalt in zijn hoofd'. Enerzijds zijn zieke vrouw en anderzijds is hij nu de hoogste baas. Daarnaast probeert hij voor zijn zoon een baan te regelen via Nico Vijsma, die dat niet ziet zitten. Volgens Jack Del Castilho doet Lagaunne alles om zijn zoon op een voetstuk te plaatsen, nu hij zijn vrouw aan het verliezen is. Hij zou zich geen raad weten met zijn toekomst. 'Zielig,' vinden ze. 'En wat afschuwelijk,' zegt Van Vlijmen, 'als je zo je zieke vrouw exploiteert. Te pas en te onpas roept-ie dus: mijn vrouw is zo ziek.' Jack: 'Dat kan ook paniek zijn.'

Bij Philips Pensioenfonds keert het tij. In juli 2007 wordt het voornemen naar buiten gebracht al het vastgoed te verkopen. Daarmee slinkt de kans aanzienlijk dat Lagaunne nog iets kan betekenen voor Van Vlijmen en zijn oorlogsplan. Ze vermoeden dat het via een tender verkocht wordt aan de hoogste bieder en dat voor het eerst makelaars worden ingeschakeld. Ze vrezen ook dat de zwakke resultaten uit het verleden naar buiten komen. Van Vlijmen: 'Als dit nou ten opzichte van de boekwaarde heel goed verkocht wordt. Gaat die Sipke Gorter dan niet zeggen hoe slecht het vroeger is gedaan?' Rob: 'Uh, die geluiden gaan nu al komen.'

Ze zijn op hun hoede vanwege het geheime onderzoek van Deloitte waarover Lagaunne Van Vlijmen inlicht. Rob laat doorschemeren dat hij binnen de Philipsmuren heeft gehoord dat er een bv'tje van Frencken is ontdekt, dat al zeventien jaar geleden is opgericht. Jan wil weten of ze daar dan nu pas achterkomen. Rob: 'Daar zijn ze nu achter gekomen. Dat heeft Snippe ook gezegd. Hij zegt, het zong al over de markt. En daar heeft het college iets mee willen doen, nu.'

Frencken is veel te roekeloos in de ogen van Jan en consorten. Hij smijt met geld, koopt een tweedehands Ferrari en is nogal onvoorzichtig met zijn zakelijke contacten. Lagaunne dekt hem. Jan: 'Rob, die Will heeft een hoop aan jou te danken.' Rob: 'Ik doe mijn uiterste best om eh… en ik zeg het altijd, we weten het wel van elkaar.'

Ook vastgoedmannen Harry Hilders en Harry Muermans weten in de zomer van 2007 van het geheime onderzoek van Deloitte, zegt Lagaunne. 'Goh, er zijn wat dingen bij jullie aan de hand,' zegt Hilders tegen Lagaunne. De pensioenfondsdirecteur zegt dat hij zich van de domme heeft gehouden. Muermans maakt onverwacht een afspraak met Lagaunne. Jan en Rob steggelen over de vraag of Lagaunne nu moet vertellen aan Muermans en Hilders dat er onderzoek loopt. Jan:

'Dat is jouw verantwoordelijkheid niet. Misschien loopt het zo'n vaart niet.' Rob denkt dat het wel vaart zal lopen. Jan: 'Het is wel Philips Pensioenfonds die er ook niet bij gebaat is dat in de krant allerlei verhalen staan.'

Jan en Rob zeggen tegen elkaar dat ze niet goed weten en niet willen weten wat er met 'andere cowboys' heeft gespeeld in het verleden. Rob heeft 'dingen' gehoord, maar kan het niet traceren. Lagaunne zegt op een ander moment dat Muermans aan hem heeft doorverteld dat Frencken een bv had met Universum. 'Die lul heeft me dat verteld.' Van Vlijmen waarschuwt Lagaunne: 'Het is Will zijn zaak.' Vooral niet in het verleden van Frencken, Hilders en Muermans wroeten. 'Rob, jij weet van niks.' Ze rekenen op een doofpot en een haastige verkoop van het resterende vastgoed. Jan: 'Want die Philips wil ook niet in de krant met dat gelul met Will.' Rob: 'Dan zijn we van alle ellende af.'

Van Vlijmen blijft ook op de kleintjes letten. Hij onderhandelt in 2007 nog over een nieuwbouwproject in Breda dat hij kan realiseren voor Philips Pensioenfonds. In 2006 heeft Philips hiervoor geld vrijgemaakt met de verkoop van een woningenpakket in Amsterdam Zuid aan Rijsterborgh senior. Van Vlijmen is de eerste koper en heeft de woningen zonder iets te verdienen als goedmakertje doorgestoten aan Rijsterborgh.

Van Vlijmen zou Van Vlijmen niet zijn als hij er toch via een andere weg geen voordeel uit probeert te slepen. Op taps is te horen hoe hij probeert om de door hem te ontwikkelen nieuwbouwwoningen in Teteringen tegen een hoge prijs te verkopen aan Philips. Van Vlijmen schakelt voor het ontwerp zijn oude vrienden van architectenbureau Van Tilburg en partners in. Lagaunne wordt door Van Vlijmen onder tafel de helft op de projectwinst beloofd, zo blijkt uit taps. Jan moedigt hem aan met de woorden dat ze proberen 'er een miljoen uit te beuken'. Uit te betalen na zijn pensionering. In een tap zegt Rob tegen Jan over een afspraak die ze hebben met Philipscollega Esther de Koning: 'Ik ga natuurlijk wel toneelspelen direct hè, over die prijs, dat snap je wel.' Jan: 'Uiteraard.' Van Vlijmen ruikt ook nog een kans omdat Frencken de burgemeester van Breda kent. 'Ik vind het een winner, Will, dat je die pik kent.' De transactie gaat uiteindelijk niet door. Philips vindt het te duur en het past niet in het beleid om de portefeuille af te stoten.

Na de zomer van 2007 zegt Lagaunne tegen Van Vlijmen dat de kansen voor de megadeal nog niet helemaal verkeken zijn. Zijn baas Jan Snippe spoort hem aan om nog eens rond te vragen naar eventuele kopers, beweert hij. 'Kom maar met een lijstje,' zegt Snippe volgens Lagaunne. 'Als jij een partij weet die alles wil overnemen, meld dat vooral.' Lagaunne belooft Van Vlijmens kandidaten HDG Mansur en Fentener van Vlissingen 'tot het uiterste te verdedigen'. Maar als inderdaad wordt verkocht tegen de hoogste bieder, dan zit er geen tien miljoen euro meer in het vat voor Lagaunne. Hij geeft Van Vlijmen nog wel bedrijfsgevoelige informatie over panden op het Amsterdamse Gelderlandplein en het Osdorpplein en over een taxatie van de Buitenveldertselaan. Lagaunne kopieert het stiekem. Jan krijgt een pak papier dat hij nu wel in zijn lege koffer stopt. Hij mag van Lagaunne altijd bellen als hij vragen heeft, in het weekend en 's nachts ook.

Lagaunne heeft op 9 augustus 2007 een boodschappenlijstje meegenomen. Wat hij niet weet, is dat niet alleen het gesprek heimelijk wordt opgenomen door justitie, maar dat de opsporingsambtenaren in de geprepareerde hotelkamer ook foto's maken terwijl hij zijn aantekeningen met de hand bijwerkt. Op de foto's is te zien dat Lagaunne vertrouwelijke bedrijfsinformatie over Philips Pensioenfonds toont aan Van Vlijmen. Bij het derde gedachtestreepje staat: 'Breda? > Voor mij iets in verschiet' en bij het vierde streepje: 'Afkoop Symph etc > Wat zit er voor mij?' en bij het vijfde streepje: 'Verkoop > ik heb gegevens, dus daar moeten ze iets voor hebben (we krijgen geen 10 mio meer maar toch).'

Op 27 augustus 2007 barst de biedingenstrijd bijna los. In oktober kunnen geïnteresseerden zich melden. Jan van Vlijmen zegt alvast een briefje te sturen naar de makelaars CBRE en Jones Lang LaSalle. Begin november worden de enveloppen getrokken, verwacht Lagaunne. 'Dan kan er zomaar een envelop komen uit een la,' zegt hij. Probleem is dat je nooit weet wat een 'een of andere malloot' gaat bieden, zegt Jan, 'nu al die cowboys aan tafel zitten'.

De makelaars worden overstelpt met geïnteresseerden. Op de Preuvenement in Maastricht, waar veel vastgoedmensen zich laten zien, zeggen tukker Dik Wessels en de Limburgse Piet van Pol gehoord te hebben van de monsterverkoop. Lagaunne zegt dat hij ook al hoort dat 'sjeiks, hele rijke mannen' met miljarden zouden willen smijten om het vastgoed van Philips te kopen. Van Vlijmen beaamt dat: 'Want die moeten gewoon spullen hebben.' Rob: 'Die hebben zo veel geld. Iedere minuut worden ze veertig miljoen rijker met dat olie.'

Van Vlijmen is bang dat Lagaunne zich ook door andere figuren laat omkopen. Eric Frische denkt dat er al 'heel lang ergens stroom zit'. Will en Jan zeggen het niet te weten. Jan: 'Je weet niet hoeveel petten hij op heeft.' Jan: 'Rob Lagaunne heeft gezegd, Jan je mag meedoen, maar dan wil ik natuurlijk wel met jou een deal maken. Maar het kan ook zijn dat hij tegen Hilders hetzelfde heeft gezegd. Dat hij denkt, ik wed op twee paarden en wie wint, daar vang ik bij.'

Die Muermans, Groenewoud en Hilders zijn volgens Van Vlijmen 'allemaal aasgieren'. 'Klootjesvolk.' Ze zullen voor de grote portefeuille onderling overleg voeren van tevoren, denkt Van Vlijmen.

Eric: 'Een bepaalde vorm van conspiracy. Ze gaan met de buit strijken en daar zit Lagaunne dan tussen. (…) Tien miljoen, via een eigen bv. (…) Mijn gevoel zegt mij heel sterk dat Lagaunne een dubbel spelletje speelt. Die heeft zich te veel geïnvolveerd met iedereen. Die komt daar niet meer uit. (…) Die valt straks wel in zijn eigen mes.'

Jan: 'Die heeft overal zijn hand opgehouden.'

Eric: 'En waarschijnlijk heeft hij nog heleboel te goed bij een ander. Allemaal van die voorwaardelijke bedragen die hij nu kan invorderen.'

Jan: 'Dat heb ik natuurlijk ook met hem lopen.'

Eric: 'Misschien gaat hij dadelijk al die partijen verenigen. Dat jullie allemaal van tevoren rond de tafel zitten. Heb je ook nog kans op.'

Jan: 'Dat doe ik onder geen voorwaarde, natuurlijk. Hilders ken ik niet en die wil ik ook niet kennen, en die Groenewoud ook niet.'

Toch zegt Jan dan: 'Eric, het is een mooi spel, hè?'

Het vermoeden van Van Vlijmen dat Lagaunne dubbelspel speelt, is correct. Behalve Van Vlijmen, Muermans en Hilders is er nog een vastgoedman die hem royale giften doet. Justitie ontdekt het bij toeval. Arie van Pelt is een ontwikkelaar en belegger uit de omgeving van Dordrecht. Hij heeft op 11 oktober 2007 een etentje met Lagaunne. Hij doet al jaren veel zaken met Philips Pensioenfonds en Lagaunne heeft steeds meer met hem te maken. Tijdens het etentje gaat het over de moeilijke tijden die Lagaunne en zijn vrouw meemaken. Het gaat al snel over een reisje naar Parijs, verklaart Lagaunne tegen Justitie. 'Arie van Pelt bood me toen aan dat te betalen en heeft mij 12.500 gegeven. Ik heb een enveloppe van hem gehad op zijn kantoor in Dordrecht. Het waren enkele briefjes van 500, de rest was in honderdjes en veel vijftigjes. Ik heb niks met het geld gedaan, toen jullie kwamen lag het nog in de kluis,' verklaart Lagaunne in 21 januari 2008 tegenover de FIOD-ECD.

Lagaunne had ook nee kunnen zeggen, realiseert hij zich. 'Ik vond het wel makkelijk zo, gezien de situatie met mijn vrouw.' Ook hier neemt hij zijn grofbetalende vriend in bescherming. Het moet niet als smeergeld gezien worden. 'Want ik hoefde er niets voor te doen.' Dat de contante betaling überhaupt aan de oppervlakte komt, wordt bekend door een telefoontap. Lagaunne heeft het geld geteld en constateert dat het duizend euro te weinig is. Rob belt met Arie van Pelt op 15 oktober 2007, eerst om half tien en dan om tien voor tien. Van Pelt wil 'cryptisch' blijven aan de telefoon, maar zegt toch: 'Volgens mij is het twaalf en een half. Ik heb het niet nageteld, hoor. Ik heb het bij de bank gehaald.' Rob heeft het twee keer geteld maar komt op een lager bedrag. Heeft hij het echt wel goed geteld? vraagt Van Pelt, want 'het zijn zoveel van die dingetjes'. Rob belooft de bankbiljetten voor een derde keer te tellen. Vervolgens geeft Rob alle informatie door over een lopende onderhandeling in een vastgoedproject. In november, vlak voor de grootscheepse invallen en arrestaties, krijgt Lagaunne alsnog twee extra briefjes van 500 euro.

Twee weken voor 13 november wordt de vrouw van Lagaunne in het ziekenhuis opgenomen wegens een hersentumor. Lagaunne mag na zijn arrestatie de kerstdagen in 2007 thuis doorbrengen bij zijn doodzieke vrouw. Als de celdeuren weer achter hem dichtgaan, is hij bereid openheid van zaken te geven. 'Op dit moment is mijn gezin het allerbelangrijkste voor mij,' zegt hij. 'Ik zat in een spagaat met mijn geweten. Ik ben heel loyaal naar Philips toe. Maar aan de andere kant was ik ook bezig met mijn toekomst. (…) Ik heb dingen gedaan die niet mogen en kunnen. Maar ik ben niet een topcrimineel en er zijn genoeg anderen die ook hun zakken veel meer gevuld hebben. Ik ben een gezinsman, ik ben alles kwijt. Niemand wil meer met mij werken.' Buiten de verhoren zegt Lagaunne: 'Van Vlijmen heeft mijn leven verwoest.' Waarop de verhoorders hem wijzen op zijn eigen verantwoordelijkheid en hebzucht. Zijn vrouw overlijdt in het voorjaar. Bij de begrafenis in de rooms-katholieke Heilig Hartkerk in Vught komen ondanks de affaire ex-collega's van Philips steun betuigen. Ze weten nog maar een fractie van wat hun directeuren en collega's hebben uitgespookt.

27 Gulzige gasten

Jan van Vlijmen onderhoudt in 2007 een groeiend leger van gretige handlangers. 'In hun kop zit stront en blubber,' zegt zijn oom. Een Cartierhorloge voor de Kerst, tripjes naar de Formule 1. Jan zorgt goed voor iedereen. 'Het gaat altijd over geld.'

Het is half twee in de middag op 21 december 2006 als Jack Del Castilho, een donkere man van tegen de zestig, met zijn zoon de parkeerplaats van het Mövenpickhotel in Den Bosch oprijdt. Del Castilho komt uit een vooraanstaande Portugees-Joodse familie. Hij heeft voor de gelegenheid een hoed, een plaksnor en een baard op. Hij is op pad met zijn zoon Marvin. De twintiger moet op neutraal terrein een grote doos afgeven aan een zakelijk contact. Maar de missie van vader en zoon loopt niet volgens planning. Met een fototoestel op schoot tuurt Jack vanuit zijn donkere BMW over de parkeerplaats. De persoon die ze zoeken, ziet hij niet. Hoe kan dat nou? Twee uur *sharp* is toch een duidelijke afspraak? Hij belt nerveus met zijn mobieltje, achter elkaar hetzelfde nummer, maar krijgt telkens de voicemail van zijn vriend Jan van Vlijmen. Zijn zoon stapt uit de auto en verkent, met de grote kartonnen doos in zijn armen, de parkeerplaats. Op de doos staat de handgeschreven tekst 'aan de weledele heer'. De heer die Jack en Marvin zoeken, is pensioendirecteur Rob Lagaunne. Hij is de nieuwe zakenpartner van Jan van Vlijmen bij Philips. Zijn voorganger Will Frencken heeft drie weken eerder zijn laatste dag bij Philips gehad.

Jan van Vlijmen is meestal bereikbaar voor zijn mensen. Maar nu even niet, hij is aan het werk en dat gaat voor. Hij heeft zijn opdracht goed voorbereid en meent het zich te kunnen permitteren even uit de lucht te zijn.

De Sfinx weet dat de periode rond Kerst een perfect moment is voor het geven van cadeaus. Van Vlijmen heeft zonder al te veel moeite de kwetsbare plekken van Rob Lagaunne gevonden. De pensioendirecteur van Philips dreigt binnen een jaar zijn baan en inkomen te verliezen en bovendien is zijn vrouw ernstig ziek. Voor Van Vlijmen is het een meevaller dat Lagaunne zijn lat niet zo hoog heeft liggen. Zijn voorganger Frencken vraagt miljoenen, maar Lagaunne neemt voorlopig genoegen met dure horloges en af en toe wat cash. Van Vlijmen ruikt een kans om zijn zakenpartner gunstig te stemmen.

Jan besluit zijn oude vriend Del Castilho op pad te sturen. Hij moet een setje peperdure horloges kopen en ze in handen geven van de pensioenfondsdirecteur. Hij kan daarmee voor zijn familie de moeilijke kerstdagen enigszins opfleuren. De overdracht moet in het diepste geheim plaatsvinden. Del Castilho is altijd wel in voor een klusje en een avontuur. Maar dit avontuur zal hem onverwacht nog de nodige zweetdruppels bezorgen. Voor de laatste instructies belt hij een paar dagen voor de geplande overdracht met zijn baas en goede vriend Van Vlijmen. In een telefoongesprek van 18 december 2006 met Jan zegt Jack dat het pakje een paar dagen later wordt afgegeven bij het Mövenpick.

> Jan: 'Hij mag je niet zien.'
> Jack: 'Maar ik ben ook vermomd, dus dat is uitgesloten.'
> Jan: 'Keppeltje op, dat werk.'
> Jack: 'Helemaal.'
> Jan: 'Gouden ringen, snor, baard. Besnijdenis laten zien.'

De mannen hebben de grootste lol. Maar Jack neemt zijn nieuwste opdracht bloedserieus als hij de 21e komt aanrijden vanuit zijn woonplaats Bilthoven. Om kwart voor twee parkeert zoon Marvin de blauwe BMW 7-serie van zijn vader bij het hotel in Den Bosch. 'Afgeven, wegwezen en afzijdig blijven,' luidt de instructie van Del Castilho senior voor junior. Pa blijft in de auto achter.

De jongen in zijn lange donkere jas staat vervolgens te kleumen van de kou op de parkeerplaats. Marvin ziet niemand die voldoet aan de beschrijving die zijn vader van Lagaunne heeft gegeven. Hij besluit naar de balie van het Mövenpick te lopen. 'Ik zoek meneer Lagaunne,' zegt hij tegen de receptioniste die hem antwoordt dat deze meneer 'hier niet bekend is'. Marvin: 'Die moet hier zijn. Kan ik hier wachten?' De receptioniste, die een uur eerder twee andere onbekende heren in de lounge ziet plaatsnemen, vraagt op wie hij dan wacht. Marvin: 'Op meneer Lagaunne.' Receptionist: 'Maar die kennen we dus niet.'

Marvin besluit terug te lopen naar zijn vermomde vader in de BMW. Jack zegt ook nog wat rondgelopen te hebben, maar ook hij kan Lagaunne niet vinden. Het leidt tot nervositeit. Iets voor tweeën belt Jack vanuit de auto naar de receptie. 'Met juwelier Van Dijk,' zegt Del Castilho, terwijl hij zijn mobiel half tegen zijn oor en de nepbaard drukt. 'Is de heer Lagaunne bij u in het hotel aanwezig?' Nee, die is niet ingecheckt en zit ook niet in de lounge voor zover ik weet, zegt de receptioniste ook tegen hem.

Dit gaat helemaal niet goed, denkt Jack. Hij belt Van Vlijmen weer mobiel, maar zijn voicemail is buiten gebruik. 'Er kunnen geen berichten ingesproken worden,' zegt een vrouwenstem. Dan maar een sms. Met zijn duim tikt Del Castilho nerveus een bericht aan Van Vlijmen.

Wat Jack niet weet, is dat Rob Lagaunne op dat moment precies hetzelfde doet. Beiden bellen achter elkaar Jan voor nadere instructies. Samen bellen ze in het tijdsbestek van twintig minuten wel vijftien keer. Ze sturen ook nog eens tien sms'jes. Jack en Rob bellen ook met Landquest, het bedrijf van Van Vlijmen. De secretaresse zegt dat Jan niet bereikbaar is. Dat klopt, want hij is 'in Zeist iets aan het verkopen in een zaal met twaalf man,' zegt hij later. Die afspraak loopt zwaar uit. De ongeduldige Jack heeft het gehad en besluit weer de receptioniste te bellen die vijftig meter van hem vandaan achter de balie zit. 'Die meneer Lagaunne, die moet er zijn,' zegt Jack. 'Zou u mij een plezier willen doen om hem om te roepen. Iets van "meneer Lagaunne, wilt u zich vervoegen bij de balie?"' Hij hangt op en wacht samen met zijn zoon af. Dan gaat Del Castilho's mobiel. Hij ziet een onbekend nummer. Niet Jan dus. Het is de receptioniste die zegt dat het in orde komt.

Inderdaad meldt Rob Lagaunne zich aan de balie na alle consternatie. De receptioniste stuurt de nerveuze pensioenfondsdirecteur naar buiten. 'U krijgt daar iets overhandigd,' zegt ze. Jack zit op het puntje van zijn autostoel en kijkt naar de ingang van het Mövenpick. Dan ziet hij inderdaad een man lopen. Maar verdomme, hij lijkt in de verste verte niet op de keurige directeur van het Philips Pensioenfonds die hij kent. Hij ziet een man die helemaal in het zwart gekleed is en een muts tot vlak boven zijn ogen heeft getrokken. Dit is toch niet zoals hij Rob had verwacht op een doordeweekse werkdag. Marvin snelt op hem af en stelt zich voor als iemand van Van Dijk Juweliers. 'Dit heb ik in opdracht aan u moeten geven.' Jack ziet tot zijn opluchting dat de doos wordt overhandigd. Hij wil een foto maken van Lagaunne. Maar hij durft het niet. 'Ik wilde niet de foto maken want ik kon niet zien of het zou flitsen en dat zou verschrikkelijk zijn,' zegt hij later op de dag in zijn rapportage aan Jan.

Rob start zijn beige Audi A6 en rijdt snel naar zijn huis in Vught, tien minuten verderop. Thuis pakt hij de doos uit en ziet de horloges: een Cartier type Roadster, een IWC type Portugieser en een Jaeger Le Coultre type Master Compressor. Nieuw zijn ze per stuk ieder al bijna 10.000 euro. Lagaunne legt de klokjes in zijn kluis. Drie kwartier later vertrekt hij en rijdt vlak voor vieren de parkeergarage van het Philips Pensioenfonds in Eindhoven binnen. Hij neemt plaats achter zijn bureau, alsof er niets is gebeurd. Hij blijft tot half zeven om werk af te ronden voordat de rustige kerstdagen aanbreken.

'Wat een mongool,' reageert Jan later als hij Jack aan de lijn heeft. Hij is blij dat de boel is overhandigd maar vindt het maar niks dat Lagaunne zijn kantoor heeft lastiggevallen. Daar weten ze natuurlijk niet van de afspraak om horloges over te dragen. Jan hoopt maar dat ze denken dat het slechts een kerstpakket is. Ze spreken af die smoes te gebruiken als er vragen komen.

Jan vraagt of Jack Nico Vijsma nog heeft gezien. Nico? Hoezo, denkt Jack. 'Want dat is helemaal het krankzinnige,' zegt Jan. 'Ik moest hem daar om één uur oppikken voor een rit naar België. Ik dacht: dan zijn we ruimschoots weg. Maar ik zat iets te verkopen aan iemand en dat schoot maar niet op.' Jack is nu op zijn beurt verbouwereerd. Hij heeft zijn oude makker niet gezien op de parkeerplaats. Maar iemand anders ziet Nico wel. Terwijl Jack in zijn auto wacht, ziet een andere stille aanwezige wel twee wachtende mannen zitten in de lounge. Ze zitten er al rond één uur. De oudste van de twee, zestig à zeventig jaar oud, valt op door zijn zwarte trui. Het blijken later Nico en een maat te zijn. Precies een minuut nadat Lagaunne de doos in zijn auto zet en van de parkeerplaats afrijdt, suist Nico ook weg in zijn zwarte Mercedes met geblindeerde ramen.

Even verderop kijken twee andere personen in een auto toe hoe het schouwspel zich voltrekt. Ook zij staan net als Jack verdekt opgesteld. 'Klik, klik, klik.' Met een digitale camera met een telelens en zonder flits leggen zij het tafereel vast. Het zijn verbalisanten '1001' en '1020'. Ze weten dat ze beet hebben. Zes observanten van het Team Opsporingsondersteuning van de Bijzondere Opsporingsdiensten zijn die middag bij een ultrageheime actie betrokken. Het is een operatie die vanwege de vergaande methodiek aan strenge regels en voorschriften is gebonden. De observanten, die anoniem moeten blijven, maken 32 foto's. Voor zover bekend zijn het de eerste foto's ooit van vermoedelijke omkoping in de bovenwereld. Observant '1016' is degene die Nico in de lounge heeft gezien. De mysterieuze aanwezige weet te ontkomen aan een heimelijk gemaakte foto.

Om half zeven, als Lagaunne weer vanaf zijn werk op huis aan koerst, belt hij met de grote man. De paniek en alle telefoontjes zijn voor niets geweest, vertelt Rob. Alles is goed gekomen. 'Fijn,' is de reactie van Jan. Om half twaalf 's avonds brengt Jack verslag uit aan Jan. Eerst is hij pissig over Lagaunne. Maar later schiet hij weer in de lach met zijn vriend Jack. 'Schitterend! Ik geloof dat ik gek word,' zegt hij als hij het relaas hoort. Dat Nico ook nog eens rondhangt op de plaats delict vindt hij helemaal het einde. Missie geslaagd en nog gelachen ook.

Van Vlijmen laat vlak voor Kerst nog witte horlogebandjes bezorgen bij Lagaunne. Hij heeft de namen van Lagaunne en zijn vrouw op stickers laten zetten. Zo wordt het een mooi persoonlijk kerstcadeau voor het echtpaar. Als Del Castilho weer thuis is, werkt hij in zijn administratie de gift weg als 'clocks for El Gore'. Zo noemt hij Lagaunne als hij het niet over 'de Fransman' heeft. 'Als ik in de spiegel kijk, dan lijk ik helemaal niet op Al Gore,' zegt Lagaunne later droogjes tegen de FIOD-ECD als hij wordt doorgezaagd over de horloges.

Jack factureert ze onder de noemer 'incentives' voor 46.000 euro aan Van Vlijmen. Dat is meer dan de aanschafprijs. Zo verdient Del Castilho ook weer wat ten koste van Van Vlijmen. 'Ik heb 23.100 verdiend terwijl ik daar relatief gezien niet veel voor gedaan heb,' verklaart hij later tegen de FIOD-ECD. Een beetje ophogen van factuurtjes is heel gebruikelijk, meent hij. Zelfs als de rekening voor zijn baas en oude vriend Van Vlijmen is.

Jan vertrouwt zijn vriend Jack Del Castilho (Paramaribo, 1950) door en door. Del Castilho zit jarenlang in de kantoorartikelenhandel, maar heeft in 2007 al een tijd een arbeidsongeschiktheidsuitkering. Financiële zorgen heeft hij niet. Hij is van huis uit 'niet onbemiddeld'. Jack is naar eigen zeggen al sinds 1995 gemachtigd voor een beleggingsrekening van Van Vlijmen. Dat hij een keer zware verliezen boekt, maakt de verhouding tussen de twee er niet gemakkelijker op.

Jan beschrijft Jack tegenover derden als 'een heel vooraanstaande man uit Suriname'. Hij wordt gezien als een man met smaak en keurige vrienden, 'hoogleraren en longartsen'. In 2007 gaat hij niet in zijn lievelingsbestemming de Bahamas op vakantie, maar in het dure Bad Eigengarten. 'Heel sjiek, heb ik alles bij de hand,' zegt Jack in een telefoontap. Del Castilho is eigenlijk 'een Portugese Jood', zegt Jan tegen zijn intieme zakenpartners. Vooraanstaande mensen die generaties geleden naar Nederland zijn gevlucht. Hij is vrijmetselaar en erudiet, maar ook iemand die zijn zoon naar een hotel stuurt om een pakketje met dure horloges aan een corrupte pensioenfondsdirecteur te geven. Als Jan en Jack bellen, gaat het vrijwel altijd over hetzelfde, zegt Jan op 28 augustus 2007 in een tap. Jan: 'Het gaat altijd om geld.' 'Zonde,' vindt Jack, maar anderzijds, zo is 'het leven. Als het wat oplevert, is het altijd meegenomen.'

De zonderlinge Del Castilho zegt Van Vlijmen, Vijsma en Cees Hakstege al tientallen jaren te kennen. Hij en Jan hebben net als Nico 'een soort oom-neefrelatie,' verklaart hij later tegen de FIOD-ECD. 'We hebben vaak aan een half woord genoeg om elkaar te verstaan.' De familie Del Castilho leert Van Vlijmen kennen via de vader van Jack. Tientallen jaren daarvoor wordt Van Vlijmen in Suriname door de vader aan een van zijn eerste boten geholpen. Nu runt Del Castilho allerhande zaakjes voor Van Vlijmen. Volgens de tekst op de facturen beheert Del Castilho de 'secretarial office of Mr. Drs. J.F.M. van Vlijmen'. Del Castilho is de 'manager' van het kantoor, zijn vrouw staat op de loonlijst.

Del Castilho is entertainer en fixer voor Jan. Oud-Bouwfondsbestuursvoorzitter Hakstege noemt hem de kassier. Hij neemt zakenpartners van Van Vlijmen op pad om de banden aan te halen en relaties 'wat meer cachet' te geven. Hij gaat op botenjacht met Van Vlijmen en Hakstege en betaalt een beetje mee als het nodig is. Hij probeert Jan te helpen aan een lidmaatschap van de jachthaven in Muiden. Hij neemt architect René Steevensz mee om stenen uit te zoeken voor de gevel van Eurocenter bij een bevriende Nederlandse ondernemer met een steengroeve in Italië. Jan zegt tegen zijn oude studievriend Joop Drechsel, oud-topman van KPN, in een telefoontap van 7 mei 2007: 'Hij doet in al onze deals wel hier en daar hand- en spanwerk, Joop, daar is hij onmisbaar in.' Jan en Jack hebben de familie Drechsel ook een gunst verleend. Del Castilho heeft een studentenpand in de Wijde Begijnenstraat in Utrecht op zijn naam staan. Hier woont de dochter van Drechsel met een huisgenoot. Het pand is medio 2006 gekocht via een makelaar. Van Vlijmen telt een deel van de aanschafprijs van 245.000 euro neer, erkent oom Jack tegen de FIOD-ECD. Drechsel is na zijn carrière bij KPN gaan werken voor reis- en vastgoedondernemer John Fentener van Vlissingen en doet steeds meer zaken met Van Vlijmen.

Het zijn royale mensen, die Jan en zijn oom Nico. Oud-collega's van Bouwfonds en anderen in het vastgoed zeggen het zonder ironie over Van Vlijmen en Vijsma. Ze zetten hun handlangers en vrienden goed 'in de kleren'. 'Dat moet je Van Vlijmen en Vijsma nageven: hij laat zijn mensen altijd goed meeprofiteren,' aldus een oud-collega. Ze hebben behoorlijk wat personen vermogend gemaakt. Een aantal van hen blijft in tegenstelling tot Jan en Nico buiten het schootsveld van justitie. Jan onderhoudt zijn leger van handlangers goed en strak georganiseerd. En wat een plichtsbesef! 'Ik zorgde er bij Bouwfonds voor dat de mensen onder mij altijd goed verdienden,' zegt hij van zichzelf. Maar god, wat zijn ze hebzuchtig. En het zijn er zoveel. Tegen Nico zegt hij: 'De enige die niet over geld zeikt, ben jij en verder zijn alle andere lui zogenaamde aardige jongens, maar als het erop aankomt moet je ze gewoon het volle pond betalen.'

Lagaunne bijvoorbeeld durft behalve horloges zonder blikken of blozen bij Van Vlijmen een 'boot met alles erop en eraan' te bestellen. Hij wil ook 'een behangetje'. Ook vraagt hij aan een met Jan bevriende aannemer of het niet te regelen valt dat het huis van zijn zoon wordt geschilderd. Jan heeft hem toen moeten terugfluiten. In september 2007 belooft Jan hem een auto. 'Regel dan een beetje een knappe auto,' zegt Rob. Justitie vindt elf horloges bij Lagaunne thuis. Lagaunne zegt later tegen justitie dat Van Vlijmen geen tegenprestatie vraagt voor de horloges. Hij heeft het niet gemeld bij Philips 'omdat het dure dingen waren'. Ook bij de fiscus worden de giften niet gemeld. Giften die ontvangen worden uit hoofde van een functie, moeten gemeld worden bij de aangifte inkomstenbelasting.

Del Castilho waarschuwt Van Vlijmen meermaals dat hij de wensen van zijn mensen serieus moet blijven nemen, hoe irritant ze ook zijn. Straks gaan ze nog kleppen en klikken. 'Bij dit type mens weet je niet hoe, misschien dat stukje rancune boven kan komen drijven.' 'De enige die we nooit meer horen,' zeggen Jack en Jan tevreden tegen elkaar, 'is Hakkenbar.' 'Dat hebben we heel mooi gerund,' zeggen ze over Cees Hakstege.

Will Frencken is volgens Van Vlijmen in 2007 ook al 'een stuk rustiger geworden'. Dat is weleens anders geweest. Jan heeft net als voor Hakstege een paar jaar eerder de inrichting van Frenckens nieuwe kantoor in Weert en van zijn woon- en slaapkamer in Nuenen betaald. Will geeft maar uit als een bezetene, zeggen Jan en Frische. Toch spreken ze af dat Will aan het eind van het jaar nog 'een paar ton' krijgt. 'En daar komt niemand achter,' zegt Jan later. Frische zegt dat Frencken zo onnozel is, dat hij klaagt over de honderden euro's aan kosten voor zijn kopieerapparaat en zijn papier. 'Hij wil dat we die kosten met z'n allen delen. Hij begrijpt niet dat we deze kosten later gaan toerekenen aan de projecten die we samen doen. We hebben ontzettend gelachen.'

Jan zegt dat hij de honderden hotelovernachtingen betaalt van mensen die naar Weert moeten komen. Maar 'we doen het, want wij zien wel dat het daar met die man rustig en zoet is. Ik vind het bijna uit de grond van mijn hart zoals ik opgevoed ben pervers. Een ander woord ken ik niet.' En Jan die tonnen aan kosten maar 'wegpoetsen'. Dat doet hij via zijn gedeelde vennootschap Kanaalcentrum Utrecht, zo vertelt hij Frische. Dit gaat volgens hem soms ten koste van zijn medeaandeelhouder John Fentener van Vlissingen, mogelijk zonder dat hij het doorheeft. Twee ton heeft Jan 'gewoon op het project laten drukken'. Hij brengt het in rekening als bedrijfskosten op een vastgoedproject waar Frencken niets mee te maken heeft. 'Op Kanaalcentrum betaalt in wezen de familie,' zegt hij in een door justitie opgevangen gesprek. Jan doelt op de familie Fentener van Vlissingen.

Vijsma noemt zijn oude vriend Del Castilho in een verhoor een 'onberispelijke man'. Justitie ziet het anders. De FIOD-ECD meent dat zijn bedrijfje Solid Brick is gebruikt voor het wegsluizen van miljoenen van Bouwfonds en Philips Pensioenfonds. Jan zou bij Del Castilho een potje hebben voor de verwennerij van zijn zakenpartners van Philips, oom Nico, Cees Hakstege, Jack en niet in de laatste plaats zichzelf. Daaruit betaalt hij de peperdure reisjes naar vastgoedcongres Mipim in Cannes, die Del Castilho boekt. Ook de Formule 1-races waar Van Vlijmen jaren achtereen met Will is te vinden, worden daaruit bekostigd. Echt gezellig worden die tripjes overigens nooit. Jan ergert zich aan Will en Will ergert zich aan Jack. Maar de Limburgse pensioenfondsdirecteur slikt het, omdat hij het Formule 1-circus graag gratis wil meemaken. Nico zegt achteraf tegen Jan: 'Dat is de tol die hij moet betalen.'

> Jan: 'Dat begrijp je toch niet. Als je toch gek bent van racen, ga je toch op eigen houtje in een hotel zitten. Laat ze allemaal doodvallen?'
> Nico: 'Die mensen denken niet zo. In hun kop zit stront en blubber, alle mensen in de wereld. (…) We zijn zelf schuld aan dit gedoe, hoor. (…) Wij doen dat heel berekenend en schofterig, gelukkig.'
> Jan: 'Ja, gelukkig wel.'

In mei 2007 is Jan voor de derde keer naar een Formule 1-race met Frencken en zijn vriendin Monique. 'Annie' noemt Nico Vijsma haar gekscherend. Deze keer kan Jack niet mee vanwege het huwelijk van zijn dochter. Jammer, vindt Van Vlijmen, want die mooie Jack is altijd goed gezelschap. Hij houdt Frencken altijd lekker bezig. De man die in december 2006 Philips heeft verlaten en voor zichzelf is begonnen, is goed geluimd. Hij gaat op 26 mei naar de trainingsraces. Die laat Jan maar even schieten. Hij zit in het hotel en ontmoet zijn gezelschap pas weer om vijf uur. Hij belt een rondje langs zijn vrienden om te klagen over Frencken. Wat hem vooral tegen de borst stuit, is dat vriendin Monique de kranten wil meenemen uit het privévliegtuig.

'Ontberingen?' informeert Eric Frische later. Jan schampert: 'Hij zat meteen te informeren naar volgend jaar. Maar dan wordt het hotel gerenoveerd. Je bent toch de hele dag met zo'n man bezig. Je denkt de hele tijd dat je in een val trapt met die man.' Eric: 'Het is voortdurend op je tenen lopen.' Jan: 'Will denkt altijd dat Jack de reizen omwille van hem organiseert. Maar dat is gewoon een deal waar ik die man goed voor betaal.'

Het is toch goed dat Jan hem meeneemt. 'Want anders gaat-ie misschien met zo'n Muermans,' zegt Eric. 'Die heeft daar alleen zitten duimendraaien, heb ik gehoord.'

Eric vertelt dat Will hem kort tevoren opbelt met een dringende kwestie. 'Hij vertelt dat hij een nieuw bed heeft gekocht van 40.000 euro!'

Jan: 'De mijne was slechts 5000 euro.'

Wat iemand voor een bed wil betalen, moet hij zelf weten. Waar Frische zich aan ergert, is dat Frencken zelf het geld naar eigen zeggen niet heeft. Of dat even geregeld kan worden door Frische.

Jack zegt zich zorgen te maken over het leger dat Jan moet onderhouden. Hij hoort er zelf ook bij, maar het zijn er na al die jaren wel veel geworden. Dat is niet zonder risico. Jack analyseert de zorgen waar Jan mee kampt: 'Jij hebt een soort plichtsbesef, dat niet klopt,' zegt hij in een onderschept gesprek. 'Omdat je denkt: ik heb er een voordeel aan dus ik moet wat terugdoen, enzovoorts. Maar dat wordt op enig moment vereffend beschouwd, maar jij gaat door. Hoeveel het ook is, want is hij het niet, dan is het een ander. Dat moet je begrenzen.'

Onmatigheid lijkt een van de grootste ondeugden van het 'consortium van bouwheren', zoals Del Castilho het netwerk rond Van Vlijmen noemt. Jan heeft in Heemstede de bijnaam Rupsje Nooitgenoeg, maar zijn maten zijn niet minder hebzuchtig. Jan heeft op 14 juni 2007 weer een vergadering in een hotel met boekhouder Frische en Frencken. Jan zit stipt op tijd zoals altijd klaar, deze keer in het Mercure in Rosmalen. In het hotel geeft hij al bij binnenkomst een fooi aan de dame in de bediening. 'U zorgt altijd goed voor ons,' valt te horen op de tap van justitie. Jan kijkt alvast op de menukaart voor de lunch. Hij kan een glimlach nauwelijks onderdrukken als hij zegt: 'Ik denk dat ze wel aan de gebakken eieren willen. U weet: het zijn hele gulzige gasten die we altijd hebben.'

28 It's raining bucks

ABN Amro verkoopt Bouwfonds aan de Rabobank. Op een veelbelovend project aan de Zuidas na, dat de bank zelf wil houden: Vivaldi. Een eenzame ABN Amro-bankier weet er geen raad mee en laat het zich door Van Vlijmen en co ontfutselen. 'Honderdduizend mensen die we om de tuin leiden.'

De limousine met ABN Amro-bankier Douglas Grobbe mindert vaart bij het naderen van de oprijlaan van landgoed Bloemenoord in Heemstede. De mooie nazomer slaat op woensdag 27 september 2007 om naar somber herfstachtig weer. Maar Grobbe is opgetogen. Vastgoedkoning Jan van Vlijmen verlost hem en 'De Bank' zometeen van een slepend vastgoedprobleem. Grobbe is als *managing director special projects* verantwoordelijk voor onder meer een flinke lap grond aan de voet van het ABN Amro-hoofdkantoor op de Amsterdamse Zuidas. Het bouwkavel is getooid met de fantasienaam Vivaldi Park en Rand. Bij de bank weet men niet wat men ermee aan moet. Grobbe slaagt er niet in partners te vinden om samen iets moois te bouwen op de kavel. Hij staat onder druk van de gemeente om vaart te maken. Na tien jaar praten bestaat Vivaldi nog slechts uit een zandvlakte en de verlaten sportvelden van AFC, Amsterdams oudste voetbalclub.

In de auto bij Grobbe zit ook Dennis Lesmeister, voormalig dealmaker bij Bouwfonds en na zijn overstap directeur bij het succesvolle planologenbureau Trimp & van Tartwijk. Onbekend bij het grote publiek, maar voor kenners van de vastgoedmarkt een topkantoor. Er wordt nauwelijks meer een vastgoeddeal in de Zuidas gedaan, zonder dat Trimp & van Tartwijk daarbij betrokken is. Grobbe voelt zich dan ook op zijn gemak, want Lesmeister rijdt mee als zijn adviseur.

De tengere Lesmeister ziet er jongensachtig uit met zijn blonde krullen. Zeker vergeleken met de wat zorgelijke blik van de kalende

Grobbe. Maar Lesmeister kan bikkelhard zijn als het om zaken gaat, weet Grobbe. Een betere secondant kan een *gentleman banker* als hij zich niet wensen, beseft Grobbe behaaglijk. 'En, Dennis,' plaagt Grobbe als ze de oprijlaan van het reusachtige landgoed van Van Vlijmen opdraaien, 'zou jij later ook wel zo'n optrekje willen?' 'Ik wel, hoor,' antwoordt Dennis zonder een seconde te aarzelen. Lesmeister heeft drie jaar eerder inderdaad 800.000 euro geleend van Jan van Vlijmens kassier Jack Del Castilho voor de aankoop van een stuk grond om zijn huis in Muiden uit te breiden. Lesmeister houdt wel van een grote villa. 'Mwah, ik niet,' mijmert de ABN Amro-bankier. Wat zich voor hun ogen ontvouwt, is helemaal niet de stijl van de ingetogen Grobbe. Zo groot, zo over the top. Zoveel glas en steen en zo kaal. 'Nee, dat wisten we al,' reageert Dennis Lesmeister afgemeten.

Wisten we al? Welke we? Wie zijn dat in hemelsnaam? Voordat de ABN Amro-bankier zich hier het hoofd over kan breken, parkeert hij de auto voor het bordes van villa Bloemenoord en stapt hij uit. Als Grobbe een paar uur later het landgoed weer afrijdt, is hij tot zijn opluchting een nieuwbouwproject aan de Zuidas armer.

Wie ook heel blij is, is Jan van Vlijmen. Met Vivaldi krijgt hij het project in handen dat hij zelf zes, zeven jaar eerder als directeur bij Bouwfonds op de rails zet. Bouwfonds krijgt die positie na ingewikkelde onderhandelingen met ABN Amro, ING, BPF Bouwinvest, de Universiteit van Amsterdam, de gemeente Amsterdam en zelfs de voetbalclub AFC. Contracten met de gemeente worden namens Bouwfonds ondertekend door Bart Bleker en onderdirecteur Dennis Lesmeister. Achteraf blijkt uit onderzoek van de Rabo Vastgoedgroep dat ze hiertoe niet bevoegd zijn en dat de eerste Vivaldicontracten de vereiste goedkeuring intern niet hebben gekregen.

Op 29 mei 2001 legt Bouwfonds de samenwerking met Trimp & van Tartwijk vast. Het Amsterdamse bedrijf krijgt tegen een standaardvergoeding weer de rol van gedelegeerd projectontwikkelaar. Bouwfondsdirecteur Jan van Vlijmen keurt de offerte nog vlak voor zijn vertrek goed. Vivaldi ziet er op papier hemelbestormend uit: 45.000 vierkante meter kantoor- en woonruimte. Kosten: 405 miljoen euro. Verkoopprijs: 449 miljoen euro, volgens een rekenexercitie uit 2004. Ergo: een winst van 44 miljoen euro. Maar door het ontbreken van een koper of huurder blijft realisatie van het project uit.

Toch geeft het gemeentebureau Zuidas na enkele jaren een ontwikkelingsoptie voor Vivaldi Park en Rand. De gemeente gunt het eerste stuk grond in 2004 en het laatste stuk begin 2006 exclusief aan Bouwfonds. Bouwfonds betaalt de gemeente voor de optie 4.537.802 euro. Een van de redenen waarom Vivaldi niet vlot, is dat in de beginperiode zijdelings ook ING en projectontwikkelaar Blauwhoed bij het plan zijn betrokken. Dat blijkt niet te werken. De directeur van het Projectbureau Amsterdam Zuidas Jan Stoutenbeek trekt het project vlot door de grondpositie te verdelen. ING en Blauwhoed krijgen een eigen stuk, onder de naam Ravel Noord. Op 20 oktober 2004 overlegt Stoutenbeek met ING en Bouwfonds over de overdracht van Vivaldi aan Bouwfonds. Curieus is dat er later twee versies opduiken van het gespreksverslag hierover. De eerste is een door de hoogste Zuidasambtenaar ondertekende versie, die vermeldt dat uitsluitend Bouwfonds Vivaldi verder gaat ontwikkelen. Maar er is ook een ongetekende gewijzigde versie, waarin staat dat 'Bouwfonds in casu Trimp & van Tartwijk' Vivaldi ontwikkelt. Beide versies zijn gericht aan ING Real Estate en ABN Amro: 'de heer Doets/heer Lesmeister'.

Hans van Tartwijk heeft een assistente van het gemeentelijke Zuidasbureau opdracht gegeven om die tweede gewijzigde versie op te stellen, blijkt uit verklaringen van Stoutenbeek. Hij heeft dan nog een hechte relatie met Van Tartwijk. Het tweede gespreksverslag introduceert Trimp & van Tartwijk als medehoofdrolspeler. Maar dit tweede verslag is niet ondertekend, omdat de gemeente niet akkoord gaat met deze wijzigingen, aldus Stoutenbeek. Toch wordt dit ongetekende gewijzigde gespreksverslag, en niet het andere ondertekende verslag, later ingebracht als bijlage bij contracten. Bijvoorbeeld in een contract van Bouwfonds met Trimp & van Tartwijk, dat via een constructie met een commanditaire vennootschap voor veertig procent mede-eigenaar wordt gemaakt van het Vivaldiproject in ruil voor enkele duizenden euro's.

Binnen Bouwfonds roept deze overeenkomst weerstand op. Een medewerker van juridische zaken uit op 23 december 2004 zijn kritiek bij de toenmalig Bouwfondsprojectontwikkelaar Alexander Lubberhuizen. De jurist acht zulke niet-ondertekende notulen 'onvoldoende' basis voor zo'n ingrijpende wijziging. Hij constateert dat de eigendomsverhoudingen tussen de betrokken partijen impliciet worden 'herverdeeld'. De Bouwfondsjurist eist daarom dat alle betrokkenen voor de herverdeling gaan tekenen. Hij vindt echter geen gehoor bij Lubberhuizen.

Als op 11 januari 2005 de officiële samenwerkingsovereenkomst volgt, is weer het niet-geautoriseerde gespreksverslag als bijlage aangehaald. Artikel 7.7.1 stelt dat 'Bouwfonds en Trimp & Van Tartwijk aanleiding (hebben) om te veronderstellen dat zij c.q. de commanditaire vennootschap jegens de gemeente het recht op levering zullen verkrijgen van gronden die zijn gelegen in het plangebied'.

Volgens latere verklaringen van de Zuidasambtenaren Jan Stoutenbeek en Robert Dijckmeester is de optie op de Vivaldikavel nooit, ook niet deels, aan Trimp & van Tartwijk uitgegeven of beloofd. Bouwfonds betaalt en krijgt de optie van de gemeente. Projectbureau Zuidas hoort pas achteraf van de overdracht van veertig procent van het eigendom van Vivaldi aan Trimp & van Tartwijk. Zo'n *change of control* is echter niet toegestaan zonder goedkeuring van de gemeente. Het bureau blijft er aanvankelijk laconiek onder. 'Bureau Zuidas c.q. de gemeente Amsterdam heeft naar eigen zeggen verzuimd om direct na het bekend worden hiervan actie richting ABN Amro en Trimp & van Tartwijk te nemen,' melden onderzoekers in opdracht van de Rabo Vastgoedgroep in een reconstructie.

Bij Bouwfonds gaan de alarmbellen rinkelen als na de fusie met projectontwikkelaar MAB de kliek van Van Vlijmen weg is en een nieuw managementteam aantreedt. Isaäc Kalisvaart constateert op 10 oktober 2005 dat de potentiële winst wordt weggegeven zonder concrete tegenprestaties van Trimp & van Tartwijk. Binnen de nieuwe garde is er sowieso grote verbazing over de machtspositie van Trimp & van Tartwijk bij de gezamenlijke projecten. In ontstemde mails schrijven leidinggevenden van MAB op 12 december 2005 aan elkaar: 'Hans van Tartwijk is niet degene die hier in huis het management bepaalt.' Via via belanden die mails binnen enkele uren in de mailbox van Van Tartwijk zelf. Hij mailt de commotie naar Dennis Lesmeister, in dialect voorzien van een hatelijk: 'Lagguh.'

De ontwikkeling van Vivaldi vertoont parallellen met die van het buurproject Symphony. Ook hier claimt Trimp & van Tartwijk zestig procent van de winst op basis van een omstreden grondpositie. De zilvervloot van Symphony is in aantocht, omdat met Philips Pensioenfonds een belegger is gevonden. Voor Vivaldi is nog geen koper in beeld. Trimp & van Tartwijk heeft in de zoektocht echter goede kaarten, nu het zichzelf in de positie van mede-eigenaar heeft gemanoeuvreerd. Een handje geholpen door de directeuren van Bouwfonds die Van Vlijmen hebben opgevolgd.

Het gevecht om de grondposities op de Zuidas valt samen met een veel grotere machtsverschuiving binnen de vastgoedwereld. In december 2005 zet ABN Amro Bouwfonds in de etalage. Bankieren en projecten ontwikkelen, dat combineert eigenlijk niet, vindt ABN Amro ietwat wispelturig na bijna zes jaar. Het dringt tot de leiding van de bank door, dat het twee verschillende disciplines zijn. De bank verlaat daarmee het pad dat in 2000 werd ingeslagen met de aanschaf van Bouwfonds. ABN Amro geeft de ambitie op om net als concurrent ING een toonaangevende real estate-poot in te richten.

Opportunistisch zakeninstinct is ook niet vreemd aan de koerswijziging. Bestuursvoorzitter Rijkman Groenink heeft al bij de overname van Bouwfonds gezegd open te staan voor elk leuk bod. Nu heeft ABN Amro dringend miljarden nodig om de aanschaf van het Italiaanse Banca Antonveneta te financieren. Een boekwinst van 350 miljoen euro komt dan goed van pas. De voor een bank interessante hypotheekportefeuille, die veel cashflow genereert, heeft ABN Amro al uit Bouwfonds losgeschroefd en bij zichzelf ondergebracht.

De verkoop van Bouwfonds kan het spel op de Zuidas weer helemaal opengooien. Bij ABN Amro speelt Douglas Grobbe een adviserende rol voor het team dat de verkoop van Bouwfonds begeleidt. De afdeling *corporate development* van ABN Amro huurt voor deze verkoop Dennis Lesmeister van Trimp & van Tartwijk in als adviseur. Bij Bouwfonds is bestuursvoorzitter Henk Rutgers gepikeerd dat moedermaatschappij ABN Amro een voormalig Bouwfondsleidinggevende inschakelt om Bouwfonds te verkopen. Zijn protesten leiden ertoe dat Lesmeister met een zak geld weer wordt weggestuurd. Grobbe daarentegen laat zich als vastgoedmanager op de achtergrond bij dit verkoopproces nog wel adviseren en assisteren door Trimp & van Tartwijk.

Ook voor deze onderontwikkelaar breken spannende tijden aan. De verhouding met de nieuwe heren van MAB is niet erg goed. Het laatste wat de firma wil, is dat de nieuwe eigenaar de royale winstverdelingen en vergoedingen uit Symphony, Eurocenter en Vivaldi ter discussie stelt. Dat vindt ook Dennis Lesmeister, die de opmerkelijke overstap van Bouwfonds naar Trimp & van Tartwijk maakt. Het bureau ziet voor zichzelf liefst een grote rol bij een nieuwe eigenaar, die zelf weinig expertise in huis heeft en het werk graag uitbesteedt.

Binnen Bouwfonds groeit de onrust over de verschillende petten die Trimp & van Tartwijk op heeft. Het bureau is in 2004 ook al adviseur van ABN Amro, tijdens de fusie van Bouwfonds en MAB. Kalisvaart vindt het vreemd dat moederbedrijf ABN Amro zich nu bij zo'n delicaat proces laat begeleiden door deze volgens hem twijfelachtige club. Hij belt met ABN Amro-topman Rijkman Groenink. Een kwartier later hangt een woedende Grobbe aan de lijn bij Kalisvaart. Hoe hij het als directeur van Bouwfonds/MAB in zijn hoofd haalt zich te bemoeien met de keuze van de adviseurs van ABN Amro. Grobbe heeft juist alle vertrouwen in zijn adviseurs.

ABN Amro besluit in 2006 Bouwfonds op te splitsen om het gemakkelijker te kunnen verkopen. Ook directeur Will Frencken van Philips Pensioenfonds bemoeit zich ermee. Hij heeft net als zijn vrienden van Trimp & van Tartwijk en de oude Bouwfondsgarde belang bij een soepele afhandeling van zijn projecten. In een brief aan Groenink van 21 maart 2006 eist Frencken dat de nieuwbouwprojecten Symphony en Eurocenter niet meeverkocht worden, maar bij ABN Amro blijven. Hij geeft als reden voor deze curieuze interventie dat het kapitaalkrachtige ABN Amro namens Bouwfonds een huurgarantie van 32 miljoen euro zou hebben afgegeven voor het door Bouwfonds te bouwen Symphonyhotel. Groenink schrijft met pen een reactie op de bozige Philipsbrief. Douglas Grobbe moet namens de bank een antwoord bedenken.

Later dat jaar is de kogel door de kerk. De financieringsdochter wordt verkocht aan bank-verzekeraar SNS Reaal. De vastgoed- en ontwikkelingstak van Bouwfonds gaat op 1 december 2006 naar de Rabobank. Oud-ABN Amro-bankier Hans ten Cate koopt dan voor de tweede keer in zijn leven Bouwfonds. Philips kan moeilijk dwars blijven liggen op basis van de argumenten van Frencken. De kredietwaardigheid van Rabo als triple A-bank is hoger dan die van ABN Amro. Rabo is tegen het verwijderen van een paar veelbelovende nieuwbouwprojecten uit de Zuidaskoopwaar van Bouwfonds. Toch weet ABN Amro twee posities te houden, namelijk de Zuidaskavel Vivaldi Park en Rand, en de Zuidaskavel Oor van Ravel, allebei pal naast het ABN Amro-hoofdkantoor. Douglas Grobbe heeft daarvoor binnen de bank hard gelobbyd. Vivaldi is nodig, praat de bank Grobbe en diens adviseurs van Trimp & van Tartwijk na, om het streven naar deelname aan het zogeheten Dokmodel aan de Zuidas kracht bij te zetten. Het Zuidas-Dok is een plan voor tientallen woon- en kantoortorens op een tunnel voor de snelweg A10, de metro en het spoor.

Na de verkoop van Bouwfonds op 1 december 2006 blijft Grobbe alleen achter bij ABN Amro voor Vivaldi en het Dok. Hij verkondigt dat hij als voormalig hoofd financiële markten van ABN Amro in de City nul verstand van vastgoed heeft. Gelukkig maar dat de gemeente Trimp & van Tartwijk heeft aanbevolen als adviseur, meent hijzelf.

Met de voorbereidingen voor Vivaldi wordt opvallend weinig haast gemaakt. Onderzoekers van de Rabo Vastgoedgroep zullen later vermoeden dat hier mogelijk opzet in het spel is. Ze menen dat de fundamenten voor een nieuwe fraude worden gelegd. Achter de schermen bemoeit Van Vlijmen zich met Vijsma nog met de positie die de voormalige Bouwfondsdirecteur in 2001 voor zijn werkgever binnensleept. Vlak na de verkoop van Bouwfonds, op 18 december 2006, belt Lesmeister met Nico Vijsma. Hij brengt verslag uit van een gesprek met de gemeente en zijn vorige werkgever Bouwfonds.

Het gesprek van Dennis Lesmeister en Nico Vijsma is afgeluisterd:

Nico: 'Hé, grote man.'

Dennis: 'Nou, ik heb een middagsessie, of een avondsessie, Vivaldi achter de rug.'

Nico: 'Ja. Met wie? Als ik zo vrij mag zijn?'

Dennis: 'Met Stoutenbeek, Dijckmeester, de projectleider Gijs Mol, een ingehuurde jongen van Twijnstra Gudde namens het grondbedrijf, Alexander Lubberhuizen, Jaap van de Wijst en Robert Bakhuizen.'

Nico: 'Zo.'

Dennis: 'Als ik het mag samenvatten, Niek. Ik kan me niet heugen dat ik (...) zo verschrikkelijk op mijn flikker heb gehad als vanavond.'

Nico: 'Godverdomme, zeg. Van wie? Wie heeft dat lef gehad?'

Dennis: 'Van Stoutenbeek en Dijckmeester.'

Nico: 'Waarom?'

Dennis: 'Nou wij hebben...'

Nico: 'En wat stoer van je dat je me dat vertelt.'

Dennis: 'Ja, het zit, ik ben er nog van aan het bijkomen. Wel zitten en geranseld worden.'

Nico: 'Maar?'

Dennis: 'Nou kijk, we hadden een analyse gemaakt, Niek, van Vivaldi, om binnen te komen. Als je het goed bekijkt, is Vivaldi een project dat al zeven jaar loopt.'

Nico: 'Ja, wat jullie dan zogenaamd blabla de hoofdleiders zijn, hè?'

Dennis: 'Precies, en Vivaldi is drie gigagebouwen. Maar daarbij die opgaaf om die voetbalvelden te maken met daaronder een oneindige bak aan parkeren, en dat moet dan voor de gemeente, maar de vraag is: kunnen jullie dat er niet bij doen?'

Nico: 'Ja.'

Dennis: 'Nou, we hebben die vraag zeven jaar voor ons uitgeschoven en vanavond geprobeerd, met alle ins en outs, te becijferen. Qua uitslag was het niks nieuws, maar het stond nu wel een keer keihard op een rij. En daarbij: het succes van de Zuidas is natuurlijk een zes jaar tijd doorgegaan.'

Nico: 'Ja.'

Dennis: 'Dat hadden we niet helemaal vertaald in de getallen, zeker niet dat, in 2005, slechts anderhalf jaar geleden, of slechts twee jaar geleden, maar dat is eigenlijk al weer lang voor de Zuidas, heeft Alexander nog eens een tussentijdse grondonderhandeling gedaan en vanaf dat punt zijn we verder gaan redeneren. Maar die lui zijn natuurlijk wel zo overtuigd van het succes.'

Nico: 'Van hun macht en hun succes.'

Dennis: 'Ja, en niet onterecht, Niek. Ik bedoel... Ik probeer even een goede weergave te geven. Dat wij echt om onze oren zijn geslagen met het onfatsoen om op deze wijze de analyse te maken. (...) Je moet je voorstellen, Niek. Er komen dus vijf voetbalvelden naast elkaar, midden in de Zuidas. Met daaronder de potentie om gewoon 1800 parkeerplaatsen te maken.'

Nico (lachend): 'Maar je mag toch stelen als een raaf?'

Dennis: 'Nou, dat...'

Nico: 'Onder hun ogen?'

Dennis: 'Ja, maar dat is natuurlijk niet een geaccepteerd fenomeen.'

Nico: 'Nee, dat is geen geaccepteerd fenomeen, maar daar ben je wel, sorry als ik zo vrij mag zijn, Jan van Vlijmen en Lesmeister voor.'

Dennis: 'Nou ja, dat is ook de enige, de enige...'

Nico: 'Laat niemand zeggen dat jij op je flikker hebt gekregen. Iedereen die dat zegt, krijgt op zijn flikker van mij.'

Dat 'stelen als een raaf' nemen justitie, de Rabodochter en het Zuidasbureau inmiddels letterlijk. Een van de conclusies van het forensisch onderzoek van de Rabo Vastgoedgroep is dat Vivaldi het derde grote Zuidasproject is waarbij Jan van Vlijmen, Hans van Tartwijk en Dennis Lesmeister een frauduleuze constructie opzetten. De werkwijze is simpel. Verover grond en claim hiermee een deel van de potentiële winst die risicoloos binnenstroomt als een goed betalende eindbelegger is gevonden.

In Vivaldi stelt Trimp & van Tartwijk veertig procent van de mogelijke winst veilig via de omstreden manoeuvre met de beweerde gezamenlijke ontwikkeloptie. Justitie denkt dat Trimp & van Tartwijk in het geheim wordt aangestuurd door Van Vlijmen, die weer subwinstdelingen afsluit. In geheime memo's die justitie vindt, wordt in februari 2007 gesproken van een fiftyfifty-winstverdeling tussen Trimp & van Tartwijk en Van Vlijmen voor het project Vivaldi. Welk werk Van Vlijmen verricht voor die belofte, is onduidelijk. Een officiële contractuele vastlegging is niet gevonden.

Vermoedelijk wil Van Vlijmen na verloop van tijd het hele project naar zich toe trekken omdat de winstbeloftes enorm zijn. Dat de lap grond op basis van een advies van Trimp & van Tartwijk buiten de deal met de Rabobank wordt gehouden, verhoogt zijn kansen aanzienlijk. Vervolgens wordt Grobbe overgehaald Vivaldi alsnog te verkopen, terwijl hij in december 2006 nog hemel en aarde beweegt om het voor de bank te bewaren.

Uit een in mei 2007 afgetapt telefoongesprek valt op te maken dat Vivaldi op een slinkse wijze wordt weggehaald bij ABN Amro. Lesmeister vertelt aan Nico Vijsma dat hij met Van Tartwijk, Lubberhuizen en Van Vlijmen heeft gesproken over het introduceren van John Fentener van Vlissingen en Van Vlijmen als tussenschakels voordat er een eindbelegger is gevonden. Van Vlijmen en Fentener van Vlissingen hebben een gezamenlijke vennootschap, Winshield, die als geïnteresseerde wordt geïntroduceerd. Lubberhuizen adviseert Grobbe eieren voor zijn geld te kiezen en het ontwikkelrecht te verkopen. Hij zal Grobbe voorhouden dat het niet anders kan, omdat er geen huurders of eindbeleggers gevonden worden. Het is ook de bedoeling dat Trimp & van Tartwijk het belang van veertig procent in Vivaldi verkoopt. Het bedrijf blijft wel ontwikkelaar van het project.

Het gesprek van Lesmeister met Vijsma van mei 2007:

Dennis: 'Dan introduceer ik ook via een aanzet van Jan dat we tot een nieuwe winstdeling gaan komen, want de bedoeling wordt niet dat Fentener van Vlissingen of dat het bedrijf dan het merendeel van zijn winst in zijn zak steekt. Dus de winstpositie van ABN Amro, dat-ie nu allemaal overgaat naar Fentener van Vlissingen. Maar Jan gaat zeggen, nou Dennis, ik ga wel construeren dat die positie of dat dat geld, dat winstaandeel zo veel mogelijk, weer hier komt. Dus ik zeg, dat is goed, maar dan gaan we wel opnieuw zaken doen met elkaar.'

Nico: 'Dat is het voorstel, neem ik aan, want je zult verbaasd staan hoe die idioot van een Grobbe nog zal zitten tegensputteren en -spartelen. Die mag toch blij zijn als dat überhaupt levensvatbaarheid heeft.'

Dennis: 'Mee eens, Niek, maar het is de enige en beste kans.'

Nico: 'En Hans van Tartwijk, schat ik toch een beetje in, die kiest eieren voor zijn geld, denk ik maar. Wel of niet die eieren, hij heeft niet de meerderheid van de Vivaldistemmen.'

Dennis: 'Niemand is bezig met dit soort dingen maar dat we op het moment dat er een handtekening moet worden gezet, dan nog wel wat oppositie krijgen, ja. Zo werken die bank. Altijd reactief. Nooit proactief. Maar goed, ik heb dit nu met Jan afgesproken en er zaten twee dingen aan vast. Een was, ik zei

Jan, ik wil wel met jou maar dat moeten we graag een keer doen met Niek erbij over de financiële situatie praten. Hij zei nou Dennis, ik sta er wel voor in dat ik ervoor zorg dat ik het met Fentener van Vlissingen zo doe dat zij alleen maar contractpartner zijn, maar dat zij niet meedoen in de grote poet.'

Nico: 'Maar hoe kan hij nou zoiets zeggen?'

Dennis: 'Dat zegt-ie, Niek, voor een vorstelijke fee, Niek. Er wordt wel betaald aan ze. Dan zeggen we: jullie krijgen net zoals ABN Amro, jullie krijgen misschien euuhhh…'

Nico: 'Vijf miljoen.'

Dennis: 'Virtueel, we hebben even zitten rekenen. Stel nou in een positief scenario maak je honderd miljoen winst op dit project. Dat moet mogelijk kunnen zijn ex belasting. En dat je tien miljoen moet betalen aan ABN Amro en tien miljoen aan Fentener van Vlissingen. Dat is dan een big deal.'

Nico: 'Zij kunnen toch ook rekenen. Wat moeten zij er dan instoppen? Wat moeten zij dan doen?'

Dennis: 'Niets. Alleen maar als contractpartner dienen.'

Nico: 'Contractpartner als er eventueel de pleuris uitbreekt.'

Dennis: 'Nee, want we moeten zorgen dat we het uiteindelijk contractueel gaan doorverkopen. Dus we moeten nu een dubbele slag slaan dat we een partij vinden die het gaat kopen.'

Nico: 'Dat is Fentener van Vlissingen of niet?'

Dennis: 'Ja, maar die zitten er tussen. Maar de echte koper, de echte partij die zo het risico gaat lopen, dat die er achter zit en dat Fentener van Vlissingen alleen even optreedt als tussentijdse ontwikkelaar en die verkoopt uiteindelijk de positie door aan, nou, de belegger.'

Nico is bezorgd dat ABN Amro moeite heeft met Van Vlijmen en Lesmeister. Bouwfonds heeft vlak voor de verkoop aan de Rabobank onderzoek laten doen naar Van Vlijmen en zijn opvolgers. Moet Van Vlijmen nu wel of niet zichtbaar zijn als koper van Vivaldi?

Dennis: 'Dat zal ze worst wezen, Niek. (…) Ik denk, er is toch geen alarmbel aan Van Vlijmen bij ABN Amro?'

Nico: 'Wel. Natuurlijk. Dat weet jij beter dan ik. (…) Nee, ik ben altijd veel onbesuisder dan jullie maar nu hoor ik dat jullie onbesuisder. Nou, als ik het heel strikt neem is er gewoon een Landquest of een Winshield dat geleid wordt door een toenmalige huppeldepup van ABN Amro. Zelfs jij bent in de picture. Toen het erop aankwam dat jij leidinggevend adviseur bent van de verkoop, was er brand. Nou komt op een of andere manier Winshield aan de orde. Winshield als je dat natrekt is een bedrijf 50/50, daar komt de naam Van Vlijmen keihard in voor.'

Vijsma waarschuwt Lesmeister voor 'onbesuide' acties.

Nico: ' Ik ben degene die net zo gemakkelijk weer onthoudt dat goed, dezelfde tocht ga maken die ik heb gedaan tien jaar geleden. Dus daar praat je tegen. Tegen zo'n man praat je.'

Dennis: 'Ja.'

Nico: 'Nu heb ik een man ontmoet die zei, nooit meer die tocht. En nu krijg ik een hoop gelul aan mijn kop over draai draai enzovoorts enzovoorts. Klopt dat?'

Dennis: 'Maar Niek, laten we het omdraaien, want ik ben het wel met je eens, maar moet je kijken wat we zo bij ABN Amro doen. Daar zijn honderdduizend mensen die we zo direct om de tuin leiden dat ze een project van de hand doen van een paar miljoen.'

Nico: 'Ja, hartstikke goed. Ze verdienen niet beter. Prima.'

Dennis: 'Maar of het lukt en hoe het lukt? Ja, dat is maar de vraag. Hetzelfde geldt voor Jan. Hij moet het maar voor elkaar krijgen.'

Alles hangt af van Grobbe. De zakelijke relatie van Lesmeister met hem is goed. Grobbe ontvangt hem meer dan eens in zijn prachtige ruime hoekkamer, hoog in het ABN Amro-hoofdkantoor aan de Zuidas. De kamer biedt naar twee kanten uitzicht over de halve Zuidas, tot voorbij de landingsbanen van Schiphol. Voetgangers als nijvere mieren, auto's als dinky toys en speelgoedtreinen krioelen tussen de wolkenkrabbers van het WTC, de Houthofftoren, het hoofdkantoor van AkzoNobel, de VU-flats, Eurocenter, de Stibbetoren en de Justitieblokken. Grobbes werkkamer is wel minder licht geworden door de schaduw van de nu voltooide Symphonytorens, die ruim honderd meter hoog zijn. Daar beneden ligt ook de lege zandvlakte van Vivaldi. Aan de muur recht tegenover Grobbes fauteuil hangt zijn lievelingsschilderij. Het is gemaakt door zijn zoon. Ook kunstenaar, net als zijn moeder. Geschilderd vanuit het perspectief van een overvliegende vogel laat het een moderne metropool zien, vol torenflats. Op het schilderij schieten boven de stad honderden dollarbiljetten gevouwen als papieren vliegtuigjes uit en naar de hemel. *It's raining bucks.* Op de gang naar Grobbes werkkamer hangt een tweede schilderij van zijn zoon.

De zoon van Grobbe runt sinds januari 2006 het bedrijf ArtXpose, dat moderne kunst verkoopt en verhuurt aan bedrijven. Een van zijn klanten is Trimp & van Tartwijk. Rond de feestelijke opening van een tentoonstelling van ArtXpose aan de Amsterdamse Keizersgracht heeft Grobbe junior een afspraak met Nico Vijsma, omdat hij zijn eigen zoon die ook kunstenaar is, wil promoten. David Vijsma is behalve kunstenaar ook consultant bij het bedrijf Idlewild van zijn vader Nico. De zakelijke afspraak is geregeld door Alexander Lubberhuizen van Bouwfonds, die op dat moment de vastgoedadviseur van ABN Amro-bankier Grobbe is. Nico Vijsma arriveert volgens sommige gasten in vol ornaat: gekleed in het zwart, met zonnebril en paardenstaart. Maar tot verrassing van Grobbe junior komt Nico Vijsma niet alleen, maar rijdt hij onverwacht in zijn geblindeerde Mercedes voor in het gezelschap van twee gorilla's. Junior ervaart dit als ongemakkelijk. Als hij zijn vader hierover later vertelt, schrikt de bankier. Grobbe gispt zijn adviseur Lubberhuizen, dat hij en zijn zoon niet van dergelijk bezoek gediend zijn.

Grobbe is beducht op acties zoals die van de Vijsma's, maar hij stelt zich wel kwetsbaar op. Binnen de bank zit Grobbe in 2007 niet heel comfortabel. Hij komt regelmatig in aanvaring met Wilco Jiskoot uit de raad van bestuur, aan wie hij direct rapporteert. Hun geruzie gaat over de Zuidaskavels die ABN Amro heeft achtergehouden uit Bouwfonds. Grobbe verklapt aan Lesmeister dat de discussies zo hoog oplopen, dat hij soms voor zijn baan bij ABN Amro vreest. 'Ach, als je eruit vliegt bij de bank, kan je altijd adviseur worden bij ons,' zegt de consultant van Trimp & van Tartwijk troostend. 'Dat vind ik ontzettend aardig van je. Dit waardeer ik ongelooflijk,' antwoordt de bankier. Grobbe behoudt echter zijn baan en vergeet het aanbod van Lesmeister.

Op 5 maart 2007 mailt Lesmeister aan Van Tartwijk, met een cc aan

Alexander Lubberhuizen: 'Hans, weet jij of er iets gebeurt met de cv van de mevrouw van Grobbe? Graag info, want Grobbe wil haar aan een baan helpen. En wij dus ook. Gr, Dennis.' Nadat forensisch onderzoekers Trimp & van Tartwijk doorlichten, raakt Grobbe ervan op de hoogte dat dergelijke mails zijn gevonden. Hij begrijpt niet waar ze over gaan.

Dan breekt de vastgoedfraudeaffaire uit. In opdracht van de nieuwe Bouwfondseigenaar Rabo Vastgoedgroep stellen onderzoekers vragen aan Grobbe, maar hij weigert zijn medewerking. Dat lijkt een aanwijzing dat hij iets te verbergen heeft, maar er is ook een rationele verklaring. ABN Amro houdt er rekening mee dat Rabo wegens verborgen gebreken Bouwfonds wil terugverkopen aan ABN Amro of een schadeloosstelling eist. Rabo heeft ABN Amro inderdaad schriftelijk aansprakelijk gesteld voor het geval Bouwfonds door en door rot blijkt te zijn. In die onoverzichtelijke situatie heeft de ABN Amro-bankier geen zin om Rabo van informatie te voorzien.

Pijnlijker is dat forensisch onderzoekers ontdekken dat Douglas Grobbe op de payroll van Trimp & van Tartwijk staat. Voor een toekomstig adviseurschap van Grobbe blijkt alvast 350.000 euro te zijn gereserveerd. Uit dat potje zou Grobbe in de toekomst zeven jaar lang 50.000 euro per jaar krijgen. Als de onderzoekers Grobbe hiermee confronteren, waarschuwt hij op 16 mei 2008 zelf zijn nieuwe superieur bij ABN Amro, Jan Peter Schmittmann. Grobbe bezweert dat hij hier niets vanaf weet. 'Bizar,' noemt Grobbe de reservering tegenover Schmittmann. Voor ABN Amro is daarmee de kous af. Waar de bank nog wel mee in de maag zit, zijn Vivaldi en de juridische afwikkeling daarvan. Grobbe komt namens zijn bank op die regenachtige woensdag 27 september 2007 vrij gemakkelijk tot een overname van de ontwikkeloptie. Bij Van Vlijmen thuis wordt overeengekomen dat Winshield 13,5 miljoen euro betaalt voor de positie van ABN Amro en Trimp & van Tartwijk. De afhandeling laat echter enkele maanden op zich wachten.

Dan is het half november. Directeur Jan Stoutenbeek van het gemeentebureau Zuidas krijgt de avond vóór de invallen van zijn secretaresse een conceptbrief voorgelegd. Daarin geeft de gemeente toestemming aan ABN Amro om de Vivaldikavel te verkopen. Stoutenbeek tekent de brief. Als hij een dag later beseft wie er zijn opgepakt, vraagt hij zijn secretaresse of de goedkeuringsbrief voor Vivaldi al verstuurd is. Nog niet, hoort Stoutenbeek tot zijn opluchting. Hij laat een nieuwe brief opstellen, waarin de gemeente meldt dat er onder de gegeven omstandigheden geen sprake kan zijn van goedkeuring voor de verkoop van Vivaldi. ABN Amro, dat op het nippertje voor zestig procent eigenaar is gebleven, weigert vanwege de fraudeverdenkingen haar rekeningen te voldoen bij de gemeente voor de kavel. Later trekt de gemeente de hele gronduitgifte voor Vivaldi in.

De zaakwaarnemers van Van Vlijmen en Trimp & van Tartwijk reageren als door een wesp gestoken. Ze stellen dat de gemeente te lang heeft gewacht met de goedkeuring. Trimp & van Tartwijk en Landquest bluffen en stellen zich op het standpunt dat de verkoop van Vivaldi aan Winshield definitief is geworden. Zo wordt ook ABN Amro meegesleept in een zijlijn van de vastgoedfraudezaak.

Hoe Fentener van Vlissingen de samenwerking met Van Vlijmen afhandelt, wil hij niet zeggen. Gedurende 2007 wordt directeur Joop Drechsel nog regelmatig gesignaleerd in Indonesisch restaurant Garoeda aan de Haagse Kneuterdijk, in overleg met Van Vlijmen, Vijsma en hun secretaresse. Alles wordt anders na de arrestatie van Van Vlijmen. Maar pas in de zomer van 2009 blijkt uit gegevens van de Kamer van Koophandel dat Winshield nog maar één aandeelhouder telt: een vennootschap van Van Vlijmen. Fentener van Vlissingen is eruit.

Trimp & van Tartwijk richt de pijlen op de bank en de gemeente en geeft daarmee impliciet aan hoe waardevol de kavel is, in tegenstelling tot wat Grobbe altijd te horen krijgt. Bij de gemeente ligt wegens het stranden van het inmiddels tot 120.000 vierkante meter opgepompte Vivaldiplan een claim van 56,5 miljoen euro. Het is niet duidelijk waar Trimp & van Tartwijk de omvang van deze claim op baseert. Trimp & van Tartwijk claimt daarnaast nog eens 43,8 miljoen euro bij de gemeente voor het stranden van een ander Zuidasplannetje, het Oor van Ravel, dat naast Vivaldi ligt. Ook bij deze ontwikkelingsclaim van Bouwfonds voor 33.000 vierkante meter kantoorruimte heeft het een groot deel van de mogelijke toekomstige winst aan Trimp & van Tartwijk cadeau gegeven.

Grobbe is niet de enige sleutelfiguur uit het Vivaldidossier voor wie een reservering wordt gemaakt door het clubje rond Van Vlijmen. Ex-Bouwfondsprojectontwikkelaar Alexander Lubberhuizen is vermoedelijk een belang toegezegd in de toekomstige ontwikkeling. Dat is opmerkelijk, omdat hij als directeur van Bouwfonds verantwoordelijk is voor de kavel. Hij is de projectleider die in 2004 de brief van de Bouwfondsjurist krijgt over ontbrekende handtekeningen onder het weggeven van het toekomstige winstrecht aan Trimp & van Tartwijk.

De rol van Lubberhuizen blijkt uit een mail van Grobbe die deel uitmaakt van het strafdossier. Hij mailt Lesmeister na de invallen van de FIOD-ECD 'wel verbaasd' te zijn dat in het Vivaldidossier opeens de naam van Lubberhuizen opduikt als rechthebbende op een toekomstig persoonlijk belang van vijf procent in Vivaldi. Grobbe: 'Begrijp niet dat we daar niet eerder over gesproken hebben, aangezien hij tijdenlang mijn adviseur is geweest, eerst in de ontvlechting van Bouwfonds en later in het overnemen van de kosten.' Lesmeister gaat niet in op het verwijt van Grobbe, maar antwoordt dat die vijf procent ten goede gaat komen aan 'enkele culturele voorzieningen in het project'.

Na het uitbreken van de fraudeaffaire op 13 november 2007 beseft Grobbe dat het gezelschap rond Van Vlijmen hem eerder dat jaar bijna in de tang heeft. Het kwartje valt als Grobbe een zaakwaarnemer van Van Vlijmen hoort betogen dat de verkoop van Vivaldi moet doorgaan, omdat ABN Amro 'toch niet kan verwachten dat meneer Van Vlijmen die Vivaldipositie zomaar opgeeft? Hij is daar jaren mee bezig geweest om die te krijgen.' De Vivaldikavel is geen kansloze plek, zoals zijn adviseurs hem hebben voorgehouden. Hij is geadviseerd om het buiten de deal met de Rabobank te houden, zodat deze kavel later geruisloos naar Van Vlijmen kan gaan. Het is hem en de bank nooit opgevallen dat Trimp & van Tartwijk mogelijk het belang van veertig procent in Vivaldi op onterechte gronden is toegezegd. Inmiddels weet hij dat hij om de tuin is geleid. De gemeente heeft de toezeggingen voor de Vivaldikavel en de Oor van Ravel-kavel inmiddels ingetrokken. ABN Amro en Trimp & van Tartwijk zitten in een taaie arbitrageprocedure om hun Vivaldirelatie af te wikkelen.

Grobbe kan het uitzicht op Symphony vanuit zijn werkkamer tegenwoordig niet goed meer verdragen. De clubfauteuil waarin hij graag zit te lezen, heeft hij gedraaid, weg van de ramen.

29 Joops dode theaterstad

Als theatertycoon Joop van den Ende ontdekt dat hij het volgende fraudeslachtoffer zal worden van de Sfinx, spelen zijn hartklachten weer op. Hij had voor de bouw van een nieuw theater bij de RAI op advies van de gemeente Amsterdam het gerenommeerde Trimp & van Tartwijk in de arm genomen, maar de directeur wil de rekeningen opdikken, 'reëel met een energetisch plusje erin'. De rechter komt eraan te pas. 'Ook een boef kan civielrechtelijk zijn belang opeisen.'

Na de invallen van de FIOD-ECD van 13 november 2007 neemt theaterproducent Joop van den Ende een kloek besluit. Zeker twee van de aangehouden fraudeverdachten zitten met hem in een ambitieus bedrijf voor de ontwikkeling van theatervastgoed, Living City. Maar met verdachten van fraude wil hij niets te maken hebben. Van den Ende besluit alle banden met hen zo snel mogelijk door te snijden. Van den Ende is een gevoelsmens. Hij heeft al hartklachten en die spelen weer op, nu hij te horen krijgt dat zijn zakenpartners verdacht worden van criminele activiteiten.

Joop is de grote geldschieter van Living City en voor vijftig procent aandeelhouder. De andere aandeelhouder is Trimp & van Tartwijk Property Performance. De aandeelhouders leggen de dagelijkse leiding van het bedrijf in handen van Alexander Lubberhuizen. Nog geen week na de invallen laat Van den Ende twee van de vier commissarissen van Living City bij de Kamer van Koophandel uitschrijven. Het gaat om Hans van Tartwijk en Dennis Lesmeister. Beiden zijn door justitie opgepakt. Ze weten zelf niet dat Joop hen heeft laten uitschrijven. 'Dat is niet rechtsgeldig,' reageert de advocaat van Hans van Tartwijk verbaasd als hij het hoort. 'Ik weet niet wie het gedaan heeft, maar het kan alleen met toestemming van beide aandeelhouders.' Hij kondigt juridische stappen tegen Joop van den Ende aan, de eerste van een hele serie.

Een risicoanalyse door zijn juridisch adviseurs sterkt Van den

Ende in zijn besluit de relaties te verbreken. Zijn advocaten hebben aanwijzingen dat Living City het volgende slachtoffer van bedrijfsroof door het geheime genootschap van Jan van Vlijmen en Nico Vijsma dreigt te worden. De FIOD-ECD-invallen van 13 november 2007 zetten dat plan van Jan en Nico *on hold*. De zware deuren van de kluizen waar de miljoenen van Joop liggen, vallen dicht door het FIOD-ECD-optreden. Beoogd financier ANB Amro trekt zijn handen van Living City af. Van den Ende heeft zelf al tien miljoen euro uitgegeven. Maar de vergunningen voor het eerste theaterhotel bij de RAI in Amsterdam zijn nog niet eens rond. Er is geen gebouw, geen huurovereenkomst en geen koopovereenkomst.

Uit intern onderzoek van Joop van den Ende blijken meer fraudeverdachten bij het Living City-project betrokken te zijn. Als makelaar is Michiel Floris in de arm genomen. Nico Vijsma blijkt regelmatig heimelijk bij Living City op kantoor te vertoeven. Joops vastgoedbedrijf voert buiten medeweten van Joop besprekingen met Jan van Vlijmen. De twijfels over de directeur van Living City, Alexander Lubberhuizen, nemen toe. Hij staat op goede voet met de fraudeverdachten. Lubberhuizen heeft voor zijn vorige werkgever Bouwfonds in het voorjaar van 2005 het contract getekend voor de verkoop van het frauduleuze vastgoedproject Symphony.

Van den Ende staakt de betalingen aan de gemeente van de 650.000 euro reserveringskosten voor de bouwgrond bij de RAI. Daarop trekt de gemeente de toezegging van deze bouwkavel weer in. Het is een een-tweetje tussen de gemeente en Joop van den Ende om gezamenlijk een heikel probleem uit de weg te ruimen. Van den Ende ontslaat bijna al het personeel van Living City. In een mediaoffensief meldt hij op 17 april 2008 dat hij zich als aandeelhouder en leidinggevende terugtrekt uit het project dat zijn geesteskind is. Op tv zegt Van den Ende dat 'maffiapraktijken' zijn bedrijf zijn binnengedrongen. Onder het kopje 'Vastgoedfraude, de musical' analyseert NRC *Handelsblad* alle opwinding. Met de bekende Nederlander Joop van den Ende als slachtoffer krijgt de vastgoedfraude eindelijk de aandacht die het verdient, meent de krant. Joop zegt dat 'de onderwereld in Nederland groter is dan men denkt'. Hij is geëmotioneerd: 'Dit is fout. Hier wil ik niet bijhoren.' Zijn analyse is bondig: 'Op een legale manier proberen ze mijn portemonnee leeg te trekken.'

De samenwerking tussen Van den Ende en Van Tartwijk in hun joint venture Living City is zo veelbelovend begonnen. Voor het oog van de camera's tekenen ze op 16 november 2005 hun samenwerkingscontract. Het duo vindt elkaar na advies van de directeur van het gemeentelijke Zuidasbureau. Op voordracht van Van Tartwijk en Lesmeister wordt Lubberhuizen de baas bij Living City. Het eerste plan van Living City, voor de bouw van een theaterhotel bij de RAI, wordt razendsnel gevolgd door een golf aan plannen voor vergelijkbare of nog grotere theaternieuwbouw.

In het strafdossier zitten aanwijzingen dat Van den Ende terecht vreest het volgende doelwit van de fraudeurs te worden. Justitie luistert namelijk op 8 december 2006 een telefoongesprek af, waarin Lubberhuizen en Nico afstemmen hoe de kosten op het vastgoedproject van Living City heimelijk kunnen worden aangedikt, zonder dat financier Joop van den Ende het doorheeft. Ze bespreken het ongezien aanleggen van geldpotjes, die later leeggehaald kunnen worden.

Moet Alexander de projectkosten bij Living City 'dikker' of 'dunner' maken, vraagt hij aan Nico. Die waarschuwt Alexander dat hij de cijfers niet te veel moet aandikken.

Nico: 'Maar wel dat je een touw erin hebt. Snap je? Je moet niet voorzichtig zijn.' Alexander: 'Maar op de Bouwfondsmethode? Dan laten we ze natuurlijk lekker dik altijd.'

Nico: 'Dan laat je ze dik, maar dan moet jij het alleen waarmaken, als ik zo vrij mag zijn. Toch? Of niet?'

Alexander: 'Ja, ik weet niet waar we bij gebaat zijn, daar twijfel ik nou tussen. Om ze ook in de waan te laten dat het allemaal dik, dik, dik is, of...'

Nico: 'Ik zou het reëel doen.'

Alexander: 'Maar dan kunnen we daarna niks meer doen.'

Nico: 'Met een plus en je kan dan toch in het midden gaan zitten.'

Alexander: 'Maar als jij zegt matig of reëel, dan doe ik het reëel.'

Nico: 'Je moet het reëel doen met zeg maar een energetisch plusje erin. Zowel uitgaven als inkomsten. Snap je?'

Alexander: 'Ja.'

Nico: 'Snap je dat of niet?'

Alexander: 'Ja, helemaal. Ga ik het zo doen.'

Nico: 'En dan is een plus altijd vijftien tot twintig procent.'

Alexander: 'Ja, zo doen we het. Dank je Niek, hoi.'

Het 'energetische plusje' is in de maak, lijkt het. Op televisie licht Van den Ende meteen zelf ook een tipje van de sluier op. Voor zijn Zuidastheater heeft Van den Ende een bedrag begroot. Twee aannemers dienen een offerte in, die veertig miljoen hoger uitkomt dan het bedrag van Van den Endes haalbaarheidsstudie. Onderling verschillen die offertes verrassend genoeg slechts een ton tot grote verbazing van de ervaren ondernemer.

Het strafdossier bevat een tweede aanwijzing voor de dubbele petten van Alexander Lubberhuizen. Als directeur van Living City moet hij voor Joop een hotel naast de RAI realiseren. Maar uit een tap van een telefoongesprek dat Lubberhuizen op 29 mei 2007 met Jan van Vlijmen voert, blijkt dat Lubberhuizen enorme bedragen zijn toegezegd uit de bouw van een ander hotel op de Zuidas, het door fraude omgeven Symphonyhotel. Tot ergernis van Alexander Lubberhuizen en Jan van Vlijmen heeft hun handlanger Hans van Tartwijk zich tijdens onderhandelingen over Symphony onder de tafel laten praten. Van Tartwijk heeft winst weggegeven waar Jan van Vlijmen en Alexander Lubberhuizen op rekenen.

Lubberhuizen vertelt Jan van Vlijmen dat hij beschikt over een memo van zijn oude werkgever Bouwfonds over de lopende projecten. Jan en Alexander hebben altijd gehoopt dat Bouwfonds tachtig miljoen euro winst gaat maken op Symphony, maar volgens het memo gaat Bouwfonds opeens uit van nog maar zeventig miljoen euro. Dat is de schuld van Van Tartwijk, die heeft zich te slap opgesteld, meent Jan. 'Met dit soort klootzakken werk ik.' Jan van Vlijmen zegt dan over het Symphonyhotel tegen Alexander Lubberhuizen: 'Jij, Michiel en ik moeten gewoon zes miljoen verdienen aan het hotel.' Met Michiel doelt Van Vlijmen op de verdachte makelaar Michiel Floris. Living City-directeur Lubberhuizen heeft een financieel belang bij een concurrent van zijn werkgever Living City. Bovendien is Lubberhuizen kennelijk geld toegezegd uit een Bouwfondsproject waaraan hij zelf bij Bouwfonds nog leiding heeft gegeven.

Het is cynisch dat Van den Ende, de man die succesvol werd in de theaterwereld, na het uitbreken van de vastgoedfraudeaffaire ontdekt bijna het slachtoffer te worden van acteurs met een dubbele agenda. Zijn droombedrijf is achter de schermen overgenomen door mensen die niet zijn wie ze lijken. Eind 2007 krijgt Living City belangrijke zakenpartners op bezoek. Via bureau ModelMasters, bekend van het tv-programma *Holland's Next Topmodel*, worden fotomodellen ingehuurd om de gasten de indruk te geven dat Living City een bruisende werkvloer heeft. De dames krijgen een eenvoudige opdracht. Doe alsof je hard aan het werk bent op een kantoor. Een beetje heen en weer lopen.

Zonder dat Van den Ende het weet, trekt Nico Vijsma in de coulissen bij Living City aan de touwtjes. Hij voert de sollicitatiegesprekken, geheel 'onbezoldigd', zegt hij tegen een sollicitant. Vijsma benoemt de secretaresses. Van personeel dat hij aanstelt, krijgt hij bedrijfsgeheimen doorgestuurd. Vijsma beslist over de loopbaanperspectieven van medewerkers en doet de beoordelingsgesprekken. Een medewerker verklaart daarover in een intern onderzoek dat hij in 2007 tijdens het jaarlijkse beoordelingsgesprek door Lubberhuizen en Vijsma een 'pruttelend pannetje' wordt genoemd. 'Vijsma stelde tijdens het beoordelingsgesprek twee extreme toekomstscenario's voor, waarbij de keuze werd voorgelegd of ik over vijf jaar miljonair zou willen zijn dan wel directeur van mijn eigen adviesbureau. Hard zijn of doorpruttelen.' Werknemers met problemen kunnen ook altijd bij Vijsma terecht, want hij is ook de mental coach van het entertainmentvastgoedbedrijf. Lubberhuizen omschrijft Vijsma in mei 2006 als 'onze vaste adviseur'. Maar Vijsma staat niet op de loonlijst van Living City. Hij is daar ook geen directeur, geen aandeelhouder en geen commissaris. Vijsma heeft formeel geen enkele positie bij Living City. Zijn rol wordt ook verborgen gehouden voor Joop van den Ende.

Van den Ende schrikt zich wezenloos als hij hiervan hoort. De op dat moment 71-jarige Nico Vijsma is een hoofdverdachte in de vastgoedfraudezaak. Dat heeft Van den Ende net als de rest van Nederland in de krant kunnen lezen. Wie Vijsma bij Living City binnen heeft gehaald, wordt Van den Ende snel duidelijk als hij het mailverkeer van Living City laat analyseren: Trimp & van Tartwijk, de andere aandeelhouder. Onderzoekers van Van den Ende vinden daarin bijvoorbeeld deze mailwisseling tussen twee commissarissen van Living City:

'To: Hans van Tartwijk
Sent: woensdag 25 januari 2006
From: Dennis Lesmeister
    'Graag orde op zaken. Ik wil met niemand een gesprek voordat Nico haar cv heeft gezien en haar eventueel heeft gesproken. (…) Voor de secretaresse gaat het wat mij betreft helemaal via Nico. Voor de receptionist (…) wil ik ook dat Nico haar eerst ziet.'

Nico Vijsma gedraagt zich bij Living City precies zoals hij in de tweede helft van de jaren negentig bij Bouwfonds heeft gedaan. Bij Bouwfonds is het niet bij coachen van personeel gebleven, maar heeft Vijsma volgens justitie mede een grote fraude opgezet. Ook bij Trimp & van Tartwijk heeft Vijsma zich samen met Jan van Vlijmen achter de schermen meester gemaakt van de macht. Joop van den Ende vreest dat Nico Vijsma en Jan van Vlijmen met hun inmiddels beproefde tactieken Living City overnemen.

Het interne onderzoek dat Van den Ende laat verrichten, brengt aan het licht dat directeur Alexander Lubberhuizen tussen maart en november 2007 zestien ontmoetingen heeft met Nico Vijsma en/of Jan van Vlijmen. In 2007 zijn er acht meetings onder de codenaam 'Mondriaan' tussen Lubberhuizen en/of Vijsma, Lesmeister en Van Vlijmen gepland. De helft daarvan vindt plaats op kantoor bij Landquest. Hier werkt ook de broer van Lubberhuizen. Van den Ende en zijn adviseurs vrezen dat zijn directeur en misschien zijn bedrijf in de greep zijn van de groep verdachten van vastgoedfraude rond Bouwfonds en Philips. Van den Ende overhandigt in april 2008 tienduizend mails van Living City aan justitie. Bij Living City zijn alle mails over het Mondriaanoverleg voordien door de betrokkenen al gewist. Notulen of agenda's zijn er niet.

Sinds Van den Ende de samenwerking met Trimp & van Tartwijk in Living City heeft verbroken, ruziën beide partijen voor de rechter over de vraag of hun theatervastgoedbedrijf een start-up of een miljardenbedrijf is. De advocaten van mediamagnaat Joop van den Ende zeggen dat Living City niet veel concreets voorstelt. De schade van een liquidatie van het bedrijf is dus beperkt. Aandeelhouder Van den Ende investeert bij de oprichting als grootste financier 37,5 miljoen euro. Hiervan is tien miljoen euro opgemaakt. Van den Ende is bang de rest ook kwijt te raken als de rechter de eisen van Trimp & van Tartwijk inwilligt.

Aandeelhouder Trimp & van Tartwijk brengt kennis in bij Living City, maar nauwelijks geld, behalve de beperkte nominale waarde van de aandelen. Toch stelt Trimp & van Tartwijk grote schade te lijden door het einde van Living City. Tientallen veelbelovende projecten zouden nu in rook opgaan. Trimp & van Tartwijk schildert grootse perspectieven voor Living City en somt een reeks grotendeels onbekende megaprojecten op. Er zouden al afspraken zijn gemaakt, met bemiddeling van makelaar AFR Vastgoed. Zakenpartners van Trimp & van Tartwijk in Living City voor 'lopende plannen' zouden zijn ING, ABN Amro, REDEVCO, NS, Bouwfonds, Multi Vastgoed, Schiphol, NOC*NSF, Winshield en Interpolis. Verschillende Zuidasprojecten worden genoemd. Verder lopen in binnen- en buitenland volop andere 'acquisities' met een flinke waarde. De namen van wereldsteden vallen: Keulen, Lyon, Parijs, Barcelona, Marseille en Madrid. Partnerships heeft Living City met entertainmentbedrijven als Kinepolis, Merlin en Harrahs Entertainment. Ook is er een plan voor een nieuw Kabouter Plopsaland met een familiehotel in België.

Voor Nederland voert Trimp & van Tartwijk ook een scala aan projecten van Living City op: Schiphol Elzenhof, Ajax City, Arnhem Music Hall, paleiskwartier in Den Bosch, zorgboulevard met de Tergooiziekenhuizen, Belvédère in Maastricht, Rotterdam Ahoy, Jaarbeurs in Utrecht, Centre Court in Almere en het Amsterdamse Java-eiland. De ontwikkeling van het terrein voor het geplande theatercomplex bij de RAI noemt Trimp & van Tartwijk het 'kroonjuweel'. Dat plan zou in potentie een waarde van 300 miljoen euro hebben. Het beeld dat Trimp & van Tartwijk schetst, komt overeen met wat Living City vlak voor de actie van justitie in de vastgoedfraude naar buiten brengt. In een door adviseurs van Van den Ende geautoriseerd interview met *Het Financieele Dagblad* zegt directeur Lubberhuizen in september 2007 dat Living City met zijn team van achttien mensen betrokken is bij de realisatie van ruim een miljard euro aan vastgoedprojecten. Naast entertainmentvastgoed zijn zorgboulevards, hotels met casino's en sportcomplexen in de maak.

De advocaten van Joop van den Ende stellen nu dat de door Trimp & van Tartwijk opgesomde projecten grondcontracten, bouwplannen en vergunningen ontberen. De eerste steen van het Van den Ende-theater bij de RAI, het meest concrete project, moet nog worden gelegd. Living City bezit alleen een grondbelofte van de gemeente, die Van den Ende zelf heeft ingebracht. Inmiddels heeft de gemeente deze optie ingetrokken. Wat Van den Ende zegt, impliceert niet dat Lubberhuizen en zijn team twee jaar duimen hebben zitten draaien. Vastgoedprojecten vergen een lange adem. Directeur Lubberhuizen heeft veel ontmoetingen met kopstukken uit de vastgoedwereld, onder wie de latere fraudeverdachten. Voor de plannen rond de RAI trekt Living City op met Winshield, het bedrijf van Jan van Vlijmen en John Fentener van Vlissingen.

Het scheelt weinig of Van den Ende zit vlak voor de justitieacties van 13 november 2007 zelf met hoofdverdachte Jan van Vlijmen aan tafel. Een in de herfst geplande kennismakingsafspraak met hem en Fentener van Vlissingen gaat echter niet door. Ook Jan Stoutenbeek van het projectbureau Zuidas zou aanschuiven. Fentener van Vlissingen zou Living City introduceren bij Schiphol Area Development Company. Trimp & van Tartwijk voert het als goedlopend megaproject op. Maar volgens Schiphol staat het hele project al vier à vijf jaar in de ijskast. De luchthaven heeft één keer met Lubberhuizen gesproken.

Voor Van den Ende maakt het niet meer uit of Living City een zombiebedrijf of een miljardenonderneming is. Hij wil er helemaal vanaf. Na het uitbreken van de fraudeaffaire biedt de mediamagnaat nog een miljoen euro aan Trimp & van Tartwijk als ze het hele Living City overnemen. Trimp & van Tartwijk ontkent dit echter. De Ondernemingskamer van het Amsterdamse gerechtshof heeft op 18 november 2008 de formeel nog zittende, maar feitelijk niet meer fungerende bestuurders van Living City geschorst en een nieuwe, onafhankelijke bestuurder benoemd. Het hof benoemt ook een enquêteur om te onderzoeken of er sprake is van wanbeleid bij Living City. Het Openbaar Ministerie onderzoekt het theaterproject voor zo ver bekend niet.

Joop van den Ende krijgt nog wel een hoge rekening gepresenteerd van Michiel Floris. Hij verlangt 12,5 miljoen euro. In november 2006 krijgt AFR de opdracht kopers of huurders te vinden voor panden die Living City ontwikkelt. Voor tien projecten krijgt AFR een 'bemiddelingsopdracht' van directeur Lubberhuizen. Ze spreken twee soorten courtage af. Floris krijgt een percentage als hij een huurcontract afsluit, plus een bonus als een pand met huurder en al aan een vastgoedbelegger wordt verkocht.

AFR kan volgens Floris flinke inkomsten tegemoetzien. Hij weet bijvoorbeeld NH Hoteles te interesseren om het hotel naast het theater te huren. De internationale hotelketen zou Living City jaarlijks 7,55 miljoen euro huur willen betalen. Dat is kassa voor de makelaar. Hij krijgt twaalf tot veertien procent van de jaarhuur, ongeveer een miljoen euro. Nog interessanter wordt het voor Floris als AFR een belegger vindt die het hele gebouw wil overnemen. Dan krijgt Floris 1,25 procent van de verkoopprijs. De prijs voor zo'n hotel? Algauw vijftien keer de jaarhuur, zo'n 115 miljoen euro. AFR kan dan 1,4 miljoen euro tegemoetzien.

Floris ziet met kruiwagen Lubberhuizen en zijn nieuwe klant Living City een gouden toekomst voor zich. De combinatie Van den Ende en Trimp & van Tartwijk levert echter nog niets concreets op. Toch heeft Floris, zo meldt directeur Lubberhuizen aan zijn aandeelhouders, een hele reeks huurders klaarstaan. Hotelketen Hilton voor locaties in Almere, Rotterdam, Maastricht, het Four Seasons Hotel maar ook Ahold XL, advocatenkantoor Greenberg Traurig, de Rabobank, horecagroep HME en fitnessbedrijf Fit for All. Daarop baseert Floris zijn claim van 12,5 miljoen euro.

Mr. J.A.J. Peeters, vicepresident van de rechtbank in Amsterdam, kan zijn oren niet geloven als Floris de volle courtage van 12,5 miljoen euro opeist in een rechtszaak. Terwijl er geen gebouw is neergezet, laat staan dat een huurder is ingetrokken. 'Ik kijk ervan op dat u zulke percentages krijgt, zonder dat er zekerheden worden ingebouwd. U heeft geen risico?' vraagt Peeters ongelovig aan Floris. 'Als dat inderdaad zo is, dan ga je haast geloven dat het waar is wat wordt gesteld over de vastgoedwereld. Dan is er mogelijk iets aan de hand.' Peeters neemt het woord 'zeepbel' in de mond.

Floris vindt er niets geks aan. Hij legt rechter Peeters in maart 2009 graag uit hoe dat gaat. Van den Ende vindt dat Floris zijn gewerkte uren moet declareren. Als hij 125 uur heeft gewerkt en 300 euro per uur rekent, is hij met een halve ton klaar, rekent de advocaat van Joop Floris voor. Maar de ietwat gezette grijze vijftigjarige Floris uit Aerdenhout peinst daar niet over. 'Ik heb nog nooit gewerkt voor een uurloon.' Floris houdt de rechter voor dat de verkoop van ABN Amro aan het bankenconsortium met Fortis ook met één telefoontje van een Merrill Lynch-zakenbankier in gang is gezet. 'Die bemiddelaar streek ook 23 miljoen euro op,' aldus Floris

Floris wijst op de overspannen vastgoedmarkt van destijds. 'Het is wel de markt van 2007.' Rechter Peeters: 'Stel nou dat het allemaal niet doorgaat? Welke vergoedingen krijg je dan als makelaar?' Floris houdt vol ook dan recht te hebben op een royale vergoeding. Als de rechtbank navraag doet naar de onderliggende contracten voor de miljoenenopdracht, komt een A4'tje op tafel. De rechter is stomverbaasd dat miljoenendeals met zo'n mager briefje worden geregeld. 'Een raar contractje.' Daarop heeft Floris een antwoord. 'Het gebeurt meer dan regelmatig dat het kort en bondig op een briefje komt te staan.'

'Samen uit, samen thuis,' betoogt daarentegen de advocaat van Van den Ende. Het gebouw komt er vooralsnog niet. Er is geen verkoop en geen verhuur. Dus hoeft Van den Ende niets te betalen aan Floris. 'Je bent toch niet gek!' roept de advocaat van Joop uit. 'Zou ik ook zeggen,' beaamt rechter Peeters. Floris toont zich dan van zijn welwillende kant. Hij erkent dat makelaars in de regel alleen geld krijgen als er een belegger of huurder is gevonden. Voor deze keer wil Floris daarom wel met 7,4 miljoen euro genoegen nemen. Een korting van vijf miljoen euro. Zijn advocaat legt uit waarom: 'We zien ook wel dat we niet het hele bedrag kunnen vorderen, nu het allemaal niet is doorgegaan. Maar Floris heeft heel veel kosten uit eigen zak betaald, inclusief buitenlandse reizen.' Dat Floris zijn geld opeist, vindt rechter Peeters niet zo vreemd. 'Ook een boef kan civielrechtelijk zijn belang opeisen. Alle verdachtmakingen tellen niet mee voor deze zaak.' In zijn vonnis in kort geding wijst de rechter de vorderingen van Floris deels vooralsnog van de hand. De rechter acht het 'zeer onaannemelijk' dat Floris in een bodemprocedure wel zijn eisen toegewezen krijgt.

Ondertussen vormt de stagnatie van het theaterproject van Van den Ende een nieuwe tegenvaller voor de Zuidasambities van de gemeente Amsterdam. Er is ook een tegenvaller voor Alexander Lubberhuizen. Joop van den Ende heeft begin 2008 in een coulante bui beloofd het salaris van Lubberhuizen van 8210 euro bruto per maand de rest van het jaar te blijven betalen. Op de Miljonairsfair van 2008 pocht Lubberhuizen in het gezelschap van makelaar Harry Mens nog zonder blikken of blozen dat hij nog gewoon aan het werk is voor Joop bij Living City, terwijl de rest van de werknemers dan al op straat is gezet. Lubberhuizen stemt aanvankelijk in met zijn ruime afvloeiingsregeling. Daarna bedenkt hij zich. Op 6 maart 2009 eist Lubberhuizen voor de rechtbank dat Joop van Ende hem ook na 1 januari 2009 blijft doorbetalen, inclusief bedrijfstelefoon en leaseauto. Nadat Lubberhuizen de rechtbank binnenstapt om zijn eisen uit te leggen, laten de advocaten van Joop van den Ende de geparkeerde limousine van Lubberhuizen, een gedistingeerde Chrysler 300 C Touring, wegtakelen door het leasebedrijf. Stampvoetend ontdekt Lubberhuizen na afloop van de rechtszaak, die hij verliest, dat hij ondertussen ook zijn auto is kwijtgeraakt.

30 Op naar de Cariben!

Jan wil de grens over. Op het meest gewilde, ongerepte plekje van de Antillen ziet hij een resort met winkels, golfterreinen, een jachthaven en een vliegveld verschijnen. Een mooi project voor 'mannen van tussen de 50 en 65', met een 'Adlersnest' voor Jan zelf. Misschien dat de minister een rol kan spelen. 'Die green back doet daar wonderen.'

In de zomer van 2007 heeft Van Vlijmen een groots en meeslepend plan. Een ontwikkeling van ongekende omvang. Van Vlijmen besluit de grenzen over te gaan. De Sfinx heeft zijn oog laten vallen op een enorme lap natuur op Curaçao. Van Vlijmen ziet Curaçao ook als een perfect project om zijn beloftes aan de pensioenfondsdirecteuren in te lossen. Dat houdt hij ze althans voor in gesprekken. Jan zegt op een getapt gesprek dat hij zoekt naar 'creatieve, veilige stations' om oude verplichtingen te kunnen voldoen. Hij doelt op lopende vastgoedprojecten waar zijn zakenpartners van bijvoorbeeld Philips Pensioenfonds facturen op kunnen sturen. Will Frencken heeft 400.000 euro kunnen incasseren via Van der Looy Projectontwikkeling. Hij heeft kunnen verdienen aan de panden in Breda die van Janivo via Landquest naar Altera zijn gegaan. Het is slechts een voorschot op een betaling van drie miljoen euro op het project. In totaal heeft Frencken zelfs nog ruim 20 miljoen tegoed. Dat meent de FIOD-ECD op te maken uit taps en aantekeningen.

Van Vlijmen wil ook 'toveren' met een pand in Den Haag vlakbij het station. Van Vlijmen heeft in 2004 via Rooswyck van ABN Amro een kantoorpand gekocht voor de aantrekkelijke prijs van 2,25 miljoen euro. Het is een transactie die de fiscus eerder nog via in een derdenonderzoek bij de bank onderzoekt omdat Van Vlijmen 'mogelijk is bevoordeeld'. Wat uit het kadaster niet valt op te maken, is dat nadien het economisch eigendom is gesplitst van het juridisch eigendom. Het kantoor wordt verkocht aan een stichting van Van Vlijmen en vervolgens in 2006 weer terugverkocht aan Rooswyck. In twee jaar tijd stijgt de waarde explosief, van 2,5 miljoen naar 6,5 miljoen euro. Dat zou te verklaren zijn door een verbouwing en het aantrekken van twee huurders, die ABN Amro kennelijk niet kon vinden. Het idee dat Van Vlijmen ontvouwt in getapte gesprekken is dat het pand weer aan Will Frencken wordt doorverkocht en deze keer flink onder de waarde. 'Dan krijgt Will de virtuele waarde van 2,5 miljoen euro toegeschoven,' zegt Jan in een tap. De bedoeling is om het pand en de belendende panden vervolgens te herontwikkelen met projectontwikkelaar Van der Looy. Het moet een hoog nieuw gebouw worden met een 'nieuwe toeter' erop, ofwel een toren. Als alles goed gaat, kan het miljoenentegoed van Frencken met 7,5 miljoen euro worden teruggebracht.

Daarmee is Van Vlijmen er nog lang niet. Hij heeft in Amsterdam ook plannen met een pand aan het Scheldeplein waar Knijn Bowling is gevestigd. Ook daarvan is Van Vlijmen eigenaar geworden na een onzichtbare transactie met Jan Steven Menke in 2005. Ook dat is niet groot genoeg om Frencken veel inkomsten toe te spelen. Vandaar dat hij Curaçao 'bewust heeft meegenomen' in zijn betalingsprogramma, aldus een tap.

Het draait om Oostpunt, het oostelijke gedeelte van het eiland. Het gebied is een witte vlek, zeggen lokalen, een vlek zonder bestemming, waar in principe alles nog mogelijk is. Dat denkt ook Van Vlijmen. Na al zijn kunststukjes en tovenarij in Nederland moet dit ook kunnen. 'Als het allemaal lukt,' houdt hij zijn vrienden voor, 'en lokale banken die 400 miljoen willen financieren' dan gaat hij de kavels verdelen aan ontwikkelaars.

Op dit deel van Curaçao is de natuur ongerept. Er zijn geen wegen, er is geen bebouwing en er zijn ook geen mensen. Op één familie na, de Nederlandse familie Maal. Ze wonen in het landhuis Klein Sint Joris, dat in 1635 is neergezet door de West-Indische Compagnie. De erven Maal zijn eigenaar van het gebied dat elf procent van het eiland beslaat. Hier regeert de veertiger Willem Pieter Maal. De 4400 hectare grond is al jaren inzet van een conflict met de overheid dat Van Vlijmen denkt te kunnen oplossen. Maal is volgens Van Vlijmen 'een echte koloniaal'. 'Zes generaties Curaçao, maar hij is blank,' vertelt hij tegen Rob Lagaunne. 'Een heel solide koloniale familie. Die man is one of a kind en vertrouwt mij.'

Het conflict tussen grootgrondbezitter 'Willy' Maal en de Curaçaose overheid draait om de bestemming van de grond. Maal wil al jaren een gedeelte van zijn grond ontwikkelen, maar de overheid houdt voet bij stuk en weigert toestemming te geven. Oostpunt is sinds 1995 een beschermd natuurgebied. Maal ziet potentiële investeerders hun handen ervan aftrekken. Hij laat het er niet bij zitten, stapt naar de rechter en boekt klinkende overwinningen. De overheid moet de familie Maal een schadevergoeding van tientallen miljoenen betalen. De rechter bepaalt eind jaren negentig al dat hij de helft van Oostpunt mag ontwikkelen. Maar Maal blijft botsen met een deel van de politieke machthebbers en krijgt geen toestemming en ook geen schadevergoeding. Maal is volgens Van Vlijmen op delen van Curaçao 'totaal persona non grata'. 'Het is een botte klootzak die je niet moet laten onderhandelen met de overheid. Dat doet-ie stom. Maar daar is mijn rol.'

Van Vlijmen ziet een luxe resort voor zich met winkels, golfterreinen, een jachthaven en een vliegveld. Daarnaast moeten op het meest gewilde en ongerepte plekje van de Antillen ook 15.000 woningen komen. 'Een mooi project waar met name de natuur veel ruimte krijgt. Niet helemaal volplempen. Maar heel veel groen. De ruimte. De mooie stukken bouw je vol. Een stukje geef ik voor niks aan de overheid. Kunnen ze wat woningen bouwen voor lokale mensen.'

Van Vlijmen is via een Nederlander ter plaatse in contact gebracht met Maal. Dat contact is Rudolf Meurs, net als Drechsel een studievriend van Van Vlijmen. Meurs is een oud-bankier van ABN Amro en Rabobank. Met zijn broers runt hij op de Antillen het financieel adviesbureau Acenco, dat in een zijlijn in het strafdossier voorkomt vanwege een opmerkelijke courtagebetaling jaren eerder. Bouwvakkerspensioenfonds BPF betaalt in opdracht van Van Vlijmen 1,5 miljoen euro courtage aan Acenco omdat Van Vlijmen KPN Mobile en KPN Qwest in 2001 als huurders aandraagt voor het gebouw de Prinsenhof van BPF in Den Haag. Dat is opmerkelijk. Van Vlijmen is bevriend met Drechsel, die dan nog bij KPN Mobile een topfunctie bekleedt, en hijzelf is dan directeur bij Bouwfonds, dat als ontwikkelaar altijd op zoek is naar huurders voor zichzelf en niet zo snel voor een ander als BPF. Eerst komt Van Vlijmen nog met een vennootschap op de Kaaimaneilanden. Voor de betalingen, zo verklaren getuigen tegen justitie. BPF vindt het een vreemd verzoek. Uiteindelijk betaalt het pensioenfonds toch drie miljoen euro. De helft gaat naar Acenco.

Meurs wil niets zeggen over de betaling, net zo min als hij over Curaçao wil uitweiden. Maal bevestigt dat Meurs bemiddelt tussen hem en Van Vlijmen voor het vastgoedproject op Curaçao. Architect René Steevensz wordt door Van Vlijmen ingehuurd voor een ontwerp en krijgt daarvoor een ton toegezegd. Steevensz is al eerder voor Acenco actief geweest bij het project Zanta, maar dat is niet helemaal netjes gegaan. De opdracht is uitgevoerd door het architectenbureau PPKS, waar hij partner is, maar Steevensz zegt tegen justitie dat zijn privé-vennootschap er 350.000 dollar voor betaald krijgt.

De eerste aanzet voor Oostpunt maakt Van Vlijmen in 2006. Een jaar later krijgt het project opeens onverwacht vaart. René Steevensz en de Amerikaanse landschapsarchitect Ted Wolf zijn door Van Vlijmen naar Curaçao gestuurd voor een terreinonderzoek. Maal zegt hen rondgeleid te hebben op Oostpunt. Maal vertelt dat hij jarenlang is tegengewerkt door de Partido MAN, de Curaçaose en Antilliaanse politieke partij van sociaal-democratische signatuur. Zodra Maal komt met plannen en ontwikkelaars, praat de overheid alleen maar over het zogeheten conserveringskarakter van het gebied. Als de overheid wel interesse toont in ontwikkelaars, dan zijn ze volgens Maal vrijwel zonder uitzondering gelieerd aan de MAN van hun huidige leider Charles Cooper.

Maar vanaf het voorjaar van 2007 waait er een andere wind op Curaçao. Anthony Godett is sinds mei de Curaçaose gedeputeerde van infrastructuur. Sindsdien gaat het gezien de jarenlange status-quo wonderbaarlijk voorspoedig met de plannen van Maal en Van Vlijmen. De leider van de partij Frente Obrero Liberashon (FOL) heeft dan net een straf van zeven maanden wegens omkoping uitgezeten. Een Nederlandse directeur van een Antilliaanse dochteronderneming van Koninklijke Volker Wessels Stevin betaalde hem uit de zwarte kas om een contract voor de uitbreiding van het wegennet rond het vliegveld veilig te stellen. Het bedrijf kreeg destijds een geldboete voor het vervalsen van de bedrijfsadministratie en het betalen van steekpenningen.

Als Godett in maart 2007 vrijkomt, verschijnt hij direct weer op het politieke toneel. Als gedeputeerde van infrastructuur wil hij het probleem met Maal uit de wereld helpen. Vanuit financiële optiek is het een goed moment voor een schikking. De kwestie Maal drukt zwaar op de overheidsfinanciën, maar er daagt een oplossing. Nederland stelt in de zomer van 2007 ruim een miljard euro in het vooruitzicht voor het saneren van schulden en het wegwerken van de betalingsachterstand. Zo is het in feite de Nederlandse belastingbetaler die de afwikkeling van de zaak Maal mogelijk maakt. Een contact in de Nederlandse regering kan Van Vlijmen goed van pas komen. Hij is immers van plan grote investeringen te doen in de infrastructuur van Curaçao en werkt zelfs aan een nieuw vliegveld.

Dat Van Vlijmen in 2007 druk is om het gevecht over te nemen van Maal, weet vrijwel niemand. Vooruitgang boekt hij wel degelijk. In totaal is de lap grond negen kilometer lang. Zo groot dat Van Vlijmen zichzelf moet dwingen om 'het grote plaatje vast te houden'. Hij is van plan ook zelf serieus geld te steken in het plan en de ontwikkeloptie. 'Maar goed, dat is nou eenmaal mijn gein om dat te doen. Het is eigenlijk een schaakspel, een patstelling. Grond kopen, maar nog zonder bestemming', verklaart hij in een tap.

Van Vlijmen zegt in Nederland dagenlang met Maal gepraat te hebben. Voor de grootgrondbezitter heeft Van Vlijmen met zijn oom Vijsma een speciale touch uitgedokterd, vertelt hij in een afgetapt telefoongesprek. Jan heeft Willy Maal drie dagen in Nederland laten rondrijden in een oude Mercedes door zijn chauffeur annex freefighter Franklin Beuk. Van Vlijmen laat hem zeker drie keer bij zich thuis komen. Zoals vaker vraagt hij zijn secretaresse zich goed te kleden en op te maken en de drankjes te serveren. Zoiets kan Van Vlijmen niet aan zijn vrouw overlaten. In het geval van Maal achten Van Vlijmen en zijn oom een avondje naar een restaurant met Michelinsterren niet de juiste aanpak. Ze kiezen voor een barbecue met stevige stukken vlees voor de gezette, bebaarde grootgrondbezitter. Jan vertelt later aan zijn oom Nico: 'Het was precies de goede touch. Die barbecue was goed.'

Jan: 'Ja was dat goed. Potverdomme. Daar ben ik blij om.'
    Nico: 'En wat at hij? Kippetjes en dingen?'

Jan: 'Twee prime ribs.'

Nico: 'Nou dat is wel een stuk van twee en een half ons per stuk.'

Jan: 'Zeker. Hij was overigens heel bescheiden.'

Van Vlijmen pocht in het najaar van 2007 tegen zijn vrienden dat hij al een deal heeft met Maal. Hij zegt dat hij de optie van Maal helemaal kan overnemen voor dertig miljoen euro. Jan wil de overheid vervolgens aanbieden de claim te laten lopen in ruil voor een bestemmingswijziging. Tegen Rob Lagaunne zegt hij al een exclusief contract met een handtekening te hebben voor de rechten voor vijf jaar. Overeengekomen met Landquest, weliswaar met een tussenbv.

Van Vlijmen is van plan zijn vermoedelijk frauduleuze winsten te herinvesteren in Curaçao. Dat zou een majeure witwasoperatie zijn, zo denken opsporingsambtenaren die de telefoons afluisteren. Van Vlijmen is zeker niet de eerste ontwikkelaar die contact heeft met Maal om de status-quo te doorbreken. Met Maal zo goed als aan boord heeft Van Vlijmen nog drie belangrijke ijzers in het vuur: zijn netwerk, zijn keurige voorkomen en een pak met dollars. Van Vlijmen zoekt een aantal partijen om aan te verkopen. Hij denkt aan bouwer Dik Wessels, aan Fentener van Vlissingen, aan vastgoedman Gerrit Tijhuis die al actief is op Bonaire, aan Roel Pieper en aan 'de combinatie' Van der Looy, Frische, Frencken en Lagaunne. De laatste vier wordt voorgehouden dat ze tegen een vriendenprijs een stuk grond kopen. 'Allemaal mannen tussen de 50 en 65 die dit een beetje doen voor de gein.' Jan onderstreept: 'Al je daar je laatste boterham mee wil verdienen, moet je het niet doen. Je moet wat vaker naar Curaçao willen.'

Het plan voor een vliegveld heeft hij ook al. In Antibes, waar zowel Van Vlijmen als Roel Pieper een boot in de haven heeft liggen, heeft Van Vlijmen naar eigen zeggen eind juli hierover met Pieper een deal gesloten. Rob Lagaunne is verrast over het contact met Pieper, ooit de laan uitgestuurd als tweede man bij Philips door Cor Boonstra. 'Roel Pieper, van Philips vroeger?' Jan: 'Oud-Philipsman. Die gaat het vliegveld helemaal bouwen. Die gaat hier de energievoorziening bouwen. Daar heb ik een contract mee.' Dat doet hij volgens Van Vlijmen ook voor de Olympische Winterspelen in 2014 in Sotsji in Rusland.

Ook voor makelaar Michiel Floris heeft Van Vlijmen een rol in gedachten. Hij heeft uit de golfwereld een financier, zegt Jan, voor de golfbanen. 'Een heel rijke Nederlander. Floris wil dat ik zijn naam niet noem. Ze kopen ook grond en sluiten met mij een contract voor een van de golfbanen.' Van Vlijmen heeft verder woningen in gedachten 'met inhammen' waar je boten kan neerleggen. 'Met een hurricane shelter voor dure schepen. Leg je niet meer je boot in Barbados of Sint Maarten maar hier.' Met de familie Den Daas, die een aantal jachthavens heeft in Nederland, heeft Van Vlijmen een afspraak gepland voor augustus 2007.

Van Vlijmen zegt dat hij door Steevensz 'een heel dikke planstudie' laat maken met honderden pagina's tekst, ontwerpen en tekeningen. Het gaat volgens Van Vlijmen om een indrukwekkend 'A3-boek van 200 bladzijden waarin staat hoe je het economisch aanpakt, qua energievoorziening, riolering, hoeveel banen dit genereert, hoeveel luchtverkeer het oplevert etc. etc.' In de studie staan de milieuaspecten, de impact van grootschalige ontwikkeling van Oostpunt op de economie en op de arbeidsmarkt en de mogelijkheid tot duurzame ontwikkeling beschreven. Er is nog geen rekening gehouden met de financiële aspecten, de bestemming en de eventuele verdeling tussen natuur en ontwikkeling. De studie maakt het nog niet mogelijk om een harde conclusie te trekken over de haalbaarheid van de ontwikkeling van Oostpunt. Niettemin heeft Van Vlijmen het project al jaren opgenomen in zijn duur vormgegeven promotieboek van Landquest. Hierin pronkt hij met projecten die deels niet door hem, maar door Bouwfonds zijn ontwikkeld. Voor Curaçao heeft hij behalve golfresorts ook een dierentuin, een stadion, musea en een renbaan ingetekend.

Oostpunt komt er misschien niet, waarschuwt Van Vlijmen Lagaunne. Op dat standpunt stelt de familie Maal zich nu ook. Het contract tussen Van Vlijmen en de familie Maal zou na de arrestatie van Van Vlijmen zijn verbroken. Maal weigert in detail te treden. Net als zo veel zakenpartners trekt Maal zijn handen na 13 november 2007 af van Van Vlijmen. Zijn advocaat stelt dat Maal hem zag als een 'goed bekendstaande, grote, integere en serieuze Nederlandse onroerendgoedontwikkelaar' en dit niet heeft kunnen zien aankomen. Volgens hem had Van Vlijmen alleen maar een ruwe schets. Elk plan is preliminair zolang er geen bestemming is die ontwikkeling mogelijk maakt, laat Maal weten via zijn advocaat.

Maar wie Van Vlijmen kent, weet dat hij al jaren tot zaken komt die anderen voor onmogelijk houden. Gaat het om vastgoed en grondposities, dan kan hij toveren. Zijn netwerk is ongekend. Van Vlijmen rekent minister Camiel Eurlings van Verkeer en Waterstaat daar ook al toe. Boekhouder Eric Frische kent de minister via zijn neefje, de lokale politicus. Geert Frische is op een zondagmiddag aan het wandelen in de bossen met Eurlings 'en de dames' als hij besluit aan te bellen bij zijn oom. De ontmoeting leidt tot een urenlang geanimeerd gesprek in de tuin van Frische in Haelen. Alhoewel het daarbij blijft volgens een woordvoerder van Eurlings, zien Van Vlijmen en de oude Frische een hele wereld opengaan. Eric tegen Jan: 'Je moet ook eens kennismaken met ze. Als je ooit iets hebt met Verkeer en Waterstaat. Die kent de ingangen daar. (…) Je voelt onmiddellijk dat daar kansen liggen straks. (…) Dan laat ik mijn neefje zeggen, breng die Camiel bij Jan van Vlijmen. Dan zeg ik, die zit toch in invloedrijke families enzo.'

Jan stelt voor om met Joop Drechsel van de firma van John Fentener van Vlissingen en de minister naar Curaçao te gaan. Drechsel neemt het voortouw, maar Jan is zoals gebruikelijk de man op de achtergrond. 'Die nodigt mij uit, jou, Camiel… ik regel het en betaal het, maar ik zeg dat híj ons uitnodigt. Dan gaan we met z'n allen. Voor mijn part huur ik gewoon een privévliegtuig naar Curaçao. Dat kost misschien een ton. Als je zo'n vent kan inpakken voor een ton, dat moet je toch altijd doen. Ben ik van overtuigd.'

Eurlings kent de Antillen goed, hij heeft zelf een huis op Bonaire. Maar het reisje is er niet van gekomen. Zelfs de uitnodiging is er nooit geweest, onderstreept zijn woordvoerder. 'Er is helemaal niets gebeurd.' Eurlings zou zoiets ook nooit doen, zegt hij. 'Hij is wars van elke schijn van belangenverstrengeling. Hij wil altijd alle schijn vermijden. Hij kent geen van de betrokkenen uit het onderzoek, behalve Frische van een privébezoekje.'

Geert Frische zegt dat hij met zijn toevallige visite niet had kunnen vermoeden dat hij zichzelf en zijn boezemvriend Eurlings in een compromitterende situatie zou brengen. 'Het is grootspraak van mijn oom. Bluf. Mij is nog nooit wat aangeboden. Behalve met Jack van der Looy heb ik nooit contact gehad met de omstreden zakenpartners. Ik heb achteraf stevige woorden gehad met mijn oom toen ik hoorde wat hij zei over mij.'

Van Vlijmen is volgens Maal zelf niet eens op Curaçao geweest voor zijn project. Maar dat wil niet zeggen dat hij in 2007 geen grote vorderingen maakt met het plan. De man die niet bekendstaat als een dromer ziet hij het helemaal voor zich. 'Vind maar eens zo'n mooi stuk in de onbewoonde wereld,' zegt hij tegen Frische. 'Waar gewoon niks staat. Helemaal kaal. Nog nooit iemand wat gebouwd. Alleen maar plantages. En het landhuis. Dat is ook nog van die familie.' Jan heeft beloofd de hoger gelegen schuur opnieuw op te bouwen. 'Dan wordt dit het nieuwe hoofdkantoor. Als ik daar straks met een groep mensen heen ga, parkeren we die daar tijdelijk.' 'Adlersnest,' lachen Jan en Eric als ze het erover hebben.

Jan: 'Wat mij betreft zet je er wat caravans neer of wat kamers. Dat als je met een groepje komt…'

Eric: 'Dat je er iets kunt.'

Jan: 'Dat je daar een vrouw laat koken en dat je daar een beetje kampeert, en Eric, het moet ook, dat is ook mijn lol om dit te doen. Ik kan wel een paar huisjes timmeren in Teteringen, maar dat heb ik al mijn hele leven gedaan.'

Will Frencken en Rob Lagaunne worden kavels toegezegd tegen vriendenprijzen.

Jan: 'Rob, ontwikkel jij een paar kavels. Dan heb je al driehonderd huizen, hoor. Ik stop er het geld in en jij fictief en dat moet jij dan runnen. Moet je er wel vier keer per jaar naartoe. Niet weer zo'n kutproject in Almere of Veenendaal.'

Rob: 'Als daar geld aan valt te verdienen, moeten we het vooral niet laten.'

Jan: 'Dan laten we het niet liggen. Maar je moet ook iets hebben wat je geest inspireert.'

Rob Lagaunne ziet een rol wel zitten voor zichzelf: 'Ja leuk, ik heb de goede kleur voor Curaçao.'

Jan: 'Rob, Curaçao, daar ben ik allang achter. Daar geldt iedere kleur. Die *green back* doet daar wonderen. Alles is daar in dollars, ik betaal ook in dollars, iedere maand.'

Volgens architect Steevensz betaalt Van Vlijmen iedere maand een ton aan Maal voor de optie. Maal wil niet in details treden over het beweerde contract voor de ontwikkeloptie. Zijn advocaat zegt in een reactie niets te weten van enig gesprek met, laat staan invloed van, Van Vlijmen op de lokale overheid. 'Als Van Vlijmen direct of indirect zelf lokale bestuurders zou hebben benaderd, is dat volledig buiten de erven Maal omgegaan.' Maal en zijn advocaat Robert Blaauw kunnen negatieve publiciteit niet gebruiken. Ze voeren met Eilandgebied Curaçao al jaren overleg over de toegewezen claim van de erven Maal en de bestemmingswijzigingen voor Oostpunt. Dat overleg nadert nu volgens de advocaat 'een eindpunt'. 'Van Vlijmen speelde daarbij nooit een rol en zijn naam is dan ook nooit ter sprake geweest bij het overleg.'

De contracten met Van Vlijmen zouden inmiddels zijn afgekocht. Maar nog altijd wordt aangestuurd op een Nederlandse inbreng. Momenteel vinden gesprekken plaats tussen Maal en ontwikkelaar Tijhuis van Roosdom Tijhuis met als doel Maal opnieuw te adviseren over de haalbaarheid van de ontwikkeling van Oostpunt. Tijhuis is, behalve dorpsgenoot van bouwer Dik Wessels, een grote ontwikkelaar in Nederland, die met zijn projecten op Bonaire op ervaring in de Cariben kan bogen. Hij gaat in het najaar van 2009 met eigen ogen kijken. Godett zei eerder dit jaar dat de onderhandelingen met een aangestelde eilandcommissie 'goed' lopen. Godett verwacht dat de weg wordt geopend voor de ontwikkeling van het terrein, voor toerisme, landbouw en huizenbouw, zoals Maal altijd voor ogen heeft gehad.

Van Vlijmen zal daar niet meer bij zijn. Op zijn dollars, die wonderen kunnen doen op Curaçao, is beslag gelegd en zijn netwerk is net als zijn Caribische droom uiteengespat. Zijn adelaarsnest zal er voorlopig niet komen.

31 Eau de cologne met een luchtje

Op zijn vijftigste piekt Jan van Vlijmen. Voor zijn verjaardag herdenkt hij zijn grootouders met een mis. Als dynastiebouwer koopt Jan het voormalige familiebezit Boldoot terug. Het parfummerk heeft een historie van Mariaverschijningen en duiveluitdrijvingen. Ome Niek wordt er helemaal high van. 'De engelen Gods willen dat je licht bent.'

De Sfinx is op het hoogtepunt van zijn macht als hij op 16 augustus 2007 zijn vijftigste verjaardag viert in zijn geboortedorp en woonplaats Heemstede. Gewoonlijk houdt Koning Jan zijn privéleven nauwlettend gescheiden van zijn zaken. Tegen dat principe in nodigt Joannes Ferdinand Maria van Vlijmen deze keer een kleine tweehonderd zakenpartners, vrienden en familieleden uit voor zijn verjaardagsfeest op landgoed Bloemenoord. De genodigden maken gretig gebruik van de invitatie. 'Tout vastgoed is er,' vertelt een gast. Acte de présence geven onder meer broer Simon van Vlijmen, Jack Del Castilho, René Steevensz, oud-Bouwfondsbestuursvoorzitter Cees Hakstege, de opvolger van Jan van Vlijmen bij Bouwfonds Diederik Stradmeijer, directeur Eric Zubli van Jones Lang LaSalle, makelaar Michiel Floris van AFR, Jans jeugdvriend en directeur van investeerder Favonius Jan de Jong en serieondernemer en oud-Philipstopman Roel Pieper, die ooit ook aan investeerder Favonius was verbonden.

Oud-staatssecretaris van Economische Zaken Ferdinand Grapperhaus spreekt het gezelschap toe vanaf een verhoging in een grote feesttent op het landgoed. Hij is de broer van de moeder van Jan en heeft een zoon, die advocaat is en kroonlid van de Sociaal-Economische Raad en toezichthouder bij het kadaster. Grapperhaus houdt een lyrische lofzang op de jeugd van Jan van Vlijmen en op zijn veelzijdige kwaliteiten. Hij maakt indruk omdat hij zijn hele speech uit zijn hoofd doet.

Na het parkeren van de auto's worden mensen in een soort golf-karretjes naar het landgoed Bloemenoord gebracht. De bekende vei-ligheidstypes van Van Vlijmen lopen weer opvallend rond. Het is een uitbundig feest. Er is muziek en er wordt gedanst. Grapperhaus steekt de loftrompet af over zijn neef Van Vlijmen. Wat fantastisch dat hij het familiebedrijf Boldoot heeft teruggekocht! De moeder van Jan van Vlijmen zit te stralen tussen al de familie en vrienden. 'Dat was aandoenlijk om te zien', zegt een genodigde. 'Des te tragischer als hij het geld niet eerlijk heeft verdiend zoals justitie stelt.'

Onder de genodigden zitten verder de directeur van Steltman Watches op het Noordeinde in Den Haag, bankier Rob ten Heggeler, Job Dura van bouwer Dura Vermeer, directeuren Steven Vis, Joost Tjaden en Ben Hordijk van Janivo, bouwer Gerrit Tijhuis, makelaar Harry Mens en investeerder Barend van der Vorm uit Monaco. Ook de mannen en hun echtgenotes uit het intieme Van Vlijmennetwerk worden niet vergeten: Van Tartwijk, Kloeck, Drechsel, Lesmeister, Van den Broek, Menke en Van Gameren.

Oom Nico Vijsma is volgens sommige gasten niet van de partij. Maar anderen herinneren zich wel Vijsma's aanwezigheid. Dat zou bijzonder zijn, want ondanks hun innige langjarige samenwerking komen ome Niek en neef Jan zelden bij elkaar over de vloer. De in-vloed van Nico Vijsma is in elk geval wel zichtbaar in de aankleding van Jans verjaardagsfeest. Als visueel aardigheidje lopen bijvoorbeeld ingehuurde steltlopers over Jans landgoed.

Het gaat duidelijk goed met Jan. Daar zal geen verjaardagsgast aan twijfelen. Niemand kan bevroeden dat hun gastheer drie maanden la-ter wordt opgepakt in de grootste actie van justitie ooit. Menig feest-ganger en menig lid van de vooraanstaande familie van juristen, on-dernemers en gezagsdragers accepteert dat nog steeds niet.

Jans netwerk is voor iedereen verpletterend. Zijn vaste zakenpart-ners zijn John Fenterer van Vlissingen en familie De Pont. Hij heeft regelmatig contact met deze miljardairs. Hoger kan een mens niet rei-ken in ondernemend Nederland. De familie van Jan wortelt ook in de politiek, niet alleen via de Grapperhauslijn, maar ook via de Van Vlij-mens. Een oom van Jan is een oud CDA-Tweede Kamerlid. Jan heeft met zijn islamitische geldschieter Mansur uit boomtown Dubai een eigen tap voor oliedollars. Jan blaakt van zelfvertrouwen. Hij staat op het punt twee veelbelovende vastgoeddeals aan de Zuidas te sluiten met medewerking van voormalig KPN-topman Joop Drechsel en John Fentener van Vlissingen. En volgend jaar, weet de jarige Jan, verzilvert hij opnieuw een hoofdprijs: tegen de twintig miljoen euro die hij via de beeldbepalende Symphonytorens aan de Amsterdamse Zuidas ongezien naar zich toe dirigeert.

Maar van de stiekeme ontsluiting van die goudader hebben de gasten op Jans verjaardagsfeest geen weet. Althans, de meesten niet. Voor hen is Jan van Vlijmen de man met de schone handen, de onkreukbaarheid zelve. Een uiterst degelijke zakenman. Straight. Iemand die zelfs geen verjaardagscadeautje aanneemt. De secretaresse van Landquest, Van Vlijmens privébedrijf, herinnert de gasten daar fijntjes aan. Zij stuurt het personeel van bedrijven waarmee Van Vlijmen zaken doet, zoals Living City, een waarschuwing: 'Meneer Van Vlijmen ontvangt liever geen cadeaus op zijn vijftigste verjaardag. Degenen die per se toch iets willen geven, attendeert meneer Van Vlijmen op de mogelijkheid een gift over te maken op de rekening van de Rooms-Katholieke Kerk van Onze Lieve Vrouw Onbevlekt Ontvangen.' Volgen adres en rekeningnummer van de parochiekerk van de familie Van Vlijmen aan de Korte Zijlweg in Overveen.

Jan draagt de rooms-katholieke kerk een warm hart toe, weet zijn omgeving. Hij is met Nico Vijsma en een paar oude vrienden betrokken bij de liefdadigheidsclub Stichting Theatraal. Zijn makkers Jack Del Castilho en Nico Vijsma hebben Van Vlijmen aangeraden om charitatieve betrokkenheid te etaleren. Nico is sinds mei 2007 ook bestuurslid van deze liefdadigheidsstichting. Theatraal maakt geld over voor missieboekjes van het bisdom in Haarlem.

Jan laat zijn verbouwde villa jaren eerder ook op katholieke wijze inzegenen. Een van de aanwezigen vertelt: 'We staan met zijn allen op het bordes voor de voordeur. Komt er een priester aanlopen voor een plechtige inwijding.' De zakenrelaties van Jan kijken verbluft toe hoe Van Vlijmen samen met de geestelijke in vol ornaat het huis inzegent met wijwaterkwast en wierookpot. Begin december 2007, als lievelingszoon Jan in voorarrest zit, wordt in de rooms-katholieke kerk in Bloemendaal een mis opgedragen voor een overleden familielid. Vrijwel iedereen woont de mis bij, behalve Jan.

Jans band met het rooms-katholicisme grijpt terug op een familietraditie. De grootvader van Jan heeft met zijn gezin een deel van de oorlog doorgebracht in hun vakantiehuis in Brabant. Grootvader Van Vlijmen richt samen met pastoor Antonius van Teefelen in 1946 de kapel Maria Hulp der Christenen te Helvoirt op. Het Mariakapelletje geldt nu als Brabants erfgoed en in 2000 hebben de kleinkinderen Van Vlijmen gezorgd voor een nieuw Mariabeeld van de hand van een kunstzinnig lid van de familie.

Teruggrijpend op de katholieke familiebanden begint Jan van Vlijmen zijn verjaardagsfeest met een herdenkingsdienst in de rooms-katholieke kerk in Overveen. Daar nodigt hij ook al zijn verjaardags-gasten voor uit. De pastoor draagt deze mis in opdracht van Jan op 'ter nagedachtenis' aan de vier grootouders van Van Vlijmen. Op de sobere uitnodiging voor dit verjaardagsfeest staan de portretten van Jans overleden opa's en de oma's. Voor in de kerk bij het altaar keren hun foto's terug, omringd door bloemen en kaarsen. 'Waar ben ik nou weer verzeild geraakt?' vraagt een enkele gast zich verwonderd af.

De Sfinx houdt er normaal gesproken niet van om in het centrum van de aandacht te staan. Grote gezelschappen spreekt hij liever niet toe. Daar is zijn lichte aanleg tot stotteren niet vreemd aan. Maar vandaag doet hij iets ongebruikelijk. Hij richt het woord tot de kerkgangers in de O.L. Vrouw Onbevlekt Ontvangen. Mensen kennen Van Vlijmen niet als een begenadigd spreker, maar als een mathematisch denkende man. 'Hij heeft onder zijn huid geen aderen maar computerdraden,' zegt een bekende. 'In zijn brein zit alleen numerieke informatie. Cijfers. Hij kent honderd telefoonnummers uit zijn hoofd. Hij wil gewoon geld verdienen, als handelsman. Zonder moraal en zonder gevoel. Ik heb nog nooit de mens gezien achter Van Vlijmen.' Zo kennen veel familieleden hem ook. Een schuchtere man op de achtergrond. Als er gesproken moet worden, laat Jan dat door iemand anders doen.

Het gezelschap in de Overveense kerk is dan ook verrast dat Van Vlijmen zelf het woord neemt. Jan roemt de belangrijke rol van zijn allang overleden grootvaders en grootmoeders. Want zonder hen is Jan van Vlijmen er niet, suggereert deze kerkdienst. Het heeft allemaal de geur van oud geld en adellijkheid. De uitstraling van eeuwenoude bloedbanden van voorname families, die bepalend zijn voor heden, verleden en toekomst.

In het kader van deze voorouderverering neemt Jan van Vlijmen in de zomer van 2007 rond zijn vijftigste verjaardag nog een opmerkelijke stap die hij persoonlijk toelicht. Hij koopt de merkrechten van Boldoot, een oud Nederlands parfum dat in de volksmond bekendstaat als odeklonje – een verbastering van het Keulse reukwater Eau de Cologne. Jan van Vlijmen neemt Boldoot over van Coty Beauty, 's werelds grootste parfumfabrikant. In de handen van dit wereldconcern is het Hollandse Boldoot een kwijnend bestaan gaan leiden. Ter gelegenheid van de overname van Boldoot meldt Jan van Vlijmen in een persbericht: 'Het merk is eindelijk weer in handen van de familie. Ik heb het merk gekocht uit eerbetoon aan mijn grootvader die ik helaas nooit gekend heb.'

Het familiebezit Boldoot is in 1963 door de vader van Jan van Vlijmen verkocht aan Koninklijke Zwanenburg Organon. Daarna is de geurwaterfabrikant van hand tot hand gegaan en steeds verder in het ongerede geraakt. Tot Jan van Vlijmen de merknaam in 2007 triomfantelijk weer terugbrengt in de schoot van de familie.

Boldoot komt voort uit een Amsterdamse apotheek die in 1789 is opgericht. Het petekind en neef van deze oprichter neemt de nering in 1834 over. Deze neef is de in 1809 geboren zoon van Joannes Ambrosius Boldoot en Elisabeth Aleida van Vlijmen. Vanaf die tijd is Boldoot voor een groot deel in handen van de familie Van Vlijmen. In het begin van de vorige eeuw heeft Boldoot in Amsterdam in zestien panden productiefaciliteiten en kantoren in New York, Parijs en Londen. De Tweede Wereldoorlog legt de productie lam. Toenmalig directeur Jan van Vlijmen, de grootvader van Jan, overlijdt 16 december 1946, kort nadat zijn oudste zoon Evert in een vliegtuig boven Schiphol verongelukt.

Maar nu de huidige Jan van Vlijmen Boldoot redt uit de vergetelheid, is alles weer rozengeur en maneschijn. Dat is ook de titel van het gedenkboek dat Boldoot uitgeeft ter gelegenheid van haar 175-jarig bestaan. Wat Jan van Vlijmen mede aanspreekt in Boldoot, is dat de onderneming altijd een zeer katholiek bedrijf is geweest. Belangrijke momenten in de bedrijfsvoering begeleidt de directie van de geurwaterfabrikant met het opdragen van een heilige mis voor de hele bedrijfsgemeenschap. In plaats van de pastoor gaat de Boldootdirecteur dan het personeel voor in gebed, gekleed in jacquet.

Jan blaast deze religieuze familietraditie van Boldoot en de Van Vlijmens op zijn vijftigste verjaardag nieuw leven in met die plechtige mis ter ere van zijn grootouders. Jan is er trots op dat hij het oudste eau-de-colognemerk van Nederland heeft verworven. Op 27 augustus 2007 verhaalt Jan bijvoorbeeld opgetogen tegenover Hans van Tartwijk dat hij de rechten heeft teruggekocht van Boldoot. 'Was zo'n 200 jaar in familiebezit.'

Voorouderverering spreekt ook uit de vernoeming door Jan van Vlijmen van een van zijn privéondernemingen naar een villa in Overveen, die al bij zijn grootvader in bezit was: villa Rooswijck van de architect Daan Roodenburgh. Jan van Vlijmen maakt het nog iets chiquer, door Rooswijck niet met ij maar met y te spellen. Rooswyck Property Services is een van de bedrijven die onzichtbaar eigendom zijn van Jan van Vlijmen. De onderneming verwerft onder meer opdracht om vastgoed voor Bouwfonds te beheren in de tijd dat Jan daar directeur is.

Wat Jan met zijn smetvrees aan het heroverde familiebezit Boldoot ook aanspreekt, is de associatie van eau de cologne met schoonheid, reinheid en frisheid. Jan heeft belangstelling voor telepathie en het bovennatuurlijke, die hij deelt met oom Nico Vijsma. Vandaar zijn fascinatie voor de verhalen van religieuze extase uit de historie van de geurwaterfabrikant, die bekendstaat als een zeer katholiek bedrijf. De Boldootwerkneemster Ida Peerdeman heeft internationaal de aandacht getrokken als een zieneres van Mariaverschijningen. In de gedaante van de 'Vrouwe van alle Volkeren' heeft de moeder van Jezus zich maar liefst 56 maal bij Ida Peerdeman gemeld. Voor de Haarlemse bisschop Jos Punt staat dit buiten kijf. Zaterdag 8 juli 2002 verklaart monseigneur Punt voor een duizendkoppig publiek in de Jaap Edenhal officieel dat de Mariaverschijningen van Peerdeman van een bovennatuurlijke bron afkomstig zijn. Dat kan in het katholicisme worden gezien als de opmaat tot een heiligverklaring van de Boldootwerkneemster, die in 1996 is overleden. Peerdeman heeft vanaf haar tienerjaren tot vlak voor haar dood ook regelmatig bezoek gehad van de duivel, weten katholieken en Peerdemangetrouwen. Er is in 1921 nog met bisschoppelijke toestemming een katholiek duiveluitdrijvingsritueel op haar uitgeprobeerd.

Maria en de duivel. Goed en kwaad. De strijd tussen licht en duisternis. Engelen Gods. Als ze zich lekker voelen, mogen Jan van Vlijmen en Nico Vijsma hun levens graag in dat soort termen beschrijven. Dat blijkt bijvoorbeeld op 10 december 2006 als Jan met Nico belt. Het gaat over hun onderlinge band en over de 'stille kracht' die de spirituele Nico uit zijn tijd in Indië over gehouden zou hebben. Het gaat ook over de nieuwe chauffeur Ferry die Jans limousine moet besturen. Nico vraagt Jan hoe de nieuweling rijdt en 'wat voor energie die gozer afgeeft'. Jan meldt dat de chauffeur heeft gezegd dat hij de plaats wil innemen van freefighter Franklin Beuk, Jans vaste chauffeur.

Jan: 'Dat is zijn energie en dat beviel me wel.'

Nico: 'Uitnemende man.'

Jan: 'Correct. Hij blijft u zeggen. Strak in pak.'

Nico: 'Jongen, ik ben helemaal goed.'

Jan schakelt over op een ander onderwerp: 'Niek, bedankt voor de vlucht, die was shape.'

Nico voelt zich ook goed: 'Ik was gisteren helemaal hype op alles. Op jouw leven. Mijn leven. Hoe moet ik het zeggen? Want dat is toch in die zin enigszins verstrengeld zonder dat ze een reet met elkaar te maken hebben.'

Jan: 'Ja.'

'Maar dat is geld,' verwoordt Nico de reden van hun verstrengeling en mogelijk ook het motief van hun handelen de laatste twintig jaar.

Jan vraagt dan in schipperstermen naar de verwachtingen van Nico voor de nabije toekomst: 'Hoe is het log, hoe is het log, Niek?'

Nico: 'Rustig. Hmm, eerder dan maandag verwacht ik niks en daarna ook niet. Jan, kom op. Focking hete vuren.'

Jan: 'Logisch, ritmisch.'

Nico: 'Vergeet even niet dat je niet voor niets focking advocaten hebt.'

Jan: 'Ja.'

Nico: 'En vooral dat ik, of meneer de fiscus nu wel of niet geïnteresseerd is, ik heb zo veel geld aan die vieze klootzak van een prins moeten betalen om die Margarita te onderhouden.'

Jan: 'Daar wil je wel wat van terugzien.'

Nico: 'Dat ik het misschien bij de koningin zal vragen, daar wil ik niets van terugzien. Maar dan zeg ik, oké, dan heb je een tweede... hoe heet het ook weer, ik ben die gek bijna al weer vergeten.'

Jan: 'De Roy van Zuydewijn.'

Nico: 'Ja, natuurlijk. De Roy van Zuydewijn. Ik laat het er niet bij zitten. Ik heb zeker 70.000 aan Margarita geleend, die heb ik ook nog steeds niet terug. Dus, ja, ik moest ze wel verdienen.'

Jan: 'Ja, krijg je het links niet, dan moet je het rechts schrijven, Niek. Zo is het.'

Nico: 'Dan neem ik... en trouwens dat schorem dat daar zijn zakken heeft gevuld bij Bouwfonds.'

Jan: 'Ja.'

Nico: 'Inclusief die vieze Rutgers en Bleker. Ja, ik was ook nog maar een radertje in de dinges. Jan, ik ben stralend van licht want dat is uiteindelijk wat de engelen van God willen. Dat je licht bent en niet duister.'

Jan: 'Hahaha.'

Nico: 'Ja, soms wint de duisternis, zoals men vertelde toen ik veertien was, maar ik ben licht. Ik ben goed. Het log staat goed. Ga uitrusten want morgen moeten we er tegenaan.'

Jan: 'Top. Niek. I'll be there.'

Nico: 'Ja.'

Maar het log staat opeens helemaal niet goed meer voor Jan van Vlijmen en Nico Vijsma op 13 november 2007. De aanhouding van Jan bij de geruchtmakende FIOD-ECD-invallen zorgt voor veel nervositeit bij de leden van de elite, die op 6 augustus 2007 op Jans verjaarsfeestje zijn. Zij vragen zich zenuwachtig af of het gerucht klopt dat al het bedienend personeel op dat partijtje in werkelijkheid verklede opsporingsambtenaren zijn geweest. En dat van alle feestgangers foto's zijn gemaakt door de FIOD-ECD.

Of deze vrees terecht is, is onduidelijk. Zeker is wel dat de complete lijst met genodigden voor het vijftigste verjaardagsfeest van Jan van Vlijmen deel uitmaakt van het strafdossier als bijlage D-2295.

32 De bekentenis

Op 8 mei 2008 stuurt advocaat Willem Koops een brief aan het Openbaar Ministerie namens zijn cliënt Jan van Vlijmen. Die heeft dan een half jaar voorarrest achter de rug. Daarin heeft Van Vlijmen niets verklaard. Nu hij net een paar dagen op vrije voeten is, legt Van Vlijmen voor het eerst een verklaring af, een heel korte. Dit is de tekst van die verklaring, zoals die is opgenomen in het strafdossier.

'Ik beken dat ik zeer regelmatig giften en toezeggingen heb gedaan aan (vertegenwoordigers) van zakenpartners in de periode dat ik directeur was van Bouwfonds Vastgoedontwikkeling en haar rechtsopvolgers.

Vanaf 1998 waren mijn persoonlijke belangen verstrengeld met die van Bouwfonds Vastgoedontwikkeling en haar rechtsopvolgers. Ik ga ervan uit dat heel weinig mensen wisten hoe en hoezeer die belangen verstrengeld waren. Ik heb er nooit op gemikt dat bekend te maken. Ik vraag mij na die maanden af of ik de belangen van Bouwfonds Vastgoedontwikkeling altijd heb gediend op een wijze die van mij verwacht mocht worden.

In de periode vanaf 2002 ben ik doorgegaan met het doen van giften aan (vertegenwoordigers en/of werknemers van) zakenpartners. Er trad echter wel een verandering op: veel vaker dan ik giften deed, deed ik toezeggingen over de (verre) toekomst. Ik beloofde mensen bijvoorbeeld latere samenwerking.

De omvang van die toezeggingen was groter dan die in de periode ervoor. Een van de oorzaken was dat anders niet met sommige zakenpartners, met name Philips Pensioenfonds, tot zaken te komen was.

Mijn giften of toezeggingen heb ik telkens gedaan om projecten of transacties gegund te krijgen of ze de omvang te laten krijgen die het beste paste bij mijn bedrijfsvoering.

Ik heb nooit giften of toezeggingen gedaan om de waarde van het betrokken project te (laten) beïnvloeden.

Ik ben mij ervan bewust dat het bovenstaande de reden is dat ik in een strafzaak verwikkeld ben geraakt, en zojuist een half jaar in detentie heb doorgebracht. Dat halve jaar detentie wijt ik dan ook aan niemand anders dan mijzelf.

Ik weet niet hoe ik het ontstaan van deze situatie kan uitleggen. En wat de uitkomst van de strafzaak ook is, die uitleg en het nemen van de verantwoordelijkheid voor schade aan mijn naasten en mogelijke anderen is iets wat mij de rest van mijn leven zal kosten. Daarvan ben ik me bewust.

Ik ben te zijner tijd uiteraard bereid tot het beantwoorden van alle vragen die mij gesteld worden.'

Te zijner tijd? Is dat tijdstip nu langzamerhand aangebroken, vragen opsporingsambtenaren anderhalf jaar na bovenstaande schriftelijke mededeling op 17 september 2009 aan Jan van Vlijmen in een poging hem alsnog aan de praat te krijgen. Nee. 'Nu niet', antwoordt de Sfinx. Hij is nog herstellende van zijn voorarrest, zegt hij. Hij heeft één vastgoedtransactie proberen te reconstrueren, de 126-transactie, en dat is hem eigenlijk niet meer gelukt. De tientallen volgende vragen van de opsporingsambtenaren beantwoordt Jan weer consequent met: 'Ik gebruik mijn zwijgrecht.' Voordat hij de verhoorruimte verlaat om terug in de vrijheid te stappen, heeft Van Vlijmen nog wel een slotwoord voor de opsporingsambtenaren. 'Ik wil nog aangeven dat ik sowieso een verklaring geef voordat de definitieve zitting plaats gaat vinden.' Tot die tijd kan het OM zich de moeite van een oproeping voor een verhoor besparen, zegt zijn advocaat. U kunt verdere vragen beter schriftelijk aan Jan van Vlijmen richten, is het advies van de advocaat aan justitie.

Voor dit boek is talloze malen geprobeerd om de visie van Jan van Vlijmen te vernemen. Via omwegen en uit indirecte bronnen blijkt veel te achterhalen van de gedachten van de zwijgzame hoofdverdachte. Alle verzoeken om rechtstreeks contact resulteren uiteindelijk op 9 oktober 2009 in onderstaande brief van Van Vlijmens advocaat:

'Mijne heren,

De reputatie en de toekomst van Jan van V. zijn verwoest.

Niet omdat hij iets heeft misdaan, want het staat niet vast dat hij iets heeft misdaan.

Niet door een veroordeling, want zijn zaak is onder de rechter.

Zijn reputatie is verwoest door verdenkingen en geruchten. Zijn toekomst is somber en geen berechting kan daar verandering in brengen.

Maar die berechting komt er wel. En Van V. heeft nooit zijn verantwoordelijkheden geschuwd; dat doet hij ook nu niet. Hij heeft beloofd op alle vragen antwoord te geven en zal dat ook doen.

Maar vanaf de basis: en die basis is de zaak Klimop. Binnen Klimop geeft hij tekst en uitleg; justitie heeft het eerste recht op zijn verhaal.

Uw lezers hebben ook recht op een verhaal. Maar de strafzaak komt eerst. Van V. kan en wil niet op die zaak vooruitlopen.

Dit is de reden om niet aan uw boek te willen meewerken; de verschijning van dat boek bewijst alleen maar dat te ver op veroordeling wordt vooruitgedacht.

Met vriendelijke groet, Willem Koops.'

33 Het slagveld

De vastgoedfraude rond Bouwfonds en Philips is geen incident
maar onderdeel van een dubieuze cultuur. De slachtoffers en justitie willen een rigoureuze schoonmaak en een cultuurverandering.

'Uitroeien. Met wortel en tak.' De kersverse Rabobanktopman Piet
Moerland bezoekt zomer 2009 dochterbedrijf Rabo Vastgoedgroep
in Hoevelaken. Dit is de plek waar Jan van Vlijmen en zijn opvolgers
hun hoofdkwartier hadden. Van die mannen is de laatste in 2006 vertrokken. Toch ettert de wond heviger dan ooit. Het bedrijfsonderdeel
van Moerland heeft twintig miljoen euro uitgegeven om te achterhalen wat er in hemelsnaam mis is bij Bouwfonds Commercieel Vastgoed. Moerland zit met de ellende van een ander opgescheept. De
fraude heeft niet onder het dak van de Rabobank plaatsgevonden,
maar in de tien jaar ervoor, als ABN Amro en daarvoor de gemeenten
eigenaar zijn. Het onderzoek doet Rabo Vastgoedgroep niet voor zijn
plezier. Het wil de schade verhalen.

Het onderzoek is monnikenwerk. De betalingsadministratie,
brondocumenten en het archief zitten in ordners in 3000 oude dozen.
Ook staan delen op ouderwetse microfiches. Deels is dat overgetikt.
In een speurtocht naar belastend materiaal zijn in Hoevelaken alle
kelders, bureaus, kasten, kluizen en pc's leeggehaald en geïnventari-
seerd. Forensisch accountants van PwC en KPMG lopen de deur plat.

Het resultaat is ontluisterend. De Rabodochter vermoedt dat
waarschijnlijk alle 550 vastgoedprojecten en plannetjes van Jan van
Vlijmen en zijn discipelen uit de periode 1995-2006 frauduleus zijn.
Frauderen is de dagtaak geweest van de directeur en zijn aanhang,
meent het vastgoedbedrijf. Bij 75 projecten zijn de fraudesignalen zo

sterk en loopt de bank deels nog steeds zoveel financiële risico's, dat eigenlijk acuut nader onderzoek geboden is. Maar 75 projecten is veel te veel om allemaal diepgaand te onderzoeken. Daarom worden vijftien projecten van Bouwfonds commercieel vastgoed geselecteerd voor nader onderzoek. Dat zijn in de omgeving van Amsterdam de Paasheuvelweg en bedrijfsterrein Commerce Parc. In Rotterdam Jungerhans en de Grote Lijn, ook wel bekend als Linea Nova, en in Rijswijk De Curie. In België Waasland Shopping Centre in Sint-Niklaas en het Tele Atlasgebouw in Gent. De Homburgerlandstrasse in Frankfurt. En dan nog wat in 2004 ronkend 'de grootste transactie ooit tussen twee Nederlandse partijen' heette. Dat is de verkoop door Bouwfonds aan Fortis van vijf onverhuurde, nog niet gebouwde winkelcentra en 700 nog niet gebouwde woningen. Van de tekening gekocht voor 460 miljoen euro.

Dit zijn projecten die het Openbaar Ministerie links laat liggen, omdat ook daar tegen de grenzen van de capaciteit wordt aangelopen. De Rabodochter heeft al twee jaar tijd en twintig miljoen euro gespendeerd aan het onderzoeken van de vastgoedprojecten, met als drie belangrijkste Eurocenter, Symphony en Vivaldi. De onderzoeken van de Rabodochter en justitie naar de Zuidasprojecten en de Coolsingeltoren, Hollandse Meester en Solaris overlappen elkaar, met uitzondering van Vivaldi. De gemeenschappelijke deler van alle vijftien projecten die de Rabodochter tegen het licht houdt, zijn onverklaarbaar hoge kosten en verzonnen werkzaamheden.

Het beeld voor Philips Pensioenfonds is even dramatisch. Een miljard euro aan vastgoedtransacties uit de afgelopen tien jaar wordt onderzocht. Pensioenfondsdirecteuren kopen jarenlang onroerend goed te duur of verkopen het te goedkoop. 'Nagenoeg alle onderzochte transacties kennen één of meer onzakelijke voorwaarden of elementen waardoor het fonds financieel of op een andere manier benadeeld zou kunnen zijn,' aldus een brief waarmee Philips de 130.000 gedupeerde pensioengerechtigden gerust probeert te stellen.

In de onderzoeken naar deze twee bedrijven is Van Vlijmen de centrale figuur. De verduisterende Bouwfondsdirecteur koopt later als zelfstandig ondernemer directeuren van Philips Pensioenfonds om, is de verdenking. Los van de feiten rond Van Vlijmen komt aan het licht dat vastgoedmagnaat Harry Hilders dezelfde pensioenfondsdirecteuren ook zou hebben betaald. Dat wordt ook vermoed van de vastgoedmannen Harry Muermans en Arie van Pelt.

Bij Philips Pensioenfonds hebben vier opeenvolgende generaties vastgoeddirecteuren vermoedelijk giften en cadeaus aangenomen en dat verzwegen voor hun baas. Dat is waarschijnlijk ten koste gegaan van de aan hen toevertrouwde pensioengelden. Philips is al die tijd kennelijk niet in staat gebleken om dit te corrigeren. Maar de huidige hoogste man van het pensioenfonds, Harry Hendriks, zegt 'schoon schip te maken'. Hij wil al het gestolen geld voor de pensioengerechtigden van Philips terughalen. Philips heeft voor 150 miljoen euro beslag gelegd bij de fraudeverdachten. Het interne onderzoek is uitbesteed aan advocaten van De Brauw Blackstone Westbroek. Zij hoeven hun onderzoeksresultaten, met een beroep op hun verschoningsrecht, niet aan het strafdossier toe te voegen.

Het OM heeft ook de handen vol. Bij deze affaire schiet het ongedierte weg bij elke steen die wordt opgetild, zegt een officier. Het OM pakt bewust een beperkt aantal zaken aan. Naar de stand van oktober 2009 heeft het OM in totaal 120 personen en bedrijven in het vizier als verdachte. Dat kunnen er meer of minder worden. De verhouding tussen het aantal personen en het aantal bedrijven onder de verdachten kan de komende tijd veranderen, net zoals dat afgelopen jaren in beweging is geweest.

Het aantal betrokkenen is vele malen groter. Iedere verdachte heeft wel een partner, een notaris, een advocaat, een accountant, een makelaar, een boekhouder en/of een fiscalist die mogelijk onregelmatigheden heeft kunnen vermoeden of heeft kunnen zien langskomen. Dat betekent niet dat ze allemaal alles weten. Jan en Nico zijn meesters in het beperkt inlichten van hun medewerkers. Ze werken met een soort celstructuren, zodat de celleden het grotere geheel niet kunnen overzien. Iedere medeplichtige dacht dat hij iets speciaals met Jan had. Werknemers van zijn bedrijf Landquest, die met hun neus op de werkkamer van Van Vlijmen zaten, beweren niets doorgehad te hebben.

Justitie focust zich in het najaar van 2009 op acht transacties, de Coolsingeltoren in Rotterdam, Hollandse Meester in Zoetermeer, Solaris in Capelle aan de IJssel, de Zuidastorens Eurocenter en Symphony, de monsterverkoop van 1 februari 2006, Teteringen in Breda en de pakketverkoop door Philips aan Harry Hilders.

De totale omvang van de vermoedelijke fraude is onduidelijk. De slachtoffers claimen opgeteld een kwart miljard euro aan schade. Philips Pensioenfonds heeft bij verdachten beslag gelegd voor 150 miljoen euro. De Rabo Vastgoedgroep gaat uit van honderd miljoen euro schade. Het bouwvakkerspensioenfonds BPF is vermoedelijk ook voor enkele miljoenen euro's benadeeld. Ondernemer Joop van den Ende neemt zijn verlies.

Justitie heeft in totaal voor honderd miljoen euro beslag gelegd. De ramingen zijn een momentopname en sterk aan verandering onderhevig. Ze overlappen elkaar deels omdat het gezamenlijke en soms nog lopende projecten betreft. Pas aan de hand van de strafzaak moet kunnen worden vastgesteld hoe hoog de precieze schade is en aan wie die toegerekend kan worden.

Lef en doorzettingsvermogen kunnen de Belastingdienst, de FIOD-ECD en het Openbaar Ministerie niet ontzegd worden. Wat begint met de argwaan van een belastinginspecteur leidt tot het grootste fraudeonderzoek ooit. Tijdelijke beslagleggingen op wederrechtelijk verkregen winsten voeren naar een reeks bekentenissen. Maar daarmee is de aftiteling van dit vastgoeddrama nog niet bereikt. Dit wordt een langdurige strafzaak van monsterachtige proporties. De belangen voor het OM zijn groot. Het onderzoek past in de politieke wens om uitwassen in de vastgoedwereld de kop in te drukken. De zaak dient een hoger doel dan de succesvolle vervolging van de verdachten alleen. Justitie poogt een cultuur te doorbreken, maar hiervoor is een lange adem vereist. Het onderzoekt loopt sinds 2005, de hoofdverdachten komen in 2010 of waarschijnlijker pas in 2011 voor de rechter. In de tussentijd zullen verdachten hun zaak geseponeerd zien, vervolging afkopen met een schikking of in rechtsonzekerheid verkeren.

Niet alleen de verdachten, maar ook het Openbaar Ministerie zal uitgebreid verantwoording moeten afleggen. Advocaten gaan betogen dat sprake is van tunnelvisie bij de speurders. Dat er vanuit de hypothese dat de vastgoedwereld een roversnest is naar een conclusie is geredeneerd. De verdediging zal betogen dat er onvoldoende oog is voor ontlastend materiaal. Het is een verweer dat met wisselend succes is gevoerd in strafzaken om het OM niet ontvankelijk te laten verklaren. In die categorie past ook de twijfel over de rechtmatigheid van het justitieel optreden. Rechtvaardigt de vastgoedfraudezaak de ongekende macht waarmee justitie op 13 november 2007 de vastgoedwereld binnentreedt? Is het nodig om verdachten maandenlang in voorarrest met een zeer streng regime te zetten?

Ironisch genoeg heeft justitie heimelijk dwangmiddelen ingezet om beweerde fraude van een heimelijk opererende criminele organisatie in de bovenwereld te tackelen. Is het nodig om de grenzen van het toelaatbare in de opsporing af te tasten? Ook dit verweer is een vast nummer van de verdediging waar het OM zich op zal voorbereiden. Nederland is koploper in Europa met telefoontaps. In 2007 zijn per dag gemiddeld 1681 gesprekken opgenomen. Dat is volgens topman Harm Brouwer omdat Nederland terughoudender omgaat met het plaatsen van bugs, fotografen en observanten. Maar in de vastgoedfraudezaak zijn die middelen ook ingezet. De rechter zal moeten toetsen of ze rechtmatig zijn ingezet. Houdt justitie zich aan de regels? Zijn de verslagen van getapte gesprekken tussen advocaten en verdachten vernietigd, zoals wettelijk is voorgeschreven?

Tijdens de rechtszitting zal ook moeten blijken of het OM de zaak organisatorisch heeft kunnen managen. Hier zijn rechters bijzonder gevoelig voor de laatste jaren. Zijn alle bevindingen goed geverbaliseerd en aan het strafdossier toegevoegd? Is het werk van het OM en de FIOD-ECD controleerbaar voor de rechter? Is de zaak beheersbaar? Voorjaar 2008 meldt de officier van justitie dat met telefoontaps is gestopt omdat het materiaal te omvangrijk wordt om uit te werken. Een betrokken advocaat merkt al op dat de naam Klimop voor het onderzoek goed is gekozen. Het onderzoek woekert alle kanten op en klampt zich aan het minste of geringste vast.

Vanwege de omvang en de duur van de fraude zal het OM zich vooral richten op de hoofdzaken. Kleine jongens kunnen opgelucht ademhalen, want de rechter zal niet aan hen toekomen of hen hoogstens met een financiële afwikkeling aan verdere vervolging laten ontkomen. De verdediging is naarstig op zoek naar steken die justitie heeft laten vallen in de hoop de zaak te kunnen laten kantelen.

Kan het OM de aantijgingen hard maken? Geraffineerde fraude, oplichting en omkoping lijken plausibel op basis van het strafdossier dat het OM in het najaar van 2009 heeft samengesteld. Het dossier bevat bekentenissen, belastende taps en aantekeningen, plus onverklaarbare en verzwegen geldstromen naar het buitenland.

Maar de juridische werkelijkheid kan er heel anders uitzien. Fraude is moeilijk te bewijzen. Voor een veroordeling is 'wettig en overtuigend bewijs' nodig. Het voor de werkgever verzwijgen van giften als contanten en horloges is al snel niet-ambtelijke omkoping. Volgens de Hoge Raad is hiervan al sprake als werknemers in dienstverband geld aannemen zonder dat te zeggen tegen hun werkgever. Ook als niet duidelijk is of een wederdienst is geleverd in de vorm van te goedkoop vastgoed of een exclusieve plek aan de onderhandelingstafel.

De omkoper kan ook al snel worden veroordeeld. Van Vlijmen heeft via zijn advocaat in een brief aan de zaaksofficieren van het Openbaar Ministerie al toegegeven beloftes te hebben gedaan aan zakenpartners. Hij kweekt hier goodwill mee bij het OM. De vraag is wat Van Vlijmen ervoor teruggekregen heeft. De brief is geschreven een week na zijn vrijlating uit voorlopige hechtenis. In Van Vlijmens wereld geldt: voor wat hoort wat. De rechtszaak zal moeten uitwijzen of hij zijn verklaring heeft afgelegd in ruil voor bijvoorbeeld opheffing van de voorlopige hechtenis.

Wat is de waarde van de 'bekentenis' van niet-ambtelijke omkoping? Het is een verklaring van de advocaat die voor akkoord is getekend door Van Vlijmen. Als hij op zitting zegt er nog altijd achter te staan, kan de verklaring in combinatie met ander bewijs als bewijsmiddel worden toegelaten. Van Vlijmen en zijn advocaat weten dat momenteel in Nederland maximaal één jaar celstraf staat op niet-ambtelijke omkoping. Van Vlijmen is al uit dienst sinds 2001. Mogelijk is het verwijt dat hij zich in dienstverband liet omkopen verjaard. De brief is zo geformuleerd dat Van Vlijmen immoreel handelen en belangenverstrengeling in feite erkent. De verklaring begint met 'Ik beken…' Toch zegt hij niets over de via geheime winstdelingen weggesluisde bedragen, laat staan over verduistering in de tijd dat hij Bouwfondsdirecteur is.

Van Vlijmen erkent dat hij na zijn dienstverband anderen is gaan verwennen als 'omkoper'. Rechters oordelen verschillend over de vraag of er sprake is van omkoping, als de persoon die geld betaalt of beloftes doet, niet weet dat dit door de ander wordt verzwegen tegenover zijn werkgever. In 2008 is een directeur door het gerechtshof vrijgesproken met deze argumentatie. Van Vlijmen kan zeggen dat hij niet wist dat Lagaunne en Frencken hun giften en beloftes verzwegen.

Over de periode dat hij anderen is gaan betalen, zegt Van Vlijmen dat hij dit heeft gedaan om transacties 'gegund' te krijgen. Heeft hij hier voordeel genoten? Die vraag is voor de omkoping niet relevant. Ook als de gever van geld en cadeaus zegt dat hij niet meer dan vrijgevig is, kan hij veroordeeld worden. Relaties 'smeren' is verboden in Nederland. Of je er nu iets voor terugkrijgt of niet. Toch is ook zijn ontkenning wel belangrijk: 'Ik heb nooit giften gedaan om de korting te krijgen op vastgoed'. Hier is de achterliggende vraag of er sprake is van oplichting van onder meer Philips Pensioenfonds.

Voor justitie moeten de overtuigende veroordelingen komen uit andere verdenkingen: oplichting en verduistering van Bouwfonds en Philips, witwassen, valsheid in geschrifte en van het voeren van een criminele organisatie. Daar kunnen de verdachten maximaal zes jaar voor krijgen. Om oplichting te bewijzen, moet justitie aantonen dat de directeuren van Bouwfonds projecten te duur bij onderaannemers hebben aangebracht en het geld weer naar zichzelf hebben teruggesluisd. Wat betreft Philips Pensioenfonds moet bewezen worden dat vastgoed te goedkoop van de hand is gedaan of te duur is aangekocht. Dit is de zwakke schakel uit de vastgoedfraudezaak. Hoe komt de prijs van vastgoed tot stand? Wat is marktconform? Heeft het zin om rekenkundige exercities te maken als de praktijk niet zo werkt? Slachtoffers Philips en Bouwfonds hebben tot nu toe hun schadeclaims nog nauwelijks onderbouwd. Kunnen zij trouwens niet gewoon via de civiele weg hun geld terughalen?

De verdediging zal aanvoeren dat de prijs van vastgoed of werkzaamheden in het vastgoed moeilijk objectief zijn vast te stellen. Is een zeer winstgevende doorverkoop van losse delen uit een portefeuille al voldoende bewijs voor oplichting van de oorspronkelijke verkoper? De verdediging zal proberen aan te tonen dat prijsexplosies in het vastgoed wel verklaarbaar zijn. Ook zal gesteld worden dat omstreden transacties de expliciete of impliciete goedkeuring van hogerhand hadden. Het verkopen rond de balanswaarde in een-op-eentransacties past in het beleid van Philips Pensioenfonds, zal worden betoogd.

Justitie denkt dat Bouwfonds en Philips zijn opgelicht door smeergeldbetalingen na het dienstverband van de verdachten via opgevoerde nepwerkzaamheden. Voorbeelden daarvan zijn de winst die Jan van Vlijmen is toegezegd bij de Symphonytorens en de werkzaamheden van oud-Bouwfondstopman Cees Hakstege. De verdediging zal ook hier proberen aan te tonen dat wel degelijk werk is verricht. Dat de hoge bedragen soms moeilijk te onderbouwen zijn, hoort bij de vastgoedwereld en de makelaardij.

De slachtoffers en het Openbaar Ministerie betichten de verdachten van onzakelijke vastgoedtransacties. Normaliter helpt het een verdachte niet als hij tot zijn verdediging aanvoert dat anderen ook iets op hun kerfstok hebben. Maar het verwijt van onzakelijkheid wordt moeilijker te bewijzen als aan te tonen is dat het uitdelen van miljoenen aan giften links en rechts de norm is bij het zakendoen in de vastgoedmarkt. Dan is het niet onzakelijk maar juist marktconform om cadeautjes te geven aan zakenrelaties, elkaar wat te gunnen en onderling onzichtbare rekeningen te vereffenen. Dan vervalt het verwijt van onzakelijkheid opeens. In een cartoon van Peter van Straaten vergaderen twee heren in pak. De een buigt voorover naar de ander en zegt: 'Dat is geen fraude. Dat is doodnormaal zaken doen!' Dit lijkt een beetje op de opmerking van Nico Vijsma tegen de opsporingsambtenaren: 'Wij zijn fatsoenlijke mensen. Maar voor de wet waarschijnlijk niet.'

Het is al ter verdediging aangevoerd. 'Iedereen deed het.' Zoals bankiers in de City in de jaren tachtig handel met voorwetenschap nog zien als secundaire arbeidsvoorwaarde. Van Vlijmen heeft al aangekondigd dat hij niet in zijn eentje de cel ingaat. Te verwachten valt dat Van Vlijmen naar boven en om zich heen gaat wijzen om aan te tonen dat hij niet onzakelijk heeft geopereerd maar marktconform. Van Vlijmen en de andere verdachten zullen met beide handen de aanwijzingen aangrijpen dat er bij het Philips Pensioenfonds en bij Bouwfonds al veel langer een bedrijfscultuur bestaat waar zakelijke en privébelangen zijn vermengd. 'Half Nederland factureert onder een foute omschrijving,' zegt Cees Hakstege. Mijn voorganger fraudeerde ook, zegt Philipsdirecteur Rob Lagaunne ter verontschuldiging. Frencken en Lagaunne hebben verklaard dat leidinggevenden en het college van beheer, met voorzitters als Jan Hommen, het allemaal hebben goedgekeurd. Het opstellen van facturen die de lading helemaal niet dekken, is niet ongebruikelijk, wordt betoogd. Dat de gemeente Amsterdam dit zelf ook weleens heeft gedaan bij projectontwikkelaar Amplan zal bij de verdediging niet onvermeld blijven.

Spannend voor de omvang van de zaak wordt of de rechter de beloofde tientallen miljoenen voor pensioenfondsdirecteuren Frencken en Lagaunne ziet als steekpenningen. Wordt hier inderdaad de overwinst op de grote ABC-transactie heimelijk verdeeld? Hier is het bewijs al een stuk moeilijker te leveren. Hoeveel waarde moet worden gehecht aan bewijs in de vorm van handgeschreven aantekeningen met initialen en bedragen in verdeelsleutels? Wat is de bewijskracht van de toezeggingen van Van Vlijmen op de hoteltaps? Hoe geloofwaardig zijn die beloftes eigenlijk? Was Van Vlijmen wel van plan om werkelijk al die voorgehouden miljoenen uit te betalen? Was hij niet verstrikt in een vastgoedpiramidespel van beloftes en luchtkastelen?

Spannend wordt ook hoe de rechter oordeelt over mogelijk (nog) niet uitbetaalde beloftes aan ex-Bouwfondsdirecteuren, die justitie getraceerd denkt te hebben op handgeschreven notities of conceptdocumenten op computers. Verschillende heren maken zich hierdoor geen zorgen. Ze hebben toch geen cent gekregen van Jan? Waarom zouden ze dan vrezen voor justitie?

De vraag is of het leveren van bewijs voor de miljoenenbeloftes nodig is voor de door justitie gewenste veroordelingen met een afschrikkend karakter. Want behalve valsheid in geschrifte en belastingfraude is er ook het verwijt van twee criminele organisaties. Om dit bewezen te krijgen, moet sprake zijn van een gestructureerd en duurzaam samenwerkingsverband met een gemeenschappelijk doel. Op zich is het groepsgewijs misdrijven plegen met een bepaalde planning vooraf nog niet voldoende. Een zekere hiërarchie kan een aanwijzing opleveren, maar het bestaan daarvan is niet noodzakelijk. Er zijn bepaalde eisen aan hoe men binnen de organisatie moet functioneren. Er hoeven niet per se statuten te zijn, maar het OM zal een zekere werkverdeling en afstemming van de werkzaamheden moeten kunnen aantonen. Dit lijkt gezien de duidelijke 'spelregels' waar de verdachten het zelf over hebben en het terugkerende patroon van ontmoetingen en deelnemers in deze zaak kansrijk.

Ook spannend wordt hoe de rechter zal aankijken tegen de rol van onderontwikkelaars als Willemsen Minderman en Trimp & van Tartwijk. Zijn dat onwetende hulpjes of gewetenloze handlangers? Zijn de geheime winstdelingsovereenkomsten wel zomaar als vals aan te merken? De deels bekennende directeuren van Willemsen Minderman komen november 2009 in een deelproces als eersten in deze affaire voor de strafrechter. Het Openbaar Ministerie zal daar de toon voor de rest van de zaak proberen te zetten. Het deelproces tegen Willemsen Minderman is een testcase voor de zaak tegen andere beweerde handlangers en medeplichtigen.

Het OM kiest naar verwachting om proceseconomische redenen voor eenvoudige en gemakkelijk te bewijzen valsheden waar de hele zaak achter schuilt. Het zal nog veel jaren duren voordat de rechters een slotconclusie kunnen trekken over het handelen van alle verdachten en de schadeclaims. Duidelijk is dat zonder de opsporingstechnieken de zaak nooit naar buiten was gekomen. Slachtoffers Bouwfonds en Philips Pensioenfonds kunnen hiervan profiteren in hun procedures om beweerde schade van een kwart miljard euro te verhalen.

Mochten er strafrechtelijke veroordelingen uit komen dan volgt het uitzitten van de straffen pas als veroordelingen onherroepelijk zijn. De zaak zal naar verwachting uitgevochten worden tot de Hoge Raad. Het OM heeft geen goede staat van dienst als het gaat om de aanpak van fraude. Denk aan de rampzalige vervolging in de bouwfraudezaak en de sterk wisselende resultaten in de beursfraudezaak en de oudere Slavenburgzaak. De beursfraudezaak telt eind jaren negentig ook honderd verdachten. Maar de zaak verdwijnt voor een groot deel in de prullenmand wegens onzorgvuldig onderzoek van justitie. Wel volgen veroordelingen wegens belastingfraude en omkoping. Ondanks het minimale strafrechtelijke succes van de beursfraudezaak heeft de vervolging daarvan wel een grote louterende invloed gehad. Handel met voorkennis is daarvóór normaal, maar is sindsdien taboe. De autoriteiten hopen dat het vastgoedfraudeproces ook zo'n reinigende invloed op de vastgoedsector zal hebben, los van de zwaarte van uiteindelijk eventueel uitgesproken straffen.

Een eerder succes dat het OM boekte, zijn de veroordelingen in de relatief onbekende American Energy-zaak. Hierin kwam de frauduleuze handel in winstvennootschappen aan de orde. Tot aan de Hoge Raad is bewezen verklaard dat een criminele organisatie in de bovenwereld actief was met als doel de fiscus voor tientallen miljoenen euro's op te lichten. Bewezen is dat daarvoor een ABN Amro-directeur is omgekocht. De daders moeten zich binnenkort melden voor het uitzitten van hun jarenlange celstraf.

Hoe ingrijpend is de zaak voor het bredere bedrijfsleven? Vertrouwen staat centraal in het economisch verkeer. Dat is geschonden. Mensen met bevoorrechte posities als directeuren, registeraccountants, fiscalisten en een notaris hebben het imago van hun beroepsgroep geschaad. De praktijken corrumperen het bedrijfsleven. Onderwereldgedrag maakt kwetsbaar voor chantage. Wie met koffers geld sleept, komt in foute circuits terecht. Wie bijverdiensten zonder duidelijke inspanning tolereert, creëert een graaicultuur waar het eigen belang voorrang krijgt boven het bedrijfsbelang.

Vastgoedbedrijven en pensioenfondsen hebben de problemen deels aan zichzelf te wijten. Zowel Bouwfonds als Philips Pensioenfonds heeft een ongezonde bedrijfscultuur jarenlang getolereerd.

Commissarissen en leidinggevenden hebben zich ook in deze affaire van hun slechte kant laten zien. Fraudesignalen en organisatorische zwakheden zijn niet opgemerkt. Bij de pensioenfondsen wreken zich bovendien het gebrek aan intern toezicht en de afwezigheid van interne tegenkrachten. Pensioengerechtigden zijn voor de bewaking van hun pensioengelden afhankelijk van de vertegenwoordigers van werkgever en vakbonden, die in de praktijk ook het dagelijks bestuur van het pensioenfonds leveren. Directeuren hebben jarenlang ongestoord hun gang kunnen gaan met slecht koopmanschap. De financiële risico's zijn in hun volle omvang neergelegd bij de pensioengerechtigden. Philips Pensioenfonds grijpt pas halverwege 2007 in met het verbieden van ongunstige een-op-eendeals.

De tekortkomingen in controles bij Philips Pensioenfonds zijn dermate ernstig dat de vraag gerechtvaardigd is of het kan blijven bij de strafrechtelijke vervolging van de twee hoofdverdachten en het terugtreden van eindverantwoordelijke Jan Snippe. De Nederlandsche Bank heeft zich tot nu toe beperkt tot de algemene uitlating dat 'de aandacht van pensioenfondsen voor de integriteit van partijen waarmee zij zakendoen, vaak in geen verhouding staat tot de financiële belangen die ermee gemoeid zijn'. De toezichthouder weigert net als het bedrijf zelf commentaar op de tekortkomingen bij het pensioenfonds van Philips.

Klokkenluiders zijn jarenlang genegeerd door het pensioenfonds. Dat is opmerkelijk omdat de signalen serieus waren en de problematiek al jaren bekend is. De 130.000 verzekerden van Philips Pensioenfonds zijn niet de eerste pensioengerechtigden die worden opgeschrikt door mogelijke onregelmatigheden met hun oudedagsbeleggingen. De afgelopen decennia spelen in de Nederlandse pensioenwereld minstens vijf van dit soort beleggingsaffaires. De meeste affaires lopen met een sisser af. Een grote vergelijkbare zaak is de ABP-affaire van vijfentwintig jaar geleden rond directeur Ed Masson. Ook in deze zaak heeft het Philips Pensioenfonds een rol. De vastgoed-affaire leidt tot een miljoenenbeslag bij de pensioenfondsdirecteur van het ABP, een groot strafrechtelijk onderzoek en zelfs een parlementaire enquête. Masson zit ruim een half jaar in voorarrest maar is uiteindelijk vrijgesproken op alle punten. Hij eist een miljoen gulden schadevergoeding maar krijgt 6000 gulden aan reis- en verblijfkosten vergoed. Hij had al zijn geld nodig voor zijn advocaten en is berooid overleden. Het pensioenfonds voor de metaalnijverheid heeft ook zijn fraudeaffaire gehad, eveneens met vastgoed. Dit pensioenfonds heeft een civiele aanpak in plaats van een strafrechtelijke aanpak gekozen. Dat is ook mislukt. De op alle fronten vrijgesproken verdachte heeft een megaschadeclaim in de maak.

Ondanks deze oudere affaires of misschien wel dankzij, kennen veel personen uit het onroerend goed nog altijd het verschil niet tussen het mijn en het dijn. Het vertrouwen dat werkgevers in hun directeuren stellen, is misbruikt. Leidinggevenden gebruiken hun functie en status om naast het salaris stiekem inkomsten te genereren of een lucratief toekomstplan op te tuigen met oude zakenpartners. Tegenover de Belastingdienst wordt zonder schaamte dubbelspel gespeeld. Ook door Registeraccountants en fiscalisten.

Verdachten wanen zich onschuldig dan wel onaantastbaar. Ze worden op de hielen gezeten door de fiscus en forensisch onderzoekers maar volharden in hun activiteiten. Als kwajongens sturen ze elkaar spotprenten over de mail die een bittere waarheid bevatten van een pensioenfondsdirecteur met een zak geld onder zijn bureau.

Ze deinzen er niet voor terug om directe familie en oude vrienden te betrekken in de lucratieve wereld van Van Vlijmen. Hoofdrolspeler Jan verwent oom Nico. Maar ook broer Simon wordt niet vergeten.

Net zomin als oude vriend 'oom' Jack Del Castilho. Het tweede echelon roept de hulp van echtgenotes in voor directeursfuncties, handtekeningen en het declareren van werk: Diederik Stradmeijer, Jan Steven Menke en Cees Hakstege. De laatste betrekt ook zoon en dochter in het spel. Nico zet zijn zoons aan het werk bij zijn verdachte vennootschap. Alphons Remmers koopt het bedrijf van de vader van verdachte Hans van Tartwijk. De zoon van Remmers wordt aan een baan geholpen bij Van Vlijmen en de zoon van Lagaunne voert een sollicitatiegesprek met Vijsma. Bij Van Vlijmen werkt ook de broer van Alexander Lubberhuizen. Michiel Floris zuigt zijn schoonvader en zwager in de affaire. Vijsma schakelt zijn ex in om Bouwfondswerknemers te trainen. Del Castilho laat zijn zoon horloges overhandigen waarmee iemand wordt omgekocht. Frische schakelt zijn neefje in om een minister 'in te pakken'.

Langdurige dubieuze culturen bij Bouwfonds en Philips Pensioenfonds en ... Met de familiaire en intergenerationele netwerken die daarbij zichtbaar worden, leiden tot de conclusie dat hier een structureel patronage- en courtagesysteem in het vastgoed zichtbaar wordt.

De vastgoedmarkt is kwetsbaar voor fraude en wildwesttaferelen. De prijsvorming blijft ontransparant en de potentiële winsten voor betrokkenen met een kennisvoorsprong en de juiste contacten zijn enorm. Het verschil met twintig jaar geleden is dat de bedragen fenomenaal zijn geworden. Exhibitionistische zelfverrijking regeert een deel van de vastgoedwereld. Dit is de cultuur die justitie en een handvol bedrijven willen doorbreken. De Klimopzaak zal de juridische discussie over integriteit in de vastgoedsector oprakelen. Die toenemende aandacht kunnen de Belastingdienst en justitie op hun conto bijschrijven.

Of de vastgoedfraudezaak dezelfde reinigende impact heeft als de Clickfondszaak op de beurshandel en de Slavenburgaffaire op de bankenwereld is de vraag. Sommige vastgoedorganisaties grijpen de ontdekking van onregelmatigheden aan om controles op het niveau van financiële instellingen te brengen. Makelaar DTZ Zadelhoff heeft een overeenkomstige dubbelepettenaffaire van een topman in 2008 aangegrepen om de interne regels aan te scherpen. Bij Rabo Vastgoedgroep is naar aanleiding van de vastgoedfraude een eind gemaakt aan het uitbesteden aan gedelegeerde projectontwikkelaars. De eigen projectontwikkelaars mogen niet meer solistisch opereren. De hoofddirectie van de Rabodochter draagt inmiddels collegiale verantwoordelijkheid. De besluitvorming wordt uitgebreid vastgelegd, inclusief de financiële afwegingen. De Rabodochter heeft de grens waarbinnen giften toegestaan zijn aanzienlijk verlaagd. Het personeel moet naar aanleiding van de fraudezaak ook vastgoedtransacties van familieleden aanmelden.

De overheid kan meer doen dan alleen justitieel optreden om de markt eerlijk en transparant te maken. Nu kunnen er bijvoorbeeld nog hele pakketten vastgoed versluierd en ontransparant van eigenaar wisselen, zonder dat dit in het kadaster zichtbaar is. Door het splitsen van juridisch en economisch eigendom blijven vastgoedtransacties onzichtbaar. Ook kunnen met onderhandse aktes besloten vennootschappen met vastgoedbezit worden overgedragen zonder dat het zichtbaar is in het kadaster.

Nederland tolereert een veelgebruikte juridische constructie om de uiteindelijke belanghebbende van een bedrijf of vastgoedtransactie aan het zicht te onttrekken. Dat kan door één aandeeltje bij een ander te parkeren. Dan is er opeens geen verplichting meer om de aandeelhouder van een bedrijf, die een belang van 99,99 procent heeft, te openbaren bij de Kamer van Koophandel. Vastgoed verhandelen via trusts en stichtingen, zoals nu veel gebeurt, maakt de markt ook ondoorzichtig. En ondoorzichtigheid is een ideale voedingsbodem voor het behalen van onoorbare privévoordeeltjes ten koste van anderen. Via een meldingsplicht van nevenwerkzaamheden en beleggingen kunnen uitwassen en een jarenlange belasting van het opsporingsapparaat en het rechtssysteem voorkomen worden.

Of mensen echt tot inkeer komen is de vraag. Directeuren van pensioenfondsen en woningcorporaties, jonge honden en mensen aan het eind van hun carrière die nog een klapper willen maken, blijven vatbaar voor het grote geld. Sukkels die een slecht koopman zijn voor hun werkgever en spaarders zullen er ook altijd blijven. De vastgoedwereld palmt ze in of verscheurt ze. Handelaren gunnen elkaar deals en maken elkaar rijk ten koste van bedrijven en pensioenfondsen. De wereld van het vastgoed laat zich niet makkelijk reguleren. In het vastgoed wordt succes afgemeten aan het vergaarde vermogen, de omvang van de boot en de plaats op de rijkenlijst van zakenblad *Quote*.

Jan van Vlijmen heeft het zwaar gehad in voorarrest en heeft veel publiciteit over zich heen gehad. Maar persona non grata is hij niet. Hij laat zich af en toe zien bij zakenpartners als Dik Wessels. Hij wordt op sociale evenementen gesignaleerd. De botenman laat zich ook zien op de Nederlandse wateren. Het is hartje zomer 2009 als oud-Bouwfondsdirecteur Henk van Zandvoort in het weekend op zijn zeilboot een stem achter zich hoort. 'Pardon,' hoort Van Zandvoort terwijl hij zich half omdraait, 'weet u of het mogelijk is om hier door te varen?' Perplex herkent Van Zandvoort een oude bekende achter het roer van de boot achter hem. Het is Jan van Vlijmen. De man die Bouwfonds zoveel kopzorgen geeft. Van Vlijmen vaart zijn boot behendig langs die van Van Zandvoort. Hij dankt Van Zandvoort als een heer. De oud-Bouwfondscollega is sprakeloos. Pas als Van Vlijmen langzaam richting horizon verdwijnt, komt Van Zandvoort bij zijn positieven. 'Geniet er maar van,' roept hij Van Vlijmen na, 'zolang het nog kan.'

Verantwoording

Evenals voor de verdachten begint de vastgoedfraudezaak voor ons op 13 november 2007. Rond een uur of vier 's middags meldt het Openbaar Ministerie in een persbericht dat op vijftig adressen van bedrijfspanden en woningen doorzoekingen zijn gedaan en vijftien aanhoudingen zijn verricht. Verdachten hebben vermoedelijk 'tientallen miljoenen euro's ontvangen voor het gunnen en de afwikkeling van grote bouwprojecten en bij de afhandeling van grote onroerendgoedtransacties'.

Zonder dat namen en rugnummers bekend zijn, is dit op de redactie van *Het Financieele Dagblad* voldoende reden om ruimte op de voorpagina vrij te maken. Mensen die denken dat vastgoedfraude beperkt blijft tot de Amsterdamse onderwereld, zijn uit de droom geholpen. Dit is een zaak die de institutionele vastgoedwereld raakt en omdat de ontwikkeling van de Zuidas erbij betrokken is, ook het hart van het financiële centrum van Nederland. Hier is vermoedelijk ernstig gesjoemeld met de oudedagsvoorziening van hardwerkende mensen van multinational Philips.

De volgende dag worden wij vrijgemaakt om onderzoek te doen naar de zaak. Dat leidt tot primeurs waarin de krant als eerste onthult dat de zaak draait om vermoedelijke omkoping van directeuren van Philips Pensioenfonds via geheime bv's enerzijds en een jarenlange directiefraude bij Bouwfonds anderzijds. We schrijven ongeveer honderd artikelen over de zaak. Dat is veel, maar niet voldoende om de zaak in volle omvang, context, historie en detail te beschrijven. Daarom de keuze voor een boek, het eerste boek over de verborgen kant van de vastgoedwereld. Maar ook dit boek geeft slechts een deel van de werkelijkheid weer. Wel kunnen we deze affaire diepgaander en breder beschrijven dan in een serie krantenartikelen mogelijk is.

Journalistiek gezien is het een prachtige opgave. De wereld van het onroerend goed is gesloten. Een kleine kring van kapitaalkrachtige beleggers verhandelt op de top van de markt voor jaarlijks miljarden euro's vastgoed. De gebouwen zien we allemaal door heel Nederland staan. Maar de financiële kant van het vastgoed is ondoorzichtig. Het is een ons-kent-onswereld, van dat ene juiste contact. De onderlinge omgangsvormen en ongeschreven spelregels komen zelden aan de oppervlakte. Met dit boek willen we het miljardenspel zichtbaar maken. Sleutelfiguren uit het vastgoed staan door de affaire opeens in de schijnwerpers. Dit boek legt vast wat er dan te zien valt.

De titel van het boek lijkt te suggereren dat al vaststaat dat er sprake is geweest van fraude. Dat is uiteraard niet zo. Iedereen is onschuldig tot het tegendeel is bewezen. Dit boek komt uit als het strafproces in november 2009 begint. In het eerste deelproces komen een aantal verdachten voor de rechter die een gedeeltelijke bekentenis hebben afgelegd. De verwachting is dat het Openbaar Ministerie bij deze gelegenheid het overkoepelende beeld van de affaire zal schetsen en de toon zal zetten voor de latere zaken. De hoofdverdachten komen niet eerder dan in 2010 en mogelijk pas in 2011 voor de rechter.

Als verdachten in eerste aanleg worden veroordeeld, zal een aantal van hen waarschijnlijk in hoger beroep gaan. Daarna is er nog een gang naar de Hoge Raad of naar de Europese rechter mogelijk. Er zijn aparte ontnemingsprocedures en een mêlee aan civiele rechtszaken. De juridische afwikkeling van de vastgoedfraude kan zomaar tien jaar duren. Daarom wachten wij niet met een boek totdat de rechter heeft gesproken. Zo'n boek zou alleen voor geschiedkundigen van belang zijn. Deze affaire is te belangrijk voor de vastgoedmarkt, pensioenfondsen en burgers om de berichtgeving tien jaar op te schorten.

Het is niet de publiciteit die de affaire groot maakt. De omvang van de affaire leidt tot publiciteit. De statuur van de betrokkenen dwingt berichtgeving af. Dit is een complexe zaak met veel betrokkenen. Er is een maatschappelijk belang mee gediend de zaak zo zorgvuldig mogelijk en ook zo helder mogelijk aan het licht te brengen. Het gaat hier om mogelijk ernstige misdrijven en misdragingen van mensen met bevoorrechte posities en vertrouwensfuncties: directeuren, registeraccountants, bankiers en een notaris.

Najaar 2009 telt de zaak 120 verdachten, van wie minstens veertig personen en de rest bedrijven. Dat is een momentopname. Het label 'verdachte' moet in deze zaak wat betreft een deel van hen met een korrel zout genomen worden. Soms getuigen worden tot verdachten gebombardeerd omwille van het verloop van het verhoor. Zeker is dat tientallen verdachten niet vervolgd zullen worden. Strafzaken zullen worden afgekocht, andere verdachten zien hun zaak geseponeerd. Het vervolgen van veertig verdachten zou het Nederlandse rechtssysteem amper aankunnen.

Wij hebben in samenspraak met de hoofdredactie en de uitgever geconcludeerd dat in een beschrijving van de breedte en de diepte van de affaire het ondoenlijk is verdachten met initialen aan te duiden. Vakbladen als *Vastgoedmarkt* en zakenblad *Quote* publiceerden al eerder de volle naam van verdachten.

We hebben besloten om betrokkenen een naam te geven om de inzichtelijkheid van het boek te bevorderen. Het zou oneerlijk zijn dat onschuldigen wel met hun volle naam in publicaties over deze affaire worden genoemd. John Fentener van Vlissingen en Joop van den Ende wel, maar Jan van Vlijmen niet, terwijl ze samen vastgoed kopen. Daarbij komt dat veel verdachten onder hun eigen naam een privéonderneming hebben die ze gebruikt hebben voor verdachte handelingen. Die bedrijven worden sowieso genoemd. Anonimiseren zou leiden tot gedrochten als: verdachte Jan van V. verkoopt zijn bedrijf Van Vlijmen Vastgoed aan Bouwfonds. Er zijn verdachten die per se met hun volledige naam in de publiciteit willen, zoals Hans van Tartwijk en Harry Muermans. We hebben besloten in dit boek iedereen gelijk te behandelen.

Voor dit boek zijn een honderdtal gesprekken gevoerd met mensen van vrijwel alle betrokken partijen, onder wie sleutelverdachten. Hen is desgewenst vertrouwelijkheid en anonimiteit toegezegd. Dat vraagt bijna iedereen die over deze affaire praat. Het gebruik van anonieme bronnen bemoeilijkt soms het zicht op de werkelijkheid. Maar zonder anonieme bronnen is een gevoelig onderwerp als een groot fraudeondeerzoek bijna onmogelijk te beschrijven. Informatie uit anonieme bronnen is alleen gebruikt als die ook uit andere bron beschikbaar is. Dat is geen garantie voor de waarheid, maar het helpt wel om de waarheid zo dicht mogelijk te benaderen.

We steunen op eigen onderzoek bij het kadaster en de Kamer van Koophandel. Andere rijk gedocumenteerde bronnen zijn de interne fraudeonderzoeken van Bouwfonds, Philips Pensioenfonds, BPF Bouwinvest en ondernemer Joop van den Ende, die zichzelf als slachtoffer zien. Verder putten we uit het omvangrijke vertrouwelijke strafdossier. In meer dan honderd ordners met honderden verklaringen van getuigen en verdachten en telefoontaps vonden we veel bevestiging van informatie uit achtergrondgesprekken met bronnen uit de vastgoedwereld. Van de tapverslagen bestaan soms twee versies die licht van elkaar afwijken. Voor dit boek zijn citaten uit de tapverslagen soms licht geredigeerd of taalkundig gefatsoeneerd.

Het door justitie samengestelde strafdossier bevat een grote hoeveelheid onthullend materiaal. Delen daarvan zijn verspreid onder verdachten, hun advocaten en rechters. Zij mogen dit materiaal niet openbaren. Via omwegen konden we toch het vrijwel volledige strafdossier naar de stand van herfst 2009 inzien. Dit boek is echter geen samenvatting van het strafdossier. Het OM verdenkt ook mensen en bedrijven die niet of nauwelijks in dit boek voorkomen. Andersom beschrijven wij personen en bedrijven die geen rol in het proces spelen. Dit boek is geen opsomming van belastend en ontlastend materiaal.

We hebben voor zover mogelijk altijd hoor- en wederhoor toegepast. Daar is niet altijd op gereageerd. Verder hebben we kunnen putten uit verweren bij kortgedingrechters, civiele rechters en in verhoren bij de FIOD-ECD.

Het boek biedt de lezer de mogelijkheid kennis te nemen van het handelen van de hoofdpersonen uit dit drama. Aan de rechter de taak om te oordelen of er tijdens het proces wettig en overtuigend bewijs wordt geleverd voor oplichting, omkoping, witwassen, valsheid in geschrifte, verduistering in dienstbetrekking en lidmaatschap van een criminele organisatie.

De vermenging van het vastgoed met de werelden van pensioenfondsen en woningcorporaties heeft geleid tot een lange reeks misstanden. Veel langer dan algemeen bekend is.

Voor de hoofdrolspelers lopen de meeste strafrechtelijke fraude-onderzoeken af met een sisser. Als dat ook met de vastgoedfraude-zaak gebeurt, behoudt dit boek hopelijk zijn waarde als tijdsdocument van de opmerkelijke omgangsvormen in een zelden beschreven markt. En dan kan de lezer het gebruiken als handleiding om zelf rijk te worden in het vastgoed.

We zijn veel mensen dank verschuldigd, omdat ze kennis over de vastgoedmarkt met ons hebben gedeeld. Om hen te beschermen, moeten ze ongenoemd blijven. Bijzonder veel dank gaat uit naar de mensen die de moed hebben gehad om informatie met ons te delen omdat ze een bedenkelijke cultuur willen doorbreken en toe willen naar een eerlijke en professionele vastgoedmarkt.

We zijn schatplichtig aan hoofdredacteur Ulko Jonker en adjunct-hoofdredacteur Pieter Elshout van *Het Financieele Dagblad*. Zij zijn in deze voor kranten moeilijke tijd bereid geweest om ons vrij te maken voor dit tijdrovende onderzoek. Zonder hen was dit boek onmogelijk geweest. FD-reseacher Gaby de Groot is onmisbaar geweest bij het ontginnen van het kadaster en de Kamer van Koophandel. Bij uitgeverij Nieuw Amsterdam hebben Ton van Luin en Henk ter Borg ons hun vertrouwen geschonken. En dank aan Huib Stam, die onder grote tijdsdruk de eindredactie van dit boek op zich heeft genomen.

Amsterdam, oktober 2009
Vasco van der Boon en Gerben van der Marel
boon@fd.nl; marel@fd.nl

De hoofdrolspelers

Wie is wie in het strafdossier van het vastgoeddrama.

Jan van Vlijmen

Hoofdverdachte 'Voo1'. Komt uit vooraanstaande families. Is de spin in het web. Directeur van Bouwfonds Vastgoedontwikkeling (1995-2001). Zou geld van werkgever hebben verduisterd en koopt daarna (2001-2007) zelf pensioenfondsdirecteuren en handlangers om. Een stille en nauwgezette controlfreak en een 'gigageldwolf'. Bijnamen Koning Jan, De Sfinx, Don Giovanni en Rupsje Nooitgenoeg.

Nico Vijsma

'Ome Nico'. Aangetrouwde oom en rechterhand van hoofdverdachte Van Vlijmen. Mysterieuze mental coach en ex-freefighter met oorlogstrauma en cocaïneverslaving. Omringt zich met bodyguards, maar is ook heel spiritueel. Stuurt met neef een netwerk van tientallen verdachten aan. Ook bekend als De Paardenstaart.

Jack Del Castilho

Kassier en entertainer voor netwerk Van Vlijmen. Beschaafde en erudiete loopjongen op leeftijd. Deelt snoepreisjes en horloges uit aan directeuren.

Cees Hakstege

Ex-bestuursvoorzitter Bouwfonds. Verdachte met hoogste functie. Botenliefhebber. Laat zich vooral na zijn pensioen belonen. Bijnamen Hakkenbar, Beauty Cees en Smeerkees.

Jan Steven Menke
Hockeyvriendje uit Bloemendaal. Ex-directeur Fortis vastgoedfinanciering. Registeraccountant, financieel adviseur en doorgeefluik voor betalingen Van Vlijmen.

Eric Frische
Registeraccountant. Leerling van Menke. Schakel tussen Heemstede-Aerdenhout en netwerk Brabant-Limburg. Stroman voor pensioenfondsdirecteur Frencken. Beheert allerlei bv's.

René Steevensz
Favoriete architect van Van Vlijmen uit de Verenigde Staten. Gespecialiseerd in hoogbouw. Doorgeefluik in miljoenenbetalingen.

Diederik Stradmeijer
Keurt als opvolger Van Vlijmen bij Bouwfonds Vastgoedontwikkeling lopende deals goed. Werkt daarna voor Van Vlijmen. Bijnaam Died.

Olivier Lambert
Jarenlang vertrouweling van Jan en Nico. Financiële man van Bouwfonds Vastgoedontwikkeling en netwerk-Van Vlijmen. Raakt sinds 2005 uit beeld.

Hans van Tartwijk
Directeur gedelegeerd ontwikkelaar Trimp & van Tartwijk en zakenpartner Joop van den Ende en Bouwfonds. Meedenkend doorgeefluik van betaling van tientallen miljoenen euro's voor hoofdverdachte. Bijnaam de kleine kutkikker.

Harm Trimp
Tweede naamgever van onderontwikkelaar Trimp & van Tartwijk. Zet handtekening onder omstreden winstregeling Symphony met Van Vlijmen.

Dennis Lesmeister
Ex-Bouwfonds Vastgoedontwikkeling. Ontwikkelaar bij Trimp & van Tartwijk en zakenpartner Joop van den Ende. Vertrouweling van Jan en Nico.

Alexander Lubberhuizen
Ex-Bouwfonds en sinds 2006 directeur voor Joop van den Ende in Living City. Coming man in netwerk Van Vlijmen.

Will Frencken
Vermoedelijk corrupte directeur Philips Pensioenfonds, Ferraririjder en gitarist in rockband. Bijnaam chef inkoop en Don Guillaume.

Rob Lagaunne
Opvolger van Frencken als directeur Philips Pensioenfonds. Neemt ook steekpenningen aan. Liefhebber van dure horloges. Bijnaam de Fransman en El Gore.

Jan Snippe
Directeur sinds 2003 van Philips Pensioenfonds en toezichthouder van Frencken. Zet handtekening voor dubieuze deals. Moet in 2008 opstappen. (geen verdachte)

Jan Hommen
Voorzitter college van beheer Philips Pensioenfonds tot 2005 en eindverantwoordelijk voor pensioenpot. (geen verdachte)

Harry Muermans
Vastgoedmagnaat uit Roermond uit kleermakersfamilie. Vaste zakenpartner Philips Pensioenfonds. Bijnaam Napoleon en de kleine.

Harry Hilders
Vastgoedmagnaat uit Den Haag uit beruchte vastgoedfamilie. Vaste zakenpartner van Philips Pensioenfonds.

Kees Rijsterborgh
Vastgoedmagnaat uit Amstelveen. Slaat alarm over schoonzoon Flo-

ris bij fraudeslachtoffer Bouwfonds. Bijnaam de ouwe en Kassa Kees. (geen verdachte)

Michiel Floris
Makelaar en hockeyvriend Van Vlijmen uit Bloemendaal. Stroman in grote Philips-uitverkoop. Gebrouilleerde schoonzoon van vastgoed-magnaat Kees Rijsterborgh.

Cor van Zadelhoff
Vastgoedmagnaat en commissaris Bouwfonds in tijdperk Rabobank. Tipt topman Kleisterlee van fraudeslachtoffer Philips over corrupte pensioendirecteur. Nu commissaris bij Rabo Vastgoedgroep. (geen verdachte)

Hans Wiegel
Een van de langst zittende commissarissen bij Bouwfonds. Grote man bij afscheid Hakstege. (geen verdachte)

Joop van den Ende
Mediamagnaat die met Trimp & van Tartwijk in theatervastgoed gaat maar ongemerkt netwerk Van Vlijmen erbij krijgt. Mogelijk volgend slachtoffer. (geen verdachte)

John Fentener van Vlissingen
Zakenpartner Van Vlijmen uit een van rijkste families van Nederland. Sinds 2007 samen in zaken. (geen verdachte)

Roel Pieper
Goede vriend van Van Vlijmen uit Aerdenhout en beoogd partner voor megaproject in Curaçao. (geen verdachte)

Willy Maal
Grootgrondbezitter op Curaçao en beoogd partner in ontwikkeling op het eiland. (geen verdachte)

Joop Drechsel
Oud-bestuurder bij KPN en studiegenoot Van Vlijmen. Directeur bij

reisorganisatie BCD van Fentener van Vlissingen. (geen verdachte)

Ronald Smeets
Vastgoedopperhoofd Fortis met kenmerkende snor. Zoekt vastgoed-deals met Van Vlijmen. Koopt buiten Philips om vastgoed voor veel hogere prijs dan tussenhandelaar Van Vlijmen. (geen verdachte)

Douglas Grobbe
Directeur bij ABN Amro die vanaf 2006 het laatste vastgoed moet beheren. Heeft Dennis Lesmeister als rechterhand. (geen verdachte)

Harry Mens
Lissense makelaar en tv-presentator. Zakenpartner Cees Hakstege. Brengt omstreden makelaarscourtage in rekening.

Jan Stoutenbeek
Directeur van gemeentelijk projectbureau Zuidas. Beslist over ontwikkelopties voor duurste grond van Nederland. Bijnaam Mr. Zuidas. (geen verdachte)

Hans ten Cate
Ervaren bankier die voor ABN Amro samenwerking zoekt met Van Vlijmen. Koopt Bouwfonds opnieuw als Rabobankier in 2006. Commissaris bij Janivo. (geen verdachte)

Rob Willemsen en Maarten Minderman
Beiden directeur ontwikkelaar bij Willemsen Minderman. Doorgeefluiken in Bouwfondstijd voor Van Vlijmen en consorten.

Edwin de Roy van Zuydewijn
Ex-adviseur Bouwfonds en ex-man van prinses Margarita.

Sonja de Lange
Belastinginspecteur die in 2004 als eerste onraad ruikt. Haar argwaan leidt tot het grootste onderzoek ooit naar fraude.

Robert Hein Broekhuijsen
Oud-advocaat die als officier van justitie megafraudezaken in de schoot geworpen krijgt zoals Klimopzaak.

Daniëlle Goudriaan
Officier van justitie die vanaf begin betrokken is bij Klimopzaak.

Tijdlijn

1913 Oprichting van het Onderling Pensioen-, Weduwen- en Wezen-
fonds der Beambten van de NV Philips Gloeilampenfabriek, de voorloper van het Philips Pensioenfonds.

1928 Oprichting van de stichting Philips Pensioenfonds, bestuurd
door vertegenwoordigers van de werkgever Philips en de vakbonden.

1946 In de wederopbouw na de Tweede Wereldoorlog start de gemeenteambtenaar Jacob Wiersema de Bouwspaarkas Drentsche Gemeenten, de voorloper van het Bouwfonds.

1957 De inmiddels tientallen gemeenten die aandeelhouder zijn, vormen hun Bouwspaarkas om tot nv Bouwfonds Nederlandse Gemeenten.

1992 Cees Hakstege van bouwbedrijf HBM treedt aan bij Bouwfonds
Nederlandse Gemeenten. Hij begint 1 januari meteen als vicevoorzitter van het bestuur.

1995 Bouwfonds koopt Van Vlijmen Vastgoed. Dat maakt eigenaar
Jan van Vlijmen multimiljonair. Hij wordt directeur commercieel
vastgoed en neemt uit zijn bedrijf drie vertrouwelingen mee: broer
Simon, oom Nico Vijsma en Olivier Lambert.

1998 Bouwfonds en ABN Amro vormen een joint venture voor de ontwikkeling van commercieel vastgoed. Jan van Vlijmen wordt daar directeur.

Cees Hakstege promoveert van vicevoorzitter tot voorzitter van de raad van bestuur van het Bouwfonds Nederlandse Gemeenten.

1999 ABN Amro sluit een akkoord om de gemeenten als aandeelhouder uit te kopen. Het debat gaat alleen over de hoogte van het bedrag. Privatisering Bouwfonds.

2001 Cees Hakstege neemt 31 mei afscheid van ABN Amro-dochter Bouwfonds. Jan van Vlijmen verlaat vlak daarna onverwacht de commercieel vastgoeddochter van Bouwfonds. Diederik Stradmeijer volgt hem op. Het Philips Pensioenfonds besluit het eigen vastgoedbezit af te bouwen.

2004 ABN Amro-dochter Bouwfonds koopt projectontwikkelaar MAB, ondanks tegenwerking vanuit Bouwfonds commercieel vastgoed. Stradmeijer vertrekt.

2005 Philips Pensioenfonds doet onverwachts toch een forse aankoop voor de eigen vastgoedportefeuille: Symphony aan de Zuidas. Verkoper is ontwikkelaar Bouwfonds.

2006 Philips Pensioenfonds verkoopt op 1 februari groot verouderd vastgoedpakket aan onder meer een nieuw privébedrijf van Van Vlijmen en aan Fortis. Rabo koopt 1 december een groot deel van Bouwfonds van ABN Amro en creëert Rabo Vastgoedgroep. SNS Reaal koopt de financieringsdivisie van Bouwfonds.

2007 Grootscheepse invallen en invorderingen van administratie door de FIOD-ECD en het Openbaar Ministerie bij onder meer Rabo Vastgoedgroep, Philips Pensioenfonds en Fortis Vastgoed. Arrestaties van onder meer Jan van Vlijmen, Will Frencken en Rob Lagaunne.

2009 Na jaren van voorbereiding is het OM zover dat de eerste zaak voor de rechter gebracht kan worden. De hoofdverdachten komen in 2010 of in 2011 aan bod.

Fotoverantwoording

De in het boek opgenomen illustraties zijn voor het merendeel eerder geopenbaard. De uitgever heeft alle moeite gedaan eventuele recht-hebbenden te achterhalen. Degenen die desondanks menen zekere rechten te kunnen doen gelden, kunnen zich alsnog tot de uitgever wenden.

Algemeen Dagblad/Govert Coebergh
ANP/Evert Elzinga
ANP/Fotobureau Dijkstra
ANP/Ronald Fleurbaaij
Eric Brinkhorst
Eindhovens Dagblad
Flickr
Carel Gijsen
Michel de Groot
Het Financieele Dagblad
Holland Real Estate Publishers B.V.
Holland West Makelaardij
Landquest Property Developers
Elmer van der Marel
Piet Roorda
Spray. The Grand Banks Owner's Journal
WFA/Fotobureau Dijkstra
WFA/Gerlinde de Geus